성학집요

聖學輯要

성학집요

聖學輯要

군자의 길, 성찰의 힘

이이 원저 | 이용주 저

규장각 016
새로 읽는
우리 고전

아카넷

'규장각 고전 총서' 발간에 부쳐

    고전은 과거의 텍스트이지만 현재에도 의미 있게 읽힐 수 있는 것을 이른다. 고전이라 하면 사서삼경과 같은 경서, 사기나 한서와 같은 역사서, 노자나 장자, 한비자와 같은 제자서를 떠올린다. 이들은 중국의 고전인 동시에 동아시아의 고전으로 군림하여 수백 수천 년 동안 그 지위를 잃지 않았지만, 때로는 자신을 수양하는 바탕으로, 때로는 입신양명을 위한 과거 공부의 교재로, 때로는 동아시아를 관통하는 글쓰기의 전범으로, 시대와 사람에 따라 그 의미는 동일하지 않았다. 지금은 이들 고전이 주로 세상을 보는 눈을 밝게 하고 마음을 다스리는 방편으로서 읽히니 그 의미가 다시 달라졌다.

    그러면 동아시아 공동의 고전이 아닌 우리의 고전은 어떤 것이고 그 가치는 무엇인가? 여기에 대한 답은 쉽지 않다. 중국 중심의 보편적 가치를 지향하던 전통 시대, 동아시아 공동의 고전이 아닌 조선의 고전이 따로 필요하지 않았기에 고전의 권위를 누릴 수 있었던 우리의 책은 많지 않았다. 이 점에서 우리나라에서 고전은 절로 존재하였던 과거형이 아니라 새롭게 찾아 현재적 가치를 부여하면서 그 권위가 형성되는 진행형이라 하겠다.

　서울대학교 규장각한국학연구원은 법고창신의 정신으로 고전을 연구하는 기관이다. 수많은 고서 더미에서 법고창신의 정신을 살릴 수 있는 텍스트를 찾아 현재적 가치를 부여함으로써 새로운 고전을 만들어가는 일을 하여야 한다. 그간 이러한 사명을 잊은 것은 아니지만, 기초적인 연구를 우선할 수밖에 없는 현실로 인하여 우리 고전의 가치를 찾아 새롭게 읽어주는 일을 그다지 많이 하지 못하였다. 이제 이 일을 더 미룰 수 없어 규장각한국학연구원에서는 그간 한국학술사 발전에 큰 기여를 한 대우재단의 도움을 받아 '규장각 새로 읽는 우리 고전 총서'를 기획하였다. 그 핵심은 이러하다.

　현재적 의미가 있다 하더라도 고전은 여전히 과거의 글이다. 현재는 그 글이 만들어진 때와는 완전히 다른 세상이다. 더구나 대부분의 고전은 글 자체도 한문으로 되어 있다. 과거의 글을 현재에 읽힐 수 있도록 하자면 현대어로 번역하는 일은 기본이고, 더 나아가 그 글이 어떠한 의미가 있는지를 꼼꼼하고 친절하게 풀어주어야 한다. 우리 시대 지성인의 우리 고전에 대한 갈구를 이렇게 접근하고자 한다.

　'규장각 새로 읽는 우리 고전 총서'는 단순한 텍스트의 번역을 넘어 깊이 있는 학술 번역으로 나아가고자 한다. 필자의 개인적 역량에다 학계의 연구 성과를 더하여, 텍스트의 번역과 동시에 해당 주제를 통관하는 하나의 학술사, 혹은 문화사를 지향할 것이다. 이를 통하여 우리의 고전이 동아시아의 고전, 혹은 세계의 고전으로 발돋움할 수 있기를 기대한다.

　　　　　　　　　　　　　　　기획위원을 대표하여 이종묵이 쓰다.

차례

『성학집요』 읽기를 시작하며

동아시아 최상의 성리학 입문서

『성학집요』는 율곡의 대표작이다. 율곡은 유학의 근본 문서인 사서삼경의 문장을 선별하고 그 문장에 대한 성리학자들의 주석을 해설 형식으로 덧붙이고 그것을 자신의 언어로 요약 정리했다. 그리고 그렇게 완성된 편찬물에 대해 '성학집요(聖學輯要)'라는 이름을 붙였다. '성학(聖學)'이란 간단히 말하면 유교, 혹은 유학이다. 율곡은 당시 중국에서 정치 이념으로서 주류적인 위치를 차지하고 있던 성리학을 배우고 그것을 조선 땅에 실천하기 위해 온 힘을 쏟았다. 명(明)나라 이후 중국에서는 당시 주류적 위치를 가지고 있던 성리학을 '성학'이라 부르는 용례가 자주 등장한다. 그리고 그런 용례는 조선 중기 이후에 조선 땅에 수용되어 퇴계나 율곡 등 대표적 성리학자들에 의해 널리 사용된다. 결국 '성학'은 유학의 다른 이름이지만, 인간의 완성을 추구하는 성리학적 입장을 특별하게 지칭하는 것이라고 말할 수 있다.

유교는 군자와 성인이 되는 것을 목표로 삼는 이론과 실천의 총체다. 그리고 유교는 누구든지 수양을 통해 완성된 인격을 갖출 수 있다고 하는 '성인가학(聖人可學)'론을 이론적 전제로서 가지고 있다. 그런 입장은 맹자와 순자 등 선진시대의 유학자들에 의해 처음 제시되었고, 송명시대의 성리학자들에 의해 본격적으로 다듬어졌다. 그러나 역사 속에서 실제로 성인이라고 인정받는 사람은 극소수에 불과하다. 유학은 하나의 철학적·종교적 이념으로서는 성인을 지향하지만, 노력을 통해 성인에 도달하는 것은 말처럼 쉽지 않다는 것을 잘 보여준다. 성인이 되기 위해서는 무엇보다 개인의 노력이 중요하다. 그러나 실제로 성인이라고 인정받기 위해서는 천자나 군주 정도의 조건을 갖추어야 하기 때문에, 보통 사람이 성인이 되는 것은 거의 불가능한 과업이 된다.

유교는 군주가 그런 완전한 인격을 획득한 성인이 되어야 한다는 것을 정치 이념으로 제시했다. 특히 '성인가학'의 전제를 가진 성리학은 군주가 반드시 성인이 되어야 한다고 강조한다. 율곡 역시 군주가 성인이 되어야 한다는 성리학의 요구가 과도한 것이라는 사실을 모르지 않았다. 그러나 당시 위기에 빠진 조선 사회를 구제할 무거운 책임을 질 사람은 역시 군주밖에 없기 때문에, 군주에게 성인이 될 것을 요구한다. 군주가 짊어져야 하는 무거운 책임을 함께 지기 위해, 즉 신하로서 책무를 다하기 위해 율곡은 자신의 온 열정을 담아 『성학집요』를 편찬했다. 율곡은 온 힘을 다해 2년간의 편찬 기간을 거쳐 『성학집요』를 완성했다. 그 방대한 책을 정리하는 데 걸린 시간이 '겨우' 2년에 불과했다는 것이 믿기지 않을 정도다. 그만큼 새로운 군주를 향한 율곡의 기대가 절박했다는 것을 말해준다. 실제로 『성학집요』는 율곡의 모든 것을 담고 있는 중요한 편집물이다. 정치가이자 동시에 성리학자인 율곡의 심혈(心血)이 『성학집요』 한 권에 담겨 있다고 말할 수 있다. 그렇기 때문에 우리는 『성학집요』가 율곡의 대표작이라고 부르는 데 주저하지 않는다.

하나의 편집물에 불과한 『성학집요』가 율곡의 대표작이 될 수 있는 이유는 무엇인가? 율곡은 성리학자로서 당시 최고 수준의 이론을 철저하게 이해하고, 그런 바탕 위에서 성리학의 핵심을 선별하여 체계화하는 능력을 유감없이 보여주고 있다. 그렇기 때문에 우리는 『성학집요』가 율곡의 대표작이라고 말할 수 있고, 율곡의 사상을 이해하기 위해 반드시 『성학집요』를 읽어야 한다고 말할 수 있다. 그런 의미에서 『성학집요』는 율곡의 사상적 심혈을 담은 작품인 동시에 동아시아 전통 사회에서 생산된 최상의 성리학 입문서라고 할 수 있다. 율곡은 성리학의 전모를 드러낼 수 있도록 세부 목차를 정하고 그것에 맞추어 경전의 구절과 그것에 대한 성리학자들의 해설을 적절하게 배치했다. 그런 배치를 통해 율곡은 성리학 이론에 구조와 체계를 부여한 것이다.

그런 체계 부여 자체가 사실은 쉬운 작업이 아니다. 먼저 사유의 체계가 바로 서 있어야 한다. 그런 다음에 비로소 그 체계에 입각하여 살을 붙이는 작업을 진행할 수 있다. 선별과 배치, 그리고 독자적 해설로 살을 붙이는 작업이다. 학문은 체계를 잡고 그 체계에 살을 붙여 적절한 그림을 제시하고, 독자로 하여금 스스로 자기 머리로 그림을 그릴 수 있도록 도와주는 작업이다. 율곡은 자신이 만든 체계에 입각하여 경전의 문장을 선별하고, 그것을 올바르게 이해하도록 도와주는 보조 장치로서 성리학자들의 사상적 언설을 골라낸다. 그리고 자신의 언어로 그 내용을 요약 정리하면서 그 책을 읽는 독자(군주)의 사유를 촉발한다. 하나의 편집물을 체계서와 입문서, 그리고 사례집으로서 1책 3역을 하도록 구상하는 그 능력이 바로 율곡의 사유능력이다. 그렇기 때문에 나는 『성학집요』가 율곡 사상의 전모를 보여주는 체계서이자, 유학 특히 성리학을 공부하는 사람이 반드시 참고해야 할 입문서이자 주석서, 나아가 사례집으로서의 역할을 감당하고도 남는다고 평가한다.

21세기에 한국의 학자들이, 자연과학이든 인문학 분야에서든 아니면 사회과학 분야에서든, 현대의 학문에 대해 세계적으로 내놓을 수 있는 체계서와 입문서를 저술하지 못하고 있다는 사실을 감안할 때, 그 당시 최고 수준의 학문이라고 할 수 있는 유교 성리학에 대해서 이런 수준의 체계서인 동시에 입문서를 정리 편찬할 수 있었던 율곡의 실력은 우리 학문의 가능성을 보여주는 귀한 자산이라고 말할 수 있을 것이다.

율곡은 선조에게 바치는 글에서 대단히 겸손하게 자신의 무능력을 고백하고 있다. 하지만 그 고백은 그야말로 겸사(謙辭)일 뿐이다. 사실 율곡의 실력과 안목은 그런 체계 수립과 자료 선별, 그리고 종합적인 해설을 통해 유감없이 드러나고 있다. 그런 체계 수립과 정리 및 해설은 '아무나' 할 수 있는 것이 아니다. 체계화와 선별이 학문의 반이라면, 그것에 대해 자신의 독자적 이해를 덧붙이는 것이 학문의 나머지 반이다. 더구나 군더더기 없는 촌철살인의 해설을 덧붙이는 것은 그야말로 아무나 하는 일이 아니다. 그러나 안타깝게도 율곡은 40대 후반에 세상을 떠나고 만다. 40세 초반에 성리학에 대한 체계적인 이해 위에 독자적인 이론까지 제시할 수 있었던 율곡이 60대나 70대까지 안정적으로 학문의 내공을 축적할 수 있었더라면 어땠을까? 우리 학문의 지도(地圖)가 달라지지 않았을까? 장수의 행운까지 누렸다면 율곡은 아마도 유교의 새로운 발전에 기여하는 대사상가로 성장했을 것이다. 요절한 천재의 아픔이 『성학집요』 곳곳에 묻어난다.

나는 『성학집요』를 읽으면서 『성학집요』를 올리는 율곡의 정서가 안타까움과 비애라고 생각했다. 율곡은 자신이 느끼는 비애를 『성학집요』의 마무리 부분에서 이렇게 말하고 있다.

> 오늘날 사람들은 '도학'이 높고 멀어서 실행에 옮기기 어려울 뿐 아니라, 옛날과 지금은 달라서 어쩔 수 없다는 것을 확고한 입장으로 삼고 있습니다. [⋯] 현재의 퇴락에 안주하여 옛날의 것을 회복할 수 없다고 하는 것은 무슨 뜻이겠습니까? 아! 그것은 아무 생각이 없다는 것을 말해주는 것일 뿐입니다.

성현의 가르침이 제대로 이해되고 있지 않다는 비애, 나아가 성현의 가르침을 재해석하여 새로운 차원으로 드높이는 데 성공한 성리학자들이 수립한 '도학(道學)', 즉 성리학의 정신이 조선에 제대로 전달되고 있지 못하다는 안타까움이 율곡의 글과 생각 전체에 스미어 있다.

동시에 『성학집요』에는 성리학자로서 율곡의 자신감이 깊이 새겨져 있다. 율곡은 도학의 이해자이자 전승자로서 확고한 자신감을 드러낸다. 물론 그 자신감은 오만함과는 거리가 멀다. 내가 도학 내지 성리학을 다 이해했다는 오만함이 아니라, 나의 온 공력을 다해서 이해하고 체계화한 이 책이 조선을 위기에서 구해내는 데 반드시 도움이 될 것이라고 하는 자신감이다. 조선이 위기에 빠진 이유는 단순한 지식의 부족 때문은 아니다. 지식이 아무리 많아도, 공감적 이해와 진실에 근거한 실천이 없다면 지식을 사회변혁을 위한 자원으로 활용할 수 없다. 율곡은 도학의 이론뿐 아니라 구체적인 실천에 도움이 되는 방법을 제시하려고 한다. 『성학집요』가 단순히 성리학의 사상을 제시하는 책이 아니라 실천의 방향을 제시하고 그 방도를 겸허한 마음으로 탐색하는 자기 성찰의 책인 이유다.

한편 『성학집요』에서는 성리학의 가장 중요한 이론적 주제이자 사상의 핵심이 되는 리(理), 기(氣), 심(心), 성(性)에 대한 논의가 독립적인 장으로 제시되어 있지 않다. 물론, 수양의 방법론을 이야기하는 곳에서 그런 논의가 풍부하게 등장하고 있다. 『성학집요』 전체의 3분의 2 이상을 차지하는 방대한 양의 성리학자들의 주석과 해설 안에서 그런 논의는 풍부하게 제시되고 있다. 율곡 본인의 보충 논의 안에서도 그런 이론적 주제가 다루어지고 있다. 다만 그런 주제가 하나의 독립된 항목으로 설정되어 있지 않다는 말이다. 율곡은 이론과 실천의 긴장이 필요하다는 사실을 누구보다 잘 알고 있다. 그러나 『성학집요』라는 책의 목적, 즉 조선의 위기를 극복해야 한다는 현실적 다급함을 고려한다면, 이론적 항목을 따로 독립시키지 않은 율곡의 판단은 대단히 정확하고 동시에 실학적이라고 말할 수 있다.

『성학집요』와 유학의 구조

유교는 '수기(修己)'에서 '치인(治人)'으로 나아가는 확산적 구조를 가진 사상 체계다. 먼저 '수기'는 자기 수양이다. 자기 수양을 위해서는 올바른 사상이 무엇이고 또 올바른 실천이 무엇인지, 사상과 이론의 범위를 확정해야 한다. 모든 사상을 무작위로 받아들이고 뒤섞어놓는 것이 반드시 올바른 수양의 방법은 아니기 때문이다. 성리학에서 올바른 사상의 범주를 획정하는 작업은 '도통(道統)'론이라는 이름으로 수행된다. '도통'이란 성리학자들이 생각하는 올바른 가르침의 계통이다. 요순(堯舜)에서 시작하여 공자(孔子)와 맹자(孟子)를 거쳐 이정(二程)과 주자(朱子)로 이어지는 계통을 성리학자들은 정통적인 계보라고 생각한다. 그리고 그렇게 확립된 정통의 계보를 자기 것으로 받아들이는 노력의 과정이 성리학에서 말하는 '수양'이다.

수양은 이론만의 일이 아니라 몸과 마음으로 이루어진 자기(自己), 즉 통합적인 인격으로서 자기를 정립하려는 노력이다. 그래서 '수기(修己)'라는 말이 사용된다. 성리학의 수양은 결국 '도통론'에 입각해서 선별된 이론을 자기화하는 공부라는 말이다. '치인'은 수양을 통해 주체화한 지식과 가치를 사회적으로 확산하는 활동이다. '치인'은 언뜻 봉건적이고 전근대적인 표현처럼 보일 수 있다. 유교가 근대 이전의 엘리트주의적 사회 구조 안에서 다듬어진 사상이기 때문에 어쩔 수 없는 면이 있다. 하지만 뛰어난 사상은 시대적 한계를 돌파하여 보편화될 수 있는 가능성을 가지고 있다. 그런 가능성을 발견하여 새로운 시대의 사상 자원으로 삼기 위해서는 '해석'이 필요하다. '해석'이란 결국 텍스트의 시대적 제약과 문자적 한계를 돌파하려는 노력이다. 철학이란 기본적으로 그런 해석의 작업이다. 해석의 작업을 거쳐 우리는 유교의 사상 언어에서 봉건적 뉘앙스를 제거하고 다시 읽을 수 있다. 그런 '해석'을 거쳐 우리는 유교의 '치인'을 인격 수립을 전제로 하여 바른 삶을 사회적으로 확산하는 활동이라고 이해할 수 있다. 바른 지식을 좋은 사회를 만들기 위해 확산하는 것이 '치인'인 것이다.

『성학집요』에서 '치인'은 다시 '정가(正家, 좋은 가정을 만드는 일)'와 '위정(爲政, 좋은 나라 만들기)'이라는 항목으로 구분된다. 『성학집요』 전체는 바른 이념의 수립을 지향하는 '도통론'에서 시작하여, 그 이념을 자기화하고 주체화하는 '수기론', 그렇게 체득한 지식과 인격을 토대로 좋은 가정을 만들고 좋은 나라를 만드는 '정가론'과 '위정론'으로 확산되는 이론적 구조를 가지고 있다. 그러나 율곡은 '도통론'을 『성학집요』의 맨 처음에 놓지 않고 마지막에 두었다. 이 해설에서도 그런 체제를 그대로 수용하여 '수기'를 먼저 해설하고 '도통'을 나중에 해설하는 순서를 취했다.

『성학집요』 자체는 방대한 책이다. 먼저 수립된 각 항목마다 율곡은 '사서'와 '오경'의 중요한 구절과 그것에 대한 성리학 대가들의 주석을 열거한다. 그리고 경전의 본문과 성리학적 주석을 총괄하는 '안어(案語)'라는 형식의 글을 덧붙이고 있다. 말하자면 이런 식이다.

주제 A	경전 원문	성리학적 주석과 해설	율곡의 요약과 총론[案語]

　율곡이 인용하는 경전 원문 및 성리학자들의 방대한 주석 전부에 대해 일일이 해설을 다는 일은 일종의 유학 백과사전을 쓰는 것에 맞먹는 거대한 작업이 될 것이다. 따라서 『성학집요』를 읽는 것을 목표로 하는 이 책은, 우선 양적인 제한 때문에, 정확하게 그 책의 절반에 해당하는 '수기편'과 '도통편'만을 논의하는 것으로 한정할 수밖에 없었다. '도통편'과 '수기편'은 성리학의 사상적 규모, 성리학의 역사의식, 나아가 성리학의 목표인 인격 수립의 비전을 보여주는 핵심이다. 다음에 기회가 온다면 인격 수립의 전제 위에서 이루어지는 가정 다스림과 나라 다스림을 논의하는 '정가편'과 '위정편'을 읽는 작업을 계속해볼 생각이다.*

　나는 이 책에서 율곡의 '안어'를 실마리로 삼아 율곡의 사상은 물론 성

---

* 율곡의 위정론은 수양의 바탕 위에서 인의를 실현하는 정치, 즉 왕도 정치를 지향한다. 율곡의 위정론은 『성학집요』의 위정편에서 자세히 논의되지만, 거의 같은 내용이 『동호문답』에서도 다루어진다. '규장각 새로 읽는 우리 고전' 총서로 펴낸 『동호문답』(정재훈 역해)은 율곡의 위정론에 대한 훌륭한 길잡이 역할을 할 것이다.

리학의 이론, 유학의 사상적 주제 전반에 대해 해설하려고 시도했다. 따라서 '성학집요 읽기'라는 체제를 가진 이 책은 『성학집요』를 내 방식으로 '읽으려는' 시도다. 고전 읽기는 어떤 한 가지 방식에 갇혀서는 안 된다. 고전은 수많은 눈과 수많은 손에 대해 개방적인 텍스트이기 때문이다. 누구든 고전을 '자유롭게' 읽을 수 있다. 고전에 저작권이 없다는 것은 누구나 자유롭게 읽을 수 있다는 의미다. 물론, 저작권이 없다 보니 '값 없이' 귀한 책이 '값이 나가지 않는' 싸구려라고 오해를 받는 경우도 있다. 그럼에도 새로운 세상을 위한 전망을 갖기 위해서는 고전을 새롭게 읽어야 한다. 고전의 새로운 읽기를 통해서만 새로운 전망이 만들어진다. 미래는 맨땅 위에 수립되는 것이 아니기 때문이다. 인간의 미래는 과거에 대한 반성과 그 반성 과정에서 솟아나온 통찰 위에서만 세워진다.

고전을 읽는 사람은 누구든 자기만의 읽기 방식으로 책을 읽고, 자기만의 전망을 제안할 수 있다. 고전이 개방 체계라는 사실을 잊어버리는 순간, 고전은 교조적인 문서로 고착되고 죽은 물건이 되고 만다. 고전을 교조적인 틀 안에 가두어놓으려는 사람은, 그 사람의 의도와는 상관없이, 그 고전을 죽은 물건으로 만들어버리는 우를 범하게 되는 것이다. 고전의 가치를 인정하고 그 가치가 사라지는 것을 안타깝게 여기는 사람은, 그 안타까움이 크면 클수록, 그 고전을 만인의 읽기에 개방시켜야 한다. 고전은 '해방적' 읽기를 통해서만 영원히 살아남을 수 있다는 간단한 진리를 망각하는 사람은 오히려 고전을 전유할 자격을 상실한다.

율곡의 이 탁월한 저작이 널리 많은 사람에게 자유롭게 읽힐 수 있는 살아 있는 고전이 되기 위해서는 쉬운 언어로 번역되고 해석될 필요가 있다. 그러나 쉬운 언어로의 번역과 해석은 두 가지 위험을 안기 쉽다. 너무 쉬워서 고전 자체가 가진 장엄함이 사라지는 위험이다. 다른 하나는 너무 쉬워서 정말 중요한 개념적 요점이 빠져나가 버리는 위험이다. 즉 단물이 빠져버린 형식만의 문자로 전락하는 위험이다. 쉽지만 깊이와 맛은 잃지 않게 긴장을 유지할 수 있는 번역을 제시하고, 그것을 독자적인 안목으로 해석하고, 다시 그것을 현대인이 이해할 수 있는 쉬운 언어로 해설하는 것은 고전 연구자의 임무다. 그러나 높은 수준을 가지고 있으면서도 누구나 읽을 수 있는 쉬운 번역과 해설을 제시하는 것은 말처럼 쉬운 일은 아니다. 말은 쉽지만 행하는 것은 어렵다, 그것은 수행에서만 그런 것이 아니라 학문에서도 사실이다. 그런 어려움과 긴장감을 유지하는 것은 고전 연구에서 놓쳐서는 안 되는 윤리라고 말할 수 있다. 그리고 고전 읽기가 빠져들 수 있는 위험이기도 하다. 누구나 아는 내용을 요약하는 것에 그치지 않고 학문적 깊이를 유지하는 것이 어렵다는 말이다. 그러나 그런 위험성에도 불구하고, 고전의 위엄을 지키고 고전의 가치를 유지하면서, 오늘을 사는 현대인이 쉽게 읽을 수 있고 공감할 수 있는 번역과 해설을 제공하기 위한 노력을 게을리할 수 없다. 이런 과제를 앞에 두고, 눈은 높지만 능력이 따라가지 못하는 한계를 절감한다.

2018년 12월
장성 불태산 자락에서
이용주 씀

1부
『성학집요』 서론

01

『성학집요』를 바치는 글

제왕의 길은 미세한 심술(心術)에서 시작하지만 경전에 밝혀져 있습니다. 성현이 번갈아 등장하고, 그때마다 말을 세우고 되풀이하여 밝히면서 서적의 양은 점차 많아졌습니다. 그 결과 경전과 주석, 자서와 역사서가 수천, 수만 권이 남아 있습니다. 그 글들 중에 재도(載道)의 문장이 아닌 것이 있겠습니까? 이 이후에 성인이 다시 나오더라도 더 할 말이 없을 정도입니다. 우리가 할 수 있는 일은 그 말에 근거하여 원리를 살피고, 그것을 분명하게 실천에 옮기고, 자기를 완성하고 일을 성취하는 결과에 도달하는 것뿐입니다. 후세의 도학(道學)이 희미해져 실행되지 못하게 된 이유는 독서가 넓지 않아서가 아니라 원리를 바르게 살피지 못했기 때문입니다. 또 지식이 넓지 않아서가 아니라 실천이 성실하지 않았기 때문입니다. 바르게 살피지 못한 이유는 요점을 파악하지 못했기 때문이고, 실천이 성실하지 않았던 이유는 진심이 부족했기 때문입니다. 요점을 파악해야 맛을 알 수 있고, 맛을 알아야 진심을 다할 수 있습니다. […] 저는 글을 모으고 편차를 정하여, 위로는 임금께서 참고하시고 아래로는 후생을 가르치는 데 요점을 정리한 책을 만들고자 하는 생각을 했습니다. 그러나 자신을 돌아보면 부끄러운 점이 많아서 뜻을 이루지 못했습니다. […] 그러다가, 올가을 초에 비로소 편집을 완성하여 '성학집요'라고 이름을 붙였습니다. 이 책은 제왕학의 본말, 다스림의 선후, 명덕의 효과, 신민의 실제에 대한 대체적인 개요를 담고 있습니다. 미묘한 것을 확대하여 큰 것을 알고, 이것을 통해 저것을 밝힌다면 천하의 도리가 여기서 벗어나지 않을 것입니다. 이것은 저의 글이 아니라 성현의 글입니다. 저의 천박한 식견 때문에 순서가 뒤죽박죽이 되었지만, 여기에 모은 말은 한 문장이 하나의 약이라서, 절실한 가르침이 아닌 것이 없습니다. […]

제왕의 학문 중에서 기질을 변화시키는 것보다 절실한 것이 없습니다. 또 제왕의 정치에서 진심을 다하고 바른 신하를 쓰는 것보다 먼저 해야 할 일은 없습니다. 기질을 변화시키기 위해서는 병을 살펴서 약을 써야 성과를 얻을 수 있습니다. 진심을 다하고 바른 신하를 쓰기 위해서는 위아래의 틈이 없어야 결실을 거둘 수 있습니다. 엎드려 뵈오니, 전하께서는 남다른 총명함과 지혜, 천성에서 나오는 효성, 우애, 공경, 검약의 자질을 갖추셨습니다. […] 지금 전하는 순수하고 아름다운 자질과 탁월한 학문을 가지고 있습니다. 순임금이나 무왕 같은 임금이 되는 것을 누구도 감히 막지 못할 것입니다. 그런 데 어째서 확고하게 뜻을 세우지 않고 널리 선한 것을 취하지 않으십 니까? [...] 자질이 아름다워도 채우고 배양하지 않으시며, 병이 깊은 데도 치료하지 않으시니, 어찌 가까이서 보필하는 신하들만 통탄하 겠습니까? 아마도 하늘에 계신 조상님들께서도 근심하고 있을 것입 니다.

엎드려 바라건대, 전하께서는 먼저 큰 뜻을 세우시고 반드시 성현 이 되겠다는 것을 목표로 삼아 삼대와 같은 세상을 기약하셔서서 온 마 음으로 글을 읽고 사물에 나아가 이치를 탐구하십시오. 마음에 거슬 리는 말은 반드시 도리에 맞는지 따져보시고, 뜻에 맞는 말은 반드시 도리에 맞지 않은지 따져보십시오. 올바른 여론을 즐겨 듣고, 전하의 뜻을 어기는 것을 싫어하지 않음으로써 선한 것을 받아들이는 도량 을 넓히십시오. 의리가 귀결되는 곳을 깊이 살피시고, 자신을 굽히는 것을 부끄러워하지 않음으로써 남을 이기려는 사사로운 마음을 버리 십시오. 일상생활에서 성실하고 확고하게 실천하여 한 가지 일이라 도 실수가 없고 조용하게 혼자 있을 때 마음을 순수하고 돈독하게 지 켜서 한 가지 생각이라도 잘못이 없게 하십시오. 중도에서 게으르지 말고 작은 성공에 만족하지 말며, 병의 뿌리를 모두 제거하고 아름다 운 자질을 완성하십시오. 이렇게 하여 전하께서 제왕의 학문을 이루 신다면 더 이상 다행한 일은 없을 것입니다.

예로부터 임금과 신하가 서로 마음을 알지 못하면서 큰일을 이루었다는 말은 듣지 못했습니다. [···] 그러나 후세의 임금들은 그렇지 못했습니다. 높고 깊은 궁궐에 거처하면서 신하들을 꺼리고 멀리하여 선하다는 것을 알면서도 등용할 뜻을 보이지 않고 악한 것을 보고서도 물리치라는 명을 내리지 않았습니다. 스스로 나라의 정치와 관련된 중요하고 핵심적인 기밀은 아랫사람들이 함부로 엿보거나 헤아리지 못하게 통제하는 것이 참으로 임금의 체통을 지키는 것이라고 여겨 마침내 군자는 정성을 다하지 못하고 소인은 그 틈을 타니, 거짓과 참이 섞이고 옳음과 그름이 모호해져 나라를 다스릴 수 없게 되었습니다. 이는 경계로 삼을 수 있을 것입니다. 지금 전하께서는 [···] 신하를 만나는 일이 아주 드물고, 서로 간에 마음과 뜻이 가로막혀서 법령이 천심에 부합하는 것을 볼 수 없고, 인재의 등용과 축출이 인심에 따르는 것을 볼 수 없습니다. 유자의 [바른] 의견은 시행하지 않고, 한갓 과장된 말로 하는 거짓말을 받아들입니다. 백성에게 해를 끼치는 법은 없애지 않고 오히려 개혁에 따르는 과오만 근심합니다. 이 때문에, 임금께서는 선한 것을 좋아하시지만 현명한 이를 등용하는 실상이 없고, 악한 것을 미워하시지만 간사한 사람을 제거하는 유익함이 없습니다. 그 결과 논의는 이리저리 갈라지지만, 옳고 그름의 기준은 정해지지 않습니다. 충성스럽고 현명한 사람에게는 믿고 맡기지 못하고, 간사한 무리가 넘치는 청탁을 하는 길이 열려 있으니, 전하께서 어린 후손을 누구에게 부탁하고 또 지방의 정사를 누구에게 맡기실지 모르겠습니다.

신이 엎드려 바라옵니다. 반드시 현명한 사람을 쓰고 어리석은 자를 물리쳐야 합니다. 위로는 가리는 것이 없고 아래로는 의심이 없어야 합니다. 군주와 신하 사이가 마치 간과 쓸개의 사이처럼 분명해야 합니다. 또 온 백성이, 마치 대낮에 해를 보는 것처럼, 군주의 마음을 우러러볼 수 있고 털끝만큼도 숨기는 것이 없어야 합니다. 그래야 군자는 믿음을 가지고 진심과 재주를 펼칠 수 있고, 소인은 두려움으로 잘못을 고치고 선한 것을 따를 수 있습니다. 바른 기운이 자라고 나라의 명맥이 튼튼해지고 기강이 펼쳐지고 선정이 행해져, 제왕의 정치를 펼칠 수 있으면 더 이상 다행스러운 일은 없을 것입니다.

　현명한 군주의 등장은 천년에 한 번 있는 일이고, 세상의 타락은 물이 아래로 흐르는 것과 같습니다. 지금 급히 구제하지 않으면 나중에 후회해도 소용이 없습니다. 옛사람이 말하기를, '아둔한 군주를 원망하지 않고 지혜로운 군주를 원망한다'고 했습니다. 아둔한 군주는 하려고 해도 할 수 없기 때문에 백성이 바라지도 않지만, 지혜로운 군주는 할 수 있지만 노력하지 않기 때문에 백성의 원망이 도리어 깊다는 것입니다. 정말 크게 두려워할 일이 아니겠습니까? 제가 편찬한 이 책을 올리면서 군더더기 말을 덧붙이는 것은 적절하지 않을 것입니다. 그러나 전하께서 진실로 기질을 변화시키는 노력을 하지 않거나 진심으로 현명한 신하를 쓰는 실천을 하지 않는다면 이 책을 바치더라도 헛된 일이 되고 말 것이기 때문에, 분수에 넘치는 말을 덧붙이게 되었습니다. […]

율곡의 충정

　율곡은 40세 때 홍문관 부제학의 신분으로 『성학집요』를 편찬하여 선조에게 올렸다. 율곡은 당시 그가 목도한 조선의 위기를 극복하고자 하는 우환의식과 위기의식에 촉발되어 선조에 대한 기대를 담아서 『성학집요』를 편찬했던 것이다. 율곡은 책의 편찬을 마치고, 거기에 '성학집요'라는 제목을 달아서 임금에게 바치는 단계에 이르러, 그 책 첫머리에 '임금에게 바치는 글[進箚]'을 서문으로 붙인다.

　'진차'에서도 나타나고 있듯이, 율곡이 『성학집요』를 편찬한 이유는 당시 학자들이 공부하는 데 필요한 요점을 제공해줄 필요가 있다고 생각했기 때문이다. 물론 학문을 성취하기 위해서는 요점 공부에만 의존해서는 안 된다. 그러나 기초가 없는 사람에게 방대한 고전과 참고서를 모두 읽어야 한다고 권하는 것은 비현실적일 뿐 아니라 불가능한 요구가 된다. 유교의 경서는 양적으로 방대할 뿐 아니라 난해하다. 더구나 경학에 대한 주석과 성리학적 해석의 전모를 파악하는 것은 수십 년의 학문적 공력이 뒷받침되지 않으면 불가능한 일이다. 당시 조선에는 퇴계나 율곡 같은 대학자들이 출현하기는 했지만, 방대한 유교의 경전과 성리학의 이론 중에서 핵심이 무엇인지 파악하는 능력을 갖춘 사람이 아주 많다고 하기는 어려운 상황이다. 대부분의 사인들은 공부에 뜻을 두면서도, 요점을 제대로 파악하지 못하기 때문에 공부에 진척이 없는 답보 상태에 머물러 있다. 율곡은 조선 사회에서 성리학의 수용과 정착에 진전이 없는 상황이 계속되고 있는 이유가 요령 부족 때문이라고 생각한다. 무엇보다 성리학의 정치 이념이 현실에서 실천되지 않는 것은 안타까운 일이다. 나라가 백척간두의 위기에 처했는데, 정치는 전혀 현실을 따라가지 못하고, 오히려 현실을 더 빠르게 위기로 몰아가는 데 일조할 뿐이다.

이런 현실을 타개하기 위해 율곡은 유교 및 성리학의 요령 파악에 도움이 될 만한 입문의 서적을 편찬하려는 뜻을 품고 있었다. 그러다가 마침내 뜻을 이룬다. "글을 모으고 편차를 정하여, 위로는 임금께서 참고하시고 아래로는 후생을 가르치는 데 요점을 정리한 책을 만들고자 하는 생각을 했습니다. […] 그러다가, 올가을 초에 비로소 편집을 완성하여 '성학집요'라고 이름을 붙였습니다." 나아가 율곡은 그 책이 성현의 말을 모은 것으로 "제왕학의 본말, 다스림의 선후, 명덕의 효과, 신민의 실제에 대한 대체적인 개요"가 다 담겨 있을 뿐 아니라 그것에서 출발하여 "천하의 도리"를 파악하기에 충분한 요점을 갖추고 있다는 자신감을 표현한다. 한마디로 현재의 문제를 치료하는 약방문으로서 "절실한 가르침이 아닌 것이 없다"고 말한다. 율곡의 학자로서의 자신감과 정치가로서의 위기의식이 결합되어 이런 방대한 책이 만들어졌다. 그리고 율곡은 자신이 편집한 『성학집요』가 진정 '성학'의 '요점'을 간추린 '입문'의 서로서 분명하게 기여할 것이라는 자신감을 표현하고 있다.

이어서 율곡은 "제왕의 학문 중에서 기질을 변화시키는 것보다 절실한 것이 없습니다. 또 제왕의 정치에서 진심을 다하고 바른 신하를 쓰는 것보다 먼저 해야 할 일은 없습니다"라고 말하면서 선조의 발분을 촉구한다. 율곡이 보기에 선조는 기본 자질은 나쁘지 않다. 그러나 제왕으로서 성군이 되겠다는 의지가 약하고 심지가 굳지 못하다. 게다가 신하의 의견을 받아들일 만한 식견과 도량이 좁다. 그 결과 신하들의 간언에 귀를 열지 못하고, 좋은 말을 하는 무리에 싸여 지내는 문제점을 가지고 있다. 결국 율곡이 말하는 기질 교정과 바른 신하 등용이라는 주문은 선조의 문제점을 교정하기 위한 방안으로 제시된 것이라고 읽을 수 있다. 기질을 교정하라는 말은 도량을 키우라는 주문이다. 그리고 바른 신하를 등용하라는 말은 폐쇄적인 국정 운영을 넘어서야 한다는 요청이다. 실제로 『성학집요』의 중심 부분이라고 할 수 있는 '수기론'의 핵심은 한마디로 '기질 교정[矯氣質]'이라고 말할 수 있다. 율곡이 '기질 교정'에 힘을 들이는 이유는 바로 선조의 병폐에 대한 처방전을 제공한다는 절박함이 있었기 때문일 것이다.

이어서 율곡은 선조에게 큰 뜻을 세울 것을 말한다. 이왕 왕이 되었으면, 성군이 되겠다는 포부를 가져야 한다는 말이다. 왕이란 누구나 마음먹고 노력한다고 될 수 있는 지위는 아니다. 운명이다. 그렇게 주어진 운명을 그냥 흘려보내지 않아야 한다. 어쩌면 사람으로 태어난 것에 대해서도 같은 말을 할 수 있을 것이라고 생각한다.

"전하께서는 먼저 큰 뜻을 세우시고 반드시 성현이 되는 것을 목표로 삼아 삼대와 같은 세상을 기약하시고 온 마음으로 글을 읽고 사물에 나아가 이치를 탐구하십시오." 도량이 작은 사람은 불필요한 의심과 질투심에 쉽게 사로잡힌다. 도량이 작은 사람은 작은 이익과 명예에 민감하고, 어떤 일에서든 경쟁하여 이기려는 호승지심이 강하다. 군주가 절대로 가져서는 안 되는 태도다. 군주가 뛰어난 식견과 지식과 지혜를 가진 신하를 질투하면 그 정치는 절대로 성공할 수 없다. 도량이 넓은 군주는 자신에 대한 믿음과 자존감이 높기 때문에 나보다 더 나은 사람, 바른 생각으로 나의 오류를 바로잡아 주는 신하를 보면 하나라도 더 배우려고 머리를 숙일 수 있다. 따라서 그런 군주는 신하에게 "자신을 굽히는 것을 부끄러워하지 않고" 신하와 경쟁하고 그를 누르려고 하는 마음, 즉 "남을 이기려는 사사로운 마음"을 갖지 않는다. 그리고 도량과 포부가 큰 사람은 작은 성공에 우쭐하거나 쉽게 안주하지 않는다. 율곡이 공부하는 사람이 "중도에 포기하거나" "작은 성공에 만족하는" 것을 대단히 경계하는 이유가 그것이다.

이 글에서 율곡은 『성학집요』의 주제인 '수기'와 '치인'의 요점을 명확하게 드러내 보여준다. '수기'에서 기질의 교정, '치인'에서 바른 신하의 등용은 『성학집요』의 핵심 중의 핵심이다. 바른 신하를 등용하기 위해서는 바른 식견과 너른 도량이 필요하다. 군주도 인간인지라, 열등 콤플렉스에 사로잡힐 수 있기 때문이다. 그런 경쟁의식과 콤플렉스에 사로잡힌 군주는 국가의 중요한 일을 다른 사람과 공유하려고 하지 않는다. 자기의 무지와 무식견이 드러날 것이 두렵기 때문에, 논의를 피한다. 그리고 밀실에 숨어서 극소수의 측근과 의논하여 잘못된 결론을 내리고, 그것을 권위로 밀어붙이려 한다. 율곡이 말하는 군자는 바른 식견을 가진 신하, 소인은 군주의 열등감을 이용하여 자기 이익을 챙기려는 신하다. 현실에서 군자와 소인을 명확하게 구분하는 것은 사실 쉽지 않다. 원론적으로 말하자면, 군자는 공적인 이익을 중시하지만, 소인은 공적인 이익을 도외시하고 국가를 사적인 이익 확장의 도구로 이용하는 인간들이다. 소인을 당장 가려내는 일은 대단히 어렵다. 워낙 철저한 위장 능력을 가지고 있기 때문이다. 대개 소인은 자기의 본질이 드러나지 않도록 대단히 조심스럽게 자기를 숨긴다. 공자가 "군자는 당당(蕩蕩)하고, 소인은 척척(戚戚)한다"고 한 말의 뜻이 그것이다.

그러나 우리는 최근에 우리 사회에서 일어났던 일들을 통해, 그런 소인배가 어떤 짓을 하고, 어떤 결과가 발생하는지 잘 알게 되었다. 하여튼 원칙적으로 말하자면, 군자, 즉 바른 신하를 멀리하면 '반드시' 사악한 소인배가 몰려들기 마련이다. 군주 자신이 소인배라면 문제는 더 심각해진다. 유유상종이라 했듯이, 소인배는 '반드시' 소인배를 좋아한다. 소인배는 임금과 바른 식견과 지혜를 가진 신하들 사이에 생긴 틈을 분명하게 포착하고, 그 틈으로 밀고 들어온다. 그들은 임금이 싫어하는 것이 무엇이고 좋아하는 것이 무엇인지 명확하게 안다. 군주의 부족한 식견과 어리석음은 소인배가 비집고 들어갈 공간을 넓혀준다. 다른 모든 사람에게 보이지만, 군주 자신만 그런 문제점을 보지 못한다. 어리석은 자를 우쭐하게 만들고, 무지한 자를 속이는 것은 식은 죽 먹기보다 쉽다. 대놓고 하는 칭찬, 대놓고 하는 좋은 말은 반드시 경계해야 한다. 그러나 그것을 모르기 때문에 그는 어리석은 사람이고, 어리석은 임금인 것이다. 율곡은 이렇게 말한다. "스스로 나라의 정치와 관련된 중요하고 핵심적인 기밀은 아랫사람들이 함부로 엿보거나 헤아리지 못하게 통제하는 것이 참으로 임금의 체통을 지키는 것이라고 여겨 마침내 군자는 정성을 다하지 못하고 소인은 그 틈을 타니, 거짓과 참이 섞이고 옳음과 그름이 모호해져서 나라를 다스릴 수 없게 되었습니다."

유능한 신하를 미워하고 질투하는 군주는 엉뚱한 의심이 많다. 믿을 사람은 의심하고, 의심해야 할 사람을 믿는다. 『성학집요』의 핵심 중의 핵심이라고 할 수 있는 '기질의 교정'이란 결국 그런 인격의 어두운 부분, 인격적 자존감이 약한 데서 오는 열등 콤플렉스를 극복하는 일과 관련된 것이다.

율곡이 보기에 당시의 군주, 즉 선조는 의심이 많을 뿐 아니라 포부와 자존감이 약한 인물이다. 그래서인지 그는 바른 신하들과 접견하는 기회를 가급적 피하려고 했다. 바로 오늘날의 이야기를 듣는 것 같다. 그는 공개적인 장소에서 여러 신하들과 논의하는 것을 극도로 혐오한다. 자기에게 좋은 말을 하는 사람들만 만나기 때문에, 공공적인 관점에서 바른말을 하는 신하는 눈엣가시 같은 존재로 생각된다. 그런 신하가 하는 말은 무언지 모르지만 간접적으로 자기를 비난하는 말로 들린다. 법령을 만들 때에도 공적인 이익을 고려하기보다는 측근들의 사적인 이익을 먼저 고려한다. 어떤 법을 만들려고 하면 그 법으로 인해 불이익을 얻는 이해 당사자들이 갖은 방법을 동원하여 법령 시행을 저지하는 현실의 정치가 그대로 오버랩되지 않는가? 대기업에 불리한 법이 만들어지는 것을 극력 저지하기 위해 법관, 검사, 국회의원을 매수하는 현실과 얼마나 닮았는가? 힘없는 대중의 이익을 증진하는 법령은 어찌 그리도 만들어지기 어려운지! 국민의 대표가 국민을 배신하는 오늘날의 껍데기 민주주의와 얼마나 닮았는가! 사실 이런 현실은, 정치 대표를 뽑는 방식이 아무리 변해도, 그 방식만 달라졌을 뿐 내용은 크게 다르지 않다. 정치가 인민과 백성을 고려하는 정치가 아닌데, 절대로 변하지 않는 게 당연하다.

　유교 핵심의 한 축인 '치인'은 단적으로 말해서 '민본'의 정치다. 민본이라는 말은 근대에 만들어진 숙어이기 때문에, 과거에 민본은 존재하지 않는다고 말하는 논자들이 있다. 하나의 학술 개념으로서 민본이라는 개념은 근대에 만들어진 것이 틀림없다. 그러나 과거에 민본이라는 개념이 존재하지 않았다고 해서, 민본 개념 자체를 포기해야 하는 것은 아니다. 민본 개념은 근대에 만들어진 것이지만, '이민위본(以民爲本)'이라는 숙어는 사용되었다. 민본 개념은 '이민위본'에서 온 개념이다. 그리고 그것이 유교의 정치적 이념을 대표하는 개념으로 선택된 것이다. 문제는 말이 아니라 실질이고 내용이다. 민본은 백성을 사랑하는 정치를 지향하는 유교의 이념이다. 이상이 실현되지 않았던 것은 오늘날 민주주의의 이상이 실현되지 않는 것과 별반 다를 것이 없으니, 놀랍지도 않다. 다만 유교는 애민(愛民), 중민(重民), 위민(爲民)이 정치의 목적이 되어야 한다고 주장했다. 근대의 학자들이 백성을 근본으로 생각하는 정치, 그것을 민본 정치라고 개념화한 것이다. 민본 개념을 만든 사람들은 서양의 democracy를 번역할 때, 민주 혹은 민본 개념을 도입하려고 했다. 그러나 결국 민주가 번역어로 승리하고, 민본은 전통적인 유교의 이념을 지칭하는 말로 사용되기 시작한다. 결국 두 개의 개념이 생기면서, 민본과 민주는 분열되었다. 민주는 형식 개념으로, 민본은 실질 개념으로. 그리고 현대의 '민주-democracy'는 대표 선출의 방식으로서만 존재하는 형해화(形骸化)된 이름이 되고 만다. 진정으로 국민을 위하는, 그리고 국민이 주인이 되는 정치를 가리키는 개념으로 나는 '민본-democracy'라는 개념을 사용해야 한다고 생각한다. '민본'이라는 실질과 '데모(DEMO)'의 지배라는 형식이 결합되지 않으면, 민주 정치는 공허한 이름으로 폐기될지 모른다. 한 번도 실현되지 않은 정치 이념을 내세우는 유학자들을 순진한 사람들이라고 말할 수는 있을지 몰라도, 민본의 이념 자체가 틀렸다고는 말할 수 없다.

핵심은 대표자 선출의 방식이 아니다. 정치의 실질의 문제인 것이다. 순자는 군주는 배[舟], 인민은 물[水]이라고 말했다. 맹자는 백성의 아픔을 돌보지 않거나 혼자만 잘 먹고 잘살기 위해 백성의 고혈을 짜내는 군주는 결국 축출당할 것이라고 경고한다. 유교적 민본, 애민 정치론의 선구자라고 할 수 있는 맹자는 혁명의 가능성과 정당성을 역설한다. 바로 이것이 민본이라는 현대적 구성 개념의 의미이고, 그것의 내실은 위민, 애민 정치다. 그러나 실제로 애민, 위민의 민본 정치가 실천된 경우는 많지 않다. 성군이 나타나기가 어렵다는 말이다. 율곡 역시 유교의 역사철학을 받아들여, 성군 출현의 어려움을 가감(加減) 없이 인정한다. 그리고 당금(當今)의 군주에게, 성군이 되려는 포부를 가질 것을 촉구한다. 그러나 현실은 암담하다. 백성을 위하는 위민(爲民) 정치가 아니라 백성을 해치는 해민(害民) 정치가 횡행한다. 국민이 주인인 민주(民主)를 표방하면서 실제로는 국민을 속이는 기민(欺民) 정치가 횡행하는 현실과 크게 다르지 않다. 율곡은 이렇게 말한다.

> 법령이 천심에 부합하는 것을 볼 수 없고, 인재의 등용과 축출이 인심에 따르는 것을 볼 수 없습니다. 유자의 [바른] 의견은 시행하지 않고, 한갓 과장된 말로 하는 거짓말을 받아들입니다. 백성에게 해를 끼치는 법은 없애지 않고 오히려 개혁에 따르는 과오만 근심합니다. 이 때문에, 임금께서는 선한 것을 좋아하시지만 현명한 이를 등용하는 실상이 없고, 악한 것을 미워하시지만 간사한 사람을 제거하는 유익함이 없습니다. 그 결과 논의는 이리저리 갈라지지만, 옳고 그름의 기준은 정해지지 않습니다.

율곡의 이런 한탄은, 어투만 바꾸면, 현재의 진보적인 신문의 사설을 읽는 착각이 들 정도다. 율곡의 말을 풀면 이렇다. 최근 정국이 돌아가는 꼴을 보니, 진정 국민의 이익을 위한 법을 만드는 진정한 노력은 보이지 않는다. 문제를 정확하게 이해하고 해결할 수 있는 식견과 능력을 가진 인물을 선택하기보다는 당파적 이익에 따라 사람을 쓴다. 당파주의와 관료주의에 포획된 제도 시행으로 점차 민심의 이반이 일어나고, 지지자의 이탈도 가속화된다. 적폐 청산을 내걸고 권력을 잡았지만, 정작 낡은 정치인 몇 사람 감옥에 보내는 것 이상의 개혁을 이루어내는 것은 쉽지 않다. 자신이 장관이 되고, 총장이 되면 뭐든 개혁하겠다고 호언하던 사람도 어느새 꼬리를 내리고 중대한 문제에서는 뒤로 숨어서 침묵한다. 자리 욕심만 있지 그 자리의 일도 모르고, 능력과 책임감도 없다. 교육, 대학, 언론, 경제, 재벌, 관료, 어느 영역에서든 기득권의 저항을 극복하지 못하고, 도리어 재벌과 관료와 기득권의 이익을 강화하는 법령만 만들어진다. 정치인도 자기들의 기득 이익을 조금이라도 내려놓으려 하지 않는다. 대한민국의 모든 적폐를 없애고 새로운 나라를 만들겠노라 호언장담했지만 막상 개혁을 실시하려니 쉽지 않다. 알고 보니, 적폐의 경계선이 분명하지 않았던 것이다. 적폐 청산을 외치는 사람들이 적폐 청산의 대상이 되는 경우도 적지 않다. 무엇이 진정으로 국민의 이익을 증진시키는 길인가를 따지기보다는 개혁에 따르는 혼란이 더 걱정스럽다. 주도적으로 의견을 낼 능력도 의지도 없으니, 어느 쪽으로부터도 욕을 먹지 않고 중간이라도 가는 길을 선택할 수밖에 없다. 장관을 마치면 또 다른 자리로라도 가야 하기 때문이다. 그래서 공론화니 뭐니 하는 꼼수를 써서 책임을 전가하기 바쁘다. 차라리 아무것도 하지 않았을 때보다 더 혼란스럽고, 국론이 분열되고 문제가 수습될 기미는 보이지 않는다.

마지막으로 율곡은 의미심장한 말을 하면서 선조에 대한 기대와 우려를 표명한다. "현명한 군주의 등장은 천년에 한 번 있는 일이고, 세상의 타락은 물이 아래로 흐르는 것과 같습니다. 지금 급히 구제하지 않으면 나중에 후회해도 소용이 없습니다. 옛사람이 말하기를, '아둔한 군주를 원망하지 않고 지혜로운 군주를 원망한다'고 했습니다. 아둔한 군주는 하려고 해도 할 수 없기 때문에 백성이 바라지도 않지만, 지혜로운 군주는 할 수 있지만 노력하지 않기 때문에 백성의 원망이 도리어 깊다는 것입니다. 정말 크게 두려워할 일이 아니겠습니까?"

어리석고 사악한 지도자라면 국민은 더 이상 그에게 기대하지 않을 것이다. 이번에도 잘못 뽑았구나, 식견이 부족한 자기 자신을 한탄하면서 시간이 흐르기를 기다릴 뿐이다. 기대를 접었기 때문에, 이 나라에 태어난 것을 한탄할 뿐이다. 다른 방법이 없으니 이 나라를 떠나거나 아니면 자포자기하는 마음으로 기대를 버리고, 사회가 더 큰 혼란에 빠지지 않기를 기원하면서 일신을 보전하는 일에 몰두한다. 물론 시간이 지나고 보면 엉터리 지도가 남긴 후유증은 돌이킬 수 없는 부메랑이 되어 돌아오겠지만, 그건 미래의 일이라 지금 미리 걱정할 것은 아니다. 어리석은 군주를 원망하지 않는다는 말은 포기한다는 말이다. 그러나 똑똑한 지도자, 아니면 큰 기대감을 심어준 지도자에 대해서는 오히려 그 원망이 더 클 수 있다. 그렇게 큰 사랑을 받았고, 지금도 지지를 받는 대통령이 재임 시에 대한민국 대통령 중 최악의 지지율을 기록했던 것은 이런 원리로 설명할 수 있다. 기대가 컸기 때문에 실망이 더 커진 것이다.

사실 율곡의 내심의 목소리는 이런 것이 아닐까? '어차피 성군이 나오는 것은 하늘의 별 따기처럼 드문 일이고, 세상의 타락은 마치 물이 아래로 흐르는 것처럼 자연스러운 일이니까, 나는 기대를 접는다. 하지만, 국민의 고통을 생각하면, 적어도 지식인의 책무를 생각하자면, 적어도 군주를 가르치고 바로잡아 보려는 노력은 기울여야 하는 것이 아닐까? 지금이 조선을 멸망의 위기에서 구해낼 수 있는 마지막 기회가 될 것 같다. 시기적으로 마지막인 것 같다. 지금 바로잡지 못한다면, 나라를 더 이상 유지하기 어려울 것이다.' 앞의 원문에서 율곡이 "어린 후손을 누구에게 부탁하겠는가?"라고 말한 것은 장차 "나라를 유지하는 것이 쉽지 않을 것이다"라는 경고인 것이다. 여기서 우리는 조선이라는 나라와 선조라는 군주에 대한 율곡의 비통한 충정을 깊이 느낄 수 있다. 실제로 율곡이 죽고 나서, 1592년 선조 당대에 일본이 조선을 침략했다. 『성학집요』를 바친 뒤 17년이 지나서였다. 율곡의 말은 일종의 예언이었던 셈이다. 안타깝지만, 전쟁을 경험하고도 조선은 근본적으로 바뀌지 않았다. 그리고 많은 역사학자들은 임진왜란을 거치면서 조선은 실제로 망한 나라가 되었다고 말하는데, 나도 그런 생각에 동의한다.

이 글 전체에서 율곡은 선조에게 기대와 우려가 뒤섞인 미묘한 양가 감정을 드러내고 있다. 율곡이 보기에 선조는 성군이 되기를 기대하기에는 부족한 인격의 소유자다. 무엇보다 완고하고 심지가 굳지 않다. 그러나 선조는 비교적 총명한 자질을 가지고 있다. 아예 기대를 접고 포기하기에는 아까운 인물이다. 그것이 선조에 대한 율곡의 솔직한 심정이다. 그러나 율곡은 선조가 성군이 되고자 하는 일시적인 결단을 할 수는 있을지 모르지만 그런 결심을 지속적으로 유지하고 노력하며 배운 도리를 실행에 옮길 수 있을 만큼 심지가 굳지 못하다는 데서 불안감을 떨치기 어렵다고 생각한다. 율곡은 선조가 자포자기의 심정에 빠지는 것을 염려한다. 율곡은 그런 우려를 다음과 같이 표현한다. "제가 편찬한 이 책을 올리면서 군더더기 말을 덧붙이는 것은 적절하지 않을 것입니다. 그러나 전하께서 진실로 기질을 변화시키는 노력을 하지 않거나 진심으로 현명한 신하를 쓰는 실천을 하지 않는다면 이 책을 바치더라도 헛된 일이 되고 말 것이기 때문에, 분수에 넘치는 말을 덧붙이게 되었습니다." 이런 우려는 이 글에서뿐 아니라 '수기편'을 마무리하는 '수기공효'를 비롯한 『성학집요』의 안어 여기저기에서 다시 강조되고 있다. 선조가 율곡의 글을 읽고 어떤 생각을 했는지는 모를 일이다. 하지만 거의 450년이 지난 지금, 군주제가 무너지고 찬란한 민주주의가 실현되어 있는 대한민국을 살고 있는 우리에게, 율곡의 이야기가 바로 오늘의 이야기로 다가온다는 사실에 가슴이 쓰리다.

02

『성학집요』의 집필 목표

도는 오묘하여 형체가 없지만 그것에 형태를 부여하는 것은 글입니다. 사서와 육경은 도를 이미 밝게 갖추고 있으나, 글을 통해서 도를 구한다면 모든 리를 드러낼 수 있을 것입니다. 다만 사서, 육경 전부는 너무 방대해서 요령을 파악하기가 어렵습니다. 따라서 옛 사람은 『대학』으로 그것의 규모를 세웠습니다. 성현의 천 가지 말 만 가지 가르침이 여기에서 벗어나지 않으니 이것이야말로 요령을 얻는 길입니다. 서산 진씨는 이 책을 확대하여 『대학연의』를 만들었습니다. 그것은 경전을 널리 인용하고 역사서를 끌어들여 학문의 근본과 정치의 순서를 밝혔습니다. '연의'는 분명한 체계를 가지고 있으면서 그 모든 것을 군주 일신(一身)에 귀결시키고 있으니, 진정으로 제왕이 도를 향해 나아가는 데 방향을 제시하고 있다고 할 수 있습니다. 다만 권수와 인용한 문장이 너무 많고, 사실 기록체의 형식을 가지고 있어서 '실학'의 체제를 보여주지 못하고 있습니다. 그렇기 때문에, 그 책은 아름답지만 다 좋다고는 말할 수 없습니다. […]

학문을 하기 위해서는 당연히 널리 배워야 하고 지름길만을 좇아서는 안 될 것입니다. 그러나 배우는 사람이, 방향이 정해지지 않고 마음이 굳지 못한 상태에서, 먼저 넓히는 것만을 힘쓰면, 마음이 안정되지 않고 취사선택이 정밀하지 않게 됩니다. 그럴 경우 자칫하면 마구 퍼져서 진실한 것을 놓치는 위험에 빠질 수 있습니다. 따라서 반드시 먼저 핵심을 배우고 바른 내용에 들어선 다음에라야 정해진 틀에 제한되지 않고 널리 배우면서 유추하고 확장할 수 있을 것입니다. 더구나 군주의 몸은 만 가지 일이 모이는 중심이라, 일을 처리하는 시간은 많이 필요하고 글을 읽는 시간은 적으니, 만약 벼리를 붙잡지 못하고 또 방향성을 확립하지 못한 상태에서 오직 넓히는 데만 힘쓰면, 문장을 암기하는 습관에 얽매이거나 문장을 화려하게 꾸미는 데 빠져서, 궁리와 정심, 수기와 치인의 도에 있어서 반드시 터득함이 있다고 말할 수 없을 것입니다. […]

『대학』은 진실로 덕으로 들어가는 문입니다. 그러나 진씨[진덕수(眞德秀)]의 『대학연의』는 요점을 간결하게 파악하지 못하고 있습니다. 만일 『대학』이 가르침을 제대로 이해하여 차례를 나누고, 성현의 말씀을 정선하여 내용을 채우고, 순서를 자세히 밝히고 간결한 설명으로 원리를 드러낼 수만 있다면, 성인 공부의 요점을 파악하는 길이 여기에 있다 할 것입니다. […] 사서와 육경에서 시작하여, 성리학자들의 학설과 역대의 역사서를 깊고 넓게 수집하여 핵심만을 채록하고, 잘 분류하여 순서를 세우고 번잡한 내용을 제거하고 요점을 밝혔습니다. 그리고 오랫동안 깊이 생각하고 거듭 살펴보면서 수정에 수정을 거듭하여 마침내 두 해에 걸쳐 모두 다섯 편을 완성했습니다.

❋

『성학집요』의 편찬 목적

국가와 정치의 위기를 구제하는 데에는 다양한 길이 있을 수 있다. 그러나 어느 시대든 마찬가지겠지만, 지도자의 중요성을 절대로 부정할 수 없다. 소위 모든 국민이 명목상 주인인 민주주의의 시대에도 지도자의 중요성은 과거 군주 시대보다 결코 덜하지 않다. 그만큼 과거에는 군주라고 불렸던 정치 지도자의 역할이 중요했다. 『성학집요』의 편자 율곡은 그런 사실을 누구보다 잘 이해하고 있다. 그래서 율곡은 이렇게 말한다. "학문의 근본, 정치의 순서는 분명한 조리가 있습니다. 그러나 그것은 궁극적으로는 인주(군주)의 한 몸으로 귀결되는 것입니다." 따라서 율곡은 『성학집요』라는 책을 통해 조선의 새로운 군주 선조가 진정한 제왕의 길로 나아갈 수 있기를 기대하고 있다. 유교 국가에서 군주를 교육하고 훈련하는 것은 유학자들의 임무였다. 유학자들은 경연(經筵)이나 상소문(上疏文) 등 다양한 방법을 동원하여 군주를 가르치고 훈련하고, 작은 생각에서부터 국제 관계의 큰 판단에 이르기까지, 군주에게 다양한 아이디어를 제공한다. 군주는 그런 다양한 견해를 비교 검토하여 최종적인 판단을 내려야 한다. 물론 그 판단이 때로는 정치적 대결의 장 안에서 당파적 이익을 내세우는 방식으로 내려질 수도 있다. 그러나 당파적 대립이 치열하면 할수록, 군주는 자신에게 제시된 다양한 입장을 더 높은 전망을 가지고 비교 평가할 수 있는 안목을 가져야 한다. 이상과 현실의 괴리를 인정한다고 하더라도, 군주의 이해력과 정신 수준의 제고(提高)는 유교 국가의 존망과 관련된 중요한 과제였던 것이다. 『성학집요』는 그런 목표를 수행하기 위해 유교의 이론과 실천을 일정한 원리에 따라 배치하고 있다. 율곡은 자신의 편찬서가 어떤 구조와 체계를 가지고 있는지 자세한 해설을 덧붙이고 있다. 그때 율곡이 모델로 삼은 고전은 『대학』이었다.

『대학』은 『예기』 49편의 한 편에 불과한 짧은 문서다. 그러나 『대학』은 당(唐)나라 말에서 송(宋)나라를 거치면서 성리학자들의 노력에 힘입어 사서의 한 권으로 격이 높아지고, 마침내 성리학의 입문서로, 나아가 성리학(유학)의 핵심 경전의 하나로 인정받기에 이른다. '사서'의 한 권이자 유학의 핵심 경전으로서의 『대학』의 지위는 주자가 '사서'에 주석을 붙이면서, 즉 주자의 『사서집주』가 탄생하면서 더욱 확고해진다. 주자의 집주는 원(元)나라, 명(明)나라를 거치면서 과거(科擧)의 표준 텍스트로 정착되었고, 『대학』은 유학을 공부하는 사람이라면 반드시 읽어야 할 체계서로서의 지위를 획득한다. 율곡이 『대학』을 '입덕지문(入德之門, 덕으로 들어가는 문)'이라고 말한 이유가 그것이다. 명나라 이후에 유학자가 된다는 것은 『사서집주』를 비롯한 주자의 주석을 통해 유학 경전을 연구하고, 과거 시험에 급제하여 관료로서 유학의 이념을 전파하는 존재, 즉 '수기'와 '치인'의 공적을 세우는 존재가 되는 것과 동의어가 된다. 따라서 성리학의 세례를 받은 율곡 역시 『대학』을 기준으로 삼아 유학의 전체 상을 그리게 된 것이다. 그러나 율곡은 당시 일반적으로 읽히던 『대학연의(大學衍義)』가 주석서로서나 사례집으로서 지나치게 방만하여 오히려 『대학』의 요점을 파악하는 데 방해가 된다는 자각을 가지게 되었다. 공부의 귀재인 율곡은 학문에 있어서 요점의 중요성을 누구보다도 잘 알고 있었기 때문이다.

> 진씨[진덕수(眞德秀)]의 『대학연의』는 요점을 간결하게 파악하지 못하고 있습니다. 만일 『대학』이 가르침을 제대로 이해하여 차례를 나누고, 성현의 말씀을 정선하여 내용을 채우고, 순서를 자세히 밝히고 간결한 설명으로 원리를 드러낼 수만 있다면, 성인 공부의 요점을 파악하는 길이 여기에 있다 할 것입니다.

율곡은 성학, 즉 성인(聖人) 공부의 요점이 『대학』에 모두 다 담겨 있다는 사실에 당연히 동의하지만, 진덕수[西山]의 『대학연의』를 대체할 수 있는 유학 입문서를 편찬하고자 하는 학문적 포부를 품게 된다. 그 포부를 실현한 것이 『성학집요』였던 것이다.

03

『성학집요』의 구성과 내용

　　1편 통설(統說)은 수기, 치인을 합하여 말한 것입니다.『대학』에서 말하는 명명덕, 신민, 지어지선이 그것입니다. 2편 수기는『대학』에서 말하는 명명덕인데, 모두 13개 항목입니다. 1장은 총론, 2장은 입지, 3장의 수렴은 방향을 정하고 흐트러진 마음을 구하여『대학』의 기본을 세우는 것입니다. 4장의 궁리는 이른바『대학』의 격물치지입니다. 5장은 성실, 6장은 교기질, 7장은 양기, 8장의 정심은『대학』에서 말하는 성의와 정심입니다. 9장의 검신은『대학』에서 말하는 수신입니다. 10장은 회덕량, 11장은 보덕, 12장의 돈독은 뜻을 성실하게 만들고, 마음을 바르게 가지며, 몸을 세우는 나머지 뜻을 거듭 논한 것입니다. 13장은 수양의 효과를 논한 것입니다. 자기를 수양해서 지극한 경지에 이르는 것이 바로 그것입니다.

제3편은 정가(正家), 제4편은 위정(爲政)입니다. 그것은 『대학』에서 말하는 신민입니다. 정가는 제가(齊家)를 말하는 것이고, 위정은 치국평천하를 말하는 것입니다.

정가(正家)는 여덟 항목으로 되어 있습니다. 1장은 총론입니다. 2장은 효경, 3장은 형내입니다. 4장은 교자, 5장은 친친입니다. 그것은 각각 부모에 대한 효도, 처자를 다스림, 형제들 사이의 우애를 다루고 있습니다. 6장은 근엄이고 7장은 절검인데, 앞에서 충분히 말하지 못한 내용을 다루고 있습니다. 그리고 8장은 제가의 지극함인 정가의 공효에 대해 말하고 있습니다.

위정(爲政)은 10개 항목으로 구성되어 있습니다. 1장은 총론이고 2장은 용현, 3장은 취선입니다. 그것은 『대학』에서 말하는 '인자라야 능히 좋아하고 미워할 수 있다'는 뜻을 펼친 것입니다. 4장은 식시무, 5장은 법선왕, 6장은 근천계입니다. 『대학』에서 말하는 은(殷)나라의 일을 본받고 하늘의 명을 받들어 바꾸지 않는 도리를 펼치고 있습니다. 7장은 입기강인데, 『대학』에서 말하는 나라를 다스리는 사람은 근신하지 않을 수 없고 허물이 있으면 죽음을 당한다는 도리를 펼치고 있습니다. 8장은 안민, 9장은 명교입니다. 『대학』에서 말하는 군자가 자기를 근거로 다른 사람을 헤아리는 도리, 효를 일으키고 우애를 일으킴은 배반하지 않는다는 도리를 펼치고 있습니다. 10장은 위정공효인데, 치국평천하가 최고의 경지에 도달한 상태에 대해 말하고 있습니다.

마지막 제5편은 성현도통인데, 그것은 『대학』의 실제 자취입니다.

이상을 모두 합해 '성학집요'라고 이름을 붙였습니다. 이것을 바치는 이유는 결국 도를 전하는 책임을 전하께 바라기 때문이라고 말할 수 있습니다.

❀

『성학집요』는 전체 5편으로 구성된다. 제1편은 통설, 제2편은 수기편이다. 제3편은 정가편, 제4편은 위정편, 그리고 마지막 제5편은 도통편이다. 이하 각 편의 내용을 간단하게 소개해보자.

통설의 내용

제1편 통설에서 율곡은 『성학집요』가 '수기와 치인'이라는 기본 구조 위에 수립된 것이며, 구체적으로는 명덕, 신민, 지선이라는 『대학』의 삼강령의 체계를 부연 확대한 것임을 밝히고 있다. 성리학의 인격 수양론과 정치론의 체계적 근거는 『대학』이라는 사실을 밝히고 있는 것이다. 이 총설에서 율곡은 '수기와 치인'이라는 인간론과 정치론의 전체 이념을 종합적으로 요약하고 있다. 유교는 '수기'에서 시작하여 '치인'으로 완성되는 구조를 가진 사상이기 때문이다. 그러나 굳이 선후를 따진다면, 자기 수양을 추구하는 '수기'가 근본이고 가정과 나라를 다스리는 '치인'이 그다음이다. 하지만 유교의 '치인'은 '수기'로 돌아오는 회귀적

구조를 가지고 있다. 물론 '수기' 안에는 반복해서 '치인'의 관심과 목적이 모습을 내민다. 특히 '수기'의 최종적 효과가 요순과 같은 군주가 되어 백성을 잘 다스리는 것이라고 말하는 곳에서 그런 관점은 명확하게 드러난다. 유교에서 수양은 위정의 전제였던 것이다. 그런 점에서 유교는 한마디로 '수기(修己)의 학문'이라고 말할 수 있다. 그리고 율곡 역시 그 사실을 잘 알고 있기 때문에 '수기' 문제에 많은 공력을 들인다. 그리고 실제로 『성학집요』 전체에서 '수기'의 논의가 가장 흥미진진하다. 성리학적 이론과 사상적 이해를 바탕으로 인격 성장의 목표와 방법을 제시하고 있기 때문이다.

유교에서 정치론은 단순한 정치 기술이나 제도에 중점을 두지 않는다. 정치 기술이나 제도가 중요하지 않아서가 아니다. 어떤 제도든 그것은 사람이 만드는 것이다. 또 어떤 기술이든 그것을 운용하는 것도 사람이기 때문에 궁극적으로 사람이 문제가 된다. 따라서 정치가 제대로 작동하기 위한 전제 조건은 정치를 운용하는 사람의 인격 확립이다. 그런 점에서 유교 정치론에서는 정치 기술이나 제도가 아니라 사람의 성장을 문제 삼는 인격론이 중요한 주제가 된다. '수기' 이후에 나오는 '정가'나 '위정'의 논의도 사실은 정치 기술론이나 제도론이 아니라 처음부터 끝까지 인격 성장의 문제를 다루고 있다는 사실을 기억할 필요가 있다. 물론 그런 유교 정치론에 약점이 없는 것은 아니다. 개인이 모여 사회와 국가가 만들어지지만, 사회와 국가가 개인의 단순한 집합은 아니기 때문이다. 도덕적인 사람들이 모였다고 해서 반드시 도덕적인 사회가 만들어지는 것은 아니다. 그런 유교의 약점을 보완하는 것이 법가 사상이었다. 유가와 법가는 그런 점에서 상호 보완적이었고, 그런 현상을 흔히 '외유내법(外儒內法, 겉으로는 유가지만 안으로는 법가)'이라고 부른다. 유교 역사 안에서 제도의 개혁이나 정치 기술의 혁신을 중시하는 왕안석 같은 사상가들이 종종 법가(法家)라는 비판을 받았던 것을 보면 유교 정치론 안에서 유가와 법가의 위치를 짐작할 수 있다.

수기편의 내용

구체적으로 제2편 수기편은 총론을 앞에 두고, 입지, 수렴, 구방심으로 전개된다. 입지(立志)는 뜻을 세우는 일이다. 사람은 누구나 성현이 될 수 있고, 성현 되기를 꿈꾸는 것이 나의 존재론적 사명이라는 확신을 갖는 것이 뜻을 세우는 일이다. 유교에서 말하는 공부는 단순히 지식을 확대하거나 어떤 자격증을 얻기 위해 하는 학습이 아니다. 공부의 방향과 목적이 서지 않은 공부, 그런 공부는 쉽게 흔들리고 작은 어려움 앞에 좌절한다. 수렴(收斂)은 학문의 방향과 목표가 수립된 다음에 힘과 열정을 집중하는 것이다. 방만한 관심과 세속적 욕구의 가지를 적절하게 쳐내고, 한 지점에 집중하여 노력을 기울이는 것이 수렴이다. 흐트러진 마음을 모은다고 풀이될 수 있는 구방심(求放心) 역시 수렴과 비슷한 말이다. 그러나 그 둘은 굳이 말하자면 초점이 조금 다르다. 수렴이 정신적 태도의 문제라면 구방심은 마음을 다스리는 실천에 좀 더 초점을 두고 있다. 율곡은 위의 세 가지 항목이 『대학』이 가르치는 내면의 빛을 밝히는 명덕(明德) 공부의 기본이라고 말한다. 이어서 '리'를 탐구하는 궁리가 논의된다.

궁리(窮理)는 다른 말로 격물치지(格物致知)라고 불린다. 성리학에서 말하는 리는 단순히 자연세계의 물리법칙이 아니다. 따라서 궁리 역시 자연세계에 대한 지식 획득에 한정되지 않는다. 성현이 되기를 지향하는 유교적 학문에서 반드시 알아야 할 문제를 이해하는 것이 궁리다. 궁리는 유교적으로 바람직한 인격을 기르기 위해 필요한 지식을 습득하고, 그런 지식의 바탕이 되는 철학적 문제를 이해하는 것이다. 막연하게 폭넓은 지식을 획득하는 것이 궁리의 목표가 아니다. 왜 우리는 지식을 가져야 하는가, 바른 지식이란 무엇인가? 지식에 대한 지식, 즉 메타 지식을 가지는 것이 궁리의 본질적 과제라고 말할 수 있다. 메타 지식을 가지기 위해서는 본성[性], 천리(天理), 심성(心性), 리기(理氣) 등, 소위 형이상학적인 주제들에 대한 탐구가 필요하다. 단순히 무엇을 아는 것이 아니라, 지식이 성립하는 배경과 지식의 근거에 대한 사유가 궁리의 과제가 된다. 이런 주제는 율곡 사상의 본질, 나아가 성리학의 본질과 관련된 것이기 때문에 나중에 자세히 살펴보게 될 것이다.

성리학의 근본이 되는 메타 지식을 논의한 다음, 『성학집요』는 '수기'의 후반부에서 본격적인 인격 수양에 대해 논의한다. 성실, 교기질[기질 교정], 양기는 주로 기(氣) 문제를 중심으로, 완전한 지식과 바른 이해를 가로막는 욕망과 욕구에 대해 논의한다. 성리학적으로 말하자면, 기질의 간섭이라는 장애물을 넘어서는 것이 중요하기 때문이다. 인간은 기질적 존재다. 다시 말해 인간은 신체적 존재다. 적어도 인간이 살아 있다는 것은 기질적 존재, 신체적 존재로서 생명을 유지한다는 것이다. 그런 생명을 유지하는 동안 인간은 성인이나 군자로 전진하는 것이 대단히 어렵다. 결국 성인군자가 되는 것을 지향하는 유교 수양론은 기질 문제, 즉 기질의 통제와 기질의 교정 문제로 귀결된다고 말할 수 있다. 율곡의 사상이 기 문제, 나아가 기질 문제에 특별하게 강한 포인트를 두는 것은 그런 이유에서다.

기질 문제가 충분히 논의된 다음에 『성학집요』는 정심[마음 바르게 하기]을 거쳐 검신[몸의 점검], 즉 성의와 정심을 거쳐 수신으로 나아간다. 이런 식의 논의 진행 방식 자체가 『대학』의 구조를 따르고 있다. 기질 통제가 충분히 이루어지고 기질의 교정이 충분히 달성되었을 때 따라 나오는 것이 정심이다. 마음을 바르게 가지는 것은 말하자면 기질의 간섭을 최소화한 결과 가능한 것이기 때문에, 정심 논의는 기질 교정이 어느 정도 달성된 다음에만 의미를 가질 수 있다. 하지만 유교에서는 몸과 마음을 완전히 단절되는 것으로 보지 않는다. 따라서 기질의 교정과 바른 마음을 가지는 공부가 단절적으로 이해되지는 않는다. 그러나 검신, 즉 신체의 훈련은 일단은 몸가짐의 문제이기 때문에 마음공부에 비해서는 비교적 구체화되어 있다. 신체는 마음보다는 접근하기 쉽고 실감하기 쉬운 것이다. 유교에서 말하는 인격 수양은 마음만 바르면 된다는 식은 유심주의가 아니다. 유교는 바른 몸가짐, 바른 행동이 바른 마음을 드러내는 최소한의 기초라고 생각한다. 마음은 일차적으로 말과 행동을 통해서 드러나는 것이기 때문이다. 마음을 간접적으로 드러내는 최소한의 표현이 몸이기 때문에, 유교는 바른 몸가짐을 중요하게 여긴다. 물론 몸가짐이 전부는 아니다. 끝으로 수기편 말미에서 율곡은 회덕량[덕의 확장], 보덕[덕의 보완], 그리고 그것을 다지는 돈독[성실한 노력]을 논의하면서 기질 교정, 마음 훈련, 그리고 몸의 훈련을 통해 확보한 인격을 지속적으로 확대하고 유지하는 수양의 전 체계를 완성한다.

정가편의 내용

제3편은 정가편이다. 정가는 흔히 수신제가(修身齊家)라고 할 때의 제가(齊家)와 같은 말이다. 가정을 다스린다는 말이다. 정가는 여덟 꼭지로 구성되어 있다. 첫째가 총론이고, 효경[효도와 공경], 형내[가정을 다스림], 교자[자식 교육], 친친자[가족의 사랑]로 이어진다. 여기까지는 효와 가족의 사랑, 처자를 다스리는 문제, 나이 차이에 따른 예절 문제를 이야기한다. 그리고 가정에서 인간관계의 태도를 말하는 근엄, 절약을 강조하는 절검이 이야기된다. 마지막이 정가의 공효 문제로 유교의 '제가론'이 충실하게 논의되고 있다.

위정편의 내용

이어지는 제4편은 위정편으로, 유교 정치이론을 전개한다. 내용적으로는 정치의 근본과 요체를 논의하는 총론에 이어 '정치의 도구[爲政之具]'라고 할 수 있는 용현[바른 신하 등용], 취선[바른 의견 수렴], 식시무[현실 인식], 법선왕[역사적 바람직한 선례 참조], 구체적인 정치적 사무(위정지사)로서 근천계[하늘의 마음을 살핌], 입기강[나라의 기강을 바로 세움],

안민[백성의 삶을 안정시킴], 명교[백성을 가르침] 등을 논의한다. 마지막으로 정치의 결과인 위정공효를 말한다.

위정편은 소위 유교적 정치론으로, 유교 성리학의 덕치주의 및 왕도주의에 입각해 있다. 그리고 유교의 덕치론과 왕도론은 군주, 군왕의 '수기'에 근간을 둔다는 점에서, 유교적 정치론은 수기론의 연장선에 있다고 말할 수 있다. 군주가 바른 정치를 펼치기 위해서는 먼저 인격적으로 무장할 필요가 있다는 것이다. 유교 왕도론에서 군왕의 위상은 정치적 지도자인 동시에 스승이고, 나아가 '백성의 부모[爲民父母]'라고 규정된다. 군주란 결국 하늘의 대리인으로 백성을 기르고 보살피는 것을 임무로 가지고 있다. 그렇기 때문에 위정의 한 항목으로 하늘의 마음을 살피는 '근천계'가 들어가 있는 것이다. 이렇듯 유교에서 군주의 역할은, 마치 부모가 자식에게 하는 것처럼, 백성을 기르고[養] 가르치고[敎] 이끌어가는[導] 것이다. 이런 기본이 바로 설 때, '정치의 근본[爲政之本]'이 바로 세워진다. 이렇게 정치의 근본이 바로 섰을 때, 실제 정치는 스무스하게 작동한다. 그러나 근본이 중요하다고 해서, 근본만 바로잡는다고 해서 모든 정치적 과제가 다 완수되는 것은 아니다. 근본에 입각하여 군주가 덕을 쌓는 것이 중요하지만, 구체적인 정치 현장에서 그런 덕을 실천하는 것은 또 다른 과제다. 그래서 율곡은 위정의 도구로서 용현, 식시무, 법선왕 등의 항목을 강조한다.

용현(用賢)은 사실 『성학집요』 위정편의 핵심이라고 말할 수 있다. 당연히 '정치의 근본'인 덕성 수양은 중요하다. 하지만 구체적인 정치의 현장에서 무엇보다 중요한 것은 '용현[바른 신하 등용]'이라고 말할 수 있다. 군주는 구중궁궐(九重宮闕)에 머물러 있기 때문에 세상사의 실상을 제대로 이해할 수 없는 입장이다. 그렇기 때문에 군주는 신하들의 눈과 귀에 의존하여 세상사를 살펴볼 수밖에 없는 처지에 놓여 있게 된다. 중국같이 방대한 영토를 가진 제국은 말할 것도 없지만, 아무리 작은 나라라도, 군주가 현실을 직접 자기 눈으로 관찰하고 판단하는 것은 불가능한 일이다. 여기서, 유교 정치에서 군주의 덕성이라는 원칙을 실천하기 위한 방안으로서 '용현'의 중요성이 부각될 수밖에 없다.

결국 유교 국가에서 정치는 군주와 신하의 협력 활동이 될 수밖에 없다. 그래서 율곡은 위정의 근본을 논하고, 다시 위정의 도구를 논의하는 첫머리에서 '용현'의 중요성을 역설하고 있는 것이다. 그렇다면 군주를 도와서 정치를 실행하는 도구인 '바른 신하'란 누구인가? 유교의 현인은 결국 군자(君子)의 다른 이름이다. 그렇다면 군자란 누구인가? 사실, 율곡은 전통적인 군자-소인(小人) 이원론에 입각하여, 군주의 정치적 도구가 되기에 마땅한 인물을 군자, 그렇지 않은 자를 소인이라고 구분한다. 그리고 군자와 소인을 나누는 척도로서, 의(義)와 리(利), 군주(君主) 지향과 작록(爵祿) 지향, 도의(道義) 지향과 영달(榮達) 지향, 공(公)과 사(私) 등을 들고 있다. 그러나 율곡의 의도와 충정이 아무리 사심이 개입되지 않은 것이라고 해도 군자와 소인을 현실에서 구분하는 것은 결코 쉽지 않다. 인간은 언제나 당파적 존재인지라 그런 당파성을 근본적으로 넘어서는 것이 쉽지 않기 때문이다. 따라서 현실에서 군자-소인을 구분할 때, 그것은 자칫 또 다른 의미의 당파성 주장으로 흘러갈 위험성이 있다. 율곡의 군자-소인론 역시 당파론으로 끝나고 마는 위험성을 내재하고 있다는 말이다. 율곡이 탁월한 인물이니 율곡에 의해 소인으로 지목된 사람은 그야말로 소인이라고 단순하게 받아들이는 것은 온당하지 않은 판단이 될 수 있다.

사실, 고대 중국의 도가(道家) 사상가 장자(莊子)는 유교의 군자-소인론이 또 다른 하나의 당파주의에 불과할 수 있다는 사실을 간파했다. 그는 현실에서 옳고 그름의 가치 구분 자체가 말처럼 쉽지 않다는 사실을 다음과 같이 지적한다. "나와 같은 생각을 가진 사람은 나를 옳다고 할 것이고, 나와 다른 생각을 가진 사람은 나를 틀렸다고 할 것이다. 나를 옳다고 여기는 사람이 아무리 많아도 내가 반드시 옳은 것은 아닐 수 있고, 나를 응원하는 사람이 한 사람도 없다고 해도 내가 틀린 것은 아닐 수도 있는 것 아닌가?" 율곡이 당시 조선 사회를 피폐하게 만드는 당파적 대립을 극복하기 위한 충정 때문에 공적 가치와 사적 이익이라는 이분법에 입각한 군자-소인론을 전개하고 있는 것은 십분 이해할 수 있다. 하지만 그런 군자-소인론이 현실 정치 안에서 당파주의적 파국으로 치달고 말았다는 사실도 잊어서는 안 될 것이다. 그리고 오늘 대한민국에서도 공과 사의 대립, 보수와 진보의 대립, 옳고 그름의 대립, 공정과 불공정의 대립, 계급적 대립을 해결할 수 있는 기미가 보이지 않는 것도 같은 맥락이라고 볼 수 있을 것이다.

용현에 이어 율곡은 그 연장선에서 취선[바른 의견 수렴]을 논한다. 그리고 식시무를 통해, 정치에서의 현실 인식의 중요성을 강조하고 있다. 이 식시무 장에서 율곡은 그의 사상에서 아주 중요한 주제의 하나라고 할 수 있는 창업(創業), 수성(守成), 경장(更張)이라는 역사 변화론을 제시한다. 율곡은 당시 조선 사회가 창업 이후에 일정한 수성의 기간을 거치면서 쇠락기로 접어들고 있다는 위기의식을 가지고 있었다. 경장이란 느슨해진 활시위를 다시 팽팽하게 당기는 작업이다. 느슨해진 국가의 기강과 도덕적 타락, 당파적 갈등으로 인한 대립, 제도의 해이 등등이 율곡이 느끼던 위기의 뿌리였다. 그런 위기의 시대에 기본이 무너진 상황을 극복하여 처음 나라가 시작되었을 때의 긴장감으로 되돌아가는 것이 경장이다.

정치사에서는 창업도 어렵지만 수성은 더 어려운 과제에 속한다. 중국의 탁월한 정치서인 『정관정요』 역시 '창업'보다 '수성'이 더 어려운 일이라고 말한다. 제대로 '수성'을 하려면 느슨해진 고삐를 다시 걸머지는 노력이 요구된다. 그래서 '경장'이 따라 나온다. 정치적으로 '수성'과 '경장'은 항상 연결되어 있다. 오래도록 '수성'하기 위해서는 '경장'이 필요해지는 것이다. 그러나 '경장'은 사실 말처럼 쉬운 일이 아니다. 왜냐하면 그것은 이미 정립되어 있는 이익 구조를 뒤흔드는 것이 될 수 있기 때문이다.

하나의 나라가 100년 이상 지속되다 보면 확고한 기득권층이 형성되기 마련이다. 처음으로 돌아가자는 구호는 필연적으로 기득권층의 반발을 불러일으킨다. 그런 기득권층의 저항을 극복하는 것은 결코 쉽지 않다. 그리고 창업 이후에 성공에 취한 사람들이 가지기 쉬운 자대감(自大感), 혹은 자신감(自信感) 역시 '경장'을 가로막는 장해물이 될 수 있다. 소위 승자의 저주, 성공의 딜레마다. 게다가 당시 조선의 위기를 불러온 여러 내적·외적 요인에 대한 정보와 지혜가 부족했던 것도 '경장'이 어려운 이유로 꼽을 수 있다. 위기의 세계사적 의미를 이해하지 못하는 우물 안 개구리식 이념 투쟁도 이유가 된다. 율곡은 경장론을 통해 조선 사회를 근본적으로 개혁하는 길을 모색하려고 했지만, 율곡 이후 조선 사회는 율곡이 촉구했던 근본적인 개혁의 기회를 잡지 못하고 말았다. 율곡은 "임금이 성심으로 나라가 다스려지기를 원한다면 누추한 곳에 숨어 있는 인재를 발굴할 수 있을 것"이라고 말하고 있지만, 현실은 그런 군주의 자각만으로 개혁될 수 있을 만큼 녹록하지 않았던 것 같다.

이어서 율곡은 하늘이 보이는 징조에 대해 관심을 가져야 한다는 근천계로 논의를 이어간다. 소위 천견론(天譴論), 혹은 재이사상(災異思想)이라고 알려진 입장이다. 군주가 선정을 베풀지 못하고 백성을 위한 정치를 실시하지 못할 때 하늘은 나쁜 징조를 내려보내 군주에게 경고하고, 반대로 아름다운 정치에 대해 좋은 징조를 내보인다는 입장이 천견론이다. 성리학에서 천견론은 중요한 정치 이론으로서 강력한 영향력을 행사했다. 유교를 합리주의적 반종교 사상이라고 보는 근대적 유교 이해로는 이런 율곡의 천견론을 적극적으로 평가하기 쉽지 않을 것이다.

이어서 『성학집요』의 위정편은 입기강[기강을 세움], 안민[백성의 삶을 안정시킴], 명교[백성을 가르침] 등 '위정지사(爲政之事)', 즉 위정의 구체적인 방법을 논의하는 것으로 넘어간다. 율곡은 당시 조선 사회가 기강이 무너진 사회라고 평가하고 있다. '경장'을 말하기 위해서는 무엇보다 먼저 사회적 기강의 회복, 즉 '입기강'이 전제되어야 한다. 법질서가 우스갯거리로 여겨지고, 가진 자의 법과 가지지 못한 자의 법이 다른 현실, 그것이 기강의 피폐를 단적으로 보여준다. 꼼수가 승리하고 정직함이 비웃음을 당하는 현실. 권력의 눈치를 살피느라 오락가락했던 언론은 정권이 바뀔 때마다 반성하고 다시 기회를 달라고 한다. 권력이 바뀔 때마다 이런 일이 반복되고 있으니, 누가 그 말을 진실이라고 믿을 수 있겠는가? 율곡이 살았던 시대의 위기가 어떤 것인지 실감이 나지 않지만, 현재의 대한민국을 보면 그의 아픔과 비애를 어렴풋하게나마 느낄 수 있을 것 같다.

기강이 무너진 사회에서 안민을 꿈꾸는 것은 나무에서 물고기를 구하는 것과 같다. 율곡의 말을 빌리면, "기강이 바로 서고, 백관이 자기 직분을 충실하게 완수한 다음에야 비로소 정치의 도구를 펼칠 수 있다. 그런 다음에라야 비로소 백성이 정치의 은택을 입을 수 있다." 율곡은 정치의 최종 목표라고 할 수 있는 '안민'은 결국 세금을 줄이고, 부역을 줄이고, 형벌을 줄이는 세 가지에서 시작된다고 말한다. 그가 제시하는 방법은 간단할 뿐 아니라 유교의 전통에도 충실하다. 세금을 줄이기 위해서는 최소한 두 가지가 선행되어야 한다. 국가의 씀씀이를 줄이는 것이 그 하나이고, 함부로 전쟁을 일으키지 않는 것이 두 번째다. 마지막으로 율곡은 백성을 교육하는 명교의 중요성, 군주가 기질을 변화시켜 위정의 성과를 말하는 위정공효를 논의하면서 위정편을 마무리 짓는다.

정가와 위정의 현재적 의미

『성학집요』의 정가와 위정은 가정과 국가의 다스림에 관한 이야기다.

특히 정가에서는 요즘식으로 가정교육 문제를 주로 이야기하고 있지만, 좁은 의미의 가정교육에 그치는 것이 아니라 왕가의 특수성을 고려한 가정-국가의 일체 문제가 거기서 논의된다. 결국 정가와 위정은 유교 정치이론에서 자연스럽게 연결되는 것이지만, 과정에 있어서 더 작은 범주에서 더 큰 범주로 옮겨가는 것이기 때문에 구분이 지어진다.

유교 국가는 가국일체(家國一體) 구조를 가지고 있다. 국가 차원의 정치를 가정의 연장선에서 사유해야 한다는 것이 유교 정치론의 특징이다. 유교적 의미의 정치는 수신의 바탕 위에서 가정이라는 중간 단계를 거쳐, 치인을 위한 국가적 활동의 영역 모두에서 성과를 올리는 것을 기대한다. 물론 이 경우, 가정이란 오늘날 이야기하는 소가족 제도 속의 가정과는 다르다. 특히 왕실의 경우, 가정이란 엄청난 국가 정치적 중요성을 가지고 있으며, 왕가는 중요한 정치적 세력으로 발전할 수도 있다. 그런 점에서 정가를 단순히 좁은 의미의 가정사 문제, 가정교육 문제로 한정하여 보는 것은 유교 사상과 정치론을 오해하는 위험을 초래할 수 있다.

다른 관점에서 보면, '정가편'에서의 논의는 이 시대의 독자들에게 가장 거부감을 불러일으키는 내용이 될 수도 있지 않을까 싶다. 정치 시스템적으로 유교 국가와 현대 국가는 전혀 기반이 다른 것이기 때문이다. 아마도 우리가 서양 정치 사상을 받아들이고 난 다음에, 그런 전제에서 수립한 민주적 헌정 질서와 가장 위화감을 느낄 수 있는 부분이 '정가'일 것이다. 더구나 소가족화된 근대사회의 구조는 대가족과 가국일체를 전제하는 유교적 가족 구조와 물과 불이라고 할 정도로 서로 지향하는 바가 다르다. 현대의 소가족, 핵가족을 전제하는 민주사회에서 가정은 붕괴의 위기에 직면해 있다. 가족의 해체, 출산율 저하, 가정교육의 붕괴, 학교교육 및 사회교육의 붕괴는 현대 사회의 존립 자체를 위협하는 위기의 근원이 되고 있다. 가정이 붕괴되고 교육이 붕괴를 맞이하고 있는 시대에, 가정에서 부모 내지 자식으로서의 의무와 책임을 이야기하는 것 자체가 봉건적인 낡은 태도로 치부될 수 있다. 이런 시점에, 가정 안에서의 효도와 자애 및 가장의 권위 회복을 이야기하는 유교적 정가론이 낡고 뻔한 이야기처럼 보이는 것도 사실이다. 그러나 이런 시대일수록 가정의 가치를 중시하는 유교의 사유가 더 필요한 것은 아닐까? 가족의 의미와 가족의 존재 방식은 달라졌지만, 삶의 출발로서 가족, 삶을 살아내기 위한 안전한 기반(secure basis)으로서의 가족의 소중함이 더욱 절실한 것이 아닐까?

오늘의 시각으로 보자면 유교적 정가론이 지나치게 권위적인 것으로 바칠 수 있다. 그러나 유교에서는 부모에 대한 효를 말하기 위한 전제로 부모의 자애와 사랑 어린 훈육이 강조된다는 사실을 아는 사람은 많지 않다. 현재 한국사회에서는 유교적 가족주의를 권위주의와 동일시하고, 교육 현장에서 자행되는 폭력을 유교의 권위주의 탓으로 돌리는 무지함이 횡행하고 있다. 과잉보호 아니면 치맛바람이 부모의 사랑과 혼동되고, 오로지 성적으로 인간을 평가하는 오늘의 한국 사회에서 효도와 자애의 의미는 철저하게 왜곡되어버렸다. 처절한 경쟁에 내몰리는 현대 사회에서 자애와 효도는 누구에게도 요구하기 어려운 것이 되고 있음을 부정하기 어렵다. 오늘날 한국사회에서 큰 문제가 되고 있는 폭력적 권위주의를 유교적 가부장제 탓으로 돌리는 무책임한 비난이 가해지고 있는 것도, 전통 사상에 대한 오해의 연장선에서 발생하는 것이라, 어쩔 수 없는 면도 있다.

하지만 유교의 '정가' 이념은 막무가내식의 가부장적 권위주의가 아니다. 나아가, 유교의 효도가 자녀의 무조건적 복종을 요구하는 것도 아니다. 연치주의 역시 나이 많은 사람이 무조건 옳다거나 나이만 많으면 무조건 권위를 가진다는 것이 아니다. 그런 터무니없는 생각이 그렇게 오랜 시간 동안 거대한 문명사회를 작동시키는 원리로 기능했을 리가 없다. 유교의 정가 이념이 현재 자주 문제가 되는 아동학대나 가정폭력을 조장하는 이념이라는 어처구니없는 오해가 마치 사실인 것처럼 횡행한다. 효도와 자애는 모든 인간 감정의 뿌리다. 맹자가 "노오로급인지로(老吾老及人之老, 나의 부모에 대한 사랑이 이웃 노인에 대한 사랑으로 확대된다)"라고 말했듯이 노인에 대한 공경은 효자(孝慈) 감정에 근거를 둔다. 친자 감정에서 비롯되는 사랑은 사회를 유지하는 데 반드시 필요한 기본 감정이라는 것이 유교적 사유의 기본이다. 부모 자식의 효자 관념에서 출발하여 사회적 약자에 대한 동정심이 형성되고, 거기서 인간 존중, 생명 존중의 생각이 자라난다. 이런 감정 없이 사회가 존속될 수 없다. 사회의 유지를 위해 요구되는 도덕은 그런 친자 감정에서 출발하는 것이기 때문이다. 이 세상을 힘겹게 살아온 노인에 대한 공경은 이런 동정심에 근거를 둔다. 지식의 변화나 사회적 변화가 지금처럼 급격하지 않았던 과거에, 나이가 든다는 것은 삶의 경험이 증가하는 것이며, 그 경험에서 배운 지혜와 통찰력을 가질 가능성이 많다는 것을 의미했다. 그런 시대에, 진지한 삶을 살아낸 결과로서 풍부한 인생 지혜와 삶의 방향에 대한 식견을 가진 노인은 사회의 보물이었다. 그렇기 때문에 그들을 공경했던 것이다. 그리고 그분들이 열심히 노력했기 때문에 우리가 사는 현재가 이만큼 꼴을 갖추게 되었다는 경의를 표하는 것이 당연한 윤리였다. 그분들도 과거에는 꿈 많고 왕성한 기력을 가진 젊은 이였을 것이다. 그러나 이제 기력이 빠지고 백발이 성성하고 허리가 굽은 것을 보는 후배들은 안타까움과 동정심을 가지지 않을 수 없었다. 그래서 그들을 공경하는 것이 건강한 사회의 지표로 여겨졌던 것이다.

그러나 나이만 먹고 머리가 굳어 쓸모없는 고집과 억지를 내세우는 노인은 어느 사회든 민폐다. 왜 노인이 공경을 받아야 하는지에 대한 자각을 가진다면, 단순히 노인이라고 큰소리칠 것도 없고, 젊다고 자랑할 것도 없다는 사실을 알게 된다. 그런 사실을 충분히 자각할 수 있을 때 우리는 겸손하고 겸허한 사람이 될 것이다. 멋진 젊은 시절을 잘 살아낸 노인이 막무가내로 젊은이를 대할 리가 없다. 그리고 그런 노인이 자연스러운 사회 변화를 가로막고 나설 리도 없을 것이다. 그렇게 현명하게 나이를 먹은 노인이 아직 사회 경험이 부족하고 혈기를 조절할 능력이 부족한 젊은이에게 자기의 젊은 시절의 시행착오를 반추하면서 안타까운 마음으로 진심 어린 충고를 던지는 것은 사회의 발전을 위해 당연히 도움이 된다. 어린 나이에 큰 사회적 성과를 거두는 젊은이가 단순히 연치가 어리다는 이유로 무시당하고 차별당하는 것은 분명히 사회 발전에 역행한다. 유교가 그런 무지한 사상일 리가 없다. 그런 엉터리 사상이 어찌 2천 년 문명의 역사를 이끌 수 있었겠는가? 유학 공부란 겸허하게 자신을 되돌아보고 너른 마음으로 다른 사람을 둘러보라는 가르침이 아닌가?

연고주의, 학연-지연주의, 학벌주의, 족벌주의, 가부장주의, 권위주의 등 모든 부정적 이념이 유교에서 기원한 것은 아니다. 그러나 우리 사회가 500년 이상, 혹은 더 오랜 기간 동안 유교적 가치관이 지배하는 전통시대의 연장선에 있다 보니, 모든 나쁜 것을 무조건 과거로 핑계를 돌리기 쉬운 상황이다. 핑곗거리가 있고 탓을 돌릴 수 있는 대상이 있으면, 현재의 문제를 해결하기 위해 진지하게 사유를 동원해야 할 책임이 줄어들기 때문에 그럴 수도 있다. 그러나 핑계를 대고 부정한다고 현재의 문제가 해결되는 것은 아니다. 핑곗거리가 제거되고 난 다음에도 문제는 그냥 남을 뿐 아니라 오히려 더 왜곡된 모습으로 음험하게 어둠 속에 숨어들어 문제 해결을 더 어렵게 만든다.

유교는 만병통치의 완벽한 이론이 아니다. 그렇다고 모든 원죄를 뒤집어 씌워도 좋은 모든 악의 뿌리도 아니다. 그러나 어쩌랴! 민주주의가 제대로 실현되지 않고, 자본주의가 요구하는 공공성이 제대로 자리 잡지 못하고, 적정한 분배와 평등이 제대로 작동하지 못하는 것에 대해 조상 탓을 해대는 것이 마치 지성의 표지인 양, 마치 진보의 표지인 양 목소리를 높이는 것을!

마지막으로 '성현도통'편은 도통에 관한 논의다. 도통이란 유교의 역사철학으로서, 바른 가르침과 바르지 않은 가르침을 구별하는 정통주의적 입장이다. 이 도통론의 전개와 의미에 대해서는 4부 도통편을 읽는 과정에서 자세하게 논의할 것이다.

04

임금에 대한 율곡의 바람

전하께서는 500년마다 성인이 출현한다고 하는 그런 기회를 맞이하여 군사(君師)의 위치에서 선(善)을 좋아하는 지혜, 욕심이 적은 인(仁), 일을 결단하는 용기를 가지고 있습니다. 처음부터 끝까지 진실하게 부지런히 학문에 힘쓴다면 어떤 원대한 사업인들 이루지 못하겠습니까? 다만 어리석은 저는 견문이 좁고 지식과 사려가 깊지 못하여 가려 뽑고 순서를 매기는 데 모자란 점이 적지 않을 것입니다. 하지만 인용한 성현의 말씀은 모두 천지의 도리에 어긋나지 않고, 귀신이 보아도 의심할 것이 없고, 후세의 성인이 보아도 의심할 여지가 없는 것입니다. 따라서 나누고 배열한 저의 잘못 때문에 성현의 가르침을 가볍게 여겨서는 안 될 것입니다. 때로 제가 얻은 것이 있을 때 중간에 끼워 넣기도 했습니다. 하지만 글을 쓸 때는 헛소리를 내뱉어 본 뜻에서 벗어나지 않도록 성현의 가르침을 신중하게 살펴보았습니다. 저의 정력이 여기에 다 들어갔습니다. 이 책을 늘 책상 위에 두고 참고하신다면, 전하께서 왕도의 학문을 배우시는 데 자그마한 도움이나마 없지는 않을 것입니다.

　이 책은 군주의 학문을 주로 논의하였으나 실제로는 상하로 통할 수 있는 것입니다. 배우는 사람 중에는 널리 배워 차고 넘치지만 요점을 얻지 못하는 사람이 있습니다. 그런 사람은 마땅히 이 책으로 노력하고 요점을 얻어야 할 것입니다. 또 배우지 않아서 견문이 낡고 고루한 사람이라도 이 책으로 힘을 쏟는다면 공부의 방향을 정할 수 있을 것입니다. 배움에 빠르고 늦음이 있을 수 있으나 그들 모두에게 유익한 내용입니다. 이 책은 사서와 육경으로 들어가는 사다리[階梯]입니다. 하지만 만일 노력을 싫어하고 편안한 것을 좋아하여 배움이 이 책에서 그친다면 뜰에만 들어가고 집 안에는 들어가지 않는 것과 다를 바 없습니다. 그것은 제가 이 책을 엮은 의도가 아닙니다.

만력 3년, 을해(1575) 가을 7월 16일(기망)
통정대부 홍문관 부제학, 지제교 겸 경연 참찬관, 춘추관 수찬관
이이는 손을 모아 엎드려 절하고 삼가 서문을 씁니다.

❄

임금에 대한 율곡의 바람

마지막으로 율곡은 겸사를 덧붙여 "전하께서는 500년마다 성인이 출현한다고 하는 그런 기회를 맞이하여 군사의 위치에서 선을 좋아하는 지혜, 욕심이 적은 인, 일을 결단하는 용기를 가지고 있습니다. 처음부터 끝까지 진실하게 부지런히 학문에 힘쓴다면 어떤 원대한 사업인들 이루지 못하겠습니까?"라면서, 선조를 격려하고 이 책을 잘 활용하여 위대한 군주가 되기 위한 노력을 경주하기를 기대하면서 머리말을 마무리한다.

율곡이 새로운 왕에 대한 기대를 담은 이런 방대한 책을 바친 이유는 무엇인가? 선조가 즉위할 무렵부터 조선 사회는 기강이 해이해지고 고삐를 당겨 잡지 않으면 안 되는 위기 증후를 보이고 있었다. 그런 위기 증후들을 목도하면서 율곡은 경장을 촉구하기 위해 새로운 임금에 대한 기대를 담아 『성학집요』를 편찬했다. 율곡 자신이 말하고 있는 것처럼 『성학집요』는 사서삼경으로 들어가는 입문서 역할을 감당하기 위해 편찬한 것이다. 방대한 사서삼경과 성리학자들의 주석을 전부 읽는 것은 엄청난 시간과 노력이 필요한 일이다. 유교 국가에서 제왕은 단순한 정치 지도자가 아니라 유교적 이념의 체현자가 되어야 한다. 군주는 정치적 리더이기 이전에 유교적 이념의 실천자이자 유교적 가치의 전범이 되어야 한다. 따라서 성리학자 율곡은 군주가 숙지해야 할 최소한의 내용을 정리한 '성학의 요점'을 만들었다. 율곡은 새로운 군주가 유교적 이념의 본보기로 성장하기를 바라면서 이 책을 편찬해 바쳤던 것이다.

율곡이 한탄하고 있는 것처럼, 조선 사회는 유교이념이 충분히 만족스럽게 작동하던 사회는 아니었다. 오늘날 학계에 몸담고 있는 권위 있는 일부 논자들은 조선 사회가 성리학 이념이 성숙하게 뿌리내리고 작동하는 '성리학의 나라'였다는 자부심을 드러낸다. 하지만 퇴계, 율곡, 성호, 다산의 글을 읽어보면, 현실은 그렇지 않았다는 느낌을 지우기 어렵다. 그분들의 글을 읽으면 읽을수록 도대체 조선 사회가 어떤 의미에서 이상적인 유교 국가였던지, 그리고 조선의 유교가 어느 정도로 성숙한 사상을 실천하고 있었던 것인지 의구심을 가지지 않을 수 없다.

오늘날 예수의 이름으로 예수를 배반하는 종교가 판을 치는 경우가 있는 것처럼, 신의 이름으로 평화를 파괴하는 근본주의가 판을 치고 있는 것처럼, 조선시대에는 공자와 맹자, 그리고 주자의 이름을 내걸고 그들 성현의 정신에서 벗어난 유교가 판을 쳤던 것은 아닌지, 진지하게 반성해야 하는 것이 아닐까? 당연히 유교라고 하나가 아니다. 따라서 유교의 이름으로 사랑[仁]과 공정[義]이라는 유교의 정신을 부정하는 가짜 유교가 횡행하는 일은 예상할 수 있다. 모든 일에서 그렇지만, 종교와 사상에서도 옥석을 분명히 구분해야 한다.

우리는 북한이 사회주의 이념을 실천하고 있는 국가인지 의심한다. 그리고 미국이 민주주의적 정의와 공정의 이념이 작동하는 사회인지 의구심을 갖는다. 평등을 기치로 내걸고 시작한 미국이 현재 이 세상에서 가장 빈부 격차가 큰 사회라는 사실을 어떻게 이해해야 하는지 난감하다. 그렇다면 우리나라는 어떤가?

그렇다고 해서, 우리 사회의 모든 부정적인 현상을 단순히 유교 탓으로 돌릴 수는 없을 것이다. 우리 선조는 유교를 수용하고 500년 이상 좌충우돌했다. 우리 역시 민주주의를 수용하여 좌충우돌하고 있다. 언젠가 민주주의와 공정과 평등이 우리 사회에 뿌리내릴 것이라는 희망을 걸고 노력하고 있다. 그러나 그것이 하루아침에 이루어지지 않을 것이라는 사실을 우리는 잘 알고 있다. 일부 실망한 젊은이들은 '헬조선'이라는 자조 섞인 한탄을 하며 대한민국에 등을 돌린다. 그러나 이런 사태를 초래한 책임을 유교가 전부 짊어져야 하는 것은 아니다. 민주주의를 수용할 수 없는 우리 자신의 현재의 무능력이 더 근본적인 원인이다. 새로운 나라를 만드는 과정에서 전통에 대한 비판이 나올 수 있다. 그러나 그것이 건강한 비판인지, 왜곡된 전통적 병폐를 드러내는 맹목적 반대인지 잘 살펴보아야 한다. 건강한 비판이라면 그것을 수용하지 못할 이유가 없다. 그것이 무슨 이름을 가지고 있든, 그리고 누가 주장하든, 바른 것은 바른 것으로서 평가받고 가치를 인정받아야 한다. 그것이 민주주의가 확립된 정의로운 사회의 모습일 것이기 때문이다. 유교니까 반대라거나, 당신이 말하니까 반대라거나, 어느 지역이라서 무조건 반대라거나, 이런 식의 감정적 반응은 민주주의의 이름을 얻을 자격도 없고, 정의로운 사회를 만드는 걸림돌이 될 뿐이다. 새로운 사회가 건강하게 자리 잡기 위해서는 새로운 전망과 전통의 조화가 반드시 필요하다. 우리 스스로 민주의 명패를 내세우며 민주주의를 부정하거나, 정의의 이름을 내걸고 정의를 훼손하는 자가 되고 있는 것이나 아닌지, 진지한 자기 성찰이 필요한 시점이다.

율곡은 거의 450년 전 『성학집요』를 편찬하면서 이 책이 군주는 물론 그 시대의 일반 학인들에게도 도움이 될 수 있는 책이라는 포부를 밝혔다. 그렇다면 21세기에 공정한 민주주의 사회를 꾸려가기 위해 위정자는 물론 건강한 지성을 가진 시민들이 참조할 수 있는 우리 사회가 필요로 하는 민주적 '입덕(入德)'의 책은 무엇일까? 오늘 같은 민주적 다원주의 사회에서 어떤 단 한 권의 책이나 단 하나의 이론, 혹은 단 하나의 이념을 추구하는 것은 부적절한 일이 될 것이다. 유교의 도통론이 사상의 근본주의로 흐르고 결국 수많은 사회적 폐해를 생산했던 과거의 오류를 반복해서는 곤란하다.

민주주의는 백가쟁명을 필요로 한다. 그리고 새로운 시대의 백가쟁명을 위해서는 전통에 대한 공정한 평가가 있어야 한다. 그런 가운데, 민주주의를 확립하고 시민적 화해와 화합의 길을 모색하는 데 필요한 전망을 제시해야 한다. 율곡이 과거에 했던 것과 같은 역할을 할 수 있는 이 시대의 선각자가 나타나, 민주적이고 공정한 대한민국의 미래 전망을 제시하고, 토론과 숙고의 기회를 제공해주기를 기대하는 것은 시기상조일까?

05

범례

먼저 핵심적인 말을 제시하여 하나의 장으로 삼고, 여러 유학자들의 학설을 인용하여 주석으로 삼았습니다. 각 장은 사서오경을 중심으로 삼고, 설명이 필요한 곳은 선현(주로 성리학자들)의 말로 보충했습니다. 주석은 주자의 해석을 중심으로 삼고, 여러 경전과 유학자들의 글에서 인용했습니다.

인용한 책은 시대의 순서가 아니라 오직 공부하는 순서 및 말과 글의 흐름을 기준으로 삼았습니다. 공부에 힘쓰는 순서를 따라 배치했지만, 반드시 앞의 것을 완전히 해낸 다음에 다음 것으로 나아가야 하는 것은 아닙니다. 개중에는 한 가지 일을 다른 두 장에 모두 포함시킨 것이 있습니다. [예를 들어, 경(敬)을 수렴(收斂)에 넣고 또 정심(正心)에도 넣은 것입니다. 욕심을 막는 것을 말한 질욕(窒慾)을 교기질, 과욕을 양기질에 포함시킨 것입니다.] 각 장이 별개 항목으로 되어 있지만, 공부가 서로 분리되어 있는 것은 아닙니다.

인용한 말은 모두가 성현의 말은 아닙니다. 하지만 사리에 맞으면 인용했습니다. 사람을 보고 글을 폐하지는 않았습니다.

각 장의 끝과 단락 끝에 더 논의할 것이 있다고 생각될 때는 저의 생각을 주제넘게 적어보았습니다. 그때는 반드시, 신안(臣案, 저는 이렇게 생각합니다)이라고 구별하고, 한 칸 들여 썼습니다.

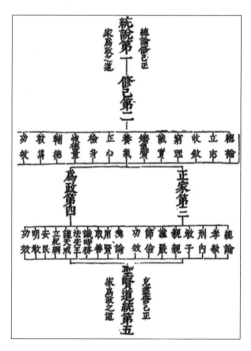

『성학집요』 목록도

2부
『성학집요』 총론

01

유교 윤리학과 정치학

성현의 생각은 때로는 종으로 때로는 횡으로 표현되고 있습니다. 어떤 때는 한마디 말로 원리(체)와 방법(용)을 다 포함하고, 또 어떤 때는 여러 말을 사용하면서 하나의 단서만을 논의하기도 했습니다. 여기서는 원리와 방법을 다 포함하는 말들을 취하여 첫 편으로 삼겠습니다.

윤리학과 정치학

『성학집요』에서 율곡은 유교 윤리학, 유교 수양론, 유교 정치학의 기본이 되는 여러 주장을 종합적으로 제시한다. 현대인으로서 유교를 이해하려고 할 때 현대의 학문 분류 관점을 도입하는 것은 어쩔 수 없는 면이 있지만, 실제 유교에서는 윤리학, 수양론, 정치론에 명확하고 산뜻한 구분이 있는 것은 아니다. 유교를 포함하는 동양 사상에서 윤리학, 지식론, 수양론, 정치론은 하나의 총체로서 논의된다.

유교에서 정치학은 윤리학이라는 근거 위에 성립된다. 나아가 수양론은 윤리학과 분리되지 않고, 정치론 역시 수양론과 결코 별개의 것이 아니다. 『성학집요』가 개인의 인격 완성을 지향하는 '수기'에서 시작하여, 그 개인의 인격이 성장하는 공간으로서 가정의 확립을 문제 삼는 '정가'를 거쳐, 개인과 가정의 총체로서 사회 전체의 거버넌스를 목표로 삼는 '위정'으로 나아가는 순서를 취한 것은 그 때문이다. 나아가 '수기'에서 '위정'에 이르는 과정은 한 방향으로 나아가는 것이 아니라 회귀적으로 상호작용하는 과정이라는 사실을 잊어서도 안 된다. '수기'를 완성하고 나면 '수기'에 대한 관심이 끝나고 '정가'나 '위정'이라는 다음 단계로 나아가는 것이 아니라는 말이다.

'수기'는 개인으로서 평생에 걸쳐 실천해야 하는 자기 배려의 노력이다. 그와 동시에 가정의 일원으로서 개인은 죽을 때까지 가정을 바로잡는 '정가'의 과정에 참여해야 한다. '정가'에서부터 사고와 배려의 범위가 넓어진다. 그리고 국가라는 정치 체제의 일원으로서 '위정'의 사업에 동참해야 한다. 군주라면 더 말할 것도 없지만, 어떤 공식적 직함도 갖지 않는 보통 시민이라도 마찬가지다. 이 단계에 이르리 배려의 범위는 더 넓어진다. 그리고 그런 배려가 세계적 차원, 우주적 차원으로 확대된다. 유교에서 말하는 '평천하(平天下)'라든가 '만물일체(萬物一體)의 인(仁)'이라는 것이 그런 생각을 표현하고 있다. 고립된 개인만을 생각하는 좁은 시야에 사로잡힌 인간은 제대로 된 인간이 될 수 없다. 자기를 초월하는 커다란 마음을 품고 있을 때에만 인간은 비로소 제대로 된 인간이 된다. 소인(小人)과 대인(大人)을 구분할 때, 그런 관점이 전제되어 있다. 그것이 유교에서 말하는 윤리와 도덕의 의미이며, 그런 도덕성이 인간을 인간으로 만들어준다. 그런 도덕성을 갖지 못한 사람은 생물학적으로는 인간이지만 사회적으로 윤리적으로는 인간이라고 말하기 어렵다. 유교에서 널리 알려진 '인간-금수' 논쟁은 바로 그런 문제를 다루고 있다. 유교에서 말하는 인간이란 바로 그런 도덕적 인간이고, 그것이 유교적 인간론의 핵심이다.

유교에서 개인과 가정과 사회(국가)는, 단 한 순간도 분리되는 않는, 일체로서 사유된다. 그런 일체성을 표현하는 유교적 개념이 다름 아니라 '오륜(五倫)'이다. 모든 인간은 자기 스스로에 대한 관계에서 출발하여, 부모 자식으로서, 부부로서, 형제로서, 친구로서, 신하로서, 혹은 군주로서 총체적 사회생활에 참여하고 있다. 그런 참여의 윤리를 자기화하는 것이 유교에서 말하는 '수기'이고, 그 윤리가 사회 전체 차원에서 논의되는 것이 '위정'인 것이다.

인간 개인의 덕성 확립이라는 전제 없는 사람의 집단인 사회는 제대로 작동하지 않는다. 그것이 유교의 기본 전제다. 그러나 동시에, 사회가 전체로서 어떤 가치를 지향할 것인지, 그리고 그 사회가 어떤 가치를 공유할 것인지에 대한 비전이 수립되지 않은 상태에서, 인간의 존재방식에 대해 탐색하는 윤리학은 존립 근거를 상실한다. 윤리학은 정치학의 배경이다. 동시에 정치학은 윤리학이 나아갈 지향점이다. 정치와 윤리의 상호 규정성 위에서 사회적 존재인 인간을 어떻게 이끌어야 할 것인지를 고민하는 것이 교육이다. 유교에서 정치를 다른 말로 교화(敎化)라고 부르는 이유다. 정치는 무지한 백성을 당근과 채찍으로 몰아세우는 것이 아니라 가르치고 설득하고 함께 가는 것이다. 이처럼 유교 정치학은 수양론 내지 교육론과 분리되지 않는다.

현대 학문의 관점에서 볼 때, 유교의 이런 일체성은 언뜻 학문의 미분화, 학문의 원시성을 보여주는 것으로 오해될 수 있다. 그러나 현대의 학문에 있어서도 학문적 구분이란 방법론적 수단이자 잠정적인 과정으로서만 의미를 가진다는 사실을 생각해본다면, 그런 학문의 미분화성은 유교의 단점이라기보다는 오히려 장점이라고 볼 수도 있다. 그런 일체성 혹은 미분화성은 인간과 사회를 총체적으로 이해하고자 하는 시도라고 말할 수 있을 것이기 때문이다. 인간과 사회는 쪼개고 나누어서는 결코 이해할 수 없는 것이라는 확신이 유교 안에 존재하고 있었던 것이다.

체와 용, 성리학의 핵심 개념

율곡은 주자, 정이천(程伊川)을 비롯한 수많은 송명 시대 성리학자들의 논의를 인용하면서 사서오경 등 경전 구절을 해설하고, 그런 해설을 통해 자신의 입장을 펼친다. 율곡이 인용하는 경전 구절과 성리학자들의 논의는 양적으로나 질적으로나 너무도 풍부하다. 『성학집요』는 그런 점에서 탁월한 성리학 앤솔러지로 읽을 수 있다. 그리고 '신안'으로 시작되는 요약의 문장은 그것 자체가 상당히 잘 정리된 유교 입문서, 성리학 개론서로서의 성격을 가지고 있다.

먼저 율곡은 『성학집요』를 시작하는 총론의 첫 문장에서 유교를 이해하는 자신의 입장을 압축적으로 보여준다. 나는 그 문장에서 성리학자들이 즐겨 사용하는 '체(體)'와 '용(用)'에 주목하고 싶다. 성리학자로서 율곡 역시 '체용'이라는 표현을 즐겨 사용한다. '체용'은 동양철학을 이해하는 데 매우 중요하지만, 동시에 많은 오해를 불러일으키는 개념이기도 하다. 일부 연구자들은 성리학의 체와 용 개념을 서양 형이상학의 본질(essence) 혹은 실체(substance), 혹은 현상(phenomenon) 개념과 동일시한다. 나는 그런 동일시가 동양철학의 성격을 왜곡하는 데 기여했다고 생각한다.

서양 형이상학의 관점에서는 동양철학의 체를 감각으로 포착할 수 있는 대상은 아니지만 근본적으로 존재하는 불변하는 '무엇'이라고 보게 된다. 그런 '무엇'을 '실체'라고 부르는데, 실체는 현상적으로 드러나는 물체의 비현상적(혹은 눈에 보이지 않는) 근거인 본질(esse)이라고 규정된다. 그런 실체 혹은 본질은 칸트가 제시한 '물자체'라는 개념으로 표현되기도 한다. 물자체는 언어로 설명할 수 없는 신비로운 '무엇'이다. 서양의 근대철학은 감각과 이성을 중시하지만, 그 감각적 현상의 배후에 감각과 이성으로는 도달할 수 없는 신비로운 '무엇'이 존재한다고 생각한다. 그러나 유교 성리학의 '체-용'에서의 체를 서양 형이상학에서 말하는 근본 실체, 비현상적 본질, 나아가 물자체라고 보면 문제가 꼬인다. 동양철학 전통에서 그런 형이상학적 관점이 '전혀' 없다고는 말할 수 없지만, 적어도 '체-용' 개념을 서양철학의 눈으로 읽는 것은 동양철학의 성격을 오도하게 만든다.

성리학에서 자주 등장하는 '체' 개념이 형이상학의 실체, 본질, 물자체 개념과 어떻게 다른지, 또는 어떤 유사성이 있는지를 따지는 것은 이 책의 주제를 벗어나는 거대한 논의가 될 것이다. 중요한 것은, 체를 어떻게 이해하든, '체-용'의 용은 적어도 감각으로 포착되는 드러난 현상이라는 식으로는 볼 수 없다는 것이다. 동양철학 전통 안에 플라톤의 이데아론에서 출발하는 엄격한 의미의 형이상학적 관점이 존재하는지는 상당히 의문스럽다. 한발 물러나, 아리스토텔레스식의 본질론적 사유와 비슷한 내용이 전혀 없다고 말하기도 어렵지만, 그런 경우라도, 그것을 동일시하는 것은 상당한 주의가 필요하다. 아무튼 플라톤에서 기독교적 사유를 거쳐 칸트로 계승되는 그런 형이상학적 사유 방식, 즉 본체계(누메논)와 현상계(페노메논)를 구분하는 이원론적 세계관을 유교사상 안에서 찾는 것은 쉽지 않다.

성리학이 동양철학의 다른 계통에 비해 농후한 이원론적 경향을 가지고 있고, 또 어느 정도 형이상학적인 경향을 가지는 것은 부정할 수 없다. 그러나 그렇다고 해서 성리학이 서양 형이상학과 거의 같은 정도로 강한 '본체와 현상의 이원론'이라고 해석하는 것은 동양철학의 기본 성격을 왜곡할 위험이 있다는 사실은 꼭 짚고 넘어갈 필요가 있다. 유학은 형이상학적이라기보다는 실천철학적이고, 이원론적이라기보다는 일원론적이고, 현상을 넘어서 있는 초월적 본질세계에 관심을 가지기보다는 현실을 조율·조정하는 작동 방식에 주목하는 사상이라고 말할 수 있다. 그리고 유학에서 즐겨 사용하는 음양(陰陽), 이기(理氣), 체용(體用), 본말(本末), 심지어 도기(道器) 등등, 이원론적인 형태를 보여주는 대립 개념들은 초월적 실체[물자체]와 현실적 현상의 이원론, 즉 실체론적 이원론이라고 보기는 어렵다. 유학의 이원론은 바람직한 현실과 그렇지 않은 현실의 구분, 원리와 방법의 구분, 근본과 지엽의 구분 등등, 실천에서 요구되는 절차에 관한 구분이라고 이해해야 한다. 이원론이라고 해서 다 같은 이원론은 아닌 것이다.

예를 들어, 불교는 이론적으로 '본체(아트만)'의 실체성을 부정하는 공(空)의 관점을 견지한다. 그러나 수행의 관점에서 승의제(勝義諦)와 세속제(世俗諦)의 이원론을 설정한다. 그렇다고 '승의제'를 형이상학적 본체 혹은 궁극적 실체라고 해석해서는 안 된다. 같은 맥락에서, 유교의 이원론은 서양 형이상학에서의 실체론적 이원론이 아니라, 실천의 과정에서 요청되는 단계적 이원론에 더 가깝다. 유교의 이원론은 굳이 말하자면, 실천과 수행의 과정을 논의할 때, 넘어서야 할 현실과 도달해야 할 목표를 구분하는 방법론적 이원론, 혹은 실천적 이원론이라고 부를 수 있을 것이다.

율곡 역시 이런 유교적 맥락에서 '체-용'을 대립적 개념으로 사용한다. 하지만 그 대립은 절대로 뛰어넘을 수 없는 형이상학적 본질과 형이하학적 현상의 대립을 의미하는 것이 아니다. 물론 '체'는 어떤 사물의 근거 혹은 조건, '용'은 그 사물의 작용 혹은 활동이라는 의미로 사용되기도 한다. 예를 들어, 마음[心]의 체를 성(性), 마음의 용을 정(情)이라고 했을 때가 그렇다. 그러나 그런 경우에도 체와 용, 성과 정은 서양적 의미의 '형이상'과 '형이하'의 실체론적 이원 대립을 의미하지 않는다. 설사 그렇게 읽을 수 있는 여지가 있다고 하더라도, 모든 체용을 그렇게 읽을 필요는 없다.

우리는 어떤 일을 추진할 때 항상 더 근본적인 것과 지엽적인 것, 먼저 해야 할 일과 나중에 해야 할 일, 혹은 더 근본적인 일과 덜 중요한 일의 순서를 나누고, 그런 순서에 따라 일을 실행한다. 어떤 일이든 바른 순서와 경중이 있는 법이다. 예를 들어, 밥을 할 때 먼저 물을 넣고 열을 가해야지 그 반대 순서로 실행해서는 안 된다. 율곡이 말하는 '체-용' 역시 어떤 일을 실행할 때 선후와 경중이 있고 그것을 잘 구별해야 한다는 의미라고 받아들이는 편이 훨씬 더 자연스럽다. 그런 경우, 성리학에서는 '체-용' 대신 '본(本)-말(末)' 개념을 사용하기도 한다. '본'과 '말'은 어떤 일을 실행할 때, 일의 목표나 목적 및 일을 구체적으로 실천에 옮기는 때의 선후 관계 혹은 경중의 구별이라고 이해하는 것으로 충분하다.

3부
수기: 성찰의 힘

01

수기 입문
유교 수양론의 윤곽

성현들의 학문은 '자신을 다듬고 백성을 다스리는' 일을 벗어나지 않습니다. 위에 편집해놓은 『중용』과 『대학』의 첫 장의 말은 사실상 서로 표리를 이루면서 궁극적으로 '수기치인'의 도리를 빠짐없이 표현하고 있습니다. '천명지성'이란 '명덕'입니다. '솔성지도'란 그 명덕을 실천하는 것입니다. '수도지교'란 백성을 새롭게 만드는 법도입니다. '계구(戒懼)'는 고요한 가운데 밝은 덕을 지키고 마음을 바로잡는다는 말입니다. '신독(愼獨)'은 마음이 움직일 때 살피면서 그것의 지향을 바로잡는다는 것입니다. '중화를 달성[致中和]'하고 '기른다'는 것은 '명덕'으로서 백성을 새롭게 만들고[新民], 그들을 지극한 선에 도달하게 하여[止於至善], 궁극적으로 밝은 덕을 이 세상에 펼치는[明明德] 것을 말하고 있습니다.

　　그러나 그런 가르침과 활동의 효과는 많고 적음, 넓고 좁음의 차이가 있을 수밖에 없습니다. '치중화'의 효과가 한 집안에 머물 때에는 그 집안의 '하늘과 땅'이 제자리를 잡고 그 집안의 모든 일이 발전하게 될 것입니다. 그 결과 밝은 덕은 그 집안에서 밝게 빛날 것입니다. [한 집안에 어찌 천지가 따로 있고 만물이 따로 생육하는 일이 있겠습니까? 다만 부자, 부부, 형제의 구분이 분명해지는 것이 다름 아니라 천지가 제자리를 잡는 모양입니다. 부모의 자애와 자녀의 효순, 친구 사이의 우애와 공경, 부부 사이의 조화가 실상을 벗어나지 않을 때, 이것이 바로 만물이 생장하는 모습입니다.] '치중화'의 효과가 한 나라에 퍼질 때에는 한 나라의 '하늘과 땅'이 제자리를 잡고 그 나라의 '만물'이 발전하게 될 것입니다. 그 결과 명덕이 그 나라에 밝게 빛날 것입니다. 나아가 그 효과가 천하에 확대될 때에는 천하의 하늘과 땅이 제자리를 잡고, 천하의 만물이 발전하고, 밝은 덕이 천하에 밝게 빛날 것입니다. 삼대(三代) 이후로, 한 집안이 제자리를 잡고 발전하는 일은 가끔은 있었지만, 한 나라 혹은 천하가 그렇게 되었다는 것은 거의 들어본 적이 없을 정도입니다. 따라서 이런 정치가 펼쳐지기를 전하께 기대하는 바입니다.

❖

수기치인의 핵심

먼저 본론으로 들어가기 전에 짧은 머리말을 통해서 율곡은 '수기치인' 사상의 에센스를 요약하고 있다. 그 요약에서 율곡은 앞으로 읽게 될 유교의 '수기치인' 사상, 즉 유교적 수양론이자 제왕학(帝王學)의 전체 상을 제시한다. 제왕학과 수기치인을 논의하는 무수한 책이 존재하지만, 성리학자들은 『중용』과 『대학』이 출발점이자 종착점으로서 중요한 의미를 가지고 있다고 생각한다. 『대학』과 『중용』을 포함하는 '사서(『대학』, 『논어』, 『맹자』, 『중용』)'는 송대 성리학자들에 의해 경전으로서의 지위를 획득하게 된다. 율곡 역시 『대학』과 『중용』에 기대어 유교의 수기치인론을 논의하는 것이 정석이라고 생각한다.

이 문장에서 율곡은 『중용』의 첫 문장인 '삼강령(三綱領)'과 『대학』의 '팔조목(八條目)'을 근거로 수기치인 사상을 요약하고, 중국의 성리학(도학파) 사상가들이 제시한 수기치인의 논의를 풍부하게 인용하면서, 개별적이고 독립적으로 논의되어온 『중용』과 『대학』의 입장이 사실은 별개의 것이 아니라 내적으로 상통하는 원리에 입각해 있음을 역설하고 있다. 율곡이 제시하는 '수기'의 전체 상은 다음과 같은 몇 단계로 구분된다.

(ㄱ) 입지(立志): 수양의 출발점으로서 군자, 성인이 되고자 하는 뜻을 세움.

(ㄴ) 교기질(矯氣質): 현재의 인격적 한계를 넘어서기 위한 기질의 교정.

(ㄷ) 양기질(養氣質): 기질 교정 다음에 완전한 선에 다가가는 과정으로서 기질의 양육.

(ㄹ) 복초(復初): 기질 교정의 결과 본래적인 명덕의 선을 회복함.

(ㅁ) 지선(至善): 거듭된 자기 수양의 결과 내면의 덕을 완성하는 단계에 도달함.

성은 도덕성이다

유교 수양론은 사람이 본래적으로 자연(하늘)의 완전함을 분여(分與)받은 존재, 즉 신성한 존재라는 전제에서 출발한다. 인간은 하늘[天]과 선함[善]이라는 본질을 나누어 가지는 존재다. 그런 이념을 표현한 것이 『중용』 제1장 '천명지위성(天命之謂性)'이라는 선언이다. 이 선언은 '천명'이 무엇인가를 말하는 데 중점을 두기보다는 인간의 '본성', 즉 '성'이 무엇인가를 말하는 데 주안점이 있다. '성'이란 무엇인가? 다시 말해, 인간이란 무엇인가? 인간의 특질이란 무엇인가? 그 질문에 대해 『중용』은 '성'은 하늘로부터 받은 것이라고 선언한다. "인간의 본성은 하늘이 내려준[命] 것이다." 여기서 우리가 '본성'이라고 번역한 성은 인간을 인간으로 만드는 근거다. 한자 '성(性)'은 타고나면서부터 가진 것, 인위적인 노력을 통하지 않고 얻는 것, 주어진 것이라는 의미를 가지고 있는 말이다. '명(命)'은 명령하다, 부여한다 등의 의미를 가진 말이다. 인간됨의 근거인 '성'은 인간이 노력을 통해 얻은 것이 아니라 처음부터 주어진 것이다. 즉 하늘이 부여한 것이다. 『중용』은 '인간의 본성'이 하

늘에서 주어진 것이라고 선언한다.[1]

성리학에서 '성'은 인간을 인간으로 만들어주는 특성을 가리키는 말이다. 그러나 인간을 규정지을 수 있는 '단 하나'의 특성이 있는가? 있다면 그것은 무엇일까? 쉽지 않은 질문이다. 인간은 다양한 특성을 가지고 있다. 말을 할 수 있고, 생각할 수 있고, 종교를 만들고, 사회를 만들고, 과학을 발전시킬 수 있고, 예술작품을 만들 수 있다. 그 이외에도 인간은 인간만이 가지고 있다고 여겨지는 여러 특성을 가지고 있다. 그러나 정말 다른 동물과 다른 인간만의 독특함은 어디서 찾을 수 있을까? 서양철학은 인간의 본질적 특징을 사유, 언어 등 이성적 능력에서 찾는다. 그래서인지, 영장류 연구에서도 인간의 이성적 능력과 유사한 능력을 갖추고 있는지 아닌지를 찾는 것이 연구의 중심 과제가 되고 있다. 최근에는 사회성이나 공감 능력 여부를 인간의 특성이라고 보면서, 그런 방면으로 연구를 확대하는 추세가 보이는 것은 사실이지만, 전통적인 서양적 인간관에서는 이성(언어, 계산, 인과 추론의 능력)을 인간의 가장 본질적인 특징이라고 보는 경향이 강하다. 반면 동양철학, 특

---

1   맹자(孟子) 이전에는 성(性)이든 명(命)이든 모두 처음부터 본래적으로 주어진 것이라는 의미로 이해했다. 그러나 맹자는 성과 명을 구분하면서 명을 생리적인 본성, 성을 도덕적 본성이라고 이해하는 새로운 입장을 제시한다. 그 이후 맹자를 유교의 정통이라고 보는 성리학적 입장에서는 성을 도덕적 본성, 즉 도덕성이라고 이해한다. 맹자의 입장에서 『중용』의 '천명지위성'을 해석하는 것이다. 성리학은 『맹자』와 『중용』을 새롭게 해석하면서 탄생한 사상 체계라고 말할 수 있다. 맹자의 성선설에 대한 연구로 양택파, 『맹자성선설연구』(중국사회과학출판사, 1995) 참조.

히 유학은 인간의 특징을 사회성에서 찾으려고 한다. 특히 사회생활에 필요한 '도덕성'[2]을 인간만의 특징이라고 보는 것이 유학의 기본 입장이다. 인간의 인간성, 즉 인간의 인간됨은 사회적 존재로서 인간이 가지는 도덕 능력에서 찾을 수 있다고 보는 것이 유교 인간학의 특별한 점이다. 유교적으로 말하자면, 이 세상에서 유독 인간만이 '도덕성'을 자신의 본질로 삼는다. 기독교에서는 신이 도덕적 존재이기 때문에, 신의 이미지로 창조된 인간 역시 도덕적 존재라고 말할 것이다. 그러나 유교는 인간의 도덕성을 말하기 위해 신을 요청하지 않는다. 유교는 인간을 사회적 존재로 규정하기 때문에, 사회적 존재로서 근본이 되는 특성, 즉 '도덕성'을 인간의 특별함이라고 생각한다.

---

2 여기서 말하는 도덕성은 사회적 존재로서 요청되는 규범을 실천할 수 있는 능력이다. 인간이 나면서부터 도덕의 구체적인 내용을 본래적으로 인식할 수 있다는 의미는 아니다. 도덕의 내용은 문화마다 다르다. 여기서 말하는 도덕성은 일종의 사회적 본능이라고 말할 수 있을 것이다. 맹자는 그런 본원적인 능력을 양지(良知), 양능(良能)이라고 불렀다. 도덕 가치를 '인의예지(사덕)'라고 부른다면, 그 도덕 가치를 실현할 수 있는 가능성을 인간의 기본적인 정서, 즉 사단(四端) 혹은 사심(四心)에서 찾았다. 따라서 인간에게 도덕성이 갖추어져 있다는 말은 인간이 본래적으로 '인의예지'의 사덕을 갖추고 있다는 말이 아니라 그것을 실현할 수 있는 가능성으로서 사단 혹은 사심을 갖추고 있다는 말이라고 이해할 수 있다. 물론 맹자는 때때로 사단(=사심)과 사덕을 동일시하기도 한다. 왜냐하면 가능성에 불과한 사단이 사덕으로 실현될 때 비로소 진짜 인간이라고 말할 수 있기 때문이다. 적어도 인간이라면 '사덕을 가진다'고도 말할 수 있다. 나는 이 글에서 도덕성이라는 말을 이런 이중적인 의미로 사용할 것이다.

그러나 그런 인간의 본성이 반드시 서양 형이상학에서 말하는 영원하고 불변하는 실체를 가리킨다고 볼 필요는 없다. 유교의 '성'은 초월적 형이상학적 실체라기보다는 어떤 존재를 바로 그것으로 만들어주는 특성을 가리키는 개념이다. 인간은 본래적으로 가진 도덕성 때문에 인간이 되지만, 개는 인간과 다른 특성 때문에 개라는 동물이 된다. 유교의 '성'이란 바로 그런 독자적 특성을 의미하는 말이다. 소를 가장 소답게 만드는 특성, 혹은 인간을 가장 인간답게 만들어주는 특성, 그것이 바로 '성'이다. 그런 점에서 만물은 각자 나름대로 '성(性)'을 가지고 있다고 말할 수 있다.

나무는 풀과 다르고, 인간은 동물과 다르다. 그리고 각자 특성[性]을 가지고 있기 때문에 생물종의 차이가 드러난다. 차이는 종 차원에서부터 개체 차원에 이르기까지 대단히 넓은 스펙트럼을 가지고 있다. 『중용』에서 제시하는 '천명지위성'의 성은 가장 기본적으로는 인간으로서 종 차원의 특성을 가리킨다고 볼 수 있다. 하지만, 성은 종의 차이를 부여해주는 자질만은 아니다. 인간종 안에는 여러 인간 개체들이 존재하고, 그 각각의 인간 개체들은 인간성, 즉 도덕성이라는 인간종의 특징을 공유한다. 그리고 동시에 개체로서 부차적인 특성을 가지고 있다. 그중에서 어떤 인간은 종 차원에서 본다면 분명히 인간이지만 금수나 물건으로 취급되었다. 과거에 노예나 노비는 사람이 아니라 물건으로서 매매의 대상이 되기도 했던 것은 그 때문이다. 생물학적으로는 인간이지만 가치론적으로는 인간이 아니라고 생각되었던 것이다.

여기서 우리는 유교의 '성' 담론이 생물학 수준의 논의가 아니라 윤리적이고 가치론적 수준의 논의라는 사실을 기억해야 한다. 그렇기 때문에, 생물종이라는 차원에서는 인간이지만 동물이라고 평가받는 인간이 존재할 수 있는 가능성이 생긴다. 맹자와 순자에서 활발하게 논의되었던 소위 '인간-금수' 논변은 인간에 대한 그런 가치론적 논의였던 것이다. 초기 유학자들은 인간이 하늘의 '명령[命]'에 따라 완전함과 신성함을 부여받은 특별한 존재라고 생각하면서 유교 특유의 인간론을 전개했다. 인간은 생물의 한 종류에 불과하지만 다른 생물과 달리 하늘의 덕성인 '완전함[善]'을 가지고 있다. 하늘이 완전한 것처럼 인간 역시 완전하다. 현실에서 그 완전함이 백분 발휘되지 않을 수는 있다. 하지만 인간은 처음부터 완전한 존재로서의 인격적 자질을 적어도 '가능성'으로 갖추고 있다.

천명과 삼강령

『중용』의 '천명지위성'이라는 선언은 '인간이 하늘로부터 받은 본질(성)은 도덕적으로 완전하다'고 하는 인간 선언이다. 『대학』의 저자는 그런 본래적으로 주어진 완전함[혹은 완전함의 가능성]을 '명덕(明德, 밝은 덕)'이라고 부른다. 그리고 그 완전함을 현실화하는 것을 '명명덕(明明德, 천하에 명덕을 밝힘)'이라고 말한다. 한자어 '덕(德)'은 가지고 있는 것이라는 의미로 '득(得)'이라고 해석된다. 덕(德)은 본래 가지고 있는 것일 수도 있고 후천적으로 획득한 것일 수도 있지만, 유교는 인간의 도덕성이 날 때부터 주어진 것이라고 말한다.

『대학』에서 말하는 '명덕'의 '명'은 밝음, 즉 빛이다. 그 빛은 우주론적 원리이자 존재론적 근거인 하늘[天]에서 발원하는 것이다. 유교의 하늘은 기독교에서 말하는 창조하는 하느님(God)과는 성격이 다르다. 그리고 그리스의 다신론 문화의 신(gods)과도 성질이 다르다. 그럼에도 불구하고 유교의 천[하늘]은 근원적, 초월적, 신적 존재로서의 성격을 가지고 있다. 인간을 넘어서는 초월적 힘, 근원적 존재가 있다고 믿는 것은 인류의 보편적인 문화현상이다. 서양에서 그런 근원적 존재를 God 혹은 god라고 불렀다면, 중국에서는 그런 존재를 천(天) 또는 도(道)라고 불렀다. 물론 신(神)이라든가 신명(神明)이라는 말이 사용되기도 한다. 하늘에 존재하는 고귀한 신에게는 상제(上帝), 대제(大帝), 천황(天皇), 천존(天尊)이라는 이름을 부여하기도 했다.

유교에서는 물리적 세계인 '하늘과 땅[天地]'에 다양한 형태의 신적인 존재가 편재하고 있다고 생각한다. 그런 신적 존재들을 포괄적으로 '신명(神明)'이라고 부른다. 유교는 기독교나 이슬람처럼 유일신을 숭배하는 종교는 아니다. 그러나 그렇다고 해서 유교를 무신론 종교라고 보는 것은 완전한 오해다. 유교는 최고신으로서 천신[＝상제, 천]을 상정하고, 그 하위에 수많은 천지의 신기(神祇＝神明), 인귀(人鬼), 잡귀(雜鬼)의 존재를 인정하는 다신론이다. 신(神)은 하늘의 신적 존재들, 명(明)은 땅의 신적 존재들이라고 구별하기도 한다. 빛[光]이나 밝음[明]을 신적 존재와 연결시키는 것은 인류 종교사의 보편적인 현상이다.

결국 유교에서 말하는 '명덕'은 인간이 하늘을 닮은 존재, 하늘의 빛을 부여받은 신성한 존재라는 사실을 강조하기 위해 만들어진 개념이라는 것을 알 수 있다. 인간에게 부여되어 있는 본래적 특성인 '명덕'은 그 자체로 완전한 선이다. 인간은 본래적으로는 완전하게 선한 존재라는 믿음을 그들이 가지고 있었다는 말이다. 하늘[천신]의 원초적 명령에 의해 하늘의 신성함과 선함이 인간에게 부여되어 있다는 말은 인간이 원초적인 절대선(絶對善)을 지닌 '신성한 존재'라는 신념을 표현한 것에 다름 아니다.

그러나 그 말은 '천명이 곧 성'[천명=성]이라는 말과는 뉘앙스가 다르다. 천명은 다양한 내용을 가지고 있고 성은 그런 여러 가지 천명의 하나일 뿐이기 때문이다. 맹자가 '명'과 '성'을 구분하는 데 특별히 주의를 기울인 이유다. 보통 사람은 자신이 하늘에서 받은 도덕적 특성[性], 즉 완전한 선에 대해 아직 명확한 이해를 갖고 있지 못할 수도 있다. 하지만 유교는 사람이 선을 완성하기 위해서는 자신이 우연히 대자연 속에 던져진 존재가 아닐 뿐 아니라 동물의 연장선에 있는 존재도 아니라는 확신을 가질 것을 요구한다. 그런 확신의 근거 위에서만 사람은 신성한 존재로서 자기를 완성해나갈 수 있다. 유교적으로 말하면, 그런 자기 확신이 전혀 없는 사람은 가치론적 의미에서 인간이 될 수 없다. 자기 존재의 신성성에 대한 자각과 확신이 없다면 형태만 인간이지 진정한 인간이 되지 못하는 것이다. [생물학적으로] 인간종에 속한다고 해서 모두 다 [가치론적으로] 인간은 아니다. 인간이 인간이기 위해서는 신성함에 대한 자각을 가져야 한다. 그런 자각에 의해 정립되는 자기 존재에 대한 확신을 가지는 것을 유교는 '입지(立志)'라고 부른다. 그래서 율곡도 수양의 첫걸음으로서 입지를 강조하고 있는 것이다. 입지와 수양에 의해 인간은 비로소 인간으로서 정립될 수 있다. 사회적 존재로서 윤리적, 도덕적 인격을 만들어나갈 수 있다는 말이다. 『중용』 첫머리에서 제시한 '천명지위성'이라는 선언과 『대학』이 제시한 '명명덕'이라는 목표는 '하늘이 나에게 부여한 신성성(완전한 선)을 자각하고 그것을 수양을 통해 밝힘으로써 내가 비로소 완전한 인간이 된다'는 유교 수양론의 전체 과정을 제시한 것이라고 이해할 수 있다.

하늘의 명령으로 주어진 인간 본성의 완전함인 '명덕'은 보통 사람의 경우 밝게 빛나지 않는다. 이기적 욕망과 왜곡된 사고 때문에 완전한 빛이 가려져 있기 때문이다. 현실적으로 보통 사람들은 자신의 신성한 본성을 자각하지 못하고 마구 산다. 사람은 스스로를 여러 종류의 동물 중 하나로 생각하면서 인간성을 포기하고 산다. 맹자는 그런 식의 자기폄하를 '자포자기(自暴自棄)'라고 불렀다. 입만 열면 인간의 존엄성을 이야기하면서도 실제로는 전혀 존엄하지 않은 존재로서 세월을 낭비하고 있다는 것이다. 인간은 본래적으로 하늘의 명령을 받은 완전한 존재지만 정신적 나약함, 왜곡된 욕망 때문에 불완전한 존재로 전락해 있다. 그런 전락한 삶의 모습을 맹자는 '함닉(陷溺)'이라고도 표현한다. 늪에 빠져 허우적거리고 있다는 말이다. 그럼에도 불구하고, 사람은 여전히 '명덕'을 지닌 존재이기 때문에 '명덕'의 빛을 밝히는 것을 꿈꿀 수 있고 기대할 수 있다. 그것이 『중용』과 『대학』의 첫 문장이 우리에게 던지는 메시지다.

그렇다면 인간의 존재 이유는 무엇인가? 그냥 생물학적으로 살아남는 것을 최대의 목표로 삼고, 자손을 생산하고 양육하고, 살다가 병들고 자연 속으로 흩어지고 마는 것이 인간의 존재 이유일까? 유교는 이렇게 대답한다. 하늘로부터 부여받은 성(性), 즉 '명덕'의 양심을 포기하지 않고 내면의 빛을 간직하고, 그 빛을 가리는 욕망과 기질의 나약함을 극복해야 한다고. 그래서 밝은 덕을 더 밝게 드러내야 한다고. 유교는 그것이야말로 인간의 길이고, 인간의 목표라고 말한다.

『중용』에서 '천명지위성' 다음에 나오는 '솔성지위도(率性之謂道)'가 바로 그런 삶의 방식, 그런 삶의 태도를 가리키는 말이다. '솔성'이란 본래 주어진 밝은 덕, 양심의 빛을 지키고 간직하려는 노력이고 분투다. 솔(率)이라는 글자는 '따른다[順]'는 의미와 '이끈다[導]'는 의미를 모두 가지고 있다. 어느 쪽으로 읽더라도 의미가 통한다. 하늘로부터 받은 덕이 발하는 빛을 등대 삼아 나아가거나, 하늘이 부여한 밝은 덕이 사라지지 않도록 분투하는 것이 '솔성'이다. 어느 경우든 분투와 노력이 요구된다. 그것은 그냥 얻어지는 것이 아니기 때문이다. 그리고 그것이 사람의 길이다. 도(道)는 사람의 길이라는 말이다. 이어서 『중용』은 '수도지위교(修道之謂敎)'라고 말한다. 명덕을 밝히려는 노력과 분투를 멈추지 않는 것이 '수도'다. '솔성'과 '수도'는 본래 가지고 있으나 지금은 망각해버린 '명덕(밝은 덕)'을 회복하려는 노력과 분투의 과정 전부를 말한다. 그 과정은 길고 험난하다. 사람이 그런 노력을 포기하지 않고 길을 갈 수 있도록 가르치고 함께 가는 것이 교육[敎]이다.

수양의 순서로서 팔조목

율곡은 구체적인 수양의 방법과 과정으로서 격물(格物), 치지(致知), 성의(誠意), 정심(正心), 수신(修身), 제가(齊家), 치국(治國), 평천하(平天下)로 확대되는 『대학』의 팔조목을 제시한다. '수기'가 '격물'에서 '수신'에 이르는 과정을 포괄하는 것이라면, '정가'는 '제가', '위정'은 '치국'과 '평천하'에 해당한다. 율곡은 주자의 '팔조목' 해석을 인용하면서 자세한 설명을 덧붙이고 있다. 결국 『성학집요』 전체는 대학에서 제시한 '팔조목'에 대한 자세한 해설이라고 볼 수 있다. 율곡은 앞에서 번역문으로 제시한 글을 통해 '수기치인'의 원리를 정리한다. 그 율곡의 문장은 크게 네 부분으로 나누어 읽을 수 있을 것이다.

(a) 『중용』의 소위 '삼강령'이라 할 수 있는 천명, 솔성, 수도의 원리를 『대학』의 '삼강령'인 명덕, 신민, 지어지선과 연결시킴으로써 유교 수양론의 원초적 두 고전을 표리일체의 관계로 해석한다. 율곡의 해석에 따라 정리하면 다음과 같다. (ㄱ) 천명 → 성 → 명덕의 확인이다. (ㄴ) 솔성 → 도 → 신민, 즉 수양과 실천의 노력이다. (ㄷ) 수도 → 교 → 지선, 즉 결과로서 치인의 효과를 거두는 것이다.

(b) 그런 실천과 교육에서 반드시 필요한 마음의 자세가 계신, 공구, 즉 삼가는[나대지 않고 조심하는] 태도다. 인간이 자기 이익을 실현하기 위해 활용하는 인위적 가치 판단을 최우선으로 삼는 그런 태도를 극복

해야 한다. 유교적 수양이란 세상에 대한, 혹은 외적 대상적 자연에 대한 지식을 확장하고 확대하는 것에 그치지 않는다. 유교에서 지식의 중요성을 부정하지는 않는다. 하지만 지식은 본래적 내면의 빛인 '명덕'을 회복하고 '명덕'에 따른 실천을 위한 것으로서만 의미가 있다. '명덕'의 회복과 무관한 지식은 오히려 방해가 된다. 주자는 그런 지식을 위한 지식 추구, 취미로서의 지식 확대의 노력을 완물상지(玩物喪志)라고 부르면서 경계했다. 계신공구를 강조하는 유교의 입장은 지식주의, 즉 대상적 지식 추구를 인격 완성과 동일시하는 태도를 경계하는 것이다. 그런 유교적 입장을 충실하게 계승하는 율곡은『중용』의 삼강령을『대학』의 팔조목의 원리와 연결시킨 다음, 계신과 공구와 신독을 강조하면서, 『대학』 팔조목의 첫 번째 단계인 '격물'을 단순한 외적 지식의 확대와 동일시하는 경향에 대해 제동을 건다. 그런 삼감의 태도, 즉 신독(愼獨)의 태도를 전제할 때 욕망과 나약함 때문에 상실한 본래적 빛을 회복(복초)할 수 있다. 그것이 주자학에서 강조하는 '복초(復初)'의 이론이다.

(c) 그다음의 과제는 그렇게 회복한 내면의 빛, 즉 '명덕'을 세상에 비추고 밝히는 일이다. 그것이 '명명덕'이다. '명명덕'은 내면적 등불을 가지고 세상을 밝게 비추어 세상 사람들이 그 빛에 의존하여 어둠 속에서 길을 잃지 않고 안전하게 걸어갈 수 있도록 만드는 일이다. 명명덕의 주체는 어디까지나 개인이지만, 먼저 배우고 먼저 깨달은 사람은 다른 사람을 이끄는 노력을 게을리하지 않아야 한다. 그 결과 작게는 한 개인의 삶과 가정에서, 크게는 국가 안에서, 더 크게는 세상 전부를 비

추는 등불이 되어야 한다. 『논어』에서 말하는 '목탁'의 역할을 하는 것이다. 목탁이든, 등불이든, 그 역할은 강제적이지 않고 강압적이지 않다. 그런 과정을 거쳐 신민과 지선에 도달할 수 있다.

(d) 마지막으로 율곡은 인류 역사에서 명덕이 완전하게 실현된 세상은 존재한 적이 없다는 사실을 지적하면서 『성학집요』를 바치는 조선의 군주인 선조의 분발을 촉구한다.

02

수기 본론

1) 백성 다스리기의 근본

『대학』은 천자에서 서인에 이르기까지 오로지 수신이 근본이라고 말합니다. 근본이 혼란에 빠지고 지엽이 다스려지는 경우는 없는 것입니다. 따라서 제왕의 학문은 '수기'보다 더 급한 것이 없습니다.

✻

수기는 치인의 근본

'수기'는 '수기치인'을 목표로 삼는 유교적 이론과 실천의 전체 중에서 전반부에 해당한다. 그러나 실제로 유교 수양에서 '수기'는 유교의 사상적인 핵심 중의 핵심이라고 말할 수 있다. 『성학집요』에서도 '수기'는 가장 중요한 부분이며, 내용적으로도 후반의 '정가'나 '치인'에 비해서도 훨씬 더 비중이 높다. 유교의 정치론 역시 '수기'를 바탕으로 삼는 것이기 때문에, '수기'는 정가와 위정으로 이루어진 '치인'의 근본이 된다. 따라서 유교의 거의 모든 철학적 주제가 '수기'에 집중적으로 등장하는 것은 전혀 이상하지 않다. '수기'를 잘 이해하는 것이 유교는 물론, 율곡의 사상을 이해하는 지름길이 되는 이유다.

먼저 율곡은 유교의 요체가 자기 몸을 다스리는 일(=수기)이며, 제왕의 과제 역시 수신에서 시작되어야 한다는 점을 강조한다. '수기'는 본말, 즉 근본[本]과 지엽[末]의 근본에 해당한다. '본말' 개념은 앞에서 살펴본 '체용' 개념과 비슷하다. 용(用)에 비해서 체(體)가, 말(末)에 비해서 본(本)이 중요하다는 식이다. 그렇다고 말(末)이 무시되어도 좋다는 말은 아니다. 다만, 일의 선후를 군이 따진다면 근본이 확고하게 정립되어야 비로소 지엽을 제대로 해나갈 수 있다는 의미에서, 그 둘을 구분하고 있는 것이다. 말하자면, 집을 지을 때 기초에 해당하는 것이 근본이고 기둥과 벽체 또는 지붕에 해당하는 것이 지엽이다. 기초가 중요한 것은 말할 것도 없다. 그렇다고 벽이나 지붕이 제대로 만들어지지 않은 집을 집이라고 말할 수는 없다. 기초가 중요하지만 벽체를 세우는 것도 그에 못지않게 중요하다. 집 짓기에 들어가는 공력의 반 이상이 마무리 작업에 들어간다.

우리의 실제 삶에서도 지엽은 중요하지 않다고 말할 수 없다. 근본이 아무리 확고해도 지엽이 되는 일들을 제대로 마무리 짓지 않는다면 어떤 일도 성취되지 않을 것이다. 성리학의 '본-말' 논리가 근본에만 힘을 쓰면 나머지는 소홀히 해도 좋다는 말이 아니라는 것을 기억할 필요가 있다. '악마는 디테일에 있다'는 말에서도 알 수 있는 것처럼, 세심하고 빈틈없는 마무리의 중요성을 무시해서는 안 된다.

율곡이 '수신'을 제왕학의 근본이라고 강조하는 이유는 유교 국가 특유의 정치구조 때문이다. 유교는 국가를 가정의 확대된 형태라고 보는 가국일체 사상을 가지고 있다. 그런 국가관에 따르면, 수신과 제가는 당연히 치국(治國)의 전제가 된다. '수신'에서 '제가'를 거쳐 '치국'과 '평천하'를 연속적으로 사유하는 『대학』이나 『성학집요』의 '수기=치인'의 구상 자체가 가국일체적 관점을 바탕에 두고 있음을 알 수 있다.

이런 유교의 정치사상은 사적 영역에 속하는 가정과 공적 영역인 국가를 단절적으로 바라보는 서양의 정치적 사고와 대단히 다르다. 서양 정치에서 정치가의 수신, 즉 정치인의 인격 수양은 거의 문제가 되지 않는다. 유럽 국가들에 비해 기독교 이념을 더 강하게 고수하는 미국의 경우, 가정의 가치를 얼마나 높이 평가하는가가 정치가를 평가하는 데 중요한 요인이 되는 것은 사실이지만, 우리나라와 비교하면, 사적 영역은 거의 논외의 영역이라고 말할 수 있다. 서양의 정치론에서 국가는 사적 영역에 개입하지 않는 것이 원칙이다. 사적 영역에 속하는 정치가의 사생활이나 인격 수양은 거의 문젯거리가 되지 않는다. 정치인의 스캔들이나 가정 문제는 공적 활동에 장애를 가져오지 않는 한 정치적인 결격 사유로 여겨지지 않는다. 하지만 한국이나 동아시아의 정치 풍토에서는 상황이 전혀 다르다. 개인의 스캔들이나 인격 미성숙은 곧바로 수신-제가의 능력 결여로 지탄받고, 공적 능력과 상관없이, 정치가로서는 자격 미달이라고 평가된다. 우리가 서양의 정치 체제를 수용하고 있지만 사실은 여전히 유교적 사고방식의 연장선 위에서 살고 있다는 것을 짐작할 수 있는 대목이다.

물론, 어떤 정치 체제에서든 정치 지도자는 공공 영역에서의 능력 이전에 고상한 인격적 품성을 가지는 것이 바람직하다는 것은 분명하다. 하지만 가국일체를 전제하는 유교적 정치론에서는 지도자의 도덕적 품성이 다른 어떤 자질보다 중요하다. 하지만 그런 요구는 현대국가의 이념과 반드시 잘 어울리지는 않는다. 지도자가 윤리적, 도덕적으로 탁월한 품성을 가져야 한다는 말은 결코 틀린 것은 아니다. 하지만 현대의 정치 지도자들에게 그런 요구를 하는 것은 현실적이지 않다는 말이다. 서양의 정치 이론에 입각해 수립된 현대 국가와 가국일체를 전제하는 유교 국가는 전혀 다른 관점에서 정치를 보고 있기 때문이다.

그럼에도 불구하고 현대의 정치인들에게도 '수신'은 중요하다. 그러나 그 경우, 필요한 인격은 유교에서 강조하는 인의, 효도, 우애 등의 가치를 내면화하는 것이 아닐 것이다. 오늘날에 정치인에게 요구되는 인격은 민주시민으로서의 시민윤리, 공정성, 준법성 등등이다. 시민으로서의 기본 자질을 갖추는 것이 현대적 의미의 '수신'이라는 말이다.

정치인뿐 아니라 시민 개개인이 그런 가치를 내재화할 때, 비로소 시민적 가치로 무장한 정치가를 선택할 수 있다. 그러나 우리의 현실은 아직 그런 기준을 충족시킬 만큼 성숙한 상태에 도달하지 않은 것 같다. 입으로는 공정과 정의를 외치지만 정작 정치인을 선출할 때는 공정보다는 인정을, 공적 이익이나 정의보다는 사적 이익과 연줄을 앞세운다. 국가라는 공적 영역은 사적 이익을 실현하기 위한 이전투구장이 된다. 그 결과 사적 이익을 실현하기 위해 공적 이익을 희생하는 것을 당연시하게 된다. 유교적인 것은 다 낡은 것이라고 부정하면서, 민주정치의 기본 원리조차 지켜지지 않는 왜곡된 현실이 지속되고 있는 것이다.

2) 수기와 지행합일

수기 공부는 지식과 실천으로 이루어져 있습니다. 지식은 선을 밝히는 것이고, 실천은 몸을 바르게 하는 것입니다. […] 수기의 노력은 거경, 궁리, 역행 세 가지를 벗어나지 않습니다.

✦

지행합일의 어려움

여기서 율곡은 '수기'의 구체적인 방법으로 들어간다. 율곡은 공부라는 것이 크게 보면 지식[知]과 실천[行]의 문제이며, 그것은 다시 거경(居敬), 궁리(窮理), 역행(力行) 세 가지로 귀결된다고 말한다. 여기서 율곡은 지식과 실천이라는 공부론의 중심 주제에 대해, 지식의 목표는 선을 밝히는 것이고 실천의 목표는 몸을 바르게 가지는 것이라고 강조한다. 이 말은 유교에서 '지식'과 '실천'의 의미를 단적으로 보여준다.

유교에서 추구하는 지식은 물질세계 혹은 세상살이의 방법을 정보의 대상으로 알아가는 것에만 한정되지 않는다. 당연히 유교가 지식의 확장을 부정하는 것은 아니다. 자연세계 안에서 살아가는 인간, 더구나 사회적 존재로서 살아가는 인간은 반드시 외부 세계에 대한 정보를 획득해야 하고, 그런 지식의 확대에 관심을 쏟아야 한다. 그러나 정보의 무한한 확대가 유교가 요청하는 공부나 수신의 궁극적 목표가 될 수 없다. 오히려 유교적 공부에서 요구하는 '지식'은 옳고 그름, 해야 할 일과 해서는 안 될 일, 선과 악에 관한 지식이다. 도덕적 존재로서 사회를 더 나은 차원으로 이끌기 위한 능력을 획득하는 것이 중요하다. 도덕적 가치 판단에 근거한 실천력을 기르는 것이 유교 공부의 중요한 과제였다. 해야 하는 일을 하지 않거나, 혹은 해서는 안 되는 일을 하는 것은 지식 부족이다. 그런 지식 부족은 악의 뿌리가 될 수 있다. 무엇을 해야 하는지 알면서 하지 않는 것이 악이며, 해서는 안 되는 일을 하는 것 역시 악이다. 그런 악을 바로잡는 것이 선이다. 이 경우의 악은 형이상학적인 실체로서의 악이 아니라 '선의 결여'로서의 악이다. 동양철학에서 악은 절대적인 악, 혹은 실체적인 악이 아니라 선이 실현되지 않는 '선의 부족'을 가리키는 개념이다. 이 점은 동양철학의 선악 개념을 생각할 때 반드시 기억해야 한다.

선은 바른 것을 알고 실행하는 능력이다. 그런 능력은 타고나는 것이기도 하지만 학습을 통해서 획득할 수 있다. 그것은 지도자에게 매우 중요한 자질이다. 말은 쉽지만 바른 지식이나 바른 실천만큼이나 어려운 것은 없다. 더구나 복잡한 이익 갈등이 존재하는 상황에서 옳고 그름을 판단하고 실행에 옮기는 일은 정말 쉽지 않다. 어떤 선택을 하든 그것이 '정말로' 옳은 선택이라고 확신할 수 있는 사람은 거의 없을 것이다. 아무 생각이 없는 사람이 아니라면 자신의 선택에 확신을 가지기가 어렵다. 사회적, 정치적 판단에서 손쉬운 것은 아무것도 없다. 극단적으로 말하면, 옳은 것과 그른 것을 구분하는 것 자체가 불가능하다. 민주주의는 그래서 어렵다. 그래서 민주주의를 실천하기 위해서는 숙려와 겸허함, 현실 인식에 뿌리내린 냉정한 판단력과 실행의 용기, 책임감이 필요하다. 내가 내린 판단이 절대적인 옳음이 아닐 수 있다는 사실을 잊지 않으면서 가능한 한 최선의 결론을 내리고, 용기 있게 그것을 실천에 옮기는 과단성. 그것은 아무나 가질 수 있는 능력이 아니다. 물론 그런 결정과 실행에는 엄중한 책임이 뒤따른다. 익명의 방패 뒤에 숨어서 아무 소리나 마구 질러대는 댓글 정치와는 차원이 다른 것이다.

거경, 궁리, 역행

지식과 실천은 항상 도덕적 가치 판단을 전제한다. 율곡은 그런 선악 판단과 실행의 능력을 기르기 위해서, 세 가지 구체적인 공부가 필요하다고 말한다. 거경, 궁리, 역행이 그것이다. 첫 번째 '거경'은 정신적 태도 및 인격 수양과 연결되어 있다. 앞 절에서 살펴본 계구, 신독의 태도와도 직결되어 있다. 유교 성리학에서 경은 워낙 중요한 주제라서 나중에 다시 본격적으로 살펴볼 것이다.

두 번째 '궁리'는 지식 획득과 깊은 연관이 있다. 물론 유교에서의 지식 공부는 현대적인 의미의 정보적 지식 획득과 동일한 것이 아니다. 유교의 궁리는 지식 확장과 도덕적 판단을 포괄하는 개념이다. 따라서 그것은 단순한 과학적 연구나 정보 수집과는 다르다. 그렇지만 궁리는 여전히 현대적 의미의 지식 획득과 무관하지 않다. 유교적 궁리의 한 측면, 즉 지식의 확대라는 측면을 일방적으로 강조하게 되면, 유교가 근대적 의미의 지식, 또는 근대 과학으로 결실하는 자연세계에 대한 지식 탐구를 중시했다는 결론에 도달할 수 있다. 유교의 궁리는 근대 과학에 필적하는 과학적 지식의 발전을 이루어낼 수 있는 가능성을 가지고 있었다는 사실을 강조하는 것은 반드시 오류는 아닐 수 있다. 그러나 나는 그런 식의 논리는 궁리에 대한 올바른 이해를 가로막을 수 있다고 생각한다. 궁리는 수기의 하나의 과정으로서 나중에 다시 본격적으로 논의할 것이다.

세 번째 '역행'은 온 힘을 다해 실천하는 것이다. 옳다는 판단을 내린 것을 단지 지식의 차원에서 관망하는 것이 아니라 실행에 옮기는 것이다. 실천이 빠진 궁리는 공허한 지식 놀음에 그칠 수 있다. 그러나 옳고 그름의 구별이 서지 않은 상태에서 힘을 다해 실천하는 것은 오히려 위험한 일이 될 수 있다. 무조건 열심히 하라는 말은 위험하다. 세상살이는 그렇게 단순하지 않기 때문이다.

03

입지
뜻을 세우다

1) 입지는 방향 설정이다

학문은 '뜻을 세우는 일'보다 중요한 것이 없습니다. 뜻이 서지 않았는데 공적을 거두는 것은 불가능합니다. 그러므로 수기의 조목 중에서 입지가 먼저 오는 것입니다.

지(志)는 기(氣)의 장수입니다. 뜻이 하나가 되면 기는 흔들리지 않습니다. 배우는 사람이 평생 책을 읽지만 이루는 것이 없는 이유는 뜻이 서지 않았기 때문입니다. 뜻이 서지 않는 병폐는 세 가지입니다. 첫째, '믿음이 없고[不信]', 둘째, '지혜가 없고[不智]', 셋째, '용기가 없는[不勇]' 것입니다.

입지와 인격 정체성

율곡은 거경, 궁리, 역행에 대한 본격적인 논의로 들어가기 전에 입지(立志)의 중요성을 강조하는 말을 덧붙이고 있다. 무슨 일을 하든, 먼저 뜻을 바르게 세워야 한다. 무조건 열심히 하기만 하면 되는 것은 아니다. '뜻을 세운다'는 말은 방향을 잡는다는 말이다. 율곡은 맹자의 "뜻[志]이란 기를 이끄는 장수"라는 말을 인용하면서 '지'의 의미를 풀이한다. 장수가 없는 군대가 오합지졸의 집합이듯, 방향이 없는 삶은 오합지졸의 삶이다. 공부도 마찬가지다. 방향과 목적의식이 결여된 공부는 우왕좌왕하면서 힘만 빼고 만다. 율곡도 그런 사실을 지적하고 있다. 바른 방향이 아닌 곳에서 열심히 온 힘을 다해 실천하는 것이 오히려 위험한 결과를 초래할 수 있다고. 잘못된 방향으로 실행하는 것은 위험하다. 유교가 아닌 다른 사상을 실천하는 것도 위험하다. 이런 생각은 필연적으로 성리학의 '도통론(道統論)'과 연결된다. 바른 방향이 '정통'이고 그렇지 않은 것이 '이단'이다. 그 구별에서 혼란이 생기면 모든 것이 무의미해진다. 율곡은 『성학집요』의 마지막에서 도통론을 논의하는데, 사상의 바른 기준을 제시하는 것이 목적이다. 여기서 우리는 '수기'의 출발점인 '입지'가 정통과 이단의 구분과 관련이 있다는 사실을 쉽게 예상할 수 있다.

그렇다면 성리학적 의미에서의 정통과 이단의 구분이 무의미해진 현대 사회에서 입지가 얼마나 어려운 일인지 충분히 예상할 수 있다. 바른 것과 바르지 않은 것을 단순하게 구분하는 것이 불가능해진 다원주의 사회에서 모든 것이 옳고, 모든 것이 수용 가능한가? 사실은 그렇지 않다. 다원주의 사회라고 해서 모든 것이 용인되는 것은 아니다. 어떤 사회든 그 사회가 용인하는 바른 기준이 존재한다. 많은 경우 그 기준은 묵시적으로 제시된다. 그런 묵시적 기준을 이해하지 못하면 대단히 곤란한 상황에 처하게 된다. 우리는 우리가 자유로운 사회에서 살고 있다고 믿지만, 결코 무조건적 자유는 없다. 우리는 항상 창의적인 사고를 강요당하고 있지만, 실제로 사회는 진짜로 창의적인 사람을 수용하지 않을 가능성이 높다. 다원적 사회일수록 정통성은 표면에 드러나지 않는 경향이 있다.

그렇기 때문에 다원적 사회에서, 방향을 세우는 일이 더욱 어렵고 더욱 중요하다. 드러난 원칙과 숨은 원칙이 다르게 작동하기 때문이다. '입지'는 요즘식으로는 '정체성을 수립한다'는 정도의 말이 될 수 있다. 그러나 내가 내 정체성을 내 마음대로 만드는 것이 아니기 때문에, 어려움이 가중된다. 정체성은 내가 마음대로 만들 수 있는 것이 아니다. 사회가 부여하는 자유의 범위 안에서만 우리는 정체성을 확립할 수 있다. 비유하자면, 언어 규칙과 개인의 발화의 관계 같은 것이다. 우리는 한국어라는 언어의 규칙과 그것의 허용 범위 안에서만 나름의 언어를 구사할 수 있다. 내 마음대로 자유롭게 창의적으로 말한다고 그 말이 통하는 것이 아니라는 말이다.

언어 사용에서 우리는 자유롭지 않다. 보통 사람의 언어 사용은 지극히 상식적인 범위 안에 머물러 있기 때문에, 그런 언어는 손쉽게 규칙화할 수 있다. 자유도가 낮을수록, 다시 말해 틀에 박힌 말일수록, 컴퓨터가 예측하기 쉽다. 시인이나 소설가라면 사용하는 언어의 자유도는 조금 더 확장될 가능성이 있다. 그러나 그렇더라도 그에게 전적인 언어 사용의 자유가 허용되는 것은 아니다. 우리는 자유롭지만 결코 전적으로 자유롭지는 않다. 전통 사회는 자유가 부족한 사회였고, 확고한 정체성 기준이 존재하는 사회였다. 그런 사회에서 입지는 그래도 쉬운 일에 속한다고 말할 수 있다. 그러나 자유도가 현저히 확대된 현대에 정체성 수립은 더욱 어려운 일이 된다. 정체성을 강요하는 사회의 현실 자체가 정체성 수립의 어려움을 역설적으로 반영하고 있는 것이다. 그러나 어떤 상황에서든, 한 사회가 안정적인 집단으로 유지되기 위해서는 잠정적이지만 암묵적인 진리의 기준이 정립되어 있어야 한다. 우리가 '양식(良識)'이라고 부르는 것이 그런 사회적 기준이다. 전통 사회와 비교하면 현대 사회의 기준은 모호하다. 하지만 결코 기준이 없는 것은 아니다. 기준이 암묵적인 방식으로 존재할 뿐, 전통 사회에 비해서 느슨하다고도 말할 수 없다. 민주, 정의, 인권, 자유, 평등, 배려, 소통 등등이 현대적 의미의 바른 기준으로 제시되고 있다. 소위 선진국은 그런 기준의 의미에 대한 합의가 비교적 분명한 사회일 것이다. 그런 의미에 대한 기초적인 합의조차 존재하지 않는 '양식'의 수준이 낮은 사회는 사람이 살기 힘든 곳이 될 것이다.

입지의 구체화

입지의 항목에서 율곡은 입지의 원리, 입지의 조목과 효과, 그리고 입지에서 경계해야 할 일들을 논의한다. 우리는 여기서 군주의 '입지'에 대해 말하는 율곡의 의도에 깊이 공감할 수 있다. 군주라는 말을 지도자라는 말로 바꾸어놓고 나면, 그 말은 대단히 현실감이 있기 때문이다. 지도자는 항상 어려운 판단을 내려야만 하는 상황에 맞닥뜨린다. 그렇지만 지도자가 전지전능한 존재가 아니기 때문에, 그가 항상 100퍼센트 올바른 판단을 내릴 것을 기대해서는 안 된다. 그러나 적어도 그의 판단은 자기 개인의 사익을 채우기 위한 것이 아닐 것이라는 신뢰가 필요하다. 그런 기본적인 신뢰가 있는 한, 공동체는 지도자의 판단을 존중하고 판단에 따르는 희생을 감수할 수 있다.

지도자가 사익 추구를 회피한다는 것은 자기의 생존을 위한 모든 이익을 포기한다는 말이 아니다. 공적 이익과 사적 이익의 충돌이 일어날 위험이 있는 곳에서는 '공익 우선'이라는 관점에서 사익의 범위를 넓게 해석하는 것이 지도자의 판단에서 반드시 작동해야 한다는 말이다. 공익의 범위를 넓게 해석하는 것과 사익의 범위를 넓게 해석하는 것은 사실 같은 것의 양면이다. 그렇게 이익의 범위를 넓혀서 보아야만, 사익과 공익이 충돌하거나 겹치는 영역이 넓어진다. 그래야 사익 추구가 공익과 충돌할 수 있는 위험성이 조금이라도 있을 때, 지도자는 사익을 포기하고 공익을 우선하는 판단을 내릴 수 있다. 공익의 영역과 사익의 영역 모두를 넓게 해석해야 사익 추구를 방지할 수 있다. 그리고 그런 겹침의 영역에 관계된 일은 사익 추구라고 판단하고, 자제할 수 있다. 그것이 지도자에게 가장 필요한 공정과 정의라는 덕목일 것이다. 현대에 있어서 지도자의 입지는 이런 공익과 사익의 충돌이라는 지점에서 어떤 가치 지향을 가질 것인지, 가치관을 수립하는 것에서 시작한다.

그런 덕목을 자신의 정체성으로 수립한 다음, 지도자는 마음의 심지가 굳어야 한다. 공익과 사익의 경계선에서 과감하게 사익을 내려놓기 위해서다. 그 굳은 심지를 가지고 있어야, 공부를 제대로 해낸다는 결심을 굳힐 수 있고, 온갖 장애와 어려움에도 불구하고, 공부를 완성할 수 있다. 율곡은 '심지'가 굳지 못한 결과 발생하는 병폐를 세 가지 꼽는다. 첫째는 믿음이 없는 것이고, 둘째는 지혜가 부족한 것이고, 셋째는 용기가 없는 것이다.

2) 입지의 실패

소위 '믿음이 없다'는 것은 다음과 같습니다. 성현이 후학에게 보여준 것은 명백하고 순수하기 때문에 오직 그 말을 따라 천천히 나아가기만 해도 성인도 되고 현인도 될 것입니다. 이것은 원리상 당연한 일이라서, 그렇게 노력하는 사람이 성현이 되지 못하는 경우는 없습니다. 그러나 그것을 '믿지 않는' 사람은 성현의 말이 사람을 유혹하기 위한 것이라고 생각하고 문자만 읊조릴 뿐 몸으로 실천하지 않습니다. 따라서 그들은 성현의 책을 읽으면서도 실제로는 세속의 행동을 실행하게 되는 것입니다.

소위 '지혜가 없다'는 것은 다음과 같습니다. 사람이 태어날 때 '타고난 기[氣稟]'는 서로 달라서 하나가 아니지만, 앎에 힘쓰고 실천에 힘쓴다면 누구나 똑같이 성현이 될 수 있습니다. […] 그렇다면 어찌 타고난 지혜를 가진 사람이라야 덕을 이룰 수 있다고 말할 수 있겠습니까? 지혜를 갖지 못한 자들은 자신의 자질이 아름답지 못하다고 생각하고, 자신의 한계 안에 머물러 한 발도 나아가려고 하지 않습니다. 그들은 자기의 행동에 따라 나아가서 성인이나 현인이 되고, 물러나서 어리석은 자나 불초한 자가 되는 것을 모르고 있습니다. 따라서 그들이 읽는 것은 성현의 책이지만 여전히 타고난 기[기품]의 한계 안에 머물러 있습니다.

소위 '용기가 없다'는 것은 다음과 같습니다. 사람들은 성현들이 우리를 속이지 않고, 사람의 기질은 변화 가능하다는 사실을 어느 정도는 알고 있습니다. 그러나 사람들은 마음 편하게 일상적인 습관을 유지하려 하기 때문에 분투하여 변화하려고 노력하지 않습니다. 그 결과 어제의 행동을 오늘 바꾸기 어렵고 오늘의 편안한 삶을 내일 고치려고 하지 않습니다. 이렇게 습관에 안주하면서 한 걸음 나가면 두 걸음 물러서는 것입니다. 이것은 용기가 없기 때문에 그렇게 되는 것입니다. 따라서 그들이 읽는 것은 성현의 책이지만, 그들은 여전히 낡은 습관에 안주하고 있습니다. 사람들이 이런 세 가지 병폐를 가지고 있기 때문에 군자가 출현하지 않고, 육경은 빈말이 되어버리는 것입니다. 아, 안타까움을 금하기 어렵습니다.

입지의 실패

율곡은 여기서 '입지'에 실패한 사람들이 드러내는 병폐에 대해 말한다. 이런 병폐 때문에 입지가 불가능해진다고 말할 수도 있을 것이다. 먼저 '믿음이 없다[不信]'는 말은 성인의 가르침이 나의 변화와 나의 성취에 실제로 효과가 있다는 사실 자체를 믿지 않는 것이다. 내가 공부하고 있는 것이 정말 가치가 있는 것이다! 그것은 무엇을 공부하든 최소한의 신념으로서 중요하다. 이런 공부 해서 뭐 하나? 그런 불신과 회의를 가지는 사람이 제대로 공부를 할 리가 없지 않은가? 물론 단순히 신념만 가지고는 부족하다. 그 신념이 이기적 이익의 확보나, 단순한 돈벌이나 세속적 성공으로 이어질 것이라는 신념만 가지고는 부족하다는 말이다. 내가 하는 일이 나에게 이익을 가져다주는 것에 그치지 않고, 더 많은 사람, 세상 전체의 복리와 세상 사람들의 행복과 세상의 평화를 위해 도움이 될 것이라는 확신도 필요하다. 그런 신념의 가치, 어쩌면 종교적 확신이라고 말할 수 있을 그런 신념의 가치에 대한 확신이 따라주어야 한다. 그렇지 않다면, 그 신념은 표피적인 이익과 물질적이고 세속적인 성공을 인생의 목표와 동일시하는 어긋난 방향으로 나아갈 수 있다. 뜻이 서지 않은 사람은 자주 흔들린다. 이기적 욕망의 실현이 인생의 유일한 목적이 될 때, 언뜻언뜻 떠오르는 허무감을 이겨내기 쉽지 않기 때문이다.

군자는 사적 이익을 실현하기 위해 공적 이익을 훼손하지 않는 사람이다. 사익과 공익이 충돌할 때, 공익을 우선시하고 사익을 접어둘 수 있는 사람이 군자다. 공자가 '견리사의(見利思義, 리를 앞에 두고 의를 생각한다)'를 군자의 기본 자질이라고 본 이유다. 여기서 리(利)는 모든 이익이 아니라 이기적인 욕망에 입각해 추구하는 이익이다. 의(義)는 공공적 이익이라고 해석할 수 있다. 리와 의를 명확하게 구분하는 것은 항상 어려운 일이지만, 군자는 자기가 처한 상황 안에서 의를 분명하게 구별할 수 있는 가치관을 가진 사람이다. 올바름을 의미하는 의가 마땅함이나 적절함을 의미하는 의(宜)라고 해석되는 이유다. 맥락과 상황에 따라 적절하게 옳은 것과 마땅한 것을 분별하는 능력, 그것이 결국 지혜[智]다. 해도 좋은 것과 해서는 안 될 것을 분별하는 것이 지혜. 견리사의. 이익이 눈앞에 있을 때, 그 이익을 취해도 좋은지 아닌지를 분별하는 능력을 가진 사람이 지혜를 가진 사람, 즉 군자다. [무엇이 사적 이익이고 무엇이 공적 이익인지는 시대마다, 그리고 상황마다 다를 수 있다. 그래서 무엇이 의(義, 공적 이익)이고 무엇이 리(利, 사적 이익)라고 미리 규정할 수는 없다.] 그리고 그런 판단력을 주체화하는 것이 유교적 의미의 공부다. 공부를 통해 지혜를 주체화하지 못할 때, 곧은 심지를 간직하는 것 자체가 불가능해진다. 그런 의미의 지혜는 타고나는 것이기도 하지만, 교육과 훈련을 통해 배우고 획득할 수도 있다. 기품과 기질의 교정과 확충을 통해 그런 지혜에 도달할 수 있다는 것이 유교의 기본 신념이다.

그리고 율곡은 마지막으로 필요한 것이 용맹정진(勇猛精進)하는 노력과 용기라고 말한다. 자신의 존재에 대한 책임감이 용기다. 내가 하는 일이 나의 행복은 물론 세상 사람들의 행복과 평화를 위해 의미 있는 일이라는 확신을 가진다고 하더라도, 그 확신을 끝까지 밀고 나가기 위해서는 불굴의 용기와 신념이 필요하다. 기질의 교정과 기질의 확충을 끝까지 밀고 가기 위해서도 신념과 용기가 필요하다. 『주역』에서 변혁을 의미하는 '혁괘(革卦)'에는 '군자표변(君子豹變)'이라는 말이 나온다. 철저하게 자기를 변혁하는 용기를 가져야 한다는 것의 비유다. 용기가 부족해서 신념을 갖지 못할 수도 있고, 신념을 갖지 못하기 때문에 모든 것을 내던지는 용기가 샘솟지 않을 수도 있다. 입지와 불신(不信), 부지(不智), 불용(不勇)의 관계는 반드시 단선적인 원인과 결과 관계가 아니라 상호원인, 상호결과라고 보는 것이 더 현실적이다.

3) 지도자로서 군주의 책무

오직 성현의 말을 깊이 믿고, 아름답지 못한 바탕을 바로잡기 위해 수백 배 수천 배 공력을 더 쏟으면서 끝내 뒤로 물러나지 않을 때, 대로가 열리고 성스러운 영역을 곧바로 가리킬 수 있게 될 것입니다. 도달하지 못할 것이라고 걱정할 이유가 있겠습니까? 사람이 보잘것없는 몸을 가졌지만 하늘땅과 병립하고 있습니다. […] 게다가 임금은 군사의 지위에서 백성을 가르치고 기르는 책임을 지며 세상의 표준이 되어야 합니다. 그 임무의 위중함이 어떻겠습니까? 하나의 생각만 어긋나도 정치가 위험해지고, 한마디의 실수가 일을 망치는 것입니다. 도에 뜻을 두고 도를 따르면서 세상을 요순의 시절로 되돌리는 것이 자기에게 달려 있습니다. 욕망에 뜻을 두고 욕망을 따르면서 세상을 말세로 이끄는 것도 자기에게 달려 있습니다. 마음이 향하는 바에 대해 임금은 더욱더 조심해야 합니다.

✳

군주의 책무

이어서 율곡은 군주의 책무, 지도자의 책무와 어려움에 대해 말한다. 지도자는 '군주이자 스승으로서' 백성을 가르치고 양육하는 책임을 지는 존재다. 그의 행동과 그의 생각이 세상의 표준이 된다. 그러니 그의 임무는 더할 나위 없이 무겁다. 그런 무게를 감당할 자신과 능력이 없는 자가 군주가 되면 그 나라는 망한다. 그의 생각이 하나만 잘못되어도 사회 전체에 해를 끼친다. 그의 말실수가 일을 망친다. 바른 세상을 만드는 데는 관심이 없고, 사욕을 채우는 데만 혈안이 된 지도자, 대통령, 제왕을 가진 민족, 국민, 공동체는 불행하다. 현재는 군주가 없는 세상이지만, 그럼에도 불구하고 제대로 된 정치 지도자를 가져보지 못한 우리로서는 율곡의 말이 너무나 절실하게 와닿는다. 군주의 인격과 능력을 확대하는 것이 조선을 위기에서 구해내는 길이라고 생각했던 율곡은 조선을 중흥으로 이끌기 위한 처방전으로서 『성학집요』를 편찬

했다. 이하 수렴을 논의하는 곳에서 율곡은 거경과 궁리에 대해 자세히
논의한다.

04

수렴
마음을 모으다

1) 경, 유교 수양론의 중심

경(敬)은 '성학'의 처음이자 끝입니다. 따라서 주자는 "경을 유지하는 것이 궁리의 근본이며, 앎을 갖지 않은 자는 경이 아니면 앎에 도달할 수 없다"고 말했습니다. 정자는 "도(道)에 들어가는 데 경에 비견할 만한 것이 없다. 지극한 앎에 도달했던 사람 중에 경을 갖지 않은 사람은 없다"라고 말했습니다. 이것은 경이 학문의 처음임을 말하는 것입니다. 주자는 "이미 앎을 가진 자는 경이 아니면 그것을 지킬수 없다"고 말했고, 정자는 "경과 의가 확립되면 덕이 외롭지 않다. 성인도 이와 같을 것이다"라고 말했습니다. 이것은 경이 학문의 끝임을 말하는 것입니다. 이 장에서는 경이 학문의 처음임을 말하는 언설을 모아 '궁리' 장 앞에 두고, '수렴'이라고 제목을 붙였습니다. 그것은 『소학』의 공효에 해당합니다.

❈

경과 구방심

율곡은 '입지' 다음에 '수렴(收斂)'에 대해 말한다. '수렴'의 구체적인 항목으로 율곡은 '행동의 수렴', '언어의 수렴', '마음의 수렴'을 제시하고 있다. 앞에서 군주의 덕목으로서 말과 행동의 절제와 절도를 강조했던 것의 연장선에서 납득할 수 있다. 그리고 그런 '수렴'은 결국 경에서 절정에 도달하고, 경 공부로 귀결된다. 유교 수양의 첫걸음은 뜻을 세우는 '입지'이지만, 세운 뜻을 초지일관 밀고 나가기 위해서는 경의 태도를 유지하는 것이 그에 못지않게 중요하다. 그렇다면, 경이란 무엇일까?

'경'이 '수렴'이라는 항목 아래에서 논의되고 있는 것에서 알 수 있는 것처럼 '경'은 '수렴'의 한 방법이라는 것을 알 수 있다. 방만하게 흐트러지는 마음을 하나의 지점으로 다시 모아들이는 것이 '수렴'이다. 그런 점에서 주자가 경을 '하나에 집중하여 마음이 흐트러지지 않게 하는 것', 즉 '주일무적(主一無適)'이라고 풀이한 것은 대단히 옳다. 하지만 '주일무적'이라는 주자의 해석은, 공부하는 주체의 능동성에 너무 많은 가치를 부여한다는 점에서, 약간의 문제점을 드러낼 수 있다.

유교에서 말하는 경의 가장 단순한 의미는 어떤 대상에 대해 진지하고 공손한 태도를 취하는 것이다. '공경'이라는 말에서 알 수 있는 것처럼 방만한 관심이나 지향을 '하나로 모으는 것[主一]'이라는 식으로 경의 의미가 확대된다. 주자의 해석은 그런 확대된 의미에 근거를 두고 있다. 맹자는 공부의 요체로서 '구방심(求放心, 흐트러진 마음을 거두어들이는 것)'을 이야기한다. 흩어져버린 마음을 모아들이는 것이 공부의 출발점이고 목표이자 완성이라는 말이다. 맹자가 말한 '구방심'의 공부를 다른 방식으로 표현한 것이 경이라고 이해할 수 있다.

유교적 수양은 사람이 본래적으로 완전한 선, 즉 '명덕(明德)'을 가지고 있다는 것을 전제한다. 선을 외부 세계에서 찾으려고 해서는 안 된다. 수양은 내가 본래 가졌으나 지금은 지리멸렬해져 버린 것을 다시 모아들이는 것이다. 본래 가지고 있었으나 현재는 망각해버린 선함을 다시 회복하는 것이 수양이다. 흩어졌다고 해서 그 마음이 진짜로 밖으로 나간 것이 아니다. 망각했다고 진짜로 잊어버린 것이 아니다. 마음에는 안과 밖이 없다. 마음이 세상의 유혹에 관심을 뺏긴 상태를 '흩어졌다'거나 '바깥으로 나갔다'라고 표현할 따름이다.

세상의 유혹은 여러 가지가 있다. 물질의 유혹, 명예의 유혹, 부적절한 대상이 불러일으키는 유혹, 불사의 유혹. 우리의 삶은 그런 수만 가지 유혹에 빠져 있다. 성리학자들은 그런 유혹은 통틀어서 '물욕(외적 대상이 불러일으키는 유혹)'이라고 부른다. 결국 마음이 흩어졌다는 말은 물욕에 관심을 가지느라 내 마음을 더 이상 돌보지 않게 되었다는 말에 다름 아니다. 그 흩어진 것을 수습하고 모아들이고 '본래의 빛[明德]'

을 회복하는 것이 '구방심'이다. 그런 '구방심'을 위해 필요한 것이 바로 경이다. 앞에서 '복초'라는 개념에 대해 말했다. 본래 가졌으나 지금은 사라져버린 완전한 덕성, 완전한 선을 회복하는 것이 '수렴'이고 '복초'다. 수렴은 복초를 위한 방법이고, 복초는 수렴의 결과라고 말할 수도 있다.

경은 공경, 존경이라는 숙어 안에서 사용되고 있지만, 그것만으로는 경의 수양론적 의미가 잘 드러나지 않는다. '주일무적'이라는 해석도 경의 수양론적 의미를 충분하게 드러내지 못한다. 수양론의 개념으로서 경은 우리말로 옮기는 것이 쉽지 않다. 여기서 나는 '삼감'이라는 개념을 동원하여 경을 이해할 수 있다고 생각한다. '삼간다'는 것은 조심한다, 혹은 주의를 기울인다는 의미다. 함부로 행동하지 않도록 삼간다, 다른 사람에게 피해를 주지 않도록 삼간다, 공공장소에서는 큰 소리로 떠드는 것을 삼간다,라고 말할 때의 삼감이다. '삼감'은 주의를 기울인다, 조심한다와 의미론적으로 통한다.

경은 삼가는 것이다

'삼감'을 독일어로 번역하면 '페어할텐하이트(verhaltenheit)'가 될 것이다. 여기서 경을 '삼감', 즉 독일어로 '페어할텐하이트'라고 이해하게 되면, 곧바로 우리는 존재의 철학자 하이데거를 떠올릴 수 있다. '페어할텐하이트'는 하이데거 인간론의 핵심 개념이기 때문이다. 하이데거는 존재의 목소리에 귀 기울이는 능력을 상실한 현대인의 방만한 삶의 태도가 '현대의 위기'를 불러온 원인이라고 주장한다. 존재 망각의 역사 안에서 인간은 인간의 존재 의미를 망각했고, 과학 발전으로 인한 지나친 자신감에 도취되어, 자연을 인간 의지에 따라 마음대로 개조, 변혁, 파괴할 수 있다는 오만함에 사로잡혀 있다. 그런 오만함은 인간으로 하여금 더 이상 자연이라는 존재 자체에 진지하게 관심을 기울이지 못하게 만든다. 그 결과 인간은 사람과 사람 사이의 진지한 만남의 윤리를 상실하게 되었고, 자연 안에서 자연의 일부로서 자연과 대화하는 방법을 망각했다. 그러나 이제라도 그런 질주를 멈추지 않으면 인간에게 미래는 없다. 이제는 멈추어야 한다. 자연 앞에서 삼가고 내달리는 발걸음을 멈추어야 한다. 타자의 존재 앞에서 삼가야 한다. 이렇게 하이데거는 인간이 오만함을 멈추고 자신의 내면에 눈을 돌려 존재의 소리에 귀 기울이기를 촉구한다. 그렇게 오만함을 멈추는 것이 '페어할텐하이트'다. 내가 세상의 주인인 듯이 나대고 설쳐서는 안 된다. 삼가는 태도로 자연과 주변을 둘러보아야 한다. 그런 멈춤과 삼감을 유교적 개념으로 말한다면 경(敬)이고, 겸(謙)이고, 겸양(謙讓)이다. 이런 하이데거의 '삼감(페어할텐하이트)'의 권유는 율곡이 말하는 '경'에의 권유와 얼마나 비슷한가? 페어할텐하이트와 마찬가지로, 방만하게 내달리는 무례한 마음을 거두어들이고, 자기의 내면을 응시하는 것이 경이다.

율곡은 본문에서 『주역』을 인용하면서 마음의 절제에 대해 말한다. "신이 살피건대, '지만'이라는 것은 조금만 얻어도 잘난 척하고 거만하게 뻐기고 스스로 대단하다고 생각하는 태도입니다[臣按, 志滿, 謂得少爲足, 侈然自大也]." 자기 뜻을 지나치게 성취하는 것이 '지만(志滿)'이다.

『주역』은 '지만'으로 인한 오만 방자함을 경계하는 것을 목표로 구성된 지혜의 문서다. 『주역』의 메시지는 한마디로 겸(謙, 겸손함·겸허함)인데, 그것은 '지만'을 경계하기 위해 요청되는 태도다.

수양론 개념으로서 '경'은 공경이나 집중을 강조하는 것에 그치지 않는다. '경'은 인간의 오만 방자함, 스스로 대단하다고 생각하며 뻐기는 '지만'을 경계하는 것이다. 유교적 수양이란 그런 '지만'에 빠지지 않도록 자기를 다잡는 공부다. 항상 자신이 부족한 존재라는 사실을 잊지 않는 데서 유교의 '수양'이 시작된다. '뜻을 가득 채운다[志滿]'는 말은 언뜻 보기에는 더할 나위 없는 좋은 말로 보일 수 있다. 그러나 사실은 정반대다. '지만'은 모든 불행과 실패의 시작이다. 유교의 군자는 '지만'을 경계한다. '지만'의 경계가 사실은 유교적 수양 공부의 처음과 끝이라고 말할 수 있을 정도다. 『주역』은 처음부터 끝까지 '지만'으로 인해 우쭐해지는 마음을 제대로 다스리지 못하는 무절제가 실패와 불행의 뿌리라는 사실을 반복해서 강조하고 있다. 지만 때문에 득의양양해지고 자대감이 싹트기 때문이다. 지만은 자신감과는 다른 것이다. 지만은 일종의 과대망상이다.

경은 우리가 보통 종교적이라고 부르는 태도인 경건함(piety)과 연결된다. 동서고금을 막론하고, 대부분의 종교는 인간이 스스로 우월한 존재라고 생각하는 인간의 자대증과 과대망상증에 대해 경고한다. 기독교에서 말하는 케노시스(kenosis), 즉 신 앞에서의 '자기 비움'도 그런 경고다. 신이 정말로 존재하는지 존재하지 않는지는 알 수 없는 일이다. 그러나 절대성의 구현자인 신이나 신성한 존재를 상정하는 것은 적어도 인간의 과대망상을 치유하기 위해서는 반드시 필요한 일이었을 것이다.

근대 이후에 신을 믿는 것은 미신이라는 평가를 받았다. 인간의 이성과 지성을 최고도로 발휘하여 자연을 낱낱이 해부하고 이해할 수 있다는 자대감이 근대 과학을 만드는 원동력이 되었던 것이다. 그 결과 신에 대한 믿음은 미신이라고 배척당했다. 과학이 이제는 신의 자리를 차지했다. 그리고 인간은 자연으로부터 소외되었고, 마침내 인간 자신으로부터 소외되었다. 조선 유학의 역사에서 퇴계 이황 선생이 특별히 '경'을 강조했던 것은 잘 알려져 있다. 하지만, 경을 중시한 것은 특별히 퇴계의 특징이라기보다는 성리학의 일반적 특징이라고 말할 수 있다.

2) 정좌는 지식 공부의 기초

'놓아버린 마음'을 거두어들이는 것은 학문의 기초입니다. 옛사람들은 혼자 밥을 먹고 말을 하는 나이가 되면 행동이 어긋나지 않고 생각이 지나치지 않도록 가르치기 시작했습니다. 그 결과 언제든 어떤 일에서든 양심을 기르고 덕성을 높이는 것을 잊지 않도록 했습니다. 따라서 그것 위에 격물치지 공부가 닻을 내릴 수 있었던 것입니다. 지금은 어릴 때 해야 하는 이런 공부가 생략되고 곧바로 궁리와 수신 공부에 돌입하기 때문에, 마음[方寸]은 혼란스럽고 행동은 법도에서 멀어집니다. 공부도 하는 듯 마는 듯 결코 목표에 도달할 수가 없습니다. 옛사람들은 먼저 정좌를 가르치고, 이어서 구용(九容)의 몸가짐을 가르쳤는데, 이것은 배우는 사람들이 무엇보다 먼저 힘을 써야 할 것입니다. 그러나 정좌라는 것은 아무 일이 없을 때 가능한 것입니다. 만일 대응해야 할 일이 있거나 처리할 일이 있을 때는 정좌에 매달릴 수가 없습니다. 더구나 임금의 몸에는 온갖 일[萬機]이 모이기 때문에 일이 없을 때를 기다려 정좌를 하고 그런 뒤에 학문을 하겠다고 하면, 아마도 그런 때는 오지 않을 것입니다. 따라서 동정에 관계없이 이 마음을 잊지 않고 지키기를 게을리하지 않아야 할 것입니다.

❋

정좌의 효용

율곡은 '수렴' 공부가 결국은 '경' 공부로 귀결된다는 것을 말한 다음, 결론적으로 '놓아버린 마음을 거두어들이는' 공부, 즉 '구방심(求放心)'과 '수방심(收放心)'의 공부가 유교 수양론의 요체라고 말한다. 율곡은 마음을 거두어들이는 공부를 단순한 지식 공부와 동일시하는 당시 세속적인 관점을 비판하면서 이렇게 말한다. "지금은 어릴 때 해야 하는 이런 공부가 생략되고 곧바로 궁리와 수신 공부에 돌입하기 때문에, 마음은 혼란스럽고 행동은 법도에서 멀어집니다. 공부도 하는 듯 마는 듯 결코 목표에 도달할 수가 없습니다."

율곡이 한탄하고 있는 것처럼, 그 당시 사람들은 덕성과 양심 공부의 바탕을 길러주려는 노력 없이 어린이들을 출세를 위한 공부, 과거(科擧)를 위한 암기 공부로 몰아붙이고 있었던 것을 알 수 있다. 그 점에서 세상의 풍조가 오늘날과 크게 다르지 않았던 것이다. 율곡은 물론 다산 같은 조선의 유학자들이 반복해서 과거의 폐해를 지적하고 있었던 사실을 생각해보면, 더 근본적인 것, 더 가치 있는 것은 손쉽게 잊히는 것이 인간사의 자연스러운 규칙이 아닌가 생각이 들 정도다.

율곡의 말처럼, 격물 공부는 현대적인 의미의 학습과는 분명히 다른 것이지만 그럼에도 불구하고 지식 증대에 중점이 놓여 있다. 그러나 그런 지식 공부조차도 양심과 덕성의 확립이라는 근거 위에서만 닻을 내릴 수 있다는 것이 유교의 입장이다. 하지만 옛날에도 출세 공부를 위해 인격 공부를 무시하는 것이 시류였던 것 같다. 따라서 율곡은 그런 시류에 대한 대응책으로 마음을 안정시키는 정좌 공부와 몸가짐을 갖추는 '구용(九容)'의 훈련을 제시한다.[3] '구용' 공부는 『소학(小學)』 공부의 연장선에 서 있는 것이었다. 유교 수양의 기본 지침서로서 조선시대 유학자들이 중시했던 『소학』은 전통적인 '구용' 공부를 집대성한 문서로서 성리학의 완성자인 대사상가 주자가 편찬했다.

여기서 흥미로운 점은 율곡이 정좌 공부의 효용을 인정하고 그것을

---

3 구용은 태도를 바르게 하는 어린 시절의 훈련으로서 구체적인 내용은 다음의 아홉 가지다. 足容重(다리를 무겁게), 手容恭(손을 공손하게), 目容端(눈은 단정하게), 口容止(입은 굳게), 聲容靜(목소리는 조용하게), 頭容直(머리는 곧게), 氣容肅(기는 엄숙하게), 立容德(설 때는 바르게), 色容莊(얼굴색은 장엄하게)이다.

수양 방법으로 권유하고 있다는 사실이다. 널리 알려져 있는 것처럼, 정좌는 불교 혹은 도교의 수련법과 관련되어 있다. 불교와 도교의 수행법에 대한 강렬한 비판의식을 가지고 등장한 성리학은 원리적으로는 불교와 도교를 비판한다. 그러나 실제로 성리학은 불교와 도교의 이론과 수행법을 상당히 폭넓게 받아들인다. 물론 그 경우에 도교와 불교의 방법을 전면적으로 수용하기보다는 이론적 우회를 거쳐서 유교적으로 변용시킨다. 정좌의 수행법 역시 그런 사례 중의 하나였던 것이다. 율곡은 정좌를 권유하면서도 그것이 고요함[靜]을 중시하는 도교와 불교의 이단적 가르침에서 기원한 것이라는 사실을 잊지 않는다. 율곡은 유교가 사회적 역동성[動]을 중시하는 사상이라는 사실을 강조한다. '정'과 '동'의 이념적 구별은 유교가 불교와 도교를 비판하는 중요한 논점 중의 하나였다. 그 둘을 구별하는 것은 상당히 미묘하지만, 성리학자들은 유교가 불교 및 도교와 달리 사회적 활동성을 중시하는 가르침이라고 주장한다. 유교는 사회적 실천을 중시할 뿐 아니라 세상의 교정과 교화를 염두에 두고 있기 때문이다. 반면 불교와 도교는 출세간을 지향하기 때문에 사회적 존재로서 인간의 책무에 무관심하다고 말한다. 유교가 불교 및 도교를 정적(靜的) 종교라고 비판할 때, 그런 뉘앙스가 숨어 있다.

율곡은 마음의 동요와 잡념을 제거하는 공부로서 정좌의 효용을 인정한다. 그리고 여기서 다시 '체'와 '용'의 구별이 등장한다. 유교 철학은 동(動)을 체(體), 정(靜)을 용(用)이라고 이해하고, '동정'의 분리 불가능성을 강조한다. 체용의 분리 불가능성과 유사한 이론 구성이다. '동정'은 체와 용의 관계에 있지만, 근본에 있어서는 하나다. '체-용'이 불이(不二)인 것처럼, '동-정'도 '불이'의 관계를 가지고 있다는 것이다. 그러나 불교와 도교는 정(靜) 일변도의 사상이다. 정좌는 불교에서 온 것이지만, 유학자가 실천할 때는 불교적 정좌여서는 안 된다. 세상을 벗어나는 허무적 태도를 조장하는 것이어서는 안 된다는 말이다. 유교적 정좌는 절대적 고요함의 추구가 아니라 흐트러진 마음을 거두어들이는 수렴의 일부로서만 허용된다. 흐트러진 마음을 수습하는 것[體]이 필요한 이유는 현실의 문제에 대응하여 그것을 해결[用]하는 출발점을 확보하기 위해서다.

05

궁리
이치를 탐구하다

1) 궁리(窮理)란 무엇인가?

수렴 다음에는 리의 탐구[窮理]를 통해 지식을 완성[致知]시키는 공부가 필요합니다. 따라서 궁리를 수렴 다음에 두었습니다. 정자는 "하나의 사물에는 하나의 원리가 있다. 반드시 그 원리를 철저하게 탐구해야 한다"고 말했습니다. 궁리의 방법은 여럿이 있습니다. 독서를 통해 의리를 논하여 밝히거나, 고금의 인물을 논하여 옳고 그름을 따지거나, 사물에 대응하면서 당부(當否)를 처리하는 것, 이 모든 것이 궁리입니다. 궁리의 대요는 다음과 같습니다.

궁리와 지식 탐구

앞에서도 언급했지만, '수렴'은 본격적인 지식 공부로 들어가기 전에 마음의 태도를 가다듬는 것이다. 율곡은 수렴의 핵심을 경(敬)이라고 말했다. 그 경우 경이란 소위 '종교적' 태도로서, 인간의 지나친 자기주장을 삼가는 '자기비움(케노시스)'이다. 수렴은 결국 덕성 함양의 기초 공부다. 경 공부, 수렴 공부는 지식 탐구 이전에 이루어져야 한다. 그렇다고 해서, 덕성 공부는 지식 공부가 시작된 다음에는 잊어도 되는 것은 아니다. 경 공부는 지식 공부를 시작하기 이전과 지식 공부가 진행되고 난 이후에도 항상 지속해야 하는 것이다. 인간의 오만함은 지식 부족에서 생기는 것이 아니기 때문이다. 단순한 지식 부족에서 오는 오만은 오히려 치유가 쉽다. 정말로 곤란한 것은 지식이 늘어가고 세상의 이치를 이제는 다 알았다고 생각하는 지식 과잉이 초래하는 오만일 것이다.

수렴 공부 이후에 본격적인 지식 탐구로 나아간다. 그것은 유교적 교육과정의 원리이기도 하다. 본격적으로 경전 공부와 학습으로 나아가기 전에 가정과 사회에서 이루어지는 인성 교육은 매우 중요하다. 기초적인 예절, 공감과 배려, 효도와 우애의 가치관을 체득하는 훈련이 이루어진 다음, 본격적인 지식 학습으로 나아가야 한다. 말하자면, 『소학』 공부에서 『대학』 공부로 나아가는 것이다. 율곡이 한탄하는 것처럼, 율곡의 시대에 벌써 그런 정상적인 공부의 순서가 무시되고 있었다.

본격적인 궁리 공부는 경전 공부가 그 중심에 있다. 적어도 성리학에서는 경전 공부가 지식 획득과 사리 이해를 위해서 가장 중요한 방법이라고 보았다. 주자도 말한 것처럼, 경전이 등장한 이후에 경전의 독서가 공부의 중심이 된 것이다. 성현이 남긴 경전과 다양한 형태의 글, 그리고 역사서에 대한 독서를 통해 사람됨의 근거와 사람됨의 원리에 대해 반성적으로 사유하는 능력을 배우는 것이 유교 공부의 궁극적 목적이었다. 그런 반성적 사유능력을 기르기 위해서는, 글자 익히기와 기초적인 지식 공부가 끝난 다음, 본격적인 경전 공부로 나아간다. 경전 공부의 첫 단계는 '사서'를 읽는 것이다. 사람됨의 원리에 대한 기본기가 갖추어진 다음에 역사서와 정치 관련 문서를 읽는다. 다양한 독서를 통해 사회적 삶의 여러 장면에 대한 이해를 구체화하고, 기본 원리가 적용되는 여러 상황 속에서의 변이에 대해 사고할 수 있기 때문이다. 이어서 시문으로 대표되는 문학 작품을 읽으면서 감수성과 표현력을 기르고, 마지막으로『주역』을 읽으면서 인간사의 한계와 인간적 삶과 우주적 원리의 교착에 대해 사고할 수 있게 될 것이다.

율곡은 유교의 전통 중에서 송명 시대를 거쳐 완성된 성리학 전통을 배웠다. 따라서 율곡은 유교의 공부에 대해 말할 때에도 그런 성리학적 전통에 입각한 견해를 제시한다.

성리학이란 무엇인가?

그렇다면 '성리학'이란 무엇인가? '성리(性理)'라는 글자에서 추측할 수 있는 것처럼, 성리학은 성(性)과 리(理)에 대해 사유하는 사상이다. 성리학은 인간의 본성인 '성'이 인간에게 구현된 '리'라고 주장한다. 인간은 인간의 '리'를 가지고 있기 때문에 인간이 된다. 세계의 분절화 구조 안에서 인간은 특수한 자리를 차지한다. 만사만물이 다 그렇다. 예를 들어, 나무는 '나무의 리[木之理]'를 가지기 때문에 나무가 된다. 나무는 세계의 분절화 구조 안에서 나무를 특징짓는 분절화 원리를 구현한다. 그때 어떤 사물은 나무가 된다. 누가 그것을 그렇게 이름 붙이는가? 인간이 그렇게 한다. 세상의 원리는 인간이 만드는 것이다. 세상은 인간이 만든 분절화 원리에 의해 분류되고, 구조화된다. 그리고 이름이 부여된다. 인간이 만든 분절화 원리, 즉 분류 체계에 입각하여 세상은 구조화된다. 그리고 그때 '나무'라고 분류되는 사물은 나무의 '리'를 가지는 것으로 간주된다. 인간이라고 분류되는 사물은 인간의 '리'를 가지는 것으로 간주된다.

성리학은 사물에 깃든 '리'를 '성'이라고 부르자고 약속한다. '나무'라고 불리는 사물은 '나무의 리'를 구현하고, 그것이 '나무의 성'을 가진다고 약속한다. 나아가 성리학은 사물에 깃드는 그 '리'를 초월적인 것이라고 보자고 약속한다. 인간이 만든 분절화 원리인 리를 초월적인 것으로 보자고 약속한다. 여기서 '초월'의 의미는 조금 더 생각할 여지가 있지만, 어쨌든 이것은 일종의 공리로서, 성리학의 전제다. 그리고 이것이 성리학의 근본 명제인 '성즉리(性卽理)'라는 말의 의미다.

성리학에 따르면 모든 사물(物)은 '기'와 '리'의 결합이다. 이때 기는 사물의 형태를 구현하는 원질이다. 나무는 기의 집합이다. 그 기의 집합체에 나무의 '리'가 실현되면 그것은 '나무'로 분류되고, 나무의 '성'을 가지는 것이 된다. 나무로 분류된 사물은 나무의 '리'를 가진 것으로 간주된다. 그렇다면 나무의 특성, 즉 나무의 '성'은 무엇일까? 나무의 '성'은 뿌리를 내리고 단단한 재목으로 자라나서 과실과 땔감과 목재를 제공하고 그늘을 만드는 것일 터이다. 그러나 나무의 특성은 그것에 한정되지 않기 때문에, 어떤 것의 특성을 전면적으로 아는 것은 불가능하다.

인간 역시 마찬가지다. 형태가 없는 원질인 기(氣)가 모이고, 인간의 형태를 가지면 그것에 인간의 '리'가 깃들어 인간의 '성'을 가진다고 간주된다. 그리고 그것은 '인간'으로 분류된다. 나무의 특성을 전면적으로 알 수 없는 것처럼 인간의 특성 역시 전면적으로 알 수 없다. '인간이란 무엇인가?' 하는 문제가 풀리지 않는 문제가 되는 이유다. 다만 유교는 인간의 특성은 '인의예지'라는 근본적인 도덕 가치를 실현할 수 있는 도덕성에서 찾을 수 있다고 생각한다. 유교적으로 말하자면 인간이란 도덕적 존재다. '인의예지'라는 도덕 가치가 곧바로 인간 본성에 내재해 있다는 말은 아니다. 인간은 그런 도덕 가치를 실현할 수 있는 능력을 가진다는 말일 뿐이다. 여기서 도덕성이라는 말은 그런 의미다. 도덕 실현 능력은 나면서부터 주어지는 것이다.

'성'이란 인위적으로 만든 것이 아니라 나면서 주어진 것이다. 인간의 '리'는 인간에게서 도덕성[정확하게는 도덕 실현 능력]으로 발현된다. 유교는 도덕성이 인간의 특성 전부는 아니지만, 인간의 두드러진 특성[性]이라고 본다. 그것은 전제이고 신앙이다. 인간은 도덕성에 근거하여 의미와 가치를 추구하는 존재다. 도덕성을 특성[성=리]으로 구현한 사물이 인간[人]이다.

어떤 사물이 있다고 하자. 그것이 사람의 형태를 가지고 도덕성을 구현한다면, 그것은 '인간'이라고 불릴 것이다. 그러나 인간의 특성을 한두 가지로 한정할 수 없기 때문에 문제는 그렇게 간단하지 않다. 인간의 특성이 '계산 능력'이라고 보는 입장에서는 '계산 능력'을 가진 어떤 것을 인간이라고 부를 것이다. 그 경우, 인간의 '성=리'는 계산 능력이 될 것이다. '이성'을 인간의 특성이라고 보면 이성이 인간의 '성'이 된다. 대체로 말하자면, 서양철학은 인간의 특성[性]을 '이성'에서 찾는다. 반면 동양의 철학과 종교는 인간의 특성을 '도덕성'에서 찾으려고 한다. 특히 성리학은 '도덕성'이 인간의 '성'이자 인간의 '리'라고 믿는다.

어떤 사물에 '인간의 성=리'가 깃들면 그 사물은 '인간[人]'이 된다. 분절화 원리인 리를 구현한 사물은 적절한 이름을 획득할 것이기 때문이다. 안드로이드 로봇에 인간의 '리=성'이 구현될 때, 우리는 그것을 '인간'으로 간주할 수 있다. (인간의 본질적 '특성'을 무엇이라고 보느냐에 따라 어떤 특성을 가질 때 '인간'이라고 볼 것인지가 달라진다.)

한편 리[=성]는 하늘[天]이 '부여한 것[命]'이기 때문에 하늘의 성질을 가진다. 유교는 하늘의 성질이 '절대선[純善]'이라고 전제한다. 역시 하나의 신앙이다. 천리[=理]는 절대선이다. 천리를 얻어 만들어진 만물은 하늘과 리를 공유한다. 만물의 리(理)는 천리(天理)의 일부이기 때문에 만물은 하늘과 리를 분유(分有)한다고 말할 수 있다. 성리학은 리가 초월적인 원리라고 믿는다. 인간에게 구현된 리는 하늘의 리, 즉 천리에서 파생된 것이기 때문이다. 만물 중에서 하늘의 리를 거의 완전하게 구현한 존재자는 인간뿐이다. 리 자체는 절대선, 순선이다. 만물은 기(氣)로 구성되고, 인간이라는 사물을 구성하는 기는 가장 순수하고 정미하다. 인간을 구성하는 기가 가장 순수하고 맑기 때문에, 인간에 깃든 리도 거의 완전하게 표출될 수 있다. 순수하고 정미한 기는 인간에 구현된 리(理)가 완전하게 표출되는 것을 방해하지 않기 때문이다. 인간과 다른 사물의 차이는 그것을 구성하는 기의 순수성의 차이 때문에 생긴다는 것이 성리학의 기본 생각이다.

그렇다면 각각의 사물을 그 사물이 되게 만들어주는 리는 사물마다 다른가 아니면 같은가? 모든 리는 천리에서 파생된 것이다. 그것을 분수(分殊)라고 말한다. 천리는 '하나[一]'지만 거기서 파생된 만물의 리는 '다르다[殊]'는 말이다. 그렇다면 나무의 리와 사람의 리, 인간의 리와 동물의 리는 같은가 다른가?

여기에 대해 주자학은 일관적인 답을 내놓지 않는다. 경험으로 알 수 없는 영역에 대한 것이기 때문이다. 누가 더 정확하게 그것을 알았다고 말할 수는 없다. 그 문제에 대해서 여러 입장이 만들어질 수 있다. 인간과 동물은 '기'에서만 차이가 나는 것이 아니라 '리'에서도 차이가 난다는 입장이 '인물성이론(人物性異論)'이다. 반면, 인간과 동물(사물)의 리는 근본적으로 다르지 않다는 입장이 '인물성동론(人物性同論)'이다. 조선 후기의 유학에서 이 문제가 본격적으로 논의된다.

어쨌든 정밀하고 순수한 기로 만들어진 인간은 천리(天理)를 부여받아 '인의예지'로 대표되는 완전한 선을 실현할 수 있는 능력을 가진 존재자로 태어난다. [나는 그런 선천적 능력을 사회적 본능이라고 부를 수 있다고 생각한다.] 그러나 사물의 '성'은 구체적인 사물이 아니다. '성'이란 어떤 A를 다른 것이 아니라 바로 그것(A)으로 만들어주는 근거다. 인간에게 내재한 도덕성은 구체적인 도덕 규칙이나 도덕 법칙이 아니라 도덕 가치를 실천하는 능력일 뿐이다. 인간을 사회적 존재로 만드는 내재된 본성이다. 그렇다면 '리'는 무엇인가, 그리고 그것은 어디서 온 것인가?

흔히 성리학의 '리'는 초월적인 원리라고 한다. 그러나 그때 '초월적'이라는 말의 의미는 무엇일까? 그것이 문제의 관건이다. 막연히 초월을 말하지만, 초월이란 말 자체가 와닿지 않는다. 만약 그 초월이라는 말이 현상 세계 너머에 존재하는 비현상적 본질을 가리키는 것이라면, 성리학은 서양의 형이상학과 유사한 형이상학적 사상이 되어버릴 것이다. 그러나 정말 유교가 초월적이고 비현상적인 본질의 세계, 혹은 형이상학적인 이데아의 세계를 상정하는가?

나는 일반적인 이해와 달리 성리학이 그런 형이상의 세계를 상정하는 사상이 아닐 수 있다고 생각한다. 현상 너머의 초월적 세계를 상정하지 않고도 성리학의 리를 충분히 설명할 수 있다고 보기 때문이다. 물론, 현상 너머의 초월 세계가 정말로 존재하는지 아닌지는 아무도 모른다. 그런 점에서 그것은 형이상학(metaphysics)의 문제다.

리는 분절화의 원리

나는 성리학의 '리'가 형이상학적 초월 실체라기보다는 존재하는 것을 범주화하는 '분절화의 원리'라고 이해한다. 리에 대한 형이상학적 해석이 아니라도 '리'를 이해할 수 있다. 유교의 역사 안에서도 그런 입장을 얼마든지 볼 수 있다. 특히 명청 시대의 일부 유학자들은 리가 초월론적 실체가 아니라 기의 '조리(條理)'라고 주장했다. 그 '조리'라는 말의 의미도 분명하지는 않지만, 나는 그들이 말한 '조리'를 '분절화의 원리'라고 이해하고자 한다.

'이해(理解)'라는 말에서도 알 수 있는 것처럼, 안다는 것은 나누고 분류하는 활동이다. 알아야 할 어떤 대상을 이미 존재하는 범주화 및 분절화의 구조 안에 넣어서 위치를 규정하는 것이 이해다. 작은 개별적 사물에서부터 거대한 사회, 나아가 우주에 이르기까지 존재하는 모든 것은 그런 분절화의 체계 안에 자리를 잡고 있다. 정확하게 말하자면, 분절화의 체계 안에 자리를 잡지 못한 것은 알 수 없는 것, 이해 불가능한 것이 된다. 문화마다 세계를 분류하고 범주화하는 방식이 다르다. 따라서 문화마다 세상을 이해하는 방식이 다르다. 어떤 사회에서의 진리는 다른 사회에서의 거짓이 될 수 있고, 어떤 사회에서 아름다운 것은 다른 사회에서는 추한 것이 될 수 있다. 사물을 어떤 방식으로 분류하고 체계화할 것인지는 문화마다 다르다. 너무나 당연한 말이지만, 이런 기본 사실이 제대로 받아들여지지 않기 때문에, 그런 무지로 인한 폭력이 난무한다. 문화마다 다른, 세계 분절화의 방식이 '조리'다. 미셸

푸코가 『말과 사물』에서 보여주는 것처럼, 한 문화가 가지고 있는 언어의 체계가 세상을 분절화하는 체계를 규정하고, 그것이 사물의 존재 방식을 규정한다.[4]

우리에게 익숙한 분절화의 체계, 즉 기존의 분류 체계 안에 자리를 잡지 못한 대상을 우리는 '미지의 것'이라고 부른다. '신'이니 '영혼'이니 '외계인'이 그런 미지의 것이다. 거대 우주나 초미시 세계, 심지어 인간의 마음 등등, 인간이 아직 알지 못하는 어떤 것 역시 미지의 것이다. 다시 말해 그런 것들은 우리가 가진 범주화 체계, 즉 지식 분류 체계 안에 적절하게 자리 잡지 못했기 때문에 미지의 것, 이해 불가능한 것이 된다.

인간은 태어날 때 나의 존재에 앞서서 이미 존재하는 분절화의 체계 안으로 던져진다. 그리고 나를 둘러싼 세계를 지배하는 분절화의 체계와 구조를 알아가면서 세상에 대한 이해(=지식)를 획득한다. 그런 점에

---

4 동양철학 체계 안에서 분절화의 문제, 분류 범주의 문제에 대해서는 내가 쓴 다른 글을 참조할 수 있을 것이다. 그 글에서 나는 중국적 사유 세계에서는 서양의 근대적 사유 세계와 전혀 다른 방식의 분절화(분류) 원리가 작동하고 있었고, 그렇기 때문에, 세계를 전혀 다른 방식으로 이해하고 있었음을 논의했다. 그리고 인간은 인식의 한계 때문에 세상을 완벽하게 분류할 수 없고, 그렇게 분류할 수 없는 것을 존재하지 않는 것이라고 보기보다는 잡, 혹은 도, 혹은 태극이라는 또 하나의 분류 항을 만들어 분류 불가능한 것을 그 안에 소속시키는 방식으로 인간 인식의 한계를 인정하는 사유 방식을 발전시켰다고 논의했다. (김상환, 박영선 편, 『분류와 합류』, 이학사, 2014)

서 분절화 원리인 '리'는 나의 존재보다 앞서서 존재하는 것이라고 말할수 있다. 이 경우 '리'는 마치 초월적인 원리처럼 보인다. 전체로서의 사회는 한 개인 입장에서 보면 거의 초월적이다. 그러나 그런 초월은 형이상학적 의미에서 초월은 아니다. 그런 점에서 '리'는 나보다 먼저 있다.

어떤 무정형의 원질이 뭉쳐서 어떤 형상이 만들어지고, 그 형상이 어떤 쓸모를 구현할 때, 즉 우리가 이미 알고 있는 분절화의 체계 안에서 그 새로운 물건에 어울리는 적당한 위치를 할당할 때, 그것에 대해 어떤 '이름'을 부여할 수 있다. 이름을 부여한다는 것은 그것을 우리가 아는 분절화의 체계, 즉 분류 체계 안에 편입시킨다는 의미다. 그리고 그때 우리는 그 대상을 알았다고 말한다. 그런 경우 분절화의 원리인 '리'는 그 어떤 사물이 존재하기 이전에, 즉 사물에 앞서서 존재하는 것이라고 말할 수 있다. 그 어떤 무정형의 원질을 '기(氣)'라고 부른다면, '리(理)'가 분명 '기'에 앞서 존재한다는 말할 수 있다. 성리학에서는 이런 사태를 상정하면서, "리가 기에 앞선다[理先氣後]"고 말한다. 이름을 부여받은 사물은 이미 존재하는 분절화의 구조 안에서 적절한 위치를 가질 수 있고, 더 이상 미지의 것이 아니라 이미 아는 사물[物]의 범주에 포함될 것이다.

인간의 삶을 위해 유용한 사물[物], 즉 도구는 기(器)라고 불린다. 모든 기(器)는 기(氣)로 이루어진다. 그리고 모든 기(器)는 작동 원리로서 도(道)를 가지고 있다. 그 경우, 도는 리와 비슷한 말이 된다. 도는 기(器)와 짝으로 사용되고, 리는 기(氣)와 짝으로 사용된다. 그러나 기(氣)가 존재하지도 않을 때, 리는 깃들 근거를 상실한다. 기가 없는데 리를 깃들게 할 수는 없다. 마찬가지로 기(器)가 존재하지 않을 때 도는 깃들 대상이 없어진다. 도구가 없다면 도구의 작동 원리라는 것은 공허한 개념이 된다. 기가 없으면 물(物)이 없고, 물이 없는데 그것을 이미 존재하는 분절화 구조 안에 위치시킬 수가 없다. 결국 기(氣)가 없으면 리도 없다. 도와 리는 허공에 존재하는 것이 아니기 때문이다. 이런 상황은 '기가 리에 앞선다'고 말할 수 있다. 리는 반드시 사물[物]에 깃든다. 물은 기(氣)로 이루어진 것이기 때문에, 리가 깃들기 전의 사물[物]은 단순히 기(氣)라고 부를 수 있다. 그리고 기에 리가 깃들 때, 혹은 리와 기가 공존할 때, 그것은 어떤 구체적인 이름을 가진 사물[物]이 된다.

하지만 '리'는 어떤 구체적인 사물이 아니다. 앞으로 무엇이 될지도 모르는 상태에서 어떤 무정형의 대상에게 마구 이름을 부여할 수가 없다. 그리고 이미 정립된 분절화 체계를 함부로 변경하는 것도 허용되지 않는다. 그렇게 되면 우리의 사고, 우리의 앎은 극심한 혼란에 빠지고 말 것이다. 사슴을 말이라고 부르고, 아직 태어나지도 않은 아이를 호적에 올리는 식이다. 따라서 기가 존재하지 않는다면 리는 공허한 것이 되고 만다. 성리학자들은 "기가 있으면 반드시 리가 있고, 리가 있으면 반드시 기가 있다[有氣, 必有理. 有理, 必有氣]"고 말한다. 그럼에도 불구하고, 기는 '이미' 존재하는 범주화의 거대한 체계 안에서 어떤 형상을 가질 때 이름과 정체성을 획득하기 때문에, "리가 기에 앞서 존재한다"고 말하는 것은 충분히 납득할 수 있다. 우리는 이미 존재하는 세계 안에 던져진 존재자로서 이 세상에 출현하기 때문이고, 사물은 이미 존재하는 질서 잡힌 분절화 체계 안으로 들어오는 것이기 때문이다.

한편, 이 세상에 존재하지 않았던 것이 새롭게 등장하는 상황을 생각해볼 수 있다. 그 경우에는 리가 아직 존재하기 전에 무엇인가가 출현한다. 그런 상황에서는 '기가 리에 앞서 존재'한다고 말할 수도 있다. 주자학은 그런 상황을 고려하면서, 기본적으로 '기와 리는 서로 떨어질 수 없지만[理氣, 不相離]', 그 둘은 마구 '혼동되어서는 안 된다[理氣, 不相雜]'라고 말한다. 그리고 둘은 동시에 존재하는 것이지만, 굳이 선후를 말한다면, "리가 기에 앞선다[理先, 氣後]"라고 정식화한다. 그러나 경우에 따라, 리가 존재하기 전에 기가 먼저 존재하는 경우를 상정하는 것은 불가능하지 않다. 따라서 주자 역시 리에 대한 기의 선재성(先在性)을 인정할 수밖에 없는 상황을 부정하지 않는다. 사고 실험적으로는 리가 존재하기 전에 기가 먼저 존재하는 상황을 가정할 수 있기 때문이다.

다시 말하지만, 안다는 것은 나눈다는 것이고, 나누어야 알 수 있다. 어떤 대상 A에 대해 안다는 것은 그것의 배후의 형이상적 실체를 아는 것을 의미하지 않는다. 그 대상 A가 이 세상의 분절화의 체계 안에서 어떤 위치를 가지고 있는지 아는 것이, 아는 것이다. 안다는 것은 분절화의 원리를 아는 것이다. 그래서 이해(理解)라는 말은 '안다'는 말과 동의어가 된다. 알기 위해서는 앎의 대상이 어떤 분절의 구조를 가지고 있는지를 파악하고, 그 분절화의 구조를 숙지해야 한다. 그런 분절화의 구조에 대한 숙지와 파악을 방법론적으로 체계화한 것이 다름 아닌 지식이고, 넓은 의미의 과학이다. 그런 의미에서, 동양에서 과학이 없었다든지, 과학은 서양에서 탄생했다든지 하는 말은, 안다는 것의 원리를 이해하지 못하는 부적절한 발언이 될 것이다.

좁은 의미의 과학, 즉 '근대적' 과학이 서양에서 탄생했다는 말은 큰 문제가 없다. 그러나 과학이 세상에 대한 전면적인 앎, 완벽한 지식의 동의어가 될 수는 없다. 인간은 어떤 방법을 동원해도 대상에 대한 전면적 지식을 가질 수 없다. 분절화의 체계에 근거한 부분적 지식만을 얻을 수 있을 뿐이다. 칸트식으로 말하자면, 인간은 대상 '그 자체'를 알 수 없다. 그리고 근대 과학 역시 그런 한계를 가지고 있다. 근대 과학은 분절화의 구조 및 원리 파악의 '근대적' 방식일 뿐이다.[5]

명덕과 도통

앞에서 우리는 인간의 인간됨을 '명덕'에서 찾을 수 있다고 말한 바 있다. 그 명덕은 하늘이 인간에게 부여한 것, 즉 우리가 본래적으로 가

---

5 '과학'의 '과(科)'는 나눈다, 구분한다, 계량한다는 의미를 가진 글자다. '과'는 원래 곡식을 계량하는 단위였다. '과거'를 생각해보자. 수험자의 능력을 분야에 따라, 그리고 등급에 따라 구별하는 것이 과거다. 한자어에서 '과학(科學)'이라는 말은 일본에서 만들어진 영어 '사이언스(science)'의 번역어이지만, '과학'의 방법과 정신을 대단히 잘 반영하는 탁월한 번역이라고 볼 수 있다. 궁리론에서 반드시 따라 나오는 '격물치지'의 격(格) 역시 '분절화'를 의미하는 말이다. 일정한 규칙을 가지고 나누고, 그렇게 나뉜 단위가 다름 아닌 '격'이다. 주자학과 양명학에서는 격물(格物)의 '격'을 '이른다[至]'거나 '바르게 한다[正]'는 의미로 해석한다. 그러나 그런 해석은 '격'의 분류적 의미를 무시하고 있다.

지고 나온 것이기 때문에 '성'이라고 부를 수 있고, 또 그것은 '천리'를 구현한 것이기 때문에 완전한 선[純善, 全善]이다. 그러나 그 선은 아직은 완전히 실현되어 있지 않고 가능성으로서만 주어져 있다. 그래서 성리학은 사람은 이미 본성으로 주어진 완전한 선[혹은 선의 가능성], 즉 '명덕'을 회복하는 것을 존재 이유로 삼아야 하는 존재자라고 생각하는 것이다. 성리학에 따르면 인간은 가능성으로 완전한 선, 즉 '명덕'을 가지고 있다. 그것이 성선설이다. 여기까지는, 성리학이 아니더라도, 고전 유교에서 얼마든지 가능한 이론이다.

성리학은 그 유교 성선설의 계보를 수용하는 사상가들이 창안한 것이다. 성리학자들은 이런 사상의 계보를 유교적 진리의 계보라고 본다. 그것을 도통론이라고 부르고, 그것을 역사의 올바른 전개라고 주장한다. 성리학의 경전이라 할 수 있는 '사서', 즉 『논어』, 『맹자』, 『대학』, 『중용』은 그런 도통론의 근거가 되는 기본 문서다. 성리학자들은 그 '사서'를 육경에 버금가는 경전의 지위로 끌어올렸다. 도통론에서 대해서는 이 책의 마지막에서 다시 자세히 검토할 것이다.

성리학의 관심과 방법

눈에 보이는 구체적인 세계, 인간이 사유할 수 있는 세계는 '기(氣)'로 이루어져 있다. 물론 기가 인간의 감각에 의해 분명하게 파악되는 것은 아니다. 기가 무엇인지 정확하게 알기 어렵다. 성리학에서 '마음'이 '성'과 '정', 즉 '리'와 '기'로 이루어져 있다고 하는데, 그렇다면 물질이 아닌 마음까지도 구성하는 그 기란 도대체 무엇인가?

근대 과학적으로 마음을 이해하기 하기 위해서는 마음을 수량화·수치화해야 한다. 마음 자체는 있는지 없는지조차 알 수 없기 때문에, 수량화가 가능한 다른 것으로 환원해서 마음을 이해하려고 한다. 그런 환원주의는 서양 과학의 또 다른 특징이고, 강점이다. 물론 거기에 넘어설 수 없는 약점도 숨겨져 있다. 그러나 그런 수치로의 환원을 인정하지 않는 동양철학에서는 겉으로 드러난 마음[情]과 신체의 움직임이라는 두 측면에서 마음에 접근한다. 동양철학에서 마음을 이해하는 데 신체가 중요하게 부각되는 이유다.

그런 점에서 보자면, 동양철학의 기(氣) 이론은 서양적인 의미의 과학적 이론이라고 말할 수 없다. 하지만 과학적이라는 말이 '우월'과 동의어가 아니라면, 과학으로 설명할 수 없는 것이 반드시 무의미한 것은 아니다. 하여튼, 유교에서는 존재하는 모든 것이 기로 구성되어 있다고 말한다. 동시에 존재하는 모든 것은 반드시 리(理)를 가지고 있다. 리를 어떻게 보느냐에 따라, 동양철학은 형이상학이 될 수도 있고, 그렇지 않을 수도 있다. 동양철학을 형이상학으로 보지 않으면, 리를 현상의 배후에 존재하는 초월적 실체라고 보지 않게 될 것이다. 앞에서 말한 것처럼, 우리는 리가 형이상학적 실체가 아니라 분절화의 원리라고 본다.

존재하는 것이 앎의 대상이 되고, 의미를 가지기 위해서는 분절화 체계 안에 편입되어야 한다. 리는 그런 분절화 체계 안에서의 분절화 원리다. 당연히 물리적 원리도 리에 포함된다. 관점에 따라, 다양한 분절화 체계가 존재한다. 그것은 문화마다 시대마다 심지어 개인마다 다를 수 있다. 과학은 보편적인 분절화 체계가 존재한다고 상정한다. 물리학적 관점에서는 물리적 분절화 원리가 관심사가 된다. 하지만 성리학이 관심을 가지는 리는 물리적 분절화 원리가 아니다. 성리학자의 관심이 실험실에서 작업하는 과학적 원리 탐구가 아니기 때문이다. 성리학자는 물질의 구성 요소나 운동 등등, 물리적 원리를 연구하는 과학자가 아니다.

성리학자들은 인간의 사회적 본성, 즉 도덕성의 실행에 관심을 가지고 있었다. 따라서 성리학의 리는 사회적 가치의 분절화 체계, 즉 윤리적 원리라고 말할 수 있다. 물리-화학적 탐구는 그런 성리학의 관심을 충족시키는 데 거의 쓸모가 없다. 물리학자의 관심과 성리학자의 관심이 다르기 때문이다. 물리학을 안다고 사회적 존재로서 인간을 알게 되는 것은 아니다. 거꾸로 인간을 안다고 우주의 물리적 구조, 물질의 운동을 알게 되는 것이 아니다. 인간의 삶을 유지하기 위해서는, 물리적 세계에 대한 이해, 도덕적 존재로서의 인간성에 대한 탐구, 둘 다가 필요하다.

사실과 가치의 관계

성리학의 관심은 과학의 대상인 '사물[物]'이 아니라 '인간사[事]'다. 한자어에서 물(物)과 사(事)는 구분되지만, 굳이 구분하자면, 물은 물리적 인식의 대상이고, 사는 인간사로서 사건이다. 성리학적 탐구에서 물은 거의 언제나 사로 논의된다. 성리학자들이 물에 대해 '물즉사야(物則事也)'라는 훈(訓, 풀이)을 붙이는 이유다. 격물(格物)에서의 물 역시 사인 것이다. 그들은 물을 탐구할 때에도 사로써 그것을 탐구한다. 왜냐하면, 가치와 무관한 대상 자체의 객관적 탐구는 부차적인 관심사였기 때문이다. 성리학자들이 관심을 가지는 것은 궁극적으로 인간사, 즉 윤리적 가치 해석을 요구하는 사이기 때문이다.[6] 성리학의 지식론이라고 알려진 '격물'이 단순히 근대적 의미의 과학이 될 수 없는 이유가 거기에 있다. '격물궁리'는 지식의 객관성을 중시하는 지식론이라기보다는 오히려 가치론이나 수양론의 범주에 속한다. '격물궁리'의 격물은 물에 대한 객관적 분석이 아니라, 인간의 일로서 인간에게 주어진 세상, 혹은 인간이 만든 세상을 이해하고, 그 세상에서 인간의 존재 의미를 찾는 가치 탐구였다. 궁리의 리 역시 물리화학적 원리가 아니라 윤리적 원리다. 따라서 '격물궁리'의 수양론적 의미, 윤리학적 의미를 망각할 때 성리학은 이해되지 않는다.

주자는 리 개념을 논의하면서 '소이연지고(所以然之故, 사실적 법칙)'와 '소당연지칙(所當然之則, 당위적 법칙)'을 구별했다. 그것은 '사실과 가치

---

6 이런 태도는 근대 과학의 도래와 함께 전통 지식 체계의 커다란 약점으로서 반성의 대상이 된다. 명말 청초의 유학자 방이지(方以智)는 물(物) 탐구와 사(事) 탐구가 방법론적으로 달라야 한다는 점에 착안하여, 물리(物理) 탐구와 사리(事理) 혹은 재리(宰理) 탐구를 구별해야 한다고 주장했다. 사 탐구와 물 탐구의 방법적 구별을 무시했기 때문에 성리학이 서양과학과 같은 물질세계에 대한 이해를 심화시키지 못했다는 반성이 그의 사상에 깔려 있다. (후외려, 『중국사상통사』 5권 17장 참조)

(당위)', '객관적 진리와 주체적 진리', '설명과 이해'의 구별에 해당한다고 볼 수 있다. 그러나 주자의 구별은 최종적인 것이 아니라 궁극적으로는 통합을 지향하는 잠정적인 것이었다.

성리학의 '소이연'은 객관적 사실의 진리다. 그것은 사물의 객관적 탐구를 통해서 달성된다. 반면 '소당연'은 주체적 가치의 진리다. '사실'의 진리는 사물에 대한 '객관적' 탐구를 통해 얻어진다. 그런 객관적 탐구가 가능하기 위해서는 진리를 규정하는 분명하고 확고한 기준이 마련되어야 한다. 반면 '가치'의 진리는 사물에 대한 주체적 관여를 전제한다. 가치란 근본적으로 주체적인 것이기 때문이다. 그렇다면 객관적 사실의 진리와 주체적 가치의 진리, 즉 사실과 가치를 동일한 지평에 놓고 논할 수 있는가? 사실의 진리와 가치의 진리를 통합적으로 볼 수 있는가?

근대, 현대의 과학은 사실의 관점에서 가치를 통합, 일원화할 수 있다고 믿는다. 이런 사유 방식 안에서는 소이연이 소당연을, 사실이 가치를, 설명이 이해를 주도한다. 요즈음 자주 논의되는 통섭이니, 융합이니 하는 발상이 그런 사고방식에서 나온 것이다.

그러나 주자학은 거꾸로 가치의 우위를 전제하고 통합을 이야기한다. 간단히 말하자면 주자학은 이렇게 생각한다. 가치의 구현체인 인간 내지 인간사를 객관적인 사실 연구에만 의존해서 이해하는 것은 불가능하다. 인간을 규정하는 기준 자체가 '도덕성', '사회성'이라는 가치이기 때문이다. 인간사가 모두 다 그런 면이 있다. 인간사는 처음부터 끝까지 가치, 당위, 주체적 참여를 전제한다. 가치가 배제된 인간의 일은 없다. 살고 죽는 것도 가치와 무관하지 않다. 인간의 삶이나 인간의 죽음은 그냥 단순한 생물학적 사실이 아니다. 앞에서 우리는 동양철학에서 물과 사를 분리하지 않는다고 말했다. 그래서 모든 물은 사로서 탐구의 대상이 된다고 말했다. 따라서 인간사[事]를 객관적 사실[物]로서만 연구할 수는 없다. 인간 및 인간사에서 가치는 사실의 전제로서 제시되기 때문이다. 정치, 경제, 사회, 문화, 예술 문제만 그런 것이 아니다. 자연 문제, 특히 생태, 환경, 자원, 에너지, 생명 문제도 예외가 아니다.

예를 들어, A가 사람이라는 것이 하나의 '사실'이라면, 그 A는 사람으로서의 '가치'와 무관하지 않다. 가치를 구현하지 않는 단순한 사실로서의 '사람'은 존재하지 않는다. 사실의 측면에서 '사람임'은 반드시 당위의 측면에서 '사람다움' 혹은 '사람됨'을 전제하고 있다. 따라서 사실로서는 사람인데 가치 측면에서 최소한의 예의나 도덕성을 갖추지 못했다면 그는 사람이 아닐 수도 있다. 적어도 사람이라는 '평가(가치 판단)'에서 배제될 수 있다. 사실과 가치(당위)가 분열될 때, 성리학적 리는 온전하게 실현되지 않는다. 인간사[事] 연구에서 사실과 가치의 분리는 불가능하다. 예를 들어, 최저임금을 어느 수준으로 정하는 것이 적정할까? 그 문제를 객관적인 사실로 접근하는 것 자체가 불가능하다. 거의 모든 인간사 문제에서 확고한 객관적 기준이란 존재하지 않는다. 인간사를 객관적 사실의 진리로만 보는 것이 불가능한 이유다.

그러나 근대 과학은 사실적 진리와 가치적 진리를 분리한다. 물질과 정신의 이원론이 사실과 가치의 이원론으로 귀결된 것이다. 과학적 사실의 진리가 윤리적 혹은 미학적 가치의 진리를 보증하지 않는다. 사실인 것과 가치 있는 것, 다시 말해, 사실과 가치는 분열되어 있다. 이런 사고는 인류 역사에서 근대 과학이 탄생하기 이전에는 거의 찾아보기 어려운 것이었다. 근대적 사고에서 인간을 규정하는 '이성'이라는 기준 자체가 사실적이다. '이성(logos)'이라는 말 자체가 '언어(logos)'와 동의어라는 사실에서 알 수 있는 것처럼, '인간임'을 규정하는 기준이 명확하고 사실적이다. '이성'을 가지고 있다는 사실을 어떻게 알 수 있는가? 어떤 A가 말[언어]을 할 수 있고 계산 능력을 가지고 있다면 그것은 '이성'을 가진 것으로 평가되고, '인간'이라고 간주된다. 사실 측면에서는, 사실로서 '사람'이면 충분하다. 그런 사실적 기준 이외에 다시 '사람다움'이라는 기준을 충족시킬 필요가 없다. 근대 과학에서는 '사람임'이라는 사실이 '사람다움'이라는 당위를 끌어내는 전제가 되지 않는다.

'사실-가치의 이원론(二元論)' 관점에서는 '사람임'(사실)과 '사람다움'(사람됨, 가치, 당위)은 분열된다. '사람임'에는 객관적 기준이 있지만 '사람다움'에는 객관적 기준이 없다. 따라서 가치 문제는 단순한 취미의 문제로 전락하고 만다. 물론 근대 이후 서양철학의 역사는 윤리적 가치의 기준을 수립하려는 긴 고투의 과정이라고 볼 수 있다. 그리고 그런 시도는 앞으로도 계속될 것이다. 한편, '사실-가치 일원론(一元論)'을 전제하는 유교적 관점을 고수하면, '사람임'(사실)과 '사람다움'(가치)은 분리되지 않을 뿐만 아니라, 오히려 '사람다움'이 '사람임'의 근거가 된다. 사람답지 않으면 사람이 아닌 것이다. 여기서는 오히려 가치가 사실의 전제가 되고 있다. 사실과 가치의 분리는 근대적 사고방식 아래서는 너무나 당연한 공리처럼 받아들여지고 있다. 하지만 조금만 생각해보면, 그런 이분법은 윤리와 가치를 지식 체계에서 배제하고, 가치와 윤리가 배제된 텅 빈 객관성의 진리라는 허깨비를 뒤집어쓰고 살아가는 현대인의 자화상이라는 것을 알 수 있다. 현대에 들어와서 그런 이원론, 즉 근대 과학에서 당연시되던 존재와 가치의 이원론에 대한 이의가 제기되기 시작한 것은 어찌 보면 당연한 일이라고 말할 수 있다.[7]

궁리와 지행합일

지금까지 논의한 것처럼, 유교의 리 탐구, 즉 격물(格物)과 궁리(窮理)는 현대 과학적인 사실의 원리 탐구와 비슷한 점이 있다. 하지만 거기서 유교의 과학으로서의 가치를 찾으려는 것은 방향을 잘못 잡은 시도라고 생각된다. 유교에서 관심을 가지는 리가 물리적인 원리를 전적으로 무시하는 것이라고 말하는 것은 아니다. 역사적으로 보면 유교 문화권 안에서도, 현대 과학의 수준에서 본다면 커다란 한계를 가진 것이기

---

7 물론 앞에서 말한 것처럼, 통섭론 등에서 보듯이 사실의 입장에서 가치를 사실에 종속시키는 현대 과학적 일원론적 입장도 가능하다. 여기에 또 아이러니가 숨어 있다. 근대 초기의 과학은 가치 중립성, 공평무사성을 하나의 윤리로 제시했다. 현대의 과학에서는 이런 초기 과학의 윤리 자체가 무너지고 있다. 그리고 상황이 더욱 악화되고 있다. 자본과 권력의 이익에 봉사하거나, 경제적 이익 획득을 위해 연구하는 것이 마치 당연한 것처럼 여겨지는 사태가 벌어지고 있기 때문이다. 그리고 모든 것을 사실로 환원하는 가치 부정, 사실 환원주의가 무한 확대되고 있다. 그런 점에서 초기 과학자들이 금과옥조로 내세웠던 가치 중립, 공평무사가 오히려 소중한 태도로 부각되기도 한다. 아이러니가 아닐 수 없다.

는 하지만, 나름대로 충실한 과학과 기술의 전통을 발전시켰던 것을 알수 있다. 인류 문명의 최대 발명품이라고 불리는 종이, 화약, 나침반 등이 모두 유교 문명 안에서 탄생했다. 그럼에도 불구하고, 성리학은 물리-화학적 탐구를 중요 주제로 삼지 않았다는 사실을 잊어서는 안 된다. 성리학자들은 물질의 구성이나 운동법칙, 자연의 진화, 우주의 탄생에 관심을 가지는 현대적 의미의 과학자가 아니었다. 물론 성리학자들이 자연 탐구와 기술 발전에 관심을 갖지 않았다는 말이 아니다. 근대이전 동양의 기술 발전 수준이 결코 낙후되지 않았다는 것을 볼 때, 성리학 때문에 기술 발전이 이루어지지 않았다고 말하는 것은 왜곡이다.[8]하지만 성리학자들의 관심이 현대적 의미의 과학자들의 관심과 달랐기때문에, 전통 과학과 근대 과학은 분명한 방법론적 차이 나아가 성격의차이를 가지게 된다. 그런 차이를 무시하고, 성리학의 리 탐구를 과학적탐구의 맹아라고 본다거나, 아니면 중국이나 유교권에서 과학-기술이존재하지 않았다고 평가하는 것은 모두 역사의 왜곡이다.

성리학의 핵심 관심사는 사건[事]과 물질[物] 모두를 포함하는 넓은의미의 '존재하는 모든 것'의 '존재 이유'와 '존재 가치'를 탐색하는 것이

---

8 대포, 총, 선박 건조 기술, 항해 기술 등에서 동양의 선진성은 부정할 수 없다. 세계사의 전환에 기여한 중요한 많은 기술들이 유교 문명권에서 시작되어 이슬람 문명에 의해 개량되고 중세 이후 서양에 전달되었다. 그런 기술들이 서양 근대 문명 탄생에 기여했다는 사실에 대해 침묵하는 서양 중심적 세계사를 금과옥조처럼 받아들여서는 안 된다.

었다. 특히 사회적 존재로서 인간의 사회적 삶의 의미와 사회적 관계 안에서의 도덕성을 탐구하는 것이 중요한 일이었다. 인간이 이 세상에 존재하는 이유는 무엇인가? 인간과 인간, 인간과 자연은 어떤 관계를 맺어야 하는가? 자연적 우주 안에서 인간의 운명은 무엇인가? 그 운명을 원리적으로 이해하는 방법은 없는가? 무엇이 인간을 다른 생명체와 구별하게 해주는가? 인간이 만드는 세계는 어떤 것이어야 하는가? 어떤 사회가 행복한 사회인가? 인간의 행복을 극대화하기 위해서는 어떻게 해야 하는가? 이런 관심사가 유교, 나아가 성리학을 지배한다. 한마디로 관계적 존재, 즉 윤리적 존재로서 인간은 어떻게 행동해야 하는가? 그것이 성리학의 가장 중요한 문제였던 것이다.

그런 원리는 개념으로 표현되고 현실에서의 실천과 실현을 요구한다. 개념을 이해하는 것이 지(知)이고, 현실적 실천이 행(行)이다. 그 둘을 일체화하는 지행합일(知行合一)이 성리학의 목표였던 것이다. 그것은 요즘식으로 말하자면, 이론과 실천의 통합이고, 사실과 가치의 통합이다. 성리학자들은 단순한 학자, 철학자가 아니고 행정가이자 정치가를 지향한다. 『성학집요』에서 '수기'와 '치인'의 통일을 지향하는 것도 같은 맥락이다. 그렇다면 리를 구체적으로 어떻게 탐구하는가? 그 탐구는 결국 개념을 현실화하는 노력, 사실과 가치를 일치시키는 노력으로 드러난다. 개념 이해가 지(知)라면, 현실과의 일치 노력이 행(行)이다. 유교에서 관건이 되는 거의 모든 개념이 그런 지행(知行)의 일치를 요구한다. 예를 들어, 효라는 개념이 있다고 해보자. 효는 친자의 관계성, 친자의 사랑이라는 원리, 그리고 친애 감정의 실천으로 이루어져 있다. 효는 개념적으로는 친애(=친자 관계의 사랑)의 감정에 근거하는 윤리로서, 가정 안에서 부모를 향해 실천되어야 한다. 기와 리의 통합성에 대한 지식이 실천으로 이어져야 비로소 효는 효로서 완성된다. '지행합일'에서 비로소 지식은 완전해지고, 실천은 근거를 확보한다. 모든 것이 그런 식이다. 개념을 단순히 개념으로서 아는 것은 거의 가치가 없다.

2) 독서의 중요성

독서는 궁리의 한 가지 방법이며, 독서에는 순서가 있습니다. 따라서 독서에 관한 성현들의 말을 다음과 같이 모아두었습니다. 사서와 육경 이외에도 주자(주돈이), 정자(정이천, 정명도), 장자(장횡거), 주자(주희) 등 송나라 유학자들의 '성리'에 관한 이론 역시 '성학'에 매우 중요합니다. 따라서 그것들도 자세히 음미하고 깊이 탐구해야 할 것입니다. 생각해보면, 경전이 존재한 이후 사인으로서 누가 그것을 읽지 않았겠습니까? 그러나 진짜 유학자는 거의 나타나지 않았습니다. 군주로서 누가 그 책을 읽지 않았겠습니까? 그러나 좋은 정치는 매우 드물게 실행되었습니다. 그 이유는 무엇이겠습니까? 독서가 단지 귀로 들어가 입으로 나오는 자료에 불과하고, 유용한 것이 되지 못했기 때문입니다.

나대경은 이렇게 말했습니다. "오늘의 사인들은 요순, 주공, 공자가 아니면 말하지 않고, 『논어』, 『맹자』, 『중용』, 『대학』이 아니면 읽지 않는다. 말만 하면 주정장주[주돈이, 정자, 장횡거, 주자]를 논하고, 배우는 것은 격물치지(格物致知)지만, 이런 지식은 하은주의 삼대 이후에 없었던 것으로 최근에 성행하는 것이다. 그러나 호걸이 출현하지 않고 예의(禮義)의 풍속은 이루어지지 않고 사인들의 기풍은 갈수록 쇠퇴하고 인재는 갈수록 없어지고 있으니 한탄스럽다."

이 말은 '오늘날의 병폐'를 잘 지적한 것입니다. 아, 사인들의 독서는 부귀영달을 구하는 것이기 때문에 이런 병폐가 생긴 것입니다. 군주란 숭고함이 극에 달했고, 누구보다 부귀한 존재입니다. 따라서 (더 이상의 부귀를 구하지 않고) 궁리와 정심(正心)에 힘쓰고, 영원한 복[永命]을 하늘에 빌 수 있습니다. 이것 말고 다른 것은 바랄 것이 없지만, 더 많이 구하고 겉을 꾸미는 일에 힘을 쓰면서 자기에게 절실한 것을 구하지 않는다면, 생각 없음이 이보다 더 심할 수가 있겠습니다. 전하 앞에 엎드려 기원합니다. 이런 병폐를 깊이 꾸짖고 '성리'를 이해하는 데 힘쓰고 궁행을 실행하며 경전의 말이 '빈말[空言]'이 되지 않도록 해야만 나라의 큰 복이 될 것입니다.

✿

독서의 방법과 순서

율곡은 궁리의 구체적인 방법을 세 가지 언급한 다음, 그중에서도 가장 중요한 독서에 대해 논의한다. 여기서 율곡은 여러 성리학자들의 글을 인용하면서 독서 방법, 독서의 원리, 독서의 순서에 대해 말하고 있지만, 그들의 글에 대한 직접적인 논평을 가하지는 않는다. 그러나 독서론은 성리학의 수양론, 특히 궁리론을 이해하는 데 있어서 관건이기 때문에 간략하게나마 율곡이 인용하고 있는 성리학자의 독서론에 대해 정리해둘 필요가 있을 것이다.

먼저 율곡은 '거경과 궁리'가 상호보완적 관계에 있을 뿐 아니라 "궁리를 통해 거경이 진보하고, 거경을 통해 궁리가 치밀해진다"고 말하는 주자의 말을 인용하면서 궁리 과잉으로 흐를 수 있는 위험성을 경고한다. 아마도 당시의 현실이 그런 방향으로 흐르고 있었기 때문일 것이다. 나아가 율곡은 유교에서 독서의 중요성, 특히 성현의 글을 읽는 독서의 중요성을 강조하는 주자의 말을 인용하고 있다. "학문을 해야 하는 이유는 내 마음이 성인의 마음과 같지 않기 때문이다." 사람됨의 근원에 대해 공부하고 그런 공부를 통해 성인이 되기 위해서는 목표가 될 수 있는 인격 모델이 필요하다. "준칙으로 삼을 만한 것을 가지지 못하면 자기가 좋아하는 것만을 따르게 되고, 자질이 높은 사람은 너무 앞서서 나가고 자질이 낮은 사람은 목표에 도달하지 못하게 된다." 따라서 공부에 있어서, 특히 단순한 지식 공부가 아니라 인격 공부에 있어서, 앎의 바른길을 제시하는 최소한의 표준이 필요하다. 그것이 경전이 존재하는 이유이고, 공부하는 사람이 성현의 책을 읽어야 하는 이유라고 한다. 그러나 독서가 중요하다고 해서 무작정 많은 책을 읽기만 해서는 곤란하다. 독서에서 너무 서두르거나 절박한 마음에 마구 쫓길 필요는 없다. 여기서 율곡이 인용하는 주자의 독서론은 아주 평범하지만 오늘날에도 여전히 의미를 가지는 탁월한 것이라고 생각된다.

주자에 따르면, 글 읽기를 즐기지 않는 사람은 조금만 소홀히 하면 독서 자체를 중단하기 때문에 목표를 성취하지 못하고, 글 읽기를 즐기는 사람은 너무 많이 읽으려 하기 때문에 오히려 문제가 생긴다. 그런 사람은 자칫하면 실마리를 놓친 상태에서 이것저것 기웃거리다가 핵심을 놓치고 그저 다독(多讀)에 만족하는 경향을 보이기 쉽다. 주자의 독서론은 한마디로 엽등(躐等, 지나친 욕심 때문에 순서를 뛰어넘는 것)을 피하고 욕속부달(欲速不達, 너무 빨리 성취하려고 하다가 오히려 도달하지 못함)의 위험을 경계하는 것이라고 말할 수 있다. 나아가 주자는 독서에 있어서 의문을 가지는 것의 중요성, 선입견을 버리고 정밀하게 읽어 가는 것의 중요성, 그리고 단순히 지식으로서가 아니라 몸으로 체험하는 것의 중요성, 단지 책에서만 구하지 않고 일상생활 속에서의 대조를 통해 지식을 구체화시키는 것의 중요성을 강조한다. 율곡은 주자의 독서법을 통해 성리학적 독서론의 전체 상을 보여주려고 노력한다.

유교 수양론은 동시에 교육론으로서의 성격을 가지고 있다. 따라서 율곡이 제시하는 독서의 순서는 곧바로 수준에 따라 교육 내용을 심화시키는 교육 과정론이 된다는 사실을 기억할 필요가 있다. 이런 독서의 순서론은 주자가 먼저 체계화한 것으로서, 성리학적 교육론과 수양론에서는 금과옥조처럼 지켜져온 것이다. 물론 그것은 보통 능력을 가진 사람을 대상으로 삼는 것이기 때문에, 특별한 이해력과 정신력을 가진 사람에게 절대적으로 적용되어야 하는 것은 아닐 수 있다.

독서 순서론에 의하면, 독서의 단계로 돌입한 다음에는 먼저 『소학』

을 읽어야 한다. 『소학』은 주자가 58세에 선현의 책과 경전 안에서 선별한 글 모음이다. 대사상가 주자는 지식 수준이 그다지 높지 않은 보통사람들을 위한 일종의 유학 계몽서, 실천 입문서로서 『소학』을 편찬했다. "주자의 소학은 강령이 매우 좋아서 일상을 살아가는 데 가장 절실한 책"(진순)이기 때문에, 성현이 되기 위한 독서 공부에서 출발점이 된다. 주자는 『대학』을 읽기 전에 반드시 먼저 『소학』을 읽고 실천해야 한다고 강조했다.

본격적 독서는 역시 '사서'에서 시작된다. 경전 공부는 '사서'에서 시작하고 사유가 충분히 성숙한 다음에 다시 '사서'로 돌아온다는 말이 있을 정도로, 성리학에서 '사서'는 중요하다. 앞에서도 말한 것처럼, '사서'는 성리학의 기본 경전이다. '사서'는 기독교의 '복음서'에 비견될 정도로 중요하다. 그렇다면 '육경'은 기독교의 '구약' 혹은 '모세오경'에 해당한다고 말할 수 있을까?

주자는 『소학』 다음에 사서(『대학』 → 『논어』 → 『맹자』 → 『중용』) → 육경(六經) → 역사서의 순으로 이어지는 독서와 사색의 순서를 제시했고, 성리학 전통 안에서 주자가 제시한 그런 순서는 하나의 원칙으로 여겨지고 있다. 율곡은 독서 순서에 대한 주자의 말을 다음과 같이 인용한다. "먼저 『대학』을 읽고 규모를 정한다. 그다음에 『논어』를 읽어서 근본을 세우고, 다음에 『맹자』를 읽어서 탁월한 점을 관찰한다. 그다음에 『중용』을 읽어서 미묘한 뜻을 탐구한다. 『대학』을 처음부터 끝까지 속속들이 이해하고 의문이 없어진 다음에 『논어』와 『맹자』를 읽을 수 있다. 『논어』와 『맹자』에 대해 의문이 없어진 다음에 『중용』을 읽을 수 있다."

나아가 율곡은 『주역』을 읽어야 하는 이유에 대해서는 정자(정이천, 정명도)의 말을 인용한다. "『주역』의 글은 온 세상의 이치를 모두 담고 있을 만큼 커서 만물의 본성과 운명의 리(理)를 따르고 유형무형의 모든 것의 원인에 통한다. 나아가 사물의 실정을 다 드러내고 있다." 이런 식으로 '사서'와 '삼경(三經)'의 의미를 밝히고 그 의미를 자기 것으로 만들기 위해 경전의 문서를 읽어야 한다. 그러나 그들 각각의 문서는 깊이에 있어서 차이가 있기 때문에 무작정 읽을 것이 아니라 체계적인 순서를 따라 한 단계 한 단계 이해를 심화시켜나가야 한다.

성리학의 '리/성'과 서양의 '이성'

그리고 반드시 기억해야 할 점은, 성리학에서 말하는 '궁리'가 풍부한 지식을 습득하는 지식 확장에 그치는 것이 아니라는 사실이다. 더구나 궁리는 현대적 의미의 과학적 지식의 탐구가 아니다. 궁리를 외적 지식의 확대, 정보의 확대, 심지어 과학적 탐구와 동일시하는 관점은 근본적으로 성리학의 성격을 오해했기 때문이라고 말할 수 있다. 성리학의 궁리는 '리를 탐구'하는 것이다. 앞에서 논의한 것처럼, 성리학의 리는 물리화학적 원리와 상당한 거리가 있다. 굳이 말하자면, 성리학에서 말하는 리는 세간적(世間的) 리다. 따라서 궁리는 사람 사는 세상에서 인간의 존재론적 목표와 인간의 존재론적 의미를 탐구하는 활동이 된다. 그런 활동에서, 당연히 리(理)=성(性)이 전제된다. 그러나 성리학적 '리=성' 철학과 서구적 의미의 '이성(理性)' 철학은 출발과 목표가 전혀 다르다. 서구적 '이성'이 인과 관계, 즉 원인과 결과의 관련성을 질문하고 추론하는 능력이라면, 그 '이성'의 한계와 기능을 해명하는 것만으로는 인간사의 '세간적 리'를 이해하기 어렵다. '이성'이 수학적 계산 능력을 의미하는 것이라면 그것만으로는 세간의 리를 해명할 수 없다. 수치로 환원되지 않는 것이 세간이기 때문이다. '이성'이 도구적 합리성, 계산적 합리성, 경제적 합리성, 다시 말해 가장 효율적인 것을 찾아가는 효율 합리화의 능력이라고 해도 그것만으로는 부족하다.

성리학에서 말하는 리를 탐구하고, 그것을 자기화하기 위해서는 '이성'뿐만 아니라 '감성'이 동원되어야 한다. 이 경우 '감성'은 '이성'의 대립어로서 '감정'만을 지칭하는 것은 아니다. 상황을 판단하는 능력, 맥락을 읽어내는 능력, 섬세한 감수성, 다른 사람의 처지를 읽어내고 추측하는 공감 능력, 상상력, 신체 능력 등등, 인간이 가진 모든 능력이 동원되어야 한다. 더 정확하게 말하자면, 이성, 감성에 그치지 않고 인간으로서의 존재 전체, 즉 온몸과 온 마음이 동원되어야 한다. 이성을 아무리 넓게 정의한다고 해도, 인간은 이성만의 존재가 아니다. 인간의 존재 원리와 인간의 존재 의미를 탐구하기 위해서는 인간으로서의 모든 능력이 동원되어야 한다. 그러나 좁은 의미의 이성, 즉 계산적 이성이 인간의 능력, 즉 인간의 지성과 지능 자체의 대명사가 되면서 인간의 존재 의미가 왜소해졌다. 심지어 인간의 지성을 계산 능력과 동일시하는 폭력적 사고가 횡행하게 된다. 성리학적 리가 단순한 물리화학적 원리를 의미하지 않는다면, 성리학의 '궁리'를 위해서는 계산적 이성에만 의존할 수 없다는 사실이 자명해진다. 인간의 능력을 계산 능력만으로 설명할 수 없고, 인간의 정신을 수학적 계산으로 환원할 수는 없기 때문이다.

성리학과 과거 시험

율곡은 독서가 '궁리'의 여러 길 중의 하나라는 사실을 강조한다. 그리고 궁리를 위한 여러 활동에서 경전의 독서는 가장 먼저 해야 하는 출발점이다. 물론 경전을 이해하기 위해서는 역사적으로 큰 족적을 남긴 위대한 사상가들, 위대한 인물들의 경전 주석과 논의를 함께 읽어야 한다. 그런 주석과 해석은 궁극적으로 경서에 도달하는 경로로서 수단적 가치를 가진다. 하지만 경서의 깊이에 단번에 도달하는 것은 쉽지 않기 때문에, 후세의 학자들, 특히 송대 성리학자들의 경전 해설과 해석을 통해 경전의 깊이에 한발 더 다가갈 수 있다. 율곡은 경전에 덧붙여 성리학자들의 글을 읽는 것을 중요한 방법으로 제시하고 있다. 그런 성리학자들의 말들은 성현이 되는 지난한 과정을 조금은 편한 길로 만들어줄 것이다.

지금까지 수많은 사람들이 수백 년에 걸쳐 성현의 글과 성리학자들의 글을 읽고 궁리의 노력을 기울여왔다. 하지만 성현에 버금가는 인물이 나타난 적이 없고, 성리학적 현인에 비견될 만한 인물도 출현한 적이 없다는 사실은 어떻게 설명할 것인가? 나아가 성현의 정치에 다가가는 정치가 실현된 적이 없다는 사실은 또 어떻게 설명할 수 있는가? 답은 의외로 간단하다. 모두 다 성현의 글을 읽지만 '제대로' 읽지 않았기 때문이다. 입만 열면 민주와 정의를 이야기하지만 민주와 정의가 실현된 적이 없는 것과 같은 이치다. 현재 대한민국에서 민주주의의 가치와 정신을 충분히 이해하고 실천하는 사람이 극히 드문 것과 비슷하다. 혹자는 성리학의 이론 자체가 고루하고 엉터리이기 때문이라고 말한다. 사실을 제대로 모르고 하는 소리다. 민주와 정의가 제대로 실현된 적이 없다는 사실은 그러면 어떻게 설명할 것인가? 민주주의 이념 자체가 시대착오적이고 고루하기 때문인가?

대부분의 사람은 이런저런 글을 읽는다. 설사 고전을 읽더라도 진심으로 내 존재를 변화시키는 절실한 지침으로서 그것을 받아들이지 않는다. 글을 읽고, 마음에 충격을 받고, 그 충격으로 인해 자기 삶을 바꾸는 절실함과 진실함이 부족하다. 눈으로 들어와서 입으로 나가는 지식, 귀로 들어와서 입으로 나가고 마는 지식에 그친다. 지식 확장의 도구로서만 책을 대한다. 제대로 된 사람이 되기 위해서가 아니라 출세하기 위해서 책을 읽는다. 그런 피상적 학문 태도를 유교에서는 '구이지학(口耳之學)'이라고 말한다. 혹은 『논어』의 말을 빌려 '위인지학(爲人之學)'이라고 말할 수도 있다. 절실하게 나 자신이 성장하기 위한 독서, 내가 본래적으로 가진 인간의 신성함을 회복하기 위한 독서, 유교적으로 말하자면 군자가 되기 위한 공부가 아니라, 남에게 보이기 위한 공부에 몰두하고 또 그 수준에 그치기 때문에 공부의 효과가 나타나지 않는다. 주자는 물론 율곡이나 다산도 과거 제도의 폐해를 신랄하게 비판한다.

원래 과거 시험이라는 것은 수기-치인의 목표를 달성하기 위해 거쳐야 하는 관문이었다. 과거를 통과해야 자신의 유교적 신념을 현실에서 실행할 수 있는 기회를 얻을 수 있었다. 그러나 모든 시험이 그렇듯 과거 시험도 그 의미가 금세 변질되고 만다. 수단과 목적이 뒤바뀌는 가치의 전도가 일어나고, 수기-치인과는 무관한 문학적 능력을 보여주는 지식 평가로 변질되고 말았다는 것이 과거 비판의 주된 논점이었다. 성리학자들의 과거 비판은 학문과 공부의 가치를 회복하려는 의도를 가진 것이었다.

아이러니하게도 『성학집요』의 저자 율곡은 조선 역사에서 그 누구에게도 뒤지지 않을 시험의 달인이었다. 율곡은 그가 치른 모든 시험에서 수석을 했을 정도로 시험에는 도사였다. 그러나 율곡은 그런 능력을 자랑하는 경우가 없다. 단순한 겸손이라고 보기에는 무언가 그 이상이 있다. 실제로 율곡이 존경하는 위대한 성리학자들 중에는 과거를 비롯한 공식 시험에 두각을 나타낸 인물이 거의 없다. 율곡의 사표 중의 사표인 주자는 19세의 소년으로 과거의 마지막 단계인 진사시험에 급제한 경력을 가지고 있다. 그런 점에서 천재였다고 말할 수 있다. 하지만 그의 성적은 최하위권에 머물렀다. 장원을 하는 것이 진실한 공부의 증거일 수 있다고 한다면, 주자는 아마도 재시험에 도전하여 장원이 되는 길을 선택했을 것이다. 그러나 주자는 추호도 그런 생각이 없었다. 주자와 치열한 학문적 논쟁을 벌였던 진량(陳亮)이라는 인물이 있다. 진량은 과거에서 장원을 한 인물이고 사상적으로 주자와 많은 점에서 대립했다. 그러나 두 사람이 논쟁할 때, 시험 성적이나 사회적 지위를 내세우는 경우는 없다. 그들은 치열한 논쟁의 장에서조차 그런 오만함을 드러내지 않는다. 진리가 그들의 인식의 올바름을 증명할 뿐이다. 학인

(學人)으로서 학문하는 것이 최대 목표였던 그들은 학인의 삶을 살기 위한 방편으로서 과거 시험을 선택했지만, 그것이 인생의 목표라고 생각하지 않았다. 그들은 유교적 도를 완성하는 것을 목표로 설정하고 그런 목표를 달성하기 위해 인생을 걸었을 뿐이다. 그래서 그들은 자신들의 학문을 '도학(道學, 도를 지향하는 학문)'이라고 불렀다.

진정한 성리학자들은 아까운 인생을 시험을 위한 시험, 남에게 평가받기 위한 학습에 매달리는 것을 부끄러운 일이라고 생각했다. 사인(士人)으로서, 학인으로서, 그리고 삶을 위한 수단으로 과거 시험을 형식적으로 통과하는 것이 중요했던 주자는 일단 과거에 급제한 다음에는 더 이상 시험을 위한 공부에 인생을 낭비하고 싶지 않았을 것이다. 그래서 그는 초년 급제와 하위권 급제에 만족하고, 아주 낮은 지위에 머물면서, 경세가로서의 삶, 나아가 독서인으로서의 삶에 몰두했고, 역사를 바꾸는 위대한 사상적 업적을 남겼다.

나는 율곡의 진짜 탁월함은 시험 능력이나 정치 능력보다는 그 시대에 동아시아에서 최고의 지식이자 철학체계였던 성리학을 그 누구보다 깊이 이해하고 그런 가르침의 이상에 따라 진정한 성현이 되기 위해 부끄럽지 않은 삶을 살기 위해 노력했던 것에서 찾아야 한다고 믿는다. 율곡은 당시 선비들이 독서하는 목표가 과거 시험에 성공하여 "부귀영달을 구하는 것에 있다"는 사실을 한탄한다. 그래서 나라의 기강이 무너지고, 성현의 가르침은 성공을 위한 도구로 전락해버렸다고 진단한다. 율곡은 그런 세태를 "오늘의 병[今日之病]"이라고 부른다. 율곡이 보기에 당시 조선은 정신적으로 병든 사회였다. 우리 역시 그런 병에 찌

들어 자신이 병들어 있다는 사실조차 망각하고 있는 것은 아닌지 모르
겠다.

3) 성선설

동정의 변화[機]는 그렇게 시키는 것이 따로 있는 것은 아닙니다.
리와 기 또한 선후로 말할 수 있는 것이 아닙니다. 다만 기가 움직이
고 고요할 때에 리가 그 근저에 있는 것일 뿐입니다. 그것을 가리켜
태극이 움직여 양(陽)을 낳고 고요하여 음(陰)을 낳는다고 말한 것입니
다. 만약 그 말에 집착하여 태극이 음양 이전에 독립해 있어서 음양이
무로부터 나온다고 생각하면, 그것은 음양에 시작이 없다는 말과 어
긋날 것입니다. 그러므로 잘 살펴서 깊이 생각해야 할 것입니다. […]
사람의 마음[心]에는 모든 리가 갖추어져 있습니다. 요순(堯舜)의 인
(仁), 탕무(湯武)의 의(義), 공맹(孔孟)의 도(道)는 본성[性]이 본래 가진 것
입니다. 다만 먼저 기품에 의해 구속되고, 나중에 물욕에 잠기어 [본
래] 밝은 것이 어두워지고 바른 것이 비틀렸습니다. 길을 잃은 어리석
은 무리는 금수와 다를 바가 없어졌습니다. 그러나 본래 가진 리는
변함없이 밝고 바르게 간직되어 있습니다. 가려져 있기는 하지만 끝
내 없어지는 것이 아니기 때문입니다. 어둠을 제거하고 비틀린 것을
바로잡으면, 요순탕무공맹의 신성함[聖]은 바깥에서 빌려올 필요가
없이 완성될 것입니다.

비유하자면 이렇습니다. 어떤 사람이 자기 집에 무한한 보물이 숨겨져 있으나 어두운 곳에 묻혀 있어 그것을 알지 못합니다. 그는 가난에 찌들어 구걸하며 사방을 헤매고 다니다가 보물이 묻힌 장소를 아는 사람을 만났습니다. 그리고 그의 말을 의심하지 않고 보물이 묻힌 곳을 발굴하여 무진장한 보물을 소유할 수 있게 되었습니다. 이처럼 원리는 분명하지만 사람들은 그 사실을 자각하지 못하니 슬픈 일이 아니겠습니까? 만일 이 마음이 이미 진리를 가지고 있다는 사실을 알기만 하고 진리를 가리는 것을 힘을 써 제거하지 않는다면, 이것은 보물이 묻혀 있는 곳을 알지도 못한 상태에서 내가 보물을 가지고 있다고 터무니없는 말을 하는 것과 다를 바 없으니, 어떤 이로움이 있겠습니까? 유념하시기 바랍니다.

✿

성선설과 성인가학(聖人可學)

여기서 율곡은 성리학의 기본 입장이라 할 수 있는 성선설을 제시하고 있다. 성리학적으로 말한다면, 하늘이 인간에게 부여한 '성'은 '명덕'이고 절대적인 선이기 때문에, 성선이라는 말은 당연한 것을 말하고 있다고 볼 수 있다. 그러나 그렇게 단순하지는 않다. 성리학은 한편으로는 인간의 절대적인 선한 본성을 인정한다. 그러나 다른 한편으로는 선하기는커녕 악에 빠져 있다고 볼 수밖에 없는 현실을 인정하지 않을 수 없다. 절대적인 선한 본성이 '본연의 성'이라면, 악에 빠진 현실의 상황은 '기질의 성'이다. [본연, 기질의 문제는 나중에 다시 자세하게 다룰 것이다.] 인간의 본성은 선하지만, 현실에는 악에 물들어 살고 있다. 현실에 존재하는 악[不善]을 어떻게 설명할 것인가? 그것이 성선설의 진정한 이론적 과제가 된다.

인간은 본래 선한 본성을 가지고 있는데 왜 실제로는 그렇지 못한가? 현실의 악에도 불구하고, 질서 잡힌 조화로운 세상을 만들기 위해서는 어떻게 해야 하는가? 그 문제를 논의하는 것이 성선설의 과제였다. 성선설은 이렇게 말한다. 사람은 본래 완전한 선을 실현할 수 있는 가능성과 능력을 가지고 있다. 그런 점에서 '성선설'은 정확하게 말하면 '가선설(可善說)'이다. 성(性)이 선하기 때문에 인간이 그 자체로 선한 존재라는 말이 아니다. 순선(純善)한 성을 가진 인간은 선한 존재가 될 수 있는 '가능성'을 가지고 있을 뿐이다. 그러나 가능성은 필연성이 아니다. 99퍼센트의 가능성을 가지고 있어도 1퍼센트라도 부족하면 현실성이 되지 못한다. 성선설은 '본성이 선하다'는 사실에 만족하라는 이론이 아니라, 선한 본성을 가지고 있기 때문에 포기하지 말고, '가능성을 현실성으로 전환'하라고 촉구하는 이론이다.

그 점에서 '성악설'도 마찬가지다. 본성이 악하니 포기하라는 말이 아니라, 인간에게는 악으로 흐르는 성향이 본래 주어져 있기 때문에, 그런 성향에 끌려다니지 말고 선을 실현하는 방향으로 노력하라는 것이다. 순자(荀子)가 말하는 '성(性)'은 '본래부터 주어진 것'이라는 의미다. 본래부터 주어진 것이 전부 인간의 특성이 되는 것은 아니다. 순자는 예(禮)를 근간으로 삼는 문화를 만든 데서 인간의 특성을 찾으려고 한다. 인간은 문화적 존재다. 그리고 그런 문화를 숙지하면서 성인이 될 수 있다. 문화를 통해서 악으로 흐를 수 있는 성향[性]을 교정해서 성인이 되어야 한다. 그것이 순자가 말하는 화성(化性)이다. 인위적인 노력을 통해 악의 성향을 극복할 수 있다. 순자 역시 인간을 도덕적 존재로 본다. 그러나 순자는 주어진 도덕성이 아니라 만들어가는 도덕성에서 인간의 본질을 발견하려고 한다. 악으로 흐를 수 있는 경향성 혹은 악으로 흐를 수 있는 성향을 방치하면 동물과 같은 존재로 전락할 수 있다. 따라서 선왕의 가르침과 성현의 가르침을 푯대 삼아 '법과 예'를 규칙 삼아 배우고 익히는 것만이 인간다움을 실현할 수 있는 유일한 방법이다. 맹자와 달리 순자에게서는 인간다움의 '회복'이 아니라 '실현'이 과제가 된다. 그렇다면, 도덕성이 본래 주어진 것이냐 아니면 배움으로 획득하는 것이냐의 차이는 있지만, 가능성과 노력을 강조하는 이론이라는 점에서 성선설과 성악설은 생각만큼 그렇게 큰 차이가 없다.

다만 맹자가 선의 완전한 실현 가능성에 주안을 두는 반면 순자는 선을 가로막는 악의 현실에 주목한다. 그 점에서 그들은 인간을 보는 관점이 다르다. 성리학은 기본적으로 맹자의 성선설 위에 서면서도, 현실의 악을 진지하게 받아들이는 순자의 성악설을 수용한다. 그런 점에서 성리학은 단순히 맹자의 연장이 아니라 맹자를 기본으로 하면서 순자를 받아들이는 절충적 관점이라고 보는 것이 옳다.

성리학의 성선설은 이렇게 말한다. 대부분의 보통 사람은 자신이 가능성을 발휘하여 선을 실현할 수 있다는 사실을 망각하거나, 가능성에 만족할 뿐, 세상의 가치에 매몰되어 허우적거리는 삶을 산다. 맹자식으로 말하자면 세상에 함닉되어 산다. 동시에 순자식으로 말하자면, 인간은 욕망의 노예가 되어 싸우고 투쟁하면서 '무질서와 혼란[悖亂]'에 빠져서 산다. 그러나 인간에게는 순선의 도덕성[혹은 도덕의 가능성]이 주어져 있기 때문에, 생물적 욕구, 세속적 욕구에 끌려다니는 비자각적 삶에서 벗어나, 순선의 가능성을 현실성으로 전환시키기 위해 노력한다면, 누구나 제대로 인간다운 인간, 즉 군자나 성인이 될 수 있다. 성리학은 인간이 본래적으로 갖춘 신성성과 도덕성을 실현할 수 있는 '가능성'에 주목하는 이론이다. 누구나, 적어도 생물학적으로 인간이기만 하다면, 마음먹고 노력하면 완전하게 될 수 있다. 그것이 '성인가학(聖人可學, 성인은 배움으로 도달할 수 있다)'론이고 사람들로 하여금 노력을 포기하지 않도록 격려한다. '성인가학'을 주장한다는 점에서 소위 '성악설'도 '성선설'과 다르지 않다.

유학은 인간이 우주 안에서 특별한 존재라고 믿는다. 나중에 한국 유교 안에서는 인간과 동물 사이에 근본적인 차이가 존재한다는 것을 부정하는 입장이 등장하는 것도 사실이다. 소위 '인물성동론(人物性同論)'이다. 그러나 인물성동론은 인간과 동물이 전혀 차별이 없다는 사실을 주장하는 논리가 아니다. 동론(同論)은 먼저 인간의 자연적 욕구와 악의 현실을 인정한다. 그러나 그런 자연적 욕구와 악의 현실에도 불구하고, 인간은 학문과 수양을 통해 고차원의 도덕성을 실현할 수 있고, 또 그렇게 해야 한다. 인간이기 때문에 그런 노력과 실천에 자신의 삶을 내던질 수 있다. 인물성동론은 악의 현실에 더욱 주목하기 때문에 더욱 강한 수양론적 요청으로 나아갈 수 있다. 그러나 인물성동론이 동물도 인간과 마찬가지로 노력을 통해 완전한 도덕성을 실현할 수 있다는 주장을 하는 것은 아니다. 동론은 인간의 생명적 욕망을 인정하는 입장이지, 인간과 동물을 전면적으로 동일시하는 입장은 아니라는 말이다. 가능성으로서 인성과 물성(동물성)이 동일하다고 하더라도 그것이 발현되는 실제에서는 전혀 다르다. 그 점에서 동론은 '성선'과 '성인가학'이라는 성리학의 기본 틀에서 벗어나지 않는다.

리는 기에 깃든다

인간은 생명의 욕망을 가진 존재라는 점에서 다른 동물과 다르지 않다. 도덕적 가치를 실현하고자 하는 인간 본연의 특성[人性]은 타고나는 것이지만, 그런 도덕적 본성은 육체적 생명 안에 자리 잡을 수밖에 없다. 따라서 인간의 도덕 본성은 기(氣)[구성 원질]에 의해 제약을 받는다. 성리학 수양론은 본성[性]의 본래적 가능성에 초점을 맞추는가, 아니면 그 본성을 제약하는 기에 초점을 맞추는가에 따라 입장이 달라진다. 전자를 중시하는 입장은 후천적 노력을 상대적으로 경시하는 경향을 드러낸다. 거꾸로 후자를 중시하면 후천적 노력을 강조하는 경향을 보일 것이다.

세상에 존재하는 모든 것은 기로 구성된다. 그것을 기품(氣稟)이라고 부른다. 하늘로부터 기를 부여받아 존재하게 된다는 말이다. 그리고 모든 것은 기 때문에 형태를 가지고, 형태의 소멸에 저항하면서 생명 유지를 위해 노력한다. 광물을 비롯한 비생물 역시 기로 구성된다는 점에서 생명체와 다를 바 없다. 인간은 생물의 일종이며 동물에 더 가깝다. 인간 역시 하늘로부터 받은 기, 즉 자연계의 기로 이루어졌고, 생존 유지의 욕망을 가진다. 그러나 성리학은 유독 인간만이 단순한 생명 유지를 넘어서는 가치 실현의 욕망을 가지고 생명의 의미를 찾아간다고 본다.[9] 선(善)을 실현하는 것이 의미 찾기다. 인간만이 자신에게 주어진 가치를 실현하기 위해 분투한다. 모든 물(物), 모든 사(事)는 사실 나름대로 원리와 존재 이유를 가지고 있다. 번개가 친다면 그 이유가 있을 것이고, 교통사고가 일어난다면 그것의 이유가 있다. 그 이유를 리라고 부른다. 그 이유는 물리학적 원인일 수도 있고, 정신적인 것이거나 윤리적인 것일 수도 있다. 그런 점에서 모든 물(物/事)은 그 자체의 리(원리, 이유)를 가지고 있다. 물과 사가 존재하지 않는데, 리만 허공에 존재하는 경우는 없다. 성리학에서는 우주 전체를 통괄하는 원리를 태극(太極)이라고 부른다. 리의 극한이라는 의미를 가진 태극도 리다. 그래서

---

9 생명 유지의 본능도 본래 주어진 것이고, 가치 실현의 본능도 본래 주어진 것이다. 그런 점에서 그 둘은 모두 성(性)이다. 맹자의 성선설은 성을 가치 실현의 욕망(본능)에 한정시키면서, 고자(告子)의 '성(性)=생(生)', 즉 성을 단지 '생명 유지의 욕망'이라고 해석하는 관점을 비판하고 극복한다. 성을 사회적 본성 내지 도덕성이라고 보는 맹자의 관점은 유가 성선설의 중요한 내용이 된다. 성리학은 이런 맹자의 입장을 계승하고 발전시키면서, 동시에 고자와 비슷한 입장을 가진 순자의 생각을 받아들여 절충하려고 한다. 나중에 자세하게 검토할 '기질의 성[기질지성]' 개념은 그런 의도를 잘 보여준다.

태극은 리의 총명(總名)이라고 한다. 우주의 모든 개별적인 세세한 리를 하나로 통합하는 최고의 리가 태극이다. 말하자면, 태극은 우주 전체를 커버하는 거대한 원리다. 그러나 그 태극도 구체적인 현실의 물사(物/事)를 떠나서 허공에 존재하지 않는다. 우주가 없는데 우주의 리가 있을 수가 없는 것이다. 성리학자들은 그 사실을 이렇게 말한다. "모든 사물은 리를 가지고 있다. 궁리와 격물로 그 리에 도달할 수 있다[物必有理. 皆須窮格]." '궁격', 즉 궁리와 격물은 리를 탐구하는 모든 형태의 노력이다. (앞에서 강조했지만, 유교는 물리적인 탐구보다 윤리적 탐구, 정신적 탐구에 치중한다.)

내 마음에 만리가 있다

여기서 율곡은 사람의 '마음에 온갖 리가 갖추어져 있다'는 수수께끼 같은 말을 하고 있다. 그 문장은 '마음을 이해하면 모든 사물의 리를 이해할 수 있다'는 식으로 해석되기도 한다. 그러나 이런 해석은 약간의 오해를 초래할 수도 있다. 마음을 알기도 어렵지만, 마음을 알았다고 하더라도 그것이 곧바로 사물에 대한 이해로 이어지는 것일까? 너무 신비주의적이고, 아리송하다. 이 문제를 조금 더 논의해보자.

인간의 마음은 오묘한 것이다. 열 길 물속은 알아도 한 길 마음은 알 수 없다는 말처럼, 사람의 마음이란 알기 어렵다. 그래서 마음을 먼저 알아야 리를 안다는 것은 처음부터 불가능한 요구가 되기 쉽다. 나아가 마음을 다 안다고 해서 곧바로 만물의 리를 알 수 있는가? 그런 입장은 흔히 유심주의(관념론)라고 불린다. 외부 세계 자체가 정신이 만들어내는 것이기 때문에, 외부의 사물을 이해하기 위해서는 정신을 이해하면 충분하다는 입장이다. 그러나 우리는 그런 정신주의 혹은 초보적인 의미의 유심주의를 취하지는 않을 것이다. 한편, 사람의 마음 혹은 정신이란 물질적인 현상의 한 양상에 불과하기 때문에, 물질의 본질을 알기만 하면 마음을 이해할 수 있다고 보는 입장도 있을 수 있다. 그런 입장을 유물주의 혹은 자연주의라고 부르는데, 그것은 물질과 마음의 관계성에 대한 사변에 그칠 뿐, 마음 문제를 해명하는 데 무익하다. 게다가 21세기 과학이 발전하면서, 아니 발전하면 할수록, 쉽게 알 수 있을 것 같았던 '물질'이 무엇인지 오히려 오리무중으로 빠져들고 있다. 따라서 마음이 물질 현상의 한 양태라거나 물질의 부수 현상이라고 한다고 해도 마음은 여전히 밝혀지지 않은 채로 남는다. 설사 마음의 물리적 본성을 알았다고 해도 마음이 제기하는 문제는 그대로 남는다는 말이다.

여기서 우리가 선택할 수 있는 가능성은 마음의 독자성과 물질의 독자성을 상호 인정하는 것이다. 물질적 리와 마음의 리가 연결점을 가지는 순간 앎이 생긴다. 외적인 대상의 진리와 내 마음의 진리가 접점을 가지지 못한다면, 우리는 그 외적 대상을 나의 앎의 영역 안으로 끌어들일 수 없다. 내 마음이 '바다'를 향하는데 내가 '하늘'의 움직임을 이해할 수는 없는 것이다. 유교에서 추구하는 앎은 사물의 물리화학적 원리가 아니라 사물의 '의미'와 '가치'에 관한 앎이다. 단순히 지식으로서의 앎에 그치지 않고, 삶 속에서 그 앎이 구현될 때 그것이 진짜 앎이 된다고 생각한다. 유교적으로 가치 있는 지식은 사물의 물리화학적 지식이 아니다. 삶과의 관련 속에서 그 사물이 우리 삶의 맥락 안에서 가지는 의미를 통찰하고 의미를 실현하는 것이 중요하다. 그것이 유교에서 요구하는 지식의 목표다.

이런 경우, 어떤 앎이든 그 앎이 성립하기 위해서는, 그 사물을 어떤 상황에서 어떤 관점에서 어떤 지향을 가지고 마주하고 있는가를 먼저 분명하게 설정해야 한다. 그렇게 사물로 다가가는 우리 마음의 방향성을 먼저 정립해야 한다. 내가 어떤 목적을 위해 무엇을 알고 싶은지를 먼저 정립하지 못하고서, 즉 내 앎의 방향을 설정하지 못하는데 안다고 해도 도대체 무엇을 알 수 있는가? 사물과 만나는 마음의 방향성을 수립하지 못한 상태에서 우리 앞에 놓인 사물이 어떤 의미를 가지는지 알 수 없게 된다.[10]

그렇다면 안다는 것은 마음과 사물이 만나고 '어떤 의미를 생산'하는지를 아는 것이다. 그리고 의미를 생산하기 위해서는 사물과 마음이 대화하면서 상호 이해를 증진시켜가는 과정을 반복해야 한다. 그런 반복의 결과 우리는 마음과 사물의 관계성을 발견하고, 그런 관계성 안에서 나의 존재의 의미, 사물의 존재의 의미에 대한 통찰을 획득한다. 그런

---

10 여기서 마음을 인식 주체라고 표현할 수도 있지만, 주체와 대상이라는 이분법은 서양 근대철학의 관심과 혼동을 일으킬 수 있다. 더구나 리는 단순한 인식 대상이 아니다. 앎을 중시하는 인식론에서는 주-객의 잠정적 구분이 가능할 수도 있지만, 실천을 중시하는 상황에서는 주객의 구분 자체가 불가능하다. 주객 이원론은 유교의 사유 방법과 어울리지 않는다.

의미의 이해, 의미의 통찰은 내 마음에서 일어나는 일이다. 결국, "사람의 마음에 만 가지 리가 모두 갖추어져 있다[人之一心, 萬理全具]"는 표현은 가만히 앉아서 마음을 알기만 하면 저절로 만물의 리를 획득할 수 있다는 말이 아닐 것이다. 골방에 앉아서 마음을 돌이켜보는 것만으로는 부족하다. 나의 마음의 방향, 즉 가치 지향을 수립하는 일이 더 중요하다. 인간으로서 어떻게 살아야 하는지는 무작정 배운다고 알 수 있는 것은 아니다. 우리는 어떻게 살아야 하는지, 어떤 것이 바른 삶이고 어떤 것이 가치 있는 삶인지 이미 어렴풋하게 알고 있다. 관계적 존재로서 우리는 그런 앎을 '거의' 생래적으로 획득한다. 그리고 그렇게 어렴풋하게 아는 것을 배움과 훈련과 실천을 통해 더욱 명확하게 만들어가는 것이 공부다.

율곡의 주장을 다시 이렇게 말할 수 있을 것이다. 만사만물의 원리를 탐구하기에 앞서서 내 마음의 본질에 대한 자각을 먼저 갖추어야 한다. 나의 가치관과 방향을 자각하지 않은 상태에서 세상을 이해하려고 아무리 노력해도 거의 얻는 것이 없을 것이다. 아무리 공부해도 도덕성을 배울 수 없고, 아무리 지식을 가져도 지식만으로는 좋은 삶을 만들어나갈 수가 없다. 잘 살지 못하는 삶이 무슨 가치가 있는 삶인가?

어떤 공부에서건, 율곡의 말은 나름 움직일 수 없는 진실을 담고 있다. 내가 무엇을 공부하는지, 무엇을 위해 공부하는지 먼저 방향을 정립해야 한다. 그것을 공부의 동기라고 말할 수 있을 것인데, 그런 동기에 대한 자각 없이 많은 지식을 습득한다 해도 의미에 대한 통찰이 생기지 않는다. 중등학교 수준의 공부에서는 무작정 암기하는 것이 별로 어렵지 않다. 교과서와 참고서 한두 권 정도만 억지로 배우면 된다. 그러나 대학 이상의 공부에서 무작정 공부하는 것이 불가능하다. 배울 양이 엄청나게 늘어나기 때문이다. 도대체 어디로 방향을 잡아야 할지 감이 오지 않는다.

자각적이고 주체적인 공부 태도를 갖추지 못한 사람에게 그런 지식 암기가 재미있을 리 없다. 그것이 어떤 목표를 가질 것인지, 어떤 맥락에서 나온 지식인지 알 수가 없고, 미래의 전망도 보이지 않는다. 그렇기 때문에 단순하게 성과가 빨리 나는 학습에만 매달린다. 공무원 시험을 비롯한 각종 시험은 비교적 쉽다. 배워야 할 범위와 내용이 거의 정해져 있기 때문이다. 그러나 인격 성장을 위한 공부, 인생 문제나 사회의 방향을 고민해야 하는 철학이나 역사 공부는 당장 밥 먹고 사는 데 도움이 될 것 같지 않다. 범위도 확정이 안 되고 방향도 명확하지 않다. 인격이라는 말도 의미가 모호해서 무엇을 해야 할지 도통 감이 오지 않는다. 독서에 독서를 거듭하면서 점차 구름이 걷히듯 방향이 드러나고, 사람들이 제시한 답이 어떤 맥락에서 나온 것인지 대강의 그림이 보이기 시작해야 한다. 그러나 그렇게까지 진득이 혼자 조용하게 독서하고 사색할 여유나 끈기가 없다. 그런 공부는 다 쓸데없는 시간 낭비 같아 재미가 없다.

세상에서 말하는 '공부', 눈에 보이는 명확한 방향과 결과가 있는 '시험 공부'는 그나마 다행이다. 조금만 참으면 된다. 깊은 원리를 몰라도 시험에 통과만 하면 되기 때문에, 그동안은 견딜 수 있다. 그러나 그런 공부로는 깨달음이 생기지 않는다. 그런 단순한 억지로 하는 수동적인 암기 공부로는 내가 왜 그런 공부를 하는지, 그 공부를 통해 어떤 가치를 획득할 수 있는지 전망이 생기지 않는다. 그런 점에서 공부의 출발점은 항상 '나 자신'이어야 한다. '만 가지 원리[萬里]'가 '나에게 갖추어져 있다[備於我]'는 자각이 필요하다는 말이다. 막연한 주관성을 말하는 것이 아니다. 나의 이익만을 생각하는 이기주의적 태도를 가지라는 말도 아니다. 무조건 하면 된다는 근거 없는 자신감을 가지라는 말도 아니다. '나'라는 존재의 '마음'의 지향, 나의 존재의 지평과 가치관에 대한 자각이 선행해야 한다는 말이다. 그리고 마음의 지평과 사물의 지평이 만나서 대화를 해나가는 중에 두 지평은 더 넓어지고, 더 명확해지고, 더 깊어진다. '마음에 만리가 갖추어져 있다'는 말은 이처럼 공부의 근거에 대한 말이라고 읽을 수 있다. 이런 입장은 결국 성리학의 핵심 주제인 '격물론', '치지론'과도 직결된다.

　반복해서 말하지만, 유교에서 공부의 목표는 물리 세계에 대한 객관적 지식 획득이 아니다. 유교의 학문은 도를 닦는 것을 목표로 설정하고 있다. '도를 닦는다[修道]'는 말은 성현이 되기 위해 노력한다는 말이다. 성현이 되기 위해 몸과 마음을 가다듬는 것이 수도다. 그런 '도 닦기'에서도 지식 공부는 당연히 필요하다. 세상을 이해하는 힘이 필요하고, 현실을 더럽히는 마음을 가려내는 판단력이 필요하고, 다른 사람의 마음을 이해하는 공감 능력과 상상력도 필요하다. 그리고 자연 세계에 대한 기본적인 이해 없이는 생명과 인간에 대한 이해가 깊어지지 않는다. 인격 공부를 한다고 절간에 틀어박혀 경전만 읽는다고 통찰력이 생기는 것은 아니다. 책만 읽는다고 되는 것이 아니라는 말이다. 경전 공부와 세상에 대한 공부가 함께 나가야 한다. 내 마음과 모범을 알려주는 경전과 현실 사이의 상호 교섭과 상호 대조를 통한 '병진(竝進)'이 필수적이다. 법조인이 법조문만 이해한다고 해서 세상을 아는 것도 아니다. 법조문만 아는 법조인은 시민의 법 감정을 이해할 수가 없다. 법 규정과 현실의 적절한 대조를 통해서만 시대의 아픔에 공감하는 판결을 내릴 수 있고, 그런 판결을 통해 시대를 선도하는 정의(justice)의 기준을 제시할 수 있는 것이다.

마찬가지로, 인간에 대한 공감과 세상에 대한 통찰이 결여된 단순한 책 공부 혹은 지식 공부만으로는 인격의 완성을 기대할 수 없다. 성현의 마음을 가지기 위해서는 인간의 본성에 대한 이해, 먼저 나 자신이 어떤 가능성과 한계를 가진 인간인지에 대한 냉정한 이해가 필요하다. 그것은 『성학집요』 첫머리에서 제시한 명덕(明德)이라는 개념과 연결되어 있다. 나는 '명덕을 갖춘' 존재라는 확신, 나아가 내 한계에 대한 자각이 공부의 출발점이어야 한다.

기질의 성[氣質之性]

유교에서는 명덕의 구체적인 내용이 인(仁), 의(義), 예(禮), 지(知)의 '사덕(四德)'이라고 말하는데, 그런 도덕적 완성에 도달할 수 있는 자질과 가능성이 이미 나에게 주어져 있다는 사실을 확신할 필요가 있다. 그 사덕이 모든 진리 탐구의 처음이고 끝이다. '성분(性分)'이라는 말은 '성에 분여'되어 있다는 말이다. 성(性)은 우리가 인위적으로 만든 것

이 아니라 나면서부터 본래 주어진 것이다. 따라서 성은 자연의 선물이
다. 생명체로서 인간이 가진 여러 가지 자질, 특히 강력한 생명 욕구와
생존 욕망도 사실은 모두 '성'의 범주에 포함될 수 있다. 순자가 말하는
'성악설'의 '성'은 바로 이런 성이다. 하지만 성선설을 정통으로 인정하
는 성리학은, 특히 사람으로서 본래적으로 가진 도덕성을 '성'이라고 부
른다.[11] 인간을 인간으로 만들어주는 도덕적 근거를 '성'이라고 부르는
것이다. (같은 글자가 다르게 사용되고 있는 점에 주목해야 한다.) 구체적으
로 인(仁), 의(義), 도(道) 같은 것이 그것의 내용이 된다고 본다. 그 사실
을 율곡은 이렇게 말하고 있다.

> 자연(하늘)의 태극을 도라고 부른다. (이 도는 결국 천명 유행이라고 말할
> 때의 그 도, 솔성이라고 말할 때의 도, 사람이 반드시 실행해야 하는 것이라
> 고 말하는 그 도다.) 그것이 사람에 깃들 때, 성이라고 부른다. 그것은

---

11 앞에서도 말했지만, 맹자는 생존 본능, 생명 유지 본능을 성(性)이라고 부르지 않
고 명(命)이라고 부른다. 도덕 본능, 혹은 사회적 본능만을 성이라고 부르자고 말
한다. 이 구분은 유교 인성론을 이해할 때 매우 중요하다. 물론 맹자의 '성/명' 구
분은 『중용』의 '천명지위성'의 해석과 충돌을 일으킬 수 있다. 성리학은 『중용』의
'천명지위성'을 우선적으로 고려하고, 맹자의 '성명' 구분에 큰 의미를 부여하지 않
는 경향이 있다. 율곡의 '명' 이해 역시 『중용』의 '명=성'이라는 입장을 따르고 있을
뿐, 맹자의 '성/명' 구분을 크게 고려하지 않는다고 볼 수 있다. 성리학의 '성명' 이
해와 맹자의 '성/명' 이해, 성리학의 인성론과 맹자의 인성론은 미묘하게 중심이 다
르다는 사실을 기억할 필요가 있다. 성리학은 고전적 유교 인성론에 기대면서도
그것을 독자적으로 재해석하여 새로운 인간 이해로서 발전시킨 것이다.

도의 발현 양태인 '원형이정'으로 표현된다. [나면서부터] '인의예지'가 사람의 성 안에 갖추어져 있다.[12]

하늘의 측면에서 말하면 명(命)을 내린다고 말할 수 있다. 그러나 사람의 측면에서 말하면 성(性)이다. 그러나 그 둘은 결국 하나다.[13]

여기서 명이란 인간에게 도덕적 자질인 리를 부여하는 하늘의 입장에서 말한 것이다. 반면 성은 그것을 받는 인간의 입장에서 말한 것이다. 주체가 누구인가에 따라 각기 다른 개념이 사용되고 있다. 성리학을 '성명의 학[性命之學]'이라고 말하는 이유이기도 하다. 성리학은 인간의 본래적인 도덕성을 '본연의 성[本然之性, 원래부터 그런 것으로 존재하는 성]'이라고 부른다. 사람은 본래적으로 '인의예지'(의 가능성)를 본질로서 부여받은 존재다. 『성학집요』 첫머리에서 말한 '명덕'이 그것이다. 그런데 실제로 그런 '인의예지'를 완전하게 실현한 존재를 만나기는 쉽지 않다. 왜 그런가?

성리학은 그 이유가 기질의 방해 혹은 기질의 간섭 때문이라고 말한다. 율곡 역시 그런 관점을 공유한다. 성리학적으로 볼 때, 인간은 '본연의 성', 즉 완전한 '선성(善性)'을 갖추고 태어나는 존재다. 동시에 인

---

12 太極在天曰道, [此道字, 以天命流行之道, 言率性之道, 以人物當行之道言,] 在人曰性, 元亨利貞, 道之流行者也. 仁義禮智, 性之所具者也.

13 以天言之, 則謂之命, 以人言之, 則謂之性, 其實一也.

간은 생물로서 욕구와 욕망을 가진 존재다. 욕구와 욕망은 기질 때문에 발생한다. 인간은 기질의 한계 안에 사로잡힌 존재이기 때문에, 욕구와 욕망을 가지게 되고, 거기서 선과의 괴리, 즉 '불선(不善)'의 가능성이 생긴다. 앞에서 말한 순자는 인간의 '성'에 주어진 욕구와 욕망에 주목한다. 말하자면, 인간은 정신적 존재인 동시에 육체적인 존재다. 인간의 정신성이 인의예지라는 도덕성을 본질로 가진다면, 인간은 신체성은 기질과 기질의 욕구와 욕망에 사로잡혀 있다는 것이다. 그런 욕구와 욕망 때문에 인간의 '본연의 성', 즉 완전한 '선성'은 제대로 발현되지 못하게 된다.

살아 있는 인간에게서 신체성을 제거할 수는 없다. 신체성이 제거되는 순간 인간은 허공으로 사라진다. 또한 인간에게서 정신을 분리할 수도 없다. 정신이 사라진 순간 인간은 죽은 물질이 된다. 물질이 되어버리면, 도덕성이니 선의 실현이니 하는 말 자체가 무의미하다. 성현이되고자 하는 기대, 소망, 노력은 모두 물거품이 된다. 따라서 기질 때문에 주어진 신체성이 아무리 거추장스러운 것이라고 해도 우리는 신체성을 벗어날 수 없다. 그렇게 기질적 신체성 안에 가두어져 있는 '성', 즉 성의 현실적 존재 양상을 성리학자들은 '기질의 성'이라고 부른다.

하지만 여기서 '기질의 성'과 '본연의 성'이 근본적으로 다른 것이 아니라는 사실을 잊어서는 안 된다. '본연의 성'은 이론적인 개념일 뿐이다. 이론적 개념일 뿐인 '본연의 성'이 허공에 홀로 존재할 수 없다. 태극(=理)이 음양(陰陽)의 기를 벗어나 허공에 존재할 수 없는 것과 같은 논리다. '본연의 성'과 '기질의 성'의 관계는 리와 기의 관계와 같다. 리는 개념상 독립적이지만 기와 더불어 존재할 수 있을 뿐이다. 사람의 도덕성은 반드시 신체성의 한계, 즉 기질의 한계 안에서 작용한다. '기질의 성'과 '본연의 성'이 본래부터 다른 두 개의 '성'이라고 오해하기 쉽기 때문에, 율곡은 그런 생각이 잘못된 것이라고 특별히 강조한다.

> 본연의 성과 기질의 성은 두 개의 성이 아니다. 기질의 측면에서 그 리를 단독으로 말하면 '본연의 성'이지만, 리와 기질을 합쳐 '기질의 성'이라고 부른다.[14]

율곡의 이 발언은 대단히 중요하다. '본연의 성'과 '기질의 성'을 처음부터 다른 것이라고 보게 되면, 유교적 수양론에서 커다란 위험이 발생한다. 두 개의 본질이 생기는 것이며, '기질의 성'이 어디서 왔는지를 설명하는 데 큰 어려움을 겪게 될 것이다. 더 나아가 '기질의 성'이 독자적인 것으로서, 처음부터 주어진 것이라면 수양으로 그것을 통제하는 것이 불가능해진다. (성리학적으로 '성'은 본래부터 주어진 것이라, 성 자체는 직접적인 수양의 대상이 될 수 없기 때문이다.) 그렇게 되면 모든 사람이 노력을 통해 성인이 될 수 있다는 '성인가학' 이념의 근본 전제가 무너질 수도 있다. 그러나 율곡의 해명에도 불구하고, '기질의 성' 개념은 여전히 난점을 제기한다. 율곡은 안어의 주석을 통해 이 문제를 파고든다.

---

14 本然之性, 氣質之性, 非二性也. 就氣質上, 單指其理曰本然之性, 合理與氣質而命之曰氣質之性.

주자는 "정은 선악을 가지고 있지만, 성은 전적으로 선하다"고 했다. 그렇다면 '기질의 성'에도 불선이 없다는 것인가?[15]

　주자학은 '성은 리[性卽理]'라는 전제 위에서 '성선'을 주장했다. 그러나 단순히 '성선'을 말하게 되면 약간의 어려움이 발생한다. 현실에 존재하는 인간의 악을 설명할 길이 없기 때문이다. 현실적으로 악이 존재하지 않는다면, 왜 굳이 수양이 필요하고, 개혁과 교육이 필요하겠는가? 그렇기 때문에 악을 인정하지 않는 사상은 지나치게 나이브하다. 그런 나이브한 낙관주의는 현실을 헤쳐나가는 힘을 가질 수 없게 된다. 그런 의미에서 '기질의 성' 개념이 필요해진다. 성리학이 '성선설'을 근본으로 삼으면서도 순자의 '성악설' 관점을 받아들이는 이유이기도 하다. 단순하게 성이 순선(純善)하다고 말한다고 끝나는 것이 아니라, 악(惡)의 유래를 설명하고 악을 넘어설 필요가 있다.

　율곡의 과제는 성은 선하다고 하는 기본 이념에도 불구하고 실제로 인격의 악이 존재하는 이유를 해명하고, 악을 극복하는 것이다. 율곡은 먼저 '성은 하나'이지만 '본연의 성'과 '기질의 성'이라는 두 개념이 필요한 이유를 해명하고, 이어서 '기질의 성' 개념을 이용하여 현실 안에서 악이 존재하는 이유를 밝힌다. 그래야 악을 극복하여 본래적 선으로 나아가는 길, 본래적 가능성을 완성하는 길로 나아갈 수 있다.

---

15 朱子曰, 情有善惡, 性則全善, 然則氣質之性, 亦無有不善者乎?

'기질의 성'은 선과 악을 다 가지고 있다. 주자가 말하는 성은 오직 미발을 말한 것이다. 지극히 악한 사람도 미발의 때에는 불선함이 없다. 즉 무불선(無不善)이다. 그러나 마음이 발(發)하면 곧바로 선악이 혼재하게 된다. 악은 기품과 물욕에 가려진 결과 발생한다. 악이 성의 본래 모습, 즉 본체(本體)인 것은 아니다. 그래서 주자는 성은 오로지 선하다고 말한 것이다.[16]

기질의 간섭과 극복

여기서 율곡의 입장이 분명하게 드러난다. 성은 마음의 본체이기 때문에 그 자체는 온전한 선이다. 성 자체에 악이 끼어들 수 없다. 그러나 성은 허공에 존재하지 않는다. 성은 반드시 기질 안으로 들어와야 한다. 그렇게 기질적 신체에 깃든 성을 '기질의 성'이라고 부른다. 그 순간 성의 온전함은 100퍼센트 있는 그대로 발현되지 못한다. '기질의 간섭'을 받기 때문이다. '기질의 성'에 선과 악이 혼재하는 이유는 '성' 때문이 아니라 '기질' 때문이다. 아직 마음이 움직이지 않은 미발의 상태에서는, 기질의 간섭을 완전히 극복하지 못한 보통 사람이라도, 선한 성은 온전하게 존재한다. 그러나 완전한 선성의 발현은 수련의 결과로서만 도달하는 경지이기 때문에 보통 사람에게 기대하기는 어렵

---

16 氣質之性, 固有善惡之不同矣. 但此所謂性, 專指未發而言. 人雖至惡者, 未發之時, 固無不善. 纔發便有善惡, 其惡者由於氣稟物欲之拘蔽, 而非其性之本體也. 故曰性則全善.

다. 성리학에서 악은 실체적인 악이 아니다. 악은 기질과 욕망의 간섭에 의해 초래된 혼란스러움에 불과하다. 그런 점에서 성리학적 악은 '선의 결여'다. '선의 결여'가 발생하는 이유는 기질의 간섭, 즉 신체성으로 인한 욕망 때문이다. 기질 때문에 마음이 흔들리고 혼란이 발생하는 것이다.

성리학에서 '기질의 성'을 도입할 필요가 생긴 이유는 무엇인가? 성리학의 기본 입장으로서 '성선설'을 극단적으로 강조하게 되면, 현실에 존재하는 인간 마음의 부도덕성과 나약함, 기질의 욕구에 사로잡혀 악을 저지르는 인간의 현실적 모습을 설명할 수 없게 되기 때문이다. 지나치게 낙관적이고 긍정적인 이론은 비현실적이라서 현실과 대결할 수 있는 힘을 상실한다. 비현실적인 낙관주의는 무기력하다. 그런 이론을 수용하여 지난한 기질 교정의 노력을 기울이는 사람은 없을 것이다. 따라서 현실의 불의와 악과 부도덕을 교정하는 이론을 만들어나가기 위해 '기질의 성' 개념은 반드시 필요한 것이었다고 말할 수 있다.

'기질의 성'이 '본연의 성'과 무관한 것이 아니라면, '기질의 성' 개념을 도입함으로써 중요한 가능성이 열리게 된다. 인간이 예외 없이 기질적 존재라면, '본연의 성'을 기질로부터 분리하는 것은 불가능하다. 성리학이 그런 불가능한 일을 요구하는 사상이라면 성리학은 반드시 실패한다. 인간은 도덕적 존재이고 정신적인 존재이지만, 그렇다고 해서, 그 도덕성, 정신성을 신체성과 분리해서 사유하는 것은 불가능하고 어리석다. 성리학은 인간이 신체를 가진 생물학적 존재이며, 그런 한에서 신체적 욕구와 욕망을 벗어던지지 '못하는' 한계를 가진 존재라는 사실을 깊이 자각할 것을 요구한다. 그런 자각이 있어야 진정한 도덕성에 대해 고민할 수 있다.

그런 자각은 선한 본성(=본연의 성=도심)을 가진 존재로서 성현(聖賢)이 될 수 있다는 확신과 균형을 이루어야 한다. 그런 이중성, 그런 균형감이 인간이 다른 생물과 다른 점이다. 전통 사상에서는 그것을 인간 우월주의적 관점에서 이야기한다. 인간은 '만물 중에서 가장 뛰어난 영성을 가진 존재[萬物之最靈]'라는 표현이 그것이다. 하지만 그런 인간 우월주의는 인간이 자연계와 독립하여 자연계를 마음대로 지배하고 파괴할 수 있는 권리를 가지고 있다는 오만함을 허용하는 것은 아니다. 근대 과학의 인간 중심주의를 '강한 인간 중심주의'라고 말할 수 있다면, 유교적 인간 중심주의는, 굳이 말하자면, '약한 인간 중심주의'라고 말할 수 있다.

이제부터 성리학 수양론은 기질의 영향력을 어떻게 제어하고 기질의 욕구와 욕망의 맹목성을 어떻게 규제하는가에 집중하게 될 것이다. 도덕적 본성에 대한 기질의 부정적 영향력을 최소화하는 방향이다. 기질의 힘을 부정해서는 안 된다. 그러나 나를 맹목적으로 기질의 힘에 내맡겨서도 안 된다. 스스로 자기 몸과 생명의 주인이 되어, 생명체로서의 가능성을 충분히 발휘하면서도 욕망과 욕구의 노예가 되지 않아야 한다. 그것이 유교에서 강조하는 절제와 절도의 윤리다. 넘치지 않고 부족하지 않은 '중용의 윤리'이기도 하다. 또한 그것은 지족(知足)의 윤리이기도 하다. 율곡은 기질의 제어 문제를 '기질의 교정'이라는 항목을 설정하여 깊이 있게 논의한다. 율곡의 논의를 설명하면서, 이 문제로 다시 돌아올 것이다.

4) 마음은 하나다

어떤 사람이 '아직 마음이 발동하지 않은 때[미발]'의 심(心)과 성(性)의 구별에 대해 물었습니다. 주자는 이렇게 답했습니다. "마음에는 체와 용이 있다. 미발(未發)을 마음의 체, 이발(已發)은 마음의 용이라고 부른다." 이렇게 본다면, 심과 성이 두 가지 용(用)을 가지는 것이 아님을 알 수 있습니다. 심과 성이 두 가지 용을 갖지 않는다면, 소위 사단(四端)과 칠정(七情)이 어찌 두 개의 정(情)이겠습니까?

❀

율곡은 『성학집요』를 편찬하면서 리, 기, 성, 정, 사단, 칠정, 궁리, 성정, 인심, 도심, 기질, 본연 등의 철학적 개념에 관한 독립적인 장을 설정하지 않는다. 성리학에서 워낙 중요한 문제이기는 하지만, 복잡하고 난해할 뿐만 아니라 사람마다 해석의 차이가 큰 주제라서, 독립된 장으로 다루지 않았을 것이다. 그러나 율곡이 인용하는 송대 성리학자들의 글 안에서 그런 논의는 차고 넘친다. 율곡이 선별한 성리학자의 글들은 그 자체로 성리학의 철학적 선집이라고 할 수 있을 만큼 중요한 내용으로 가득하다. 율곡은 본문에서는 독립 장절을 설정하는 것을 피했지만, 성리설 관련 주제들이 워낙 중요한 문제라서 그런 논의를 완전히 배제하기보다는, 작은 삽입 글을 통해서 그 문제를 비교적 충실하게 해설한다. 그리고 그런 해설 안에는 주요한 성리학 개념들에 대한 혼란을 교통 정리하는 내용이 풍부하게 담겨 있다. 위에서 율곡 성리설의 여러 문제를 일부 논의했지만, 여기서는 삽입 글에서의 논의를 중심으로 율곡의 생각을 종합적으로 논의해볼 것이다.

일심주의, 율곡 수양론의 근거

성리학에서는 인간 역시 기로 구성된 존재자라고 본다. 율곡도 그런 전제를 충실하게 받아들인다. 하지만 인간은 자기 자신을 포함한 대상[物/事]을 사고하고 반성하고 지향하는 능력을 가지고 있다는 점에서 특별하다. 그런 능력을 유교에서는 '심(心)[마음]'이라고 부르고, '심'이 대상을 지향하는 능력을 의(意), 혹은 지(志)라고 부른다. 한마디로 인간은 '심'의 탁월한 능력 때문에 동물과 구별된다. 하지만 '심'이라는 말은 의외로 의미가 모호하다. 율곡은 이 '궁리' 부분에서 '심(마음)'에 관해 포괄적으로 논한다.

먼저 율곡은 '심은 하나[一心]'라고 말한다. 율곡의 이 주장은 대단히 중요하다. 학계에서는 일반적으로 율곡을 주기론자(主氣論者), 혹은 기를 중시하는 리기이원론자(理氣二元論者)라고 평가한다. 율곡이 기질의 간섭을 넘어서는 기질 교정에 많은 힘을 들이는 것은 분명한 사실이다. 율곡이 성 혹은 리를 중시하는 것도 사실이다. 하지만 율곡의 생각에서 다른 성리학자의 논의와 특별히 다른 점을 발견하기는 쉽지 않다. 따라서 그것을 특별히 율곡의 특징이라고 말하기는 어렵다. 그렇다면 '주기론'이라는 명칭으로 성리학자로서의 율곡의 특징을 짚어낼 수 있다고 말해도 좋은가? 더구나 율곡은 기와 기질을 강조하지만, 기와 기질을 긍정하거나 적극적으로 평가해서 그렇게 하는 것은 아니다. 오히려 율곡에게서 기와 기질은 제어와 통제와 교정의 대상으로 더 큰 의미가 부여되고 있다. 기와 기질은 리의 올바른 발현을 방해하는 것이라는 부정적 함의가 훨씬 강하게 부여되고 있는 것이다. 그렇다면, 율곡을 '주기론자'라고 부르는 것이 과연 적절할 것인가? 과연 율곡의 사상적 특징은 어디서 찾을 수 있을까? 결론을 먼저 말하자면, 나는 율곡을 '일심론자(一心論者)'라고 부르는 것이 적절하다는 생각을 해본다.[17]

물론 심에 대한 율곡의 입장이 주자의 논의를 벗어나는 것은 아니다. 더구나 율곡의 입장이 양명학의 심학(心學)에 기울어진 것이라고 말할 수는 없다. 다만 적어도 심성론, 혹은 수양론의 이론 전개에서 율곡은 '일심(一心)'을 강조하면서 심을 분열적으로 파악하는 입장을 비판한다. 그렇게 하는 이유는 무엇인가? 기질 통제와 기질 교정이라는 수양론의 목표를 달성하기 위해서 가장 필요한 것이 무엇일까를 찾아가는 과정에서, 율곡이 '일심'의 중요성을 발견했기 때문이라고 생각한다. 성이나 리는 성리학의 핵심 개념이기는 하지만, 수양의 직접적 대상이 아니다. 성을 수양한다는 것은 성리학적 논리에서 보자면 맞지 않는다. '인성'을

---

17 일심주의 역시 율곡의 특별한 주장이라고 말할 수는 없을 것이다. 성리학 자체가 '일심주의' 성격이 강하다. 하지만 율곡이 '일심'을 강조하면서 성리학에 대한 일반적인 혼란을 넘어서려고 노력한다는 점에서 그의 사상적 특징을 일심주의에서 찾을 수 있다는 말이다.

직접 교정하거나 바르게 하거나 할 수 없는 것이다. 태극이나 리도 마찬가지다. 도를 닦는다는 것도 결국 도가 제대로 발현되도록 신체와 기질과 마음을 훈련하는 것에 다름 아니다. 도나 리에 직접 작용을 가할 수 없기 때문이다.

그렇다면, '수양'에서 관건이 되는 일은 무엇인가? 온전한 도덕성이 발현되도록 조건을 만드는 일이다. 그러자면 결국, 성을 가두고 있는 기와 기질과 신체를 통제하고 바로잡아야 한다. 성에 직접 작용을 가할 수 없으니, 기와 기질에 작용을 가해야 한다. 그래서 기질 교정이 중요한 과제로 떠오르는 것이다. 그렇다면 기질을 교정하기 위해서는 어떻게 해야 하는가? 일부 성리학자들은 이 지점에서 도교나 불교의 신체 수양법의 일부를 차용한다. 예를 들어, 정좌라든가, 도교 수렵법의 일부를 빌려온다. 퇴계가 도교 내단서의 하나인 『활인심방』을 수용한 것 역시 그런 예가 될 수 있다. 주자 역시 도교 내단술의 방법을 일부 차용하여 신체 훈련에 활용하기도 했다. 동양 철학과 종교에서 정신 수양과 신체 훈련은 뗄 수 없는 관계를 가지고 있다. 율곡 역시 젊은 시절에 불교와 도교에 심취했던 것을 보면, 그런 방법에 대한 이해를 어느 정도는 가지고 있었을 것이라고 추측할 수 있다. 그러나 성리학자들은 그런 신체 훈련은 어디까지나 부차적인 것에 불과하다고 생각한다. 그렇다면, 기질 교정을 위해서 정말 필요한 것은 무엇일까?

성리학자들이 제시하는 답은 경, 수렴, 구방심 등등, 정신의 집중력을 높이는 한편 헛된 사념과 욕망을 비우는 것이다. 그것은 결국 '마음' 공부다. 수양의 핵심은 '마음'이다. 율곡이 '마음은 하나'라는 사실을 유난히 강도 높게 논의하는 이유는 역시 '마음의 전일성(純一性)'을 강조해야만, 마음의 집중과 의지의 힘을 강화시키는 데 유리하다고 생각했기 때문일 것이다. 경이든, 수렴이든, 심지어 정좌나 내단 등 도교 및 불교의 수련법에서도 '마음'은 관건이 된다. 따라서 나는 율곡 수양론의 특징을 '일심'이라는 개념에서 끌어낼 수 있다고 생각한다.

마음은 하나, 이름은 여럿

율곡은 기질의 교정을 중시하지만, 기질 교정에서 '심(마음)'의 주도성을 무엇보다 강조한다는 점에서 '일심론자'로서의 면모를 보여준다. 율곡은 마음의 활동을 표현하는 다양한 개념들, 즉 심, 의, 지 등이 결국은 '마음'을 다양한 관점에서 부르는 것에 불과하다는 사실을 힘주어 강조한다. 율곡은 마음이 다양한 이름을 가진다는 이유로 그 다양한 마음을 분열적으로 받아들이는 입장을 강하게 경계한다. 마음의 단일성과 주도성을 강조할 때에만, 기질 극복이라는 지난한 노력이 성공을 거둘 수 있다. 그런 점에서 율곡은 분명히 '일심론자'로서의 면모를 가지고 있다. 마음의 작용(=활동)을 표현하는 개념은 여럿이 있지만, 무어라고 해도 '마음은 하나'다. 마음을 가리키는 여러 이름이 존재하기 때문에 불필요한 혼란이 발생하는 것도 사실이지만, '마음은 하나'다. 따라서 율곡은 자기 입론의 출발점을 확립한다는 의미에서 '마음은 하나'라는 명제를 무엇보다 강조한 것이다. 여기서 율곡은 가상의 질문을 던지면서 논의를 심화시킨다.

어떤 사람이 물었다. "마음은 하나인데, 혹은 정(情)이라 하고, 혹은 지(志)라고 하고, 혹은 의(意)라고 하고, 념(念)이라 하고, 려(慮)라고도 하고, 또 사(思)라고도 합니다. 어째서 명칭이 이렇게 여럿이어서 통일이 되지 않습니까?"[18]

이 문답은 작은 삽입 글에 포함되어 있는 것으로, 율곡이 논의를 심화시키기 위해 만든 가상 질문이다. 이 질문의 의미를 설명하기 전에 먼저 성리학의 '지각' 개념에 대해 간단히 언급하고 지나가자. 마음(심)의 활동을 말하기 위해서는 '지각' 개념에 대한 정리가 필요하기 때문이다.

마음의 활동[작용]은 요즘 말로 하자면 정신 활동[작용]이다. '지각'은 그런 마음의 활동을 가리키는 말이다. 마음의 활동은 '마음의 작용[心之用]'이라고 한다. '마음의 작용'은 다른 곳에서 '정'이라고도 규정되고 있기 때문에, 결국 '지각'이란 '정'이라고 말할 수 있을 것이다. 그렇다면, '지각'과 '정', 즉 '심의 용'이란 무엇인가? 이 지점이 대단히 중요하다.

성리학에서 '지각'은 단순히 감각을 가리키는 말이 아니다. 이 점을 먼저 기억할 필요가 있다. 지각이 정신 활동이라고 한다면, 감각이 정신 활동의 전부가 아니기 때문에 당연한 말이다. 성리학적 의미에서 '지각'은 감각을 포함하는 정신 활동 전체를 가리키는 말이다. 지각은 감각보다 범위가 훨씬 넓다. 인간의 심[마음]이 활동하는 양상, 정신 활동의 양상이 다양하기 때문에 그런 다양성을 표현하기 위해 다양한 이름

---

18 或問, 心一也, 而或曰情, 或曰志, 或曰意, 曰念, 曰慮, 曰思. 何其名目紛紜不一耶.

을 붙이는 것 역시 이해할 수 있다.

먼저 질문자는 "사람의 마음(심)은 하나[心一也]"라는 율곡의 전제를 받아들인다. 그리고 마음과 연관된 다양한 이름이 존재하는 이유는 마음의 복잡성과 변화불측(變化不測)하는 활동성을 지칭하기 위해서라고 이해한다. 여기까지는 율곡의 입장과 다르지 않기 때문에 문제 될 것이 없다. 그러나 이 문답에서 핵심은 "하나인 마음에 다양한 이름을 붙이는 이유는 무엇인가?"이다. 대단히 중요한 질문이다.

여기서 '마음은 하나'라는 주장에 대해 살펴보자. 마음이 '하나'라는 말은 무슨 뜻인가? '심장[心]'이 하나라는 말은 아니다. 그렇다면 마음은 '어디'에 '어떻게' 존재하기에 '하나'라고 말할 수 있는가? 전통적으로 인간의 신비로운 마음의 활동은 의(意), 지(志), 정(情), 사(思), 려(慮), 념(念) 등등, 다양한 이름으로 불렸다. 하지만 그런 여러 개념이 존재한다고 해서, 그것이 곧 마음이 여럿 있다는 증거가 되는 것은 아니다. 율곡이 '마음은 하나'라고 할 때 그 사실을 지적하고 있는 것이다. 마음은 하나지만, 그 마음의 작용이 너무도 신비롭기 때문에, 각각의 측면을 지칭하기 위해 여러 다른 이름이 붙여진 것일 뿐이다.

사실상 마음이 어떤 방식으로 작동하는지는 모른다. 마음이 정말로 하나의 물건처럼 존재하는지도 미지수다. 인간의 '마음'이 무엇인지 정확하게는 알 수 없다. 하지만 다양한 방식으로, 다양한 관점에서, 인간은 '마음'에 대해 말해왔다. 그렇다고 해서 심(心)이라는 것이 '하나' 있고, 의(意)가 따로 '하나' 있고, 지(志)가 따로 '하나' 있고, 그런 식으로 마음이 따로 쪼개져서 여럿으로 존재하는 것은 아니다. 율곡은 마음과 연관된 여러 이름은 마음의 다양한 존재 방식, 다양한 작용을 서로 다른 관점에서 지칭하는 것일 뿐이라고 말한다. 그런 모든 이름은 '마음의 작용', 즉 '마음의 다양한 활동'을 가리키는 것일 뿐이다.

마음[心]은 하나이지만 그것이 작용하는 방식에 따라 다양한 이름이 붙는다. 마치 아버지는 '하나'인데 여러 이름으로 불리는 것과 비슷하지 않을까? 자식들은 아빠라고 부른다. 부인은 여보, 아버지는 아들, 회사에서는 김 부장이라고 부를 것이다. 술집에서는 김 사장, 스포츠클럽에서는 김 선생님 등으로 한 사람이 상황과 장소에 따라, 즉 작용의 맥락에 따라 다양한 명칭으로 불리는 식이다. 상황에 따라, 다른 개념과의 관계에 따라, 하나인 마음이 다양한 명칭을 가지는 것이다. 그러나 출발점은 '마음은 하나'라는 것이다. 이 '마음'은 결국 기질 속에 깃든 '성[본연의 성]'과 '기질' 사이의 상호 관계성에 의해 발현되는 총체로서의 마음[心]의 움직임[情]이다. 율곡의 성리학 용어로 말하자면 그것이 결국 '인심(人心)'이다. 그리고 그것은 주자학의 근본 명제 중의 하나인 "심통성정(心統性情)"이라는 말이 의미하는 바인 것이다. 다시 말해, "마음은 하나인데, 그 마음은 본체인 성(性)과 마음의 작용인 정(情)으로 이루어진다." "마음[심]은 기질과 본성의 상호작용에 의해 정(情)이라는 모습으로 드러나는 것이다."

인심과 도심

수양을 거쳐 완성태에 도달하지 않은 보통 사람의 '마음'은 모두 다

'인심(人心)'이다. 그 '인심'을 수련하여 기질의 간섭이 일어나지 않는 완전함을 실현했을 때, 그것을 '도심(道心)'이라고 말한다. 도심은 기질의 간섭을 완전히 극복한 상태다. 그러나 도심이라고 해서 허공에 존재하는 것이 아니다. 인심이든 도심이든 마음은 언제나 기질 속에 존재한다. 신체성을 벗어난 마음의 활동이란 없다. 다만 기질의 간섭을 벗어나 이기적 욕망이나 비뚤어진 욕구에서 자유로운 마음을 상정할 수 있다. 그렇게 완성된 마음이 '도심'이다. 이 말은 '본연의 성'이 기질을 벗어나 허공에 존재하는 것이 아니라는 말과 비슷하다. 그러나 '본연의 성'과 '도심' 사이에는 뉘앙스의 차이가 있다. '본연의 성'은 단지 개념으로만 존재하는 것이다. 성인이든 범인이든 '본연의 성'은 '기질' 안에서만 존재할 수 있다. 그래서 '성'은 실제로는 모두 다 '기질의 성'으로 존재한다. 보통 사람[범부, 世之人]은 수행을 통해 기질의 간섭을 최소화하고 본래적 도덕성을 실현할 수 있다. 그렇게 완전한 차원에 도달했을 때를 '도심'이라고 부른다. 결국 '도심'과 '인심'도 두 개의 마음이 아니라, 하나의 마음을 수양의 수준 정도에 따라 달리 부른 것에 불과하다는 사실을 알 수 있다. 수양을 거쳤느냐 거치지 않았느냐에 따라 '인심'과 '도심'이 구별된다. 두 마음이 있는 것이 아니다. 율곡 역시 이 사실을 강조하고 있다. 이런 율곡의 논의를 도식화해보면 아래의 그림과 같다.

말하자면 더러운 거울의 먼지를 닦아내기 전에는 '인심'인데 먼지를 닦아내고 나니 깨끗한 거울이 드러나는 것과 비슷하다. 먼지를 닦으면 깨끗한 마음이 드러난다. 그 깨끗한 마음이 곧 '도심'이다. 깨닫지 못한 보통 사람의 마음이 '인심'이고, 수행을 통해 기질의 간섭을 통제하고

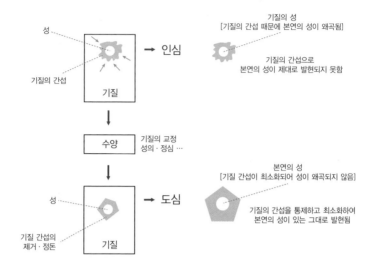

최소화한 상태, 즉 깨달은 마음이 '도심'이다. 성인(聖人)은 언제나 '도심'을 유지할 수 있다. 기질의 간섭이 거의 없는 상태로 머물 수 있기 때문이다. 군자(君子)는 거의 항상 '도심'의 상태를 유지하지만, 아주 가끔 '인심'을 드러낼 것이다. 범부(凡夫), 즉 세인(世人)은 거의 항상 '인심'의 상태에 있다. 세인의 경우에는 기질의 간섭 때문에 '본성'이 거의 항상 가려져 있다. 그 이하는 사람이지만 사람이라고 부를 수 없을 정도로, 기질의 욕구와 욕망의 노예로 사는 상태에 머물러 있다. 그리고 그 이하는 동물이다.

심 개념의 교통정리

이어서 율곡은 심을 둘러싼 다양한 성리학적 개념을 교통정리해준다. 먼저 '정'에 대해 이야기한다.

정(情)이란 마음이 외부의 사물에 반응[感]하여 움직인 것이다. 움직여 드러난 것을 정이라고 하는데, 사람이 마음대로 할 수 없는 것이다. 따라서 평소에 함양(涵養)과 성찰(省察)의 공부를 통해 정이 발출할 때 저절로 사리에 합당하고 절도에 맞도록 해야 한다. 만약 마음을 다스리는 공부가 부족하면 감정의 발휘가 합당하지 않은 경우가 자주 생긴다.[19]

율곡의 이 발언은 대단히 중요하다. '마음[심]'이 외적·내적 자극을 받아 소위 감정 반응 혹은 정서 반응이라는 부르는 정신 활동이 표출될 때 그것을 '정'이라고 부른다는 것이다. 외적·내적 자극에 대해 반응하는 것을 한자어로는 감(感) 혹은 응(應)이라고 한다. 감과 응은 같은 정신 활동에서의 수용과 반응이다. 같은 것의 양면이다. 그래서 감응(感應)이라는 말이 만들어진다. 마치 물건을 주고받듯, 돈을 주고 물건을 받듯, 자극을 받으면 마음이 움직여 드러난다. 그렇게 드러난 것이 '정'이다. 그래서 '감정'이라는 말도 만들어진다.[20] 외부, 내부의 자극을 받

---

19 情者, 心有所感而動者也, 纔動便是情, 有不得自由者. 平居, 涵養省察之功至, 則情之發, 自然中理中節. 若無治心之力, 則多有不中者矣.

20 동양철학에서는 정과 감정을 동의어로 사용하고 있지만, 현대어 감정과 정은 정확하게 같은 개념이라고 보기는 어렵다. 정이 현재 우리가 사용하는 감정이라는 말

으면[感] 정신 활동이 일어난다. 정신 활동이 일어나면 무엇이 드러나는가? 마음[心]이 드러난다. 그렇게 드러난 마음을 '정'이라고 부른다. 그런 '정'은 구체적인 마음의 활동 양상이라고 말할 수 있다. '정'은 실제로 보이는 것이기 때문에 보통 실(實)이라는 훈을 붙여서 해석했다. '실정(實情)'이라는 말에 그 용례가 남아 있다. 오늘날 널리 사용하는 '정보(情報)'라든가 '정황(情況)'이라는 말이 '정'의 본래 의미를 잘 담아내고 있다.

유교 심리학에서 '감정'은 외적·내적 자극에 반응한 마음이 움직여 드러난 것이다. 인간은 기질적 존재이기 때문에 인간의 몸과 정신에서는 끊임없이 기가 움직인다[=流行]. 그리고 '정'의 발동은 기의 움직임이기 때문에 인위적으로 제어할 수가 없다. 느낌 자체, 정신 활동 자체는 인위적으로 만들어내는 것이 아니다. 생각도 '하는' 것이 아니다. 생각이 '나는' 것이다. 다른 사람이 모르게 숨길 수는 있지만, 그런 정신 활동은 자동적으로 일어난다. 나도 '모르게' 항상 어떤 느낌, 어떤 생각이 일어난다. 무엇을 보면 어떤 기억이 떠오르고, 그 기억에 수반되는 느낌이 나도 모르게 일어난다. 따라서 정은 항상 '정동(情動)'으로 존재한다.

성리학의 이론에 충실하게 말하자면, '성'이 발동한다거나 '리'가 발동한다거나 하는 일은 없다. 발동하는 것은 오로지 마음[心]이고, 그렇게 발동한 결과 드러난 것이 '정'이다.[21] 마음이 발동할 수 있는 이유는 마

보다 지칭 범위가 훨씬 더 넓다. 앞에서 논의한 것처럼, 정은 정신 활동과 거의 동의어이기 때문이다.

21 따라서, 성(性)의 동(動)이나 리(理)의 발(發)이라는 표현은 문제가 있다. 원리적으로

음이 기질(기)을 포함하기 때문이다. 마음의 활동은 직접적으로는 기의 운동성 때문에 일어난다. 우리가 할 수 있는 일은 나도 모르게 발동한 마음, 즉 '정'이 사리와 절도에 맞도록 조절하는 것뿐이다. 그렇게 조절력을 기르는 훈련이 '수양'이다. 예를 들어, 분노가 치밀어 오를 때, 분노라는 마음[=情] 자체가 떠오르는 것은 내가 어찌할 수 없다. 그러나 분노의 마음을 사리와 절도에 맞도록 조절할 수는 있다. 기쁨도 마찬가지고, 슬픔도 마찬가지다. 어떤 마음이든, 어떤 감정이든 마찬가지다.

그러나 사람들은 보통 리와 기를 혼동한다. 사단과 칠정도 혼동한다. 그래서 '리'에서 발동하는 '사단'은 사리와 절도에 맞는 발동이고, '기'에서 발동하는 '칠정'은 사리와 절도에 어긋한 것이라는 식으로 해석한다. 율곡은 그런 혼동이 성/리, 기/정 개념에 대한 오해 때문에 일어난다고 주장한다. 그런 오해의 결과 '사단은 리에서 발동[理發]'한 것이라는 잘못된 견해가 만들어진 것이다. [결국 퇴계의 리발설이나 사단칠정론이 오해 때문에 생긴 것이라는 말이다.] 리나 성은 마음이 아니다. 그것은 마음[心]이 아니기 때문에, 즉 기를 포함하지 않기 때문에 발동, 활동할 수가 없다. '사단'이니 '칠정'이니 하는 서로 다른 개념이 사용되고

말하자면 그렇다. 하지만 주자조차도 성이 발동한다거나, 리가 발동한다거나 하는 표현을 무심코 사용한다. 『맹자』〈고자상〉 6장에 대한 주석에서 주자는 "情者, 性之動也[정은 성이 움직인 것이다]"라고 말하고 있는 것이다. 엄격하게 표현하자면, "情者, 心之動也[정은 마음이 움직인 것이다]"라고 했어야 한다. 그러나 마음의 논의는 과학적 논의가 불가능한 영역이기 때문에, 성리학자들조차 자주 용어 사용의 혼란을 보인다. 이런 혼란 때문에 사상사적 논쟁이 발생한 것이다.

는 있지만 사실은 그것들 모두가 '정'이다. '사단'도 정이고 '칠정'도 정이다.[22] 그 둘은 정의 다른 이름일 뿐이다. 이것은 율곡 사상의 중요한 핵심 중의 하나다. 그렇다면 '사단'과 '칠정'은 어떻게 다른가? 율곡은 이렇게 설명한다.

> 사단은 오직 리의 측면을 말하는 것이며, 칠정은 리와 기를 합하여 말한 것이니, 두 가지의 정이 [별개로] 있는 것이 아니다. 그러나 후대 사람은 리와 기가 독자적으로 발동한다고 말하기에 이르렀다.[23]

사단과 칠정이 모두 마음 활동의 결과물이다. 굳이 차이가 있다면, 사단은 '리'의 측면만을 강조하는 것이고 칠정은 '리'와 '기'의 작용을 동시에 언급하는 것이라고 율곡은 말한다. 리의 측면만을 말한다는 말은 조금 모호하지만, 율곡의 의도를 생각해보면 분명하다. 리에 합당하다,

---

22 맹자는 '사단'을 '사심'이라고 표현하기도 하는데, 주자학적으로 해석한다면 '심'은 '정'을 포함한다. 주자 역시 '사단'을 '정'이라고 해석하기도 한다. 앞의 주에서 말한 것처럼, 마음에 대한 여러 논의에서 엄밀한 정합성이나 논리성을 요구하기는 어렵다. 주자 본인이 그런 혼란을 자주 보이고 있다. 성리학 논쟁은 그런 개념의 혼동에 기인하는 불모의 논쟁이 될 수 있는 위험성을 안고 있다. 나 역시 그런 문제가 개념 사용의 혼란에서 비롯된다는 것을 알지만, 이 글에서는 최대한 원리적인 관점에서 그 문제를 정리해두고자 한다. 나는 퇴계가 더 옳다거나 율곡이 더 옳다는 식의 문호적 견해를 갖지 않는다.

23 四端專言理, 七情合理氣, 非有二情, 而後人遂以理氣爲互.

즉 기질의 영향에서 자유롭다는 말이다. 리는 '어떤 것을 바로 그것으로 규정'하는 근거, 혹은 '분절화의 원리'다. 인간의 리는 인간을 인간으로 규정하게 하는 근거다. 그것은 인간 본연의 도덕성이다. 그런 도덕성[性=理] 때문에 분절화의 체계 안에서 인간은 특별한 위치를 가진다. 따라서 '리에 합당하다'는 말은 인간을 인간이라고 규정할 수 있게 해주는 근거인 '인간 본연의 도덕성'에 합당하다는 말이 된다. 칠정이 리와 기를 합해서 말한 것이라는 의미는, 마음의 표출이 리에 합당한 것도 있지만 통제하기 어려운 어떤 힘[=氣]의 영향도 동시에 받는다는 말이다. 즉 기질의 영향에서 벗어나지 못했다는 말이다. 그러나 '리의 측면'을 말한다고 해서, 리가 활동한다는 말은 아니다. 원리적으로 리는 활동하는 것이 아니기 때문이다. 율곡의 구분은 앞에서 본 '도심'과 '인심'의 구별을 생각나게 한다. 이 문제는 이어지는 절에서 다시 자세히 검토할 것이다.

5) 사단은 정(情)의 일부, 이기 호발(互發)의 오류

오성(五性, 인의예지신) 이외에 다른 성(性)은 없고, 칠정(七情) 이외에 다른 정(情)이 없습니다. 맹자는 칠정 가운데서 선한 정을 골라내어 사단(四端)이라고 한 것일 뿐, 칠정 이외에 따로 사단이 있는 것이 아닙니다. 정의 선악은 성에서 나오지 않는 것이 없습니다. 악이라는 것도 처음부터 악이 아니고, 형기(形氣)에 가려져 지나침과 부족함이 악이 된 것입니다. 따라서 정자는 "선악이 모두 천리(天理)"라고 했고, 주자는 "천리로 말미암아 인욕이 있다"고 말했습니다. 그렇다면 정말 사단과 칠정이 서로 다른 두 개의 정이고, 리와 기가 각자 따로 발동한다고 말할 수 있겠습니까?

정자와 주자의 말은 언뜻 보면 놀랍습니다. 그러나 깊이 생각해보면 의심할 것이 없습니다. 사람의 희노애락은 성인이든 광인이든 모두 가지는 것입니다. 희노애락이 일어나는 근거가 바로 '성'입니다. 희노애락을 아는 것은 마음[心]입니다. 일을 만나면 희노애락이 일어나는데, 그것이 '정'입니다. 기쁠 때 기뻐하고, 화를 내야 할 때 화를 내는 것은 '정'의 선(善)입니다. 기쁘지 않아야 할 때에 기뻐하거나, 화를 내지 않아야 할 때에 화를 내는 것이 '정'의 불선입니다. 정의 선은 청명한 기를 타고 천리를 따라 발동되는 것입니다. 그것이 인의예지의 단서임을 알 수 있습니다. 따라서 그것을 사단이라고 부른 것입니다. 정의 불선도 리에 뿌리를 두고 있지만, 더럽고 흐린 기에 의해 가려져 있기 때문에 도리어 리를 해치는 것이 됩니다. 거기서는 인의예지(사덕, 본연지성)의 단서를 발견할 수 없기 때문에, 그것을 사단이라고 부를 수 없는 것일 뿐입니다. 그렇다고 그것이 성에 근거를 두지 않고 별개의 근본이 있는 것은 아닙니다. 이것이 바로 소위 "선악이 모두 천리"라는 정이천의 말의 의미입니다. 또 "천리로 말미암아 인욕이 있다"고 하는 주자의 말의 의미입니다. 그러나 '인욕이 천리'라고 말한다면, 이것은 결국 도둑놈을 아들이라고 인정하는 꼴이 될 것입니다. 예를 들어, 여름에 젓갈에서 벌레가 생기는데, 그 벌레는 본래 젓갈에서 나왔지만 그렇다고 해서 벌레가 곧 젓갈이라고 보는 것은 잘못입니다. 벌레는 젓갈에서 생겼지만 젓갈을 못 먹게 만듭니다. 인욕도 천리에서 나왔지만 도리어 천리를 해칩니다. 그 둘은 같은 이치입니다.

마음[心]과 성(性)에 별개의 작용[用]이 있다고 보고, 사단과 칠정을 별개의 정(情)이라 말하는 사람들은 모두 리기(理氣)의 개념을 정확히 파악하지 못했기 때문입니다. 정이 발동할 때에 발동하는 것은 '기'이지만, 발동을 가능하게 하는 원인은 '리'입니다. 기가 없으면 발동할 수 없고, 리가 없으면 발동하게 하는 원인이 없으니, 리기(理氣)는 뒤섞여 있어서 서로 떨어질 수 없는 것입니다. 만일 분리와 합체가 가능하다면 동정(動靜)에 단초가 있고, 음양(陰陽)에 시작이 있을 것입니다. 리는 태극(太極)입니다. 기는 음양입니다. 그러나 태극과 음양이 각자 별개로 움직인다고 하면 말이 되지 않습니다. 태극과 음양이 각자 별개로 움직이는 것이 아니라고 한다면, 리와 기가 각자 별개로 발동한다고 말하는 것은 오류가 될 것입니다.

❊

사단과 칠정의 관계

율곡은 '사단'이 정(情)의 일부일 뿐이라고 주장한다. 율곡의 주장은 간단히 이렇게 요약할 수 있다. 마음이 표출된 것이 정이다. 정은 드러난 마음이다. 정 중에서 대표적인 것을 '희, 노, 애, 락, 애, 오, 구[喜怒

愛樂愛惡懼]'라고 부른다. 그것이 소위 칠정(七情)이다. 그런 정이 사리에 합당하게, 즉 본래적인 선을 발현하는 방식으로 적절하게 표출될 때, 그것을 '사단'이라고 부른다. [사단은 측은지심(惻隱之心), 수오지심(羞惡之心), 사양지심(辭讓之心), 시비지심(是非之心)을 가리키는 말이다. 각각 심(心)이 붙어 있기 때문에 사심(四心)이라고 불리기도 한다.] '사단'이란 '칠정'이 사리에 합당하게 표출되었을 때 붙이는 명칭인 것이다. '사단'은 보통 '인의예지'와 연결된다. 그러나 사단이 곧 인의예지는 아니다. '사단'은 인의예지라는 이상적인 도덕으로 발전할 수 있는 단서일 뿐, 인의예지가 아니다. '인의예지'는 '사덕'이라고 불린다. 그렇다면 '사단'은 '사덕'의 단서, 실마리일 뿐이다. 실마리에 불과한 '사단'이 내 마음 안에서 확고한 가치 지향으로 자리 잡고 마치 내 본성의 일부인 것처럼 확립될 때 비로소 '사덕'이 된다. '사덕'은 '사단'이 확고한 나의 일부로 확립된 상태를 가리키는 말이다. '사덕'은 '사단'에 비해 한층 더 높은 이성적 반성을 거친 것이라고 말할 수 있다. '사단'은 '사덕(인의예지)' 혹은 '오성(인의예지신)'으로 발전할 수 있다. 성리학적으로는 '사단'과 '사덕'은 비교적 엄격하게 구분된다. 사단은 그 자체로는 '성[오성(五性, 인의예지신)]'이 아니라 '정(情)'이다.[24]

---

24 그러나 성리학의 이론적 근거를 제공한 맹자는 '사단(四端)'과 '사덕(四德)'을 동일시하는 발언을 하기도 한다. 〈공손추상〉 6장에서는 '측은지심'은 '인지단(仁之端)'이라고 말하면서 '사심(四心)'을 '사단'과 동일시한다. 그러나 〈고자상〉 6장에서는 '측은지심'은 '인(仁)'이라고 말하면서 '사심'을 '사덕'과 동일시한다. 뿌리 깊은 '사단칠정

'정'은 마음을 먹는다고 원하는 대로 가지게 되는 것이 아니다. 기뻐해야지 마음먹고 기뻐하는 것이 아니라, 나도 모르게 기쁨이 솟아오른다. 정은 자동적인 반응이기 때문에 인위적으로 조작할 수 없다. 당연히 '사단'의 발현도 직각적(=자발적)이다. 맹자는 특히 사단의 자발성을 강조한다. 율곡은 '사단'을 포함하는 '정'을 의식적으로 제어할 수 없다는 사실을 강조한다. 직각적인 '정'이 반성을 거쳐 다듬어진 형태로 표현될 때 비로소 그것이 도덕 원리에 합당한지 아닌지를 평가할 수 있다. 그 결과 사리에 합당한 것은 '사단'이라고 불릴 수 있다. '사단'이 마음의 일반적인 표현이 될 때, 그런 마음을 도심이라고 부른다. 기질의 간섭을 극복한 마음이 '도심'이다. '사단'은 사리에 합당한 '감정', 즉 '바른 감정'이기 때문에 당연히 '도심'으로 연결될 가능성이 높다. '칠정'은 그러나 아직 무르익지 않은 감정 표출이기 때문에, '부적절한 감정'이 될 가능성을 여전히 가지고 있다. 그것은 여전히 '인심'의 차원에 머물러 있을 가능성이 높다. 그런 의미에서 율곡은 "사단이라고 한 것은 오로지 도심만을 가리키고, 칠정이라고 한 것은 인심과 도심을 함께 가리킨 것이다[四端, 偏指道心, 七情, 人心道心之總稱者也]"라고 말한 것이다.

율곡은 사단이든 칠정이든 모두 마음[心]의 발출(발현)이라고 본다. 사단 역시 칠정의 일부라고 본다면 당연한 말이다. 율곡은 '발출한 것은 정'이고, '헤아리는 것은 의'라고 한다. 결국 의(意) 역시 마음의 표현

논쟁이 일어나게 된 근본 원인은 이런 혼란에서 찾을 수 있다.

이다. 충분히 도덕적 평가를 내릴 수 없는 미분화된 정은 아직 중립적 상태에 있다. 그런 정은 아직 '악'이라고 평가할 수 없다. 그것이 선악이 혼재하는 인심(人心)이다. 도덕적 판단을 거치고 난 다음, 결과적으로 바람직하게 표출된 정(情)은 사단이라고 부를 수 있고, 그 경우에 '도심'이라고 불릴 수 있다. '인심'과 '도심'의 관계는 '칠정'과 '사단'의 관계에 대응된다.

하지만 충분한 수양을 거친 사람은 언제나 어떤 상황에서나 항상 사리에 합당하게 마음을 표출한다. 그런 경우 그는 진정으로 '도심'을 획득했다고 말할 수 있다. 보통 사람은 항상 기질의 간섭을 받기 때문에 마음을 표현하는 방식이 미숙하다. 따라서 선악이 일정하지 않다. 그렇기 때문에 '도심'과 '인심'이 뒤섞여 있다고 말할 수 있다. 사단과 칠정, 인심과 도심은 각각 짝을 이루면서 논의되는 개념이지만, 율곡은 그 두 쌍을 이렇게 연결한다. 율곡은 세주를 통해 이 문제를 더 깊이 논의하고 있다.

> 사단은 성 가운데 '본연의 성'을 말한 것이고, 칠정은 성 가운데 리와 기를 합쳐서 말한 것이다. '기질의 성'은 본성[본연의 성]이 기질 안에 있는 것을 말하는 것이지 실제로 두 개의 성이 있다는 것은 아니다. 따라서 소위 칠정은 사단을 포함하는 것이며, 사단과 칠정의 두 개의 정이 있는 것은 아니다. 성이 두 개가 있다고 하면 정도 두 개가 있게 되는 것이다.[25]

---

25 四端, 猶性之言本然之性也. 七情, 猶性之合理氣而言也. 氣質之性, 實是本性之在氣質者,

앞의 논의의 연장선에서 율곡은 다시 '사단'을 '본연의 성', '칠정'을 '기질의 성'과 연결시킨다. 그러면서도, 율곡은 사단과 칠정이 두 개의 별개의 정(情)이 아니며, 본연의 성과 기질의 성이 별개의 성(性)이 아니라는 사실을 강조한다. '사단'과 '칠정'의 구분, '본연'과 '기질'의 구분은 수양론을 구성하기 위한 방법론적 구분일 뿐, 성과 정을 실체적으로 다른 것으로 나누어 보는 것이 아니다. 전자를 '방법론적 이원론', 후자를 '실체적 이원론'이라고 부른다면, 율곡이 단호하게 부정하는 것은 '실체적 이원론'이다.

그렇다면, 어떤 경우 정은 선악 혼재의 '칠정'으로서 표출되고, 또 어떤 경우 순선(純善)의 '사단'으로서 표출되는가? 인위적으로 제어할 수 없는 '정(=칠정)'이 사리에 합당한 '정(=사단)'으로 드러나기 위해서는 어떻게 해야 하는가? '정'에 인위적으로 개입을 할 수 없다면 어떻게 '칠정'을 '사단'으로 전환할 수 있는가? 이것이 수양론의 관건이다. 율곡은 기질 개념을 통해 이 문제를 해결하려고 한다.

'사단'과 '칠정'의 관계에 대한 율곡의 생각은 퇴계의 생각과 대비된다. 퇴계는 '사단'과 '칠정'을 근본적으로 다른 것으로 보고, '사단'은 '리'에서 나오는 것[理發], '칠정'은 '기'에서 나오는 것[氣發]이라고 구분했다. 이런 입장을 이기호발설(理氣互發說)이라고 부른다. 퇴계의 진짜 의도가 무엇이었는지에 대한 여러 해석이 있기 때문에, 우리는 단순히 누

非二性. 故七情實包四端, 非二情也. 須是有二性, 方能有二情.

가 맞고 누가 틀렸다는 식의 결론을 내릴 수 없다. 산수의 덧셈 뺄셈처럼 답이 분명한 문제가 아니기 때문이다. 주자의 정통적 입장을 기준으로 옳고 그름을 평가하는 것도 곤란하다. 주자 역시 완벽한 일관성을 보여주지 않기 때문이다. 따라서 논란이 생길 여지가 얼마든지 있다. 나아가 정통적인 입장을 벗어나는 창조적 해석도 얼마든지 가능하다. 철학 문제, 특히 마음의 문제에 대해서 양자택일적 결론은 무의미하다. 아무튼 퇴계는 '사단을 리'에 속하는 것, '칠정은 기'에 속하는 것이라고 본다. 반면 율곡은 '사단'이 '칠정'에 속하는 것이라고 본다. 사단을 칠정의 일부로 보는 율곡의 관점은, 기와 기질의 간섭을 극복하는 것이 수양론의 과제라고 보는 생각의 연장선에 있다고 이해할 수 있다.

문자주의를 벗어나야

이어서 율곡은 인심과 도심, 사단과 칠정에 관한 문답을 던지고, 거기에 대해 중요한 관점을 피력한다.

> 어떤 사람이 "인심과 도심이 두 개의 마음이라면, 사단과 칠정 역시 두 개의 정이라 말할 수 없는가?" 하고 질문했다. 나는 이렇게 답했다. "이것 또한 문자에 사로잡혀 의미에 혼란을 일으키는 대표적인 경우다. 마음은 하나지 어찌 둘이 있겠는가? 다만 어느 것을 위주로 삼는가에 따라 두 개의 개념[名]이 만들어진 것일 뿐이다. 따라서 주자는 '인욕(人欲)의 싹은 위태롭고, 천리(天理)의 오묘함은 미미하다.

마음은 하나지만, 그것이 바르고 바르지 못함의 구별이 있기 때문에 다른 개념[名]이 주어진 것일 뿐이다. 도에서 나온 것이 하나의 마음이고 사람에서 나온 것이 또 하나의 마음인 것은 아니다.'라고 말했다. 이 말을 보면, 마음이 둘이 아님을 알 수 있을 것이다."26

율곡은 심성, 이기 문제에 관한 철학적 혼란이 문자주의에 사로잡힌 것에서 비롯된다고 생각한다. 개념[名]이란 절대적인 것이 아니다. 사유를 전개하는 과정에서 요구되는 임시적인 구분에 불과한 개념에 절대적인 의미와 실체성을 부여하는 데서 사유의 혼란이 발생한다. 그런 점에서 율곡의 사유는 대단히 '유명론적(唯名論的, nominalistic)'이다. 율곡에 따르면, 사단은 칠정의 일부이지만 '정'이 드러날 때 사리에 합당한지 여부가 중요하다. 예를 들어, 화를 내는 것은 '정'이다. 그러나 합당한 이유가 있고, 방식도 정도에 어긋나지 않는다면, 화내는 것은 '정'의 정당한 표출이 된다. 그때 '정'은 '사단'의 하나가 될 수 있다. 화를 내는 것 자체가 무조건 나쁜 것이 아니다. 정당한 분노는 악을 부끄러워하고 미워하는 '수오지심(羞惡之心)'의 표출이거나, 선악을 분별하는 '시비지심(是非之心)'의 표출이 될 것이다. 그것이 더 큰 사리 판단의 맥락에서

---

26 或又問, 人心道心, 旣是二心, 則四端七情, 豈可不謂二情乎. 臣答曰, 此亦執言迷旨之類也. 心, 一也, 豈有二乎. 特以所主而發者, 有二名耳. 故朱子曰, 危者, 人欲之萌也. 微者, 天理之奧也. 心則一也, 以正不正而異其名耳. 非以道爲一心, 人爲一心也. 觀此言, 則心之非二, 可知矣.

바른 도덕 판단, 바른 실천으로 나아간다면, 사단은 '인의예지'라는 '사덕'으로서 정착한다. 그렇게 도덕적으로 안정된 마음을 우리는 '도심'이라고 부를 수 있다.

여기서 전제는 '정'을 표출하는 방식이나 정도가 사리에 합당해야 한다는 것이다. 아무 일에나 분노하는 것은 당연히 사리에 맞지 않는다. 당연히 분노해야 할 일에 분노하지 않는 것도 사리에 맞지 않는다. 분노하는 것이 무조건 나쁜 것은 아니다. 모든 일에나 좋은 듯이 행동하는 것은 오히려 군자적 태도가 아니다. 『논어』에서는 좋은 사람으로 보이기 위해 두루뭉술 좋은 게 좋다는 식으로 행동하는 사람을 '향원(鄕愿)'이라고 부른다. 공자는 향원은 덕을 해치는 사람이라고 강하게 비판한다. 최악의 인격이라는 말이다. 모든 감정 표현이 다 그런 면이 있다. 우리는 감정을 표출하지 않는 것이 마치 군자의 표징인 양 생각하지만, 그것은 오해다. 자신의 무지를 숨기기 위해, 또는 음험한 목적을 숨기기 위해 왜곡된 거짓 감정을 표현하는 것이 위선이고 소인배의 태도다. 진실한 마음을 진실한 방식으로 정정당당하게 표현하는 것이 진정한 군자의 태도다.

『논어』에서 공자는 "군자라야 싫어할 수도 있고 미워할 수도 있다"라고 말한다. 싫어함과 미워함 자체가 잘못이 아니라는 말이다. 문제는 사리에 합당한지 여부다. 율곡의 발언은 이 문제를 이해하는 데 대단히 중요하다.

천리와 인욕은 처음부터 두 뿌리가 있는 것은 아니다. 성 안에는 다만 인의예지 넷이 있을 뿐이다. 인욕이 성 안에 어찌 뿌리를 뻗칠 수 있겠는가? 오직 기가 맑고 어두운 차이가 있고, 수양과 다스림에 바름과 혼란의 차이가 있을 뿐이다. 따라서 성[인의예지의 도덕성]이 발동하여 정이 될 때, 지나침과 부족함의 차이가 있을 뿐이다. 인(仁)이 어긋나면 애착이 넘쳐 탐욕이 된다. 의(義)가 어긋나면 과단성이 넘쳐 잔인함이 된다. 예(禮)가 어긋나면 공손함이 지나쳐 아부가 된다. 지(智)가 어긋나면 총명이 지나쳐 속임수가 된다. 이것으로 다른 것을 유추할 수 있을 것이다. 처음에는 천리(天理)였던 것이 지나쳐 인욕이 되는 것이다. 따라서 근본을 살펴보면 천성[天性]의 선함을 알 수 있다. 그것이 도달하는 말단을 잘 살펴서 인욕으로 흐르는 것을 막을 수 있을 것이다. 주자께서 보여준 것은 이처럼 절실한 내용이다.[27]

천리와 인욕이 근본적으로 다른 것도 아니다. 본성 자체는 완전하고 선하다. 그것은 보통 '사덕'이라고 불리지만, '사덕'이 완전하게 표현되지는 않는다. 기질의 간섭 때문에 항상 왜곡된 방식으로 표현되기 때문

---

27 天理人欲, 初非二本. 性中只有仁義禮智四者而已. 人欲何嘗有所根脈於性中哉. 惟其氣有淸濁, 而修治汨亂之不同. 故性發爲情也, 有過有不及. 仁之差也, 則愛流而爲貪. 義之差也, 則斷流而爲忍. 禮之差也, 則恭流而爲諂. 智之差也, 則慧流而爲詐. 推此可見其餘. 本皆天理, 而流爲人欲. 故推原其本, 則可知天性之善. 檢察其末, 則可遏人欲之流. 朱子昭示學者, 其亦切矣.

이다. 그래서 '인심'과 '도심'의 차이가 생긴다. 성이 본래 악해서 악이 나타나는 것은 아니다. 성이 기질 안에 자리 잡고 난 다음에, 그 기질의 간섭을 극복하지 못했기 때문에 선악이 뒤섞여 표출되는 것이다. 도덕 본성, 즉 사덕은 기질의 간섭 때문에 과불급의 왜곡이 일어나고, 심각 하면 완전한 악으로 흐를 수 있다. 인욕은 별개의 원리에서 나오는 것이 아니다. 기의 간섭으로 인해 천리[=성]가 비틀어져 표현되는 것일 뿐이다. 그래서 율곡은 천리와 인욕이 별개가 아니라고 말한다. 율곡은 결국 악의 실체성을 부정하고 있는 것이다. 선악의 실체적 이원론을 부정한 것이다. 그렇다면 '인심'을 극복하고 '도심'으로 나아가기 위해서는 무엇을 해야 하는가? 기질 교정의 훈련을 해야 한다. 우리는 항상 위선적으로 왜곡된 마음과 정직하고 바른 마음의 표출을 구별해야 한다. 마음이 합당하게 표출되기 위해서는, 평소에 충분한 마음 다스리기 훈련이 필요하다. 수양론의 관건은 평소에 마음을 다스리는 것이다. 결국 마음 다스리기를 통해 기질의 간섭을 차단하는 것이 기질 교정이다. 아직 마음이 구체적으로 드러나지 않았을 때, 즉 마음이 '정'으로 표출되기 전에 과불급의 지나침이 생기지 않도록 마음의 움직임을 살펴보는 훈련이 필요하다. 기질 개념을 도입함으로써 기질 교정은 성리학적 수양론의 중심이 된다. 율곡이 기질 교정을 강조한 이유다.

마음의 여러 양상: 정(情), 의(意), 지(志), 사(思), 념(念)

오늘날 감정 조절의 실패가 엄청난 범죄와 사건을 일으키는 현실을 자주 목도하는 우리로서는 무조건적인 감정 은폐보다는 '적절한' 감정 표출이 더 진리에 가깝다는 율곡의 말이 얼마나 중요한 충고인지를 실감한다. 물론 '적절함'의 실현을 위해서는 평소에 진지한 훈련이 전제되어야 한다. 수양의 목표가 그것이다. 이어서 율곡은 마음의 다른 명칭인 지(志)와 의(意) 문제로 나아간다.

> 지(志)라는 것은 마음이 가는 것을 의미한다. 정이 발동한 다음에 방향을 정하여 나아가는 것이다. 지는 선이나 악, 어느 쪽으로도 갈 수 있다. 의(意)는 계산하고 비교하는 마음의 능력이다. 정이 발동한 다음에 헤아리고 운용하는 것이다. 따라서 주자는 "정은 배나 마차와 같다. 의는 사람이 이 배나 마차를 부리는 것과 같다"고 말한 것이다.[28]

율곡의 설명에 따르면, 의(意)는 마음을 일정한 방향으로 이끌고 가는 힘이다. 지(志)에 대해서는 '마음이 가는 것'이라는 주자의 해석을 그대로 수용하고 있다. 의와 지를 합쳐 '의지(意志)'라는 숙어가 만들어진 것에서도 알 수 있듯이, 마음[心]은 반드시 어떤 대상을 향하는 성질을 가지고 있다. 물질적 대상일 수도 있고, 추상적 대상, 혹은 마음 자체일 수도 있다. 현대식으로 말한다면, '의지'는 마음의 '지향성'과 비슷한 것

---

28 志者, 心有所之之謂, 情既發而定其趨向也. 之善之惡, 皆志也. 意者, 心有計較之謂也, 情既發而商量運用者也. 故朱子曰, 情如舟車, 意如人使那舟車一般.

이라고 볼 수 있다. 결국 '의'와 '지'는 마음의 지향성을 가리키는 말이다. 심(心) 이외에 의(意)나 지(志)라는 마음이 따로 있는 것이 아니라는 말이다. '마음은 하나'라는 율곡의 입장은 여기서도 관철되고 있다. 결국 '의'든 '지'든, 그것은 '마음 활동[지각]'의 한 양상이다. 이어서 율곡은 사, 념, 려에 대해 말한다.

> 념(念), 려(慮), 사(思). 이 세 가지는 의(意)의 다른 이름이다. 그러나 사가 비교적 무겁고, 념과 려는 비교적 가볍다. 의는 조작을 가할 수 있지만, 정은 조작을 가할 수 없다. 따라서 성의(誠意, 의를 진실하게 한다)라는 말은 있지만, 성정(誠情, 정을 진실하게 한다)이라는 말은 없는 것이다.[29]

율곡은 의(意)를 움직여 일정한 방향으로 끌고 가는 것이 사(思=念, 慮)라고 말한다. 그 세 개념의 차이는 강도의 차이에 불과하다. 그리고 앞에서 말한 것처럼 '지향성'으로서 지(志)와 의(意)는 인위적으로 그 방향을 '어느 정도' 조정할 수 있다. 그러나 정은 그렇게 할 수 없다. 정은 거의 자연발생적인 것이기 때문이다. 그래서 율곡은 '성의(誠意)'라는 말은 가능해도, '성정(誠情)'이라는 말은 불가능하다고 보충한다. 여기서 율곡은 정의 본질에 대해 율곡은 아주 중요한 지적을 하고 있다.

---

29 念慮思三者, 皆意之別名, 而思較重, 念慮較輕. 意可以僞爲, 情不可以僞爲. 故有曰誠意, 而無曰誠情.

이어서 율곡은 '의'와 '지'의 순서를 명확하게 확정하기는 어렵지만, "지는 의가 정해진 방향을 가진 상태, 의는 지가 아직 방향을 갖지 못한 상태"[30]라고 해명한다. 결론적으로 율곡은 정, 의, 지가 사실은 하나인 '마음의 다양한 작용[一心之用]'을 가리키는 다른 명칭일 뿐이며, '별개의 여러 마음이 있는 것이 아니라[非有許多別樣心也]'는 사실을 분명하게 지적한다.

> 정은 사물에 감응하여 처음으로 발동한 것이다. 의는 정이 드러난 다음 계산하고 비교하는 것이다. 정이 아니면 의가 의지할 곳이 없다. 따라서 주자는 "의는 정이 드러남에 따라 움직이는 것이다. 고요하여 움직이지 않는 마음의 본체를 성(性)이라고 부르고, 마음이 감응하여 움직인 것을 정(情)이라고 부르고, 마음이 감응한 이후 생각을 풀어내는 것을 의(意)라고 한다"고 말했다. 과연 심(心)과 성(性)이 각자 작용[用]한다고 할 수 있겠는가? 정(情)과 의(意)가 별개의 마음이라고 할 수 있겠는가?[31]

'정', '지', '의'가 '하나인 마음[一心]'의 다양한 활동 양상을 가리키는

---

30 志者, 意之定者也. 意者, 志之未定者也 […].

31 情是感物初發底, 意是緣情計較底, 非情則意無所緣. 故朱子曰, 意緣有情而後用, 故心之寂然不動者, 謂之性. 心之感而遂通者, 謂之情. 心之因所感而紬繹思量者, 謂之意. 心性果有二用, 而情意果有二岐乎.

명칭일 뿐이라는 율곡의 주장은 율곡 철학의 핵심인 '기발리승(氣發理承)'이라는 주장을 풀어내기 위한 준비로서 의미가 있다. 위에서 말한, 지, 정, 의 논의에 바로 이어 율곡은 '이기호발(理氣互發)'이 잘못된 주장이라고 비판한다. 정과 의를 둘로 나누는 것이 잘못이라면, 이기의 호발 역시 잘못이라는 것이다. 소위 퇴계의 주장으로 알려진 '호발설(互發說)'은 정(情), 지(志), 의(意)와 심(心)이 별개의 마음으로 존재한다는 잘못된 생각에서 나온 주장이라는 것이다.

> 마음[心]의 근거[體]가 성(性)이고, 마음의 활동[用]이 정(情)이라면, 성과 정 이외에 마음이 별개로 존재하는 것은 아니다. 주자는 마음의 활동[動]을 정이라고 했을 뿐 더 이상 다른 말을 덧붙이지 않았다.[32]

율곡의 논리는 이렇다. 주자는 '정'을 마음의 활동이라고 규정했을 뿐, 마음의 본체인 성(性)이 움직인다거나 리(理)가 움직여서 정이 나온다거나 하는 말을 하지 않았다. 따라서 퇴계의 입장이라고 알려진 '이기호발설', 즉 리와 기가 모두 활동, 발동한다는 입장은 주자의 생각에서 벗어난다. 율곡은 주자의 심(心), 성(性), 정(情), 의(意) 이해에 충실하려고 노력한다. 그러나 마음에 대한 주자의 말이 수미일관된 정합성을 가지고 있다고 말할 수 없기 때문에, 율곡의 관점 역시 선택적일 수밖에 없다. 일단 율곡은 정(情)과 의(意)가 '하나인 마음[一心]'의 다른 활동

---

32 心之體是性, 心之用是情, 性情之外, 更無他心. 朱子曰, 心之動爲情, 朱子語止此.

양상에 대해 붙인 이름일 뿐이라는 사실을 전제하고, "정은 사물에 감응하여 처음으로 발동한 것"이라고 말한다. 정이 의보다는 더 일차적이며, 정이 마음[心]의 활동을 일반적으로 지칭하는 개념이기 때문에, 율곡의 주장은 옳다. '의'와 '정'은 근거에 있어서는 하나지만, 먼저 "정이 일어나지 않으면 의도 일어나지 않을 것이기[非情則意無所緣]" 때문이다.

문제는 그다음이다. 율곡은 "의는 정에 일어난 다음에 작용한다"는 주자의 말을 인용한 다음에, "고요하여 움직이지 않는 마음의 본체를 성(性)이라고 부르고, 마음이 감응하여 움직인 것을 정(情)이라고 부르고, 마음이 감응한 이후 생각을 풀어내는 것을 의(意)라고 한다"는 주자의 말을 인용하면서, 이번에는 성(性)과 정(情), 그리고 의(意), 3자의 관계를 논의한다. 성은 움직이지 않는 것, 정은 움직인 결과, 의는 감응 이후에 전개되는 생각이다. 여기서도 율곡은 성(性)은 '적연부동(寂然不動)', 즉 '고요하고 움직임이 없는 것'으로서 마음의 중심[體]이라고 말하고 있다. 그리고 마지막에 "과연 심과 성이 각자 작용한다고 할 수 있겠는가? 정과 의가 별개의 마음이라고 할 수 있겠는가?"라고 덧붙인다. 율곡은 "심과 성이 각자 다르게 작용하지 않는다"라고 결론을 내린다. 그러나 이 말 자체가 수수께끼 같아서 자세히 살펴볼 필요가 있다.

심과 성은 정말로 별도로 작용[二用]하는 것이겠는가?

'정과 의'가 결국은 '하나'라는 것은 앞의 논의를 통해서 알 수 있다. 그러나 '심과 성'이 '별개의 작용을 갖지 않는다'는 말은 설명이 필요하다. '심(心)과 성(性)이 정말로 별도로 작용하는 것이겠는가?' 이 말을 이해하기 위해서는, '성'에 대한 율곡의 입장을 먼저 살펴보아야 한다.

앞에서 율곡은 '성'이 마음[心]의 체(體)[근본, 바탕]이며, '정'은 마음[心]의 용(用)[작용, 활동]이라고 한 주자의 말을 인용한 바 있다. 그렇다면 활동 또는 발동하는 것은 무엇인가? 성인가 심인가? 정은 심이 발동하여 드러난 결과물이다. 성 역시 심이 발동한 결과라고 할 수 있는가? 혹은 성이 스스로 발동하여 정을 활동의 결과물로 산출했다고 말할 수 있는가? 간단히 말해, 발동하는 것은 성인가 심인가? 그것은 유교 심리학에서 대단히 중요한 문제다.

마음[心]이 발동한 결과 산출되는 것은 '성'인가 '정'인가? 마음이 발동하여 '정(情)'[과 '의(意)']을 산출한다는 사실은 성리학적으로 의문의 여지가 없다. 그리고 '정(情)=기(氣)'라고 규정되고 있기 때문에, 기가 발동[발현, 발출]한다는 말은 마음이 발동하면 '정'이 출현한다는 의미로 이해하는 것은 큰 어려움이 없다. 그러나 원리적으로 '성'은 발동하지 않는 것이다. 왜냐하면 '성=리'라고 규정되며, 성의 불활동성, 즉 리의 불활동성은 성리학 이론의 기본 전제가 되어 있고, 또 그런 사실을 표현하기 위해 성=리는 '고요하고 움직이지 않는 것'이라는 것이 정식화되어 있기 때문이다. 그렇다면, 마음은 작용하거나 활동하는 것이지만, 성은 작용하거나 활동하는 것이 아니라는 말이 된다. 마음[心]이 작용하고 발동하는 이유는 심(心)을 구성하는 '기' 때문이다. 그 '기'의 활동성 때문에 마음이 발동하여 정을 만들어낸다. 심이 발동하여 구체적으로 드러난 것이 정이다. 그러나 심이 발동하여 성을 만들어내지는 않는다. 왜냐하면 성은 원리적으로 심보다 앞서는 것이고, 정과 결합하여 인간의 마음이 완성되기 때문이다. 그렇게 성(=리)과 정(=기)이 통합될 때 비로소 마음(심)이 인간의 마음으로 존재하게 된다.

율곡이 '심과 성이 각자 작용한다고 할 수 있는가?'라고 의문을 표시한 것은 그런 이유에서다. 성은 원리적으로 말하자면 작용하는 것이 아니다. 성은 지각하지 않는다. 즉 정신 활동을 하지 않는다. 성은 사람을 사람으로 규정하는 '원리적 근거'일 뿐 적극적으로 활동하는 무엇이 아니다. 심(心)이 활동하는 이유는 기(=情) 때문이다. 마음의 활동은 정(情)(=氣)으로 표현된다. 그러나 그 마음이 인간의 마음이 되는 이유는 나면서부터 주어진 '성' 때문이다. 성 때문에 마음에 도덕성이 깃든다. 도덕성은 구체적인 도덕 규칙이 아니다. 성은 도덕규칙을 만들고 따를 수 있는 도덕적 능력일 뿐이다. 성리학은 인간 마음 안에 구체적인 도덕 규칙이 본래적으로 내재하고 있다고 보지 않는다. 성이나 성과 동일시되는 리가 발동(운동, 활동, 작용)한다는 것은 당연히 성리학의 기본 전제에서 어긋난다. 율곡의 말에 깔린 논리는 이런 것이다.

기발리승: 기가 발동하고 리는 탄다

성에 용(用=發) 개념을 적용할 수 없다. '심의 용'은 말할 수 있지만, '성의 용'은 말할 수 없다. 심은 활동[發]하지만 성은 활동하지[發] 않기 때문에, 율곡은 '리의 발동', 즉 '리발'을 주장하는 입장을 성리학적으로 근거가 없는 이론이라고 비판한 것이다. 그리고 율곡은 기가 발동할 때

거기에 리가 탄다, 즉 리가 기에 깃든다는 '기발리승(氣發理乘)'이라는 입장을 주자학 원론에서 도출한다. 마음이 지각하고 활동할 때 기가 움직이고 리는 움직이지 않는다. 리는 마음의 본체로서, 즉 인간의 마음을 동물의 것이 아니라 인간의 것으로 만들어주는 근거로서, 마음 안에 존재하면서 기의 움직임에 따르는 것이라는 의미에서 '기발리승'을 제시한 것이다.[33]

---

33 그러나 나는 퇴계의 '리발설'은 그 나름대로 독자적인 가치를 가진 독창적인 이론이라고 생각한다. 발(發)을 단순히 외적·내적 자극에 대한 반응으로서 발동이나 활동을 의미하는 개념이 아니라고 볼 수 있다. 따라서 나는 퇴계를 얼마든지 변호할 수 있다고 생각한다. 퇴계의 호발성에 타당성이 있다는 말이다. 리는 마음 안에서 어떤 작용을 하는가? 인간에게 내재한 도덕 능력으로서 성(도덕성)이 기의 발동에 대해 아무런 작용을 하지 않는다고 말할 수 있을까? 리가 아무런 작용을 하지 않는다면, 리가 왜 필요한가? 율곡은 기발, 리승을 말하지만, 리가 기를 타고 아무런 작용도 하지 않고 허수아비처럼 있다고 보는 것이 옳은가? 발(發)하는 기(氣)를 말[馬], 기를 타고 있는 리(理)를 기수에 비유하는 주자학의 입장을 생각해보면, 기수인 리(理)가 말[馬]인 기(氣)의 움직임에 대해 아무런 역할을 하지 않는다면, 도대체, '리=성'의 존재 이유는 무엇인가? '리=성'이 기나 정처럼 능동적인 발동력이나 추동력을 갖는 것은 아닐 것이다. 그렇더라도, '리=성'이 기의 움직임에 대해 어떤 '작용'을 한다는 사실을 부정할 수는 없을 것이다. 성이 도덕 규칙을 창설하고 따르는 도덕 능력이라면, 그런 도덕 능력이 작용하기 때문에 기와 기질의 폭주를 막는 것이 가능하지 않겠는가? 율곡의 '기발리승'론은 자칫하면, 리를 허수아비로 만들 위험이 있다. 그런 의미에서 퇴계는 '리기'의 '호발'을 말하고, 기에서 칠정이, 리에서 사단이 나온다고 말한 것이다. 이 경우, 리발(理發)은 리가 발동한다는 의미라기보다는 리가 '작용한다'는 의미로 읽을 수 있다. 리의 작용 자체를 전면 부정하고 나면, 수양론에서 리의 자리가 사라질 수 있다. 그것이 율곡 수양론의 특징이기는

율곡은 주자학의 원론적 입장을 다음과 같이 요약한다. "리는 움직이지 않는 것이고 기가 움직인다. 따라서 기가 움직이고 거기에 리가 탄다[理無爲而氣有爲, 故氣發而理乘]." 혹은 "음양이 움직이면 거기에 태극이 실린다. 발하는 것은 기다. 거기에 실리는 것, 즉 타는 것은 리다[陰陽動靜, 而太極乘之. 發者, 氣也. 乘其氣者, 理也]." "사람의 마음은 지각이 있지만 도라는 본체는 지각하지 않는다[故人心有覺, 道體無爲]." 이때 도는 리와 동의어이고, 마음의 리가 곧 성이다. 따라서 성은 지각하지 않는다, 즉 성은 정신 활동이 아니라는 결론이 나올 수 있다.

성은 지각(知覺)하지 않는다

율곡이나 주자가 강조한 것처럼, 성(性)은 심(心)의 체(體)다. 한 글자로 된 개념은 전부 어렵다. 현대어로 쉽게 번역이 되지 않는다. 억지로 번역할 수야 있겠지만, 그렇게 하면 의미가 달라진다. 그래서 동양철학은 어렵다. 그럼에도 불구하고, 가급적 이해해보려는 노력을 기울일 수밖에 없다.

심의 체라고 할 때, 체는 근거, 근본이라는 말이다. 근거가 있어야 무

하지만, 율곡 수양론에서 리나 성의 자리가 거의 없는 것과 무관하지 않다. 퇴계의 '리발설'을 어떻게 이해할 것인지에 대해 여러 연구자가 각자의 해석을 내놓고 있으나, 아직 정론은 없는 것 같다. 율곡을 논의하는 여기서는 퇴계의 입장을 더 이상 자세히 논의하지 않는다.

엇이 성립한다. 성은 심 그 자체가 아니다. 성은 심의 체이기 때문에, 심 그 자체가 아니다. 근본만 있다고 마음이 되지 않는다. 마음[心]은 성(性)보다 크다. 심은 '체와 용', 즉 '성과 정'이 함께 있을 때 마음으로서 작동한다. 그것을 '심통성정(心統性情)'이라고 말한다. "심은 성과 정을 통섭한다." 틀린 번역은 아니지만, 단순히 이렇게 글자를 번역하는 것만으로는 의미가 충분히 전달되지 않는다. 성리학적으로, 모든 것은 '체/용'이라는 두 가지 차원을 가진다. 용이란 말도 어렵지만, 대강 기능, 작용, 활동이라고 이해할 수 있다. 어떤 것이 현상을 통해 구체화될 때, 그런 구체화를 용이라고 한다. 그러나 체는 근거일 뿐 스스로 움직이지 않는다. 무엇이 움직이고 작용하는 이유는 그것이 기로 이루어졌기 때문이다. 마음이 움직이는 이유는 마음[心]이 기로 이루어져 있기 때문이다. 기에는 음(陰)과 양(陽)이라는 두 대립적이고 길항적인 힘이 내재해 있다. 그래서 기는 움직인다. 음양의 대립과 길항과 조화의 힘 때문에 세상의 모든 것은 움직이고 변화한다. 그래서 대개 기는 용과 연결된다. 그러나 마음을 형성하는 근본인 성(性)은 기(氣)가 아니다. 성은 체고, 리다. 그리고 리는 어떤 사물이 아니다. 눈으로 볼 수 있는 어떤 것이 아니다. 그것은 어떤 사물(물건, 사건)이 바로 그것이 될 수 있도록 해주는, 혹은 '어떤 것'이 '바로 그것'이 되도록 해주는 근거다. 다시 말해, '어떤 것'에 존재성을 부여하는 원리, 존재의 근거다.

사람의 마음에 깃든 리가 성이라면, 성은 인간을 인간이게 하는 근거라고 말할 수 있다. 성리학은 인간됨의 근거가 '인의예지신'으로 대표되는 도덕성이라고 보기 때문에, 성은 결국 도덕의 근거라고 생각할 수 있다. 율곡이 '인의예지신'을 '오성(五性)'이라고 부르는 이유는 바로 그 때문이다. 그러나 성이 인간의 마음에 도덕 규칙을 생래적으로 제공하는 것은 아니다. 도덕 규칙의 내용은 문화마다, 시대마다 다르다. 그러나 어떤 문화든 어떤 시대든, 인간 세상은 반드시 도덕 규칙과 그것이 강화된 법 규칙을 가지고 있다. 인간에게 성이 내재되어 있기 때문에, 인간은 그런 도덕 규칙을 만들고, 또 도덕 규칙을 따를 수 있다. 그런 규칙이 없다면, 인간 사회는 성립하지 않는다. 그리고 그런 규칙을 학습하고 따르는 능력이 없다면, 인간 사회는 성립하지 못할 것이다. 일부 동물을 제외하고 대부분의 동물이 사회를 구성하지 못하는 이유는 아마도 그런 능력이 없기 때문이 아닐까? 그런 점에서 성은 일종의 본능이라고 말할 수 있다. 인간에 내재한 사회적, 도덕적 본능이다. 맹자는 그런 본능을 양지, 양능이라고 불렀다.

인간 마음에 내재된 '리=성'은 스스로 움직이지도 작용하지도 않는다. 마음이 활동하는 이유는 성 때문이 아니라 기(氣=情) 때문이다. 한마디로 성은 마음[心]이 아니기 때문에, 성 자체가 '지각[覺]'하지는 않는다. 성은 감각, 감수, 지각, 사유, 상상 등의 정신 활동이 아니다. 행동하는 것은 마음(정확하게 말하면 마음의 기) 때문이고, 마음에 깃든 성은 그의 행동이 사람의 행동이 될 수 있는 구조와 조건만을 제공한다.

기와 기질의 수양

기는 그 자체로는 형체가 없고 변화불측(變化不測)이다. 기의 변화불

측함이 극단적으로 활성화되고 순수함이 극도로 순화된 상태를 지칭하기 위해 정(精)이나 신(神)이라는 개념이 사용된다. 특히 신은 기가 극도로 정밀한 상태를 가리키는 말이다. 우리가 보통 귀신(鬼神)이나 신령(神靈)이라고 할 때의 신이 그것이다. 귀신이나 신령은 그 정체를 알 수 없는 존재의 특별한 상태, 혹은 그런 특별한 존재를 가리킨다. 그리고 기는 스스로 결합하여 질(質)과 물(物)을 만든다. 인간 자체를 포함해서 인간이 생명을 유지하기 위해 필요한 모든 것은 기가 결합된 결과물, 즉 물이다. 인간도 기의 결합물이기 때문에 당연히 물 범주에 들어간다. 그러나 기에는 다시 여러 차원이 존재한다고 생각된다. 맑은 기와 둔탁한 기, 무거운 기와 가벼운 기, 음의 성질을 가지는 기와 양의 성질을 가지는 기 등등. 이렇게 기는 여러 쌍을 이루는 대립적인 성질을 가지면서 분화된다. 이런 대립적인 성질 때문에 기는 상호작용한다. 때로는 상승하고 때로는 하강하고, 때로는 응집하고 때로는 퍼지고, 때로는 밀어내고 때로는 당기는 역동적인 활동성을 보인다. 한마디로 기의 특성은 대립성과 활동성이라고 말할 수 있다. 고대 그리스의 자연철학자 아낙시만드로스는 만물의 원질이 어떤 물질이 아니라 대립적인 성질이라고 말한 바 있는데, 그런 생각은 동양철학에서 기를 이해하는 것과 대단히 비슷하다. 동양철학에서 기는 물질의 근원이다. 더 나아가, 동양철학에서 물질과 정신의 확고한 구분은 존재하지 않기 때문에, 기는 정신적인 것의 근원이라고 말할 수도 있다.

역동성을 본질로 삼는 기는 끊임없는 변화, 즉 무한한 운동의 과정 안에 있다. 그 기는 운동하면서 응집과 해체를 거듭하고, 리와 결합하여 물 혹은 물질을 만든다.[34] 그런 운동과 결합의 과정에서 불균형이 발생한다. 불균형, 부조화가 결국 운동의 본질이기 때문이다. 불균형과 부조화 때문에 운동이 발생한다고 말할 수 있다. 완벽한 조화를 이룬 것은 운동을 거부한다. 부조화 때문에 운동이 일어나고, 운동 과정에서 조화를 추구하는 힘이 생기고, 일정한 조화에 이른 다음에 물로 나아가고, 물질의 진화 과정에서 다시 어그러짐과 차이가 발생한다. 그 차이가 결국 만물의 차이로 이어진다. 모든 사물은 기와 질, 그리고 리의 결합이다. 사람도 예외는 아니다.

유교는 무기물질과 동식물과 사람, 귀신이나 신령적 존재를 하나의 연속적인 계열로 파악하는 일원론적 사유를 가지고 있다. 이런 일원론적 사유 때문에, 성리학에서 '성=리'의 위치, 리와 기의 관계를 설명하

---

34 그렇다면, 리는 어디서 오는가? 성리학에서는 두 가지 답이 있을 수 있다. 하나는, 리의 영역, 혹은 리가 예치된 장소가 따로 있어서 리는 거기에 있다가 기와 결합한다는 입장이다. 이렇게 해석한다면 성리학은 서양 형이상학에 비견되는 형이상학이라고 보게 될 것이다. 다른 하나는 리는 기가 스스로 결합하여 어떤 형태가 만들어질 때 그 안에서 저절로 존재하게 된다는 입장이다. 이런 입장은 서양 물리학에서 말하는 창발론과 비슷한 것이 될 것이다. 주자학은 기본적으로 '리가 기에 앞서' 존재한다는 리선(理先)의 입장이기 때문에, 주자학을 형이상학적으로 해석하는 사람들이 나타나게 된다. 하지만 주자학은 형이상학적 혐의를 벗기 위해 동시에 '리기불상리'를 강조한다. 명청 시대의 소위 기학적 입장은 이런 리를 '조리(條理)'라고 부른다. '조리'라는 말도 어렵기는 하지만, 리를 초월적 실체라기보다는 기의 의미, 효용, 특성을 규정하는 것이라고 보는 입장이다. 이런 기학적 입장은 성리학을 탈형이상학으로 해체하기 위해 노력한다.

는 것에 어려움이 생긴다. 물론 그렇다고 동양철학이 인간을 동물이나 다른 물질과 완전히 동일한 존재라고 보는 것은 아니다. 앞에서 본 것처럼, 기가 운동하면서 응축하는 과정에서 불균형과 차이가 생기고, 구별이 생긴다. 그런 차이와 불균형이 결국은 존재의 질적인 차이를 만들어내게 된다. 인간 역시 기질(氣質)과 리의 결합체인 것은 분명하지만, 인간은 다른 생명체와 다른 특별함, 즉 질적 차이를 가지고 있다. 그 특별함은 무엇보다 먼저 인간을 형성하는 기의 특별함에 기인한다. 인간을 만드는 기와 질은 다른 물질이나 다른 생명에 비해서 탁월한 정밀함과 순수함을 가지고 있다. 말하자면, 기의 순도가 다르다. 물론 인간 안에도 차이가 발생한다. 결국, 존재의 거대한 연속성 안에서 인간은 물의 최상층부에 위치하고, 인간 안에서도 기질의 순도 차이로 인한 위계가 만들어져 상급 인간과 하급 인간의 분화가 일어난다는 것이다.

인간들 사이의 차이는 기질의 차이 때문에 일어난다. 기질의 차이 때문에 인간에 깃든 천리(天理), 즉 성이 드러나는 수준의 차이도 발생한다. 동일한 성이 서로 다른 수준의 기질 안에 깃든 결과 인격 수준의 차이가 발생하는 것이다. 율곡식으로 말하자면 '본연의 성[本性]'은 차이가 없다. 하지만 '기질의 성[氣性]'에서 차이가 있다. [본연의 성과 기질의 성은 본래는 같은 성이지만, 다른 이름을 가지게 되는 이유는 앞에서 자세히 논의했다. 주자학에서 리와 동일시되는 성을 단독으로 지칭할 때, 그것이 '본연의 성'을 가리키는 것이다.]

기질의 차이 때문에 '기질의 성'의 차이가 발생하고, 기질의 차이 때문에 동물과 인간은 달라진다. 범인과 성인의 차이, 선인과 악인의 차이도 기질의 차이 때문에 생긴다. 그러나 '본연의 성'은 인간 공통의 도덕성 자질이다. 도덕성은 인간에게 깃든 성질로서 인간을 다른 생명체와 다른 존재로 만든다. 그것이 인성이고 그것 때문에 인간은 사회적 존재가 될 수 있다. 도덕성은 결국 사회성의 발현이기 때문이다. 나무에 천리가 깃들어 나무의 성질이 생기지만, 나무의 본성은 도덕성이 아니라 푸르게 성장하여 세상에 이익을 주는 것이다. 인간의 본성은 도덕적 존재로서 사회를 유지하고 그 사회를 통해 세상의 중심에 자리 잡는 것이다.

그러나 어떤 성이든 성은 그 자체로 '완전'하다. 그 완전함은 인간에서는 '인의예지'로 존재하지만, 동물이나 나무에서는 그 생명체 특유의 완전함으로 발현될 것이다. 성이 선하다거나 완전하다고 할 때, 그 선함이나 완전함은 단순히 선악 대립의 상대적 선을 넘어선 절대선을 가리킨다고 보아야 할 것이다. 나무에 리가 깃들지 않으면 나무가 되지 못한다. 나무 형태를 가졌다고 해도 거기에 '리'가 깃들지 않으면 성장하고 번식하지 못한다. 그것은 '나무'가 아니라 '나무토막'에 불과하다. 나무라고 불리기 위해서는 나무의 리가 깃들어야 한다. 그러나 나무는 인의예지의 도덕성을 가지지 않는다. 사람에게 천리가 깃들면 인간으로서의 본성을 가지는 완전한 인간이 된다. 그런 점에서 리와 성은 완전하다. 그 성은 완전하게 선하다.[35]

---

35 이 경우 선(善)은 상대적인 것이 아니라 절대적인 것이라고 보아야 할 것이다. 성인이 지향하는 것은 상대선(相對善)이 아니라 절대선(絶對善)이다. 단순히 범속한 인

사람이 다른 사물과 다른 이유는 인간에 깃든 리의 특수성 때문인가 아니면 인간을 형성하는 기의 특수성 때문인가? 인간과 동물의 차이는 기의 차이인가 아니면 리(=성)의 차이인가? 인간과 동물의 경우에는, 리의 차이를 강조하는 입장과 기의 차이를 강조하는 입장으로 나뉠 수 있을 것이다. 여기서 '인성/물성 동론(同論)'과 '인성/물성 이론(異論)'의 분열이 발생한다. 그러나 같은 인간을 두고 수양을 논의할 때 문제가 되는 것은 리가 아니라 기다. 그래서 율곡은 수양에서 기와 기질 문제에 집중하는 것이다.

성리학의 수양론적 전환과 한계

본성론의 관점에서 중요한 것은 인간의 성이다. 그 '성[본연의 성]'은 모든 인간에게 공통된 것이다. 따라서 그런 성의 실재를 아무리 강조

간의 선악 개념을 실현하는 것이 아니라 자연의 도리에 합당한 근원적인 선의 실현이 목표다. 이런 근원적인 선을 '좋음'이라고 부르는 것이 좋을 것이라고 생각한다. 선은 거의 항상 선악의 대비 개념으로 사용되기 때문이다. 성인의 선악 판단 기준은 범인의 기준과 다를 수 있다. 『노자』에는 '천지불인(天地不仁)'이라는 말이 나온다. 자연은 상대적인 선악(善惡) 개념, 즉 세속적인 인간사의 옳고(좋고) 그름(싫음)을 넘어선다는 말이다. 상대적인 선악에서 보자면, 인간에게 선(善)은 자연에게 악(惡)이 될 수 있다. 그 반대도 성립한다. 따라서 자연의 선, 본래적 완전함으로서의 선은 인간적 선이 아니라 절대선, 즉 '좋음'으로서의 선이다. 태풍도 재난도 '좋음'이 될 수 있다.

해도, 실제 수양에서 성은 무기력하다. 성리학은 수양의 실천을 모색하는 과정에서 '기질' 개념에 주목하기 시작한다. 그리고 '기질의 성' 개념을 도입한다. '기질의 성' 개념은 고전 유교에서는 존재하지 않았던 것이다. 따라서 그 개념의 정당성을 부정하는 논자들이 등장하고, 정통성 논쟁이 일어나기도 한다. 하지만 '기질의 성' 개념을 도입함으로써 유교는 수양론을 강화할 수 있게 되었던 것이 분명하다.[36]

적어도 송대 이전에 유교는 수양의 이론과 방법론이 취약했다. 유교가 불교 및 도교와 비교가 되지 않을 정도로 세력이 위축되었던 이유는 그 때문이다. 성리학자들이 강력한 정통론을 들고나와 불교와 도교를 비판한 데는 이런 배경이 있다. 하지만 '기질의 성' 개념을 도입함으로써 새로운 차원으로의 도약이 가능해졌다. 전통 유교에서 미약했던 자기 변혁의 방법론을 새롭게 구축하면서, '성리학=수양론'이라고 말할 수 있을 정도로 유학은 수양론으로서 큰 진전을 이룬다. 그러나 기질 및 '기질의 성'에 주목하는 것은 두 가지 위험이 있다. 하나는 '성'이 두

---

36 성리학에서 '기질의 성' 개념을 도입한 사람은 장횡거(장재)라고 알려져 있다. 그러나 그 개념의 연원에 대해서는 여러 가지 의견이 있다. 그중에서, '기질의 성' 개념이 도교의 내단(内丹) 사상에서 온 것이라고 보는 입장이 유력하다. 특히 후외려 같은 연구자는 『중국사상통사』에서 북송 시대 장횡거와 같은 시기에 활동한 장백단(張伯端)의 『옥청금사청화비문』에서 그 개념이 사용되고 있는 것을 지적한다. 어느쪽이 먼저 그 개념을 사용했는지를 증명하는 것은 불가능하다. 그러나 수당 시대의 내단 이론에서 기질의 교정 및 신체 훈련을 중시하는 정치한 이론이 발전했다는 사실은 분명하다.

개가 되어 이원화될 수 있다는 위험성, 둘은 본성으로서의 성의 위상이 약화될 수 있다는 위험성이다.

첫 번째 위험성에 대해 율곡은 성의 일원성을 확보하기 위해 힘을 쏟았다. [앞에서 보았듯이 율곡은 '본연의 성'과 '기질의 성'은 근본적으로 둘이 아니라고 강조한다.] 두 번째 문제는 충분히 해결되었다고 말할 수 없다. 두 번째 위험성은 결국 해결되지 못하거나, 나중에 등장하는 '기 철학'에 의해 또 다른 방향으로 나아간다. 굳이 말하자면, '성=리'를 '조리'라고 보면서 형이상학적 사유를 탈피하는 세속주의로 흐를 수 있는 길이 생긴 것이다.

'기질의 성' 개념을 도입하면서, 유학의 과제는 성의 본질 탐색이 아니라 기를 통제하는 것으로 전환한다. 인간의 본성이 본래적으로 완전하다고 가정하더라도, 그것은 일종의 신앙이고, 이념적 이상론에 불과하다. 그런 이상주의적 관점만으로는 악(惡)에 빠져 있는 현실의 인간을 변화시키는 길은 열리지 않는다. 주자가 말한, '범인을 성인으로 넘어서게 만드는[超凡入聖]' 구체적이고 현실적인 길은 열리지 않는다는 것이다. 따라서 이제부터는 중심은 본성의 이론적인 탐색이 아니라 수기의 실천과 방법 문제로 넘어가게 된다. 그러나 유교는 도교나 불교처럼 오랜 탐색의 경험을 축적하지 못했기 때문에 하루아침에 그것을 만들어낼 수가 없다. 기질의 힘이 '본연적 성'의 선한 힘을 무력화시키는 상황에서, 성의 권위 추락, 혹은 리의 권위 추락이라는 시대적 도전에 대응할 수 없게 된 것이다. 그런 도전에 제대로 대응하기 위해서는 그 다음 시대에 등장하는 '심의 철학' 혹은 '기의 철학'을 기다려야 했다. 실제로 중국에서는 명대 초기부터 그런 방향으로의 움직임이 일어나고, 명대 중기 이후가 되면 심학이나 기학이 본격적으로 발전하면서, 유교의 수양론적 전환에 박차를 가하는 상황이 벌어진다.

6) 리통기국, 이기관계

형태가 없고 움직임이 없으나 형태가 있고 움직임이 있는 것을 움직이는 것은 리입니다. 형태가 있고 움직임이 있으나 형태가 없고 움직임이 없는 것을 위해 도구[器]가 되는 것이 기입니다. 이것이 리와 기를 탐구하는 출발점[大端]입니다. 어떤 사람이 저에게 리와 기는 하나인지 둘인지 물었습니다. 저는 이렇게 답했습니다. "옛 해석을 살펴보면 리와 기는 '하나이면서 둘'이고 '둘이면서 하나'다. 리와 기는 뒤섞이고 틈이 없어서 분리될 수 없다. 그것을 둘이라고 말할 수 없다. 따라서 정자(程子)는 '기(器)는 곧 도이고, 도(道)는 또한 기(器)'라고 말했다. 또한 리와 기는 분리될 수 없을 정도로 하나지만 서로 뒤섞이는 것이 아니므로 하나라고 말할 수 없다. 따라서 주자는 '리(理)는 하나의 리이며, 기(氣) 또한 하나의 기다. 그 둘은 서로 뒤섞일 수 없다'고 말했다." 두 사람의 말을 합쳐서 깊이 생각해 보면, 리와 기 사이의 오묘한 관계를 거의 파악할 수 있을 것입니다.

✳

리와 기의 관계

기가 끊임없이 움직이면서 변화를 거듭해가는 현상을 유교에서는 '유행(流行)'이라고 한다. '유행'이란 세상의 변화, 유동, 자연의 활동 과정 자체를 표현하는 말이다. 세상이 변화하는 이유는 세상이 '기'로 이루어져 있기 때문이다. '기'는 본질상 역동적이고 변화하는 것이다. 그러나 그런 변화 안에서도 우리는 일정한 '규칙'과 '원리'를 발견할 수 있다. 그런 규칙과 원리를 유교는 '리'라고 부른다. 리는 사물이 아니기 때문에 형체를 갖지 않는다. 사물에 형체를 부여하는 것은 기다. 기는 움직이고 변화하고 한순간도 멈추지 않는다. 우리 마음, 우리 몸을 생각해보자. 끊임없이 움직이고 변화하지 않는가? 마음이 기로 이루어져 있고, 신체도 기이기 때문이다. 하지만 그런 변화에도 불구하고, 나는 여전히 사람이고, 나는 여전히 나다. 나는 여전히 우리 아버지의 아들이고, 내 아들의 아버지다. 나를 구성하는 기는 끊임없이 변하지만, 내가 아무리 변해도 나는 나무가 되지 않고 개가 되지도 않는다. 기로 구성된 나를 사회적 존재인 인간으로 만들어주는 것은 '리'고, '성'이다. 나는 사람의 '리'를 가지고 있기 때문에 기의 끊임없는 변화에도 불구하고 여전히 사람이다.

언젠가 내가 죽고 이 세상에서 사라지는 날이 온다. 그때 나를 구성하던 기는 흩어지고, 다른 모습으로 형태를 바꾼다. 그러면 나는 사라지고, 나의 리도 사라진다. 내가 사라지는데, 나의 리만 남아서 존재하는 경우는 없다. 나를 구성하는 기가 사라지면 나를 나로 만들어주는 근거이자 원리인 리도 사라진다. 리가 존재하면 기도 존재한다. 거꾸로 기가 존재하면 리도 존재할 것이다. 내가 죽고 없어져도, 나를 넘어서는, 더 높은 차원의 분절화 원리로서 '사람의 리'는 여전히 존재한다. 기는 변하지만 리는 변하지 않는다. '기변, 리불변(氣變, 理不變)'이다. 그래서 다음 세대, 그다음 세대로 리가 이어져 사회를 유지하고, 인간은 지구 위에 계속 존재할 것이다. 이처럼 리와 기는 구분되는 것이지만, 분리되어 독자적으로 존재하지 않는다. 리와 기의 오묘한 관계를 성리학에서는 '리기불상잡(理氣不相雜)', '리기불상리(理氣不相離)'라고 말한다. 율곡은 주자의 말을 빌려 '리는 하나의 리이며, 기 또한 하나의 기다. 그 둘은 서로 뒤섞일 수 없다'고 말한다.

리와 기는 분명히 다르다. 그래서 리와 기는 서로 근본적으로 달라서 뒤섞이지 않는다고 말한 것이다. 성리학의 표현법으로는 리기(理氣)는 '불상잡(不相雜, 서로 뒤섞이지 않는다)'이다. 리와 기는 서로 다른 것이지만, 리와 기가 독자적으로 별개로 존재할 수 없다. 사람의 기와 사람의 리(=성)는 별개로 존재하지 않는다. 그런 관계를 리기는 '불상리(不相離, 서로 분리되지 않는다)'라고 한다. 리와 기는 그런 점에서 하나이면서 둘이다. 동시에 둘이면서 하나다. 리는 기를 떠나 허공에 존재하지 않는다. 유교는 기를 동반하지 않는 순수한 리의 영역을 따로 설정하지 않는다. 플라톤의 이데아의 세계나 칸트의 예지계를 따로 인정하지 않는다고 말할 수 있다.

'리통기국'과 '리일분수'

리와 기의 관계에 대해 율곡은 '리통기국'이라는 대단히 중요한, 그러나 수수께끼 같은 주장을 한다. "리와 기의 관계는 기본적으로 다음과 같습니다. 리는 형태가 없고 기는 형체가 있기 때문에, 리는 [유형무형을] 관통[通]하며 기는 [유형에] 국한된다고 할 것입니다[論其大槪, 則理無形而氣有形, 故理通而氣局]." 리통기국이 이해하기 어려운 것은, 그것이 소위 범주 착오라고 부를 수 있을 만큼, 범주의 차이에 대해 무관심하기 때문이다. '리통기국'이라는 개념에 대해 율곡은 다음과 같은 해석을 덧붙이고 있다.

> 리통(理通)이라는 말은 천지 만물이 동일한 리를 가지고 있다는 말이다. 기국(氣局)이라는 말은 천지 만물이 각각의 기를 가지고 있다는 말이다.[37]

천지 만물의 리가 동일하다는 말은 우주 만물의 리는 '하나'라는 입장이다. 수수께끼 같은 말이다. 우주 만물이 하나의 리를 가지고 있다? 어려운 말이긴 하지만, 리를 '분절화의 원리'라고 보는 나는 율곡의 말을 '하나의 분절화의 원리가 지배하는 거대한 하나의 세계를 상정한다'는 의미라고 이해한다. 예를 들어, 이 세상이 신에 의해 창조된 것이라

---

37 理通者, 萬物天地同一理也. 氣局者, 天地萬物各一氣也.

고 믿는다면, 만물은 무한한 차이에도 불구하고, 신의 섭리라는 하나의 근본 원리를 공유한다고 말할 수 있을 것이다. 그런 유신론적 사고와 다르긴 하지만, 성리학에서도 우주 만물을 관통하는 하나의 거대한 원리, 즉 총체적인 리의 존재를 상정한다. 그 총체적인 리를 태극(太極)이라고 부른다. 태극은 음양을 비롯한 무수한 대립 원리에 입각하여 무한히 분화된다. 그런 분화를 거듭하면서 우주 만물이 만들어진다. 만물은 무한한 분화의 결과 현재의 모습을 가지게 되었다. 그런 분화의 원리를 이해하면 만물을 이해할 수 있다. 그런 분화의 과정을 지배하는 원리가 바로 리다. 궁리는 바로 그런 리를 이해하려는 활동이다.

가장 큰 리는 태극이고, 가장 작은 리는 개별 사물에 깃든 물리(物理), 혹은 사리(事理)다. 사물의 리는 종류가 무한하지만, 궁극적으로는 하나의 리, 즉 태극으로 귀결된다. 율곡의 발언 중에 나오는 "천지 만물이 동일한 리"를 가지고 있다는 말은 '만물이 하나의 태극'을 가진다는 의미다. 만물은 각자 다르지만, 만물을 관통하는 하나의 동일성 원리를 가지고 있다. 태극은 그런 동일성 원리다. 태극은 '음양'으로 분할된다. '음양'이나 음양을 다시 분할하면서 얻는 '사상(四象)' 역시 동일성 원리다. 그런 식으로 사물은 동일성 원리를 기준으로 무한히 분할 가능하다.

만물은 분절화 원리에 의해 구분될 수 있다. 분절화 원리는 하나의 범주에 속하는 모든 사물에 공통된 동일성 원리로 작용한다. 우주 자체를 하나의 거대한 범주라고 본다면, 우주는 태극에 잠재한 대립적 힘의 원리에 따라 분절된다. 그런 식으로 나누어가면 다양한 기준에 따라 만물을 분류할 수 있다. 생명 유무를 기준으로, 만물은 '생명'과 '무생물'

로 분절할 수 있다. 분절화를 거듭해가면, '동물'과 '식물', 다시 '사람'과 기타 '동물'이라는 식의 범주가 만들어진다.

모든 사물의 리는 궁극적으로는 하나의 리, 즉 태극이 분화한 것이다. 이 경우, 우주적 차원에서 본다면 세상 만물은 하나의 리를 가지고 있다거나, 천지 만물의 리가 동일하다는 입장이 성립할 수 있다. 다시 분절화의 차원을 낮추어 '사람'과 '동물'을 생각해보면, 사람은 '사람의 리'를, 동물은 '동물의 리'를 가지고 있다. '사람의 리'와 '동물의 리'는 더 큰 차원의 원리인 생명의 리에 포함될 것이고, 그 생명의 리는 다시 더 큰 원리 하는 식으로 소급해가면 결국 최상위의 분절화 원리인 '태극'에 도달할 것이다.

태극은 모든 분절화의 원점에 존재하는 원초적인 하나다. 태극은 하나지만 나뉘면서 다양한 리가 존재하게 된다. '하나인 리'[太極]가 분화되어 등장하는 낮은 차원의 리는 그것에 어울리는 형태(=기)를 수반한다. 사람의 리는 사람이라는 생명체의 형태를 수반한다. 기와 리가 분리되어 존재하는 것이 아니기 때문이다. (태극이라는 거대한 리가 어떤 식으로 존재하는지는 알 수 없다.) 이런 사고를 성리학에서는 '리일분수(理一分殊, 리는 하나지만 무한하게 분화한다)'라는 개념으로 표현한다. 여기서 '분수'는 나누기, 구분하기, 분절하기라는 말이라고 이해하면 좋을 것이다. 율곡은 이렇게 설명한다.

소위 '리일분수'라는 말이 있다. 리는 본래 '하나'지만, [리와 결합하는] 기가 일정하지 않기 때문에 리는 기의 차이에 따라 각각 독자적인 리로 나타나는 것이다. 그러나 [리가 그렇게] 다르게 보이는 것은 기 때문이지, 리가 본래 하나가 아니기 때문은 아니다.[38]

　모든 분절화는 반드시 형태, 양, 질 등 다양한 차이를 전제한다. 분절화하기 위해서는 차이에 입각한 어떤 기준을 설정하고, 그 기준을 중심으로 동일한 것을 찾아내고, 그것을 일렬로 줄을 세워야 한다. 그렇게 만들어진 체계가 분류이고, 그런 분절화의 기준이 범주다. 분류하기 혹은 분절화하기는 그런 동일성 찾기다. 그런 동일성을 우리는 '리'라고 부를 수 있다. 그런 점에서 리는 하나다[理一]. 다양한 분절화의 기준이 존재한다는 점에서 리는 다양하다[分殊]. 과학이라는 것은 본질적으로는 그런 동일성 찾기다.

　우주적 차원에서 보면 모든 분절화는 기본적으로는 기의 차이에 의해 일어난다. "기로 인해 서로 다른 형태가 만들어지는 것이다[由氣之不齊]." 형태의 차이는 모든 분절화의 제1 요건이다. 리 자체는 차이가 없다. 우주의 근본적인 분절화 원리인 태극은 언제나 하나의 '태극(=一理)'이다. 그러나 태극이 분화되어 다양한 리로 존재할 수 있다. '리일분수'이기 때문이다. 이렇게 다양하게 분화된 리를 '분수리(分殊理)'라고 이름 붙일 수 있을 것이다. 최상위의 '태극(太極=一理)'이 분화되어 사물 중의 하나인 사람의 '리(理)'(=분수리)로 존재한다. 그것에 사람의 형태를 이

---

38 所謂理一分殊者, 理本一矣. 而由氣之不齊, 故隨所寓而各爲一理, 此所以分殊也, 非理本不一也.

루는 기가 결합되어야 진짜 사람이 된다. 사람은 우주 전체적인 '분절화 체계' 안에서 사람으로서 존재한다. '사람의 리'는 언제나 '사람의 리'로서 불변이다. 생긴 것도 다르고 계층도 다르고 인격의 수준도 다르지만 사람은 다 같은 사람이다. 성리학에서는 사람의 공통성을 '성'이라고 부르고, 성의 구체적인 내용이 의와 리, 즉 도덕성이라고 생각한다. 사람은 성, 즉 리에서 같다. 율곡이 말하는 '리통(理通)'의 의미다.[39]

나는 인간이라는 범주화의 원리를 분여받고 있기 때문에 살아 있는 동안은 인간이다. 그 점에서 인간으로서 나의 리는 불변이다. 그리고 인간의 리는 우주 원리인 태극의 하위 범주로서, 즉 태극의 '분수(分殊)'로서 존재한다. 그러나 '나'는 아침과 저녁이 다르다. 올해와 내년이 다르다. 그리고 80세를 전후하여 기력이 쇠해지고 죽을 것이다. 그렇기 때문에 '나'의 기는 끊임없는 변화 과정 속에 놓여 있다. 기는 변화하고 리는 변하지 않는다. '리불변, 기변'이다. 하지만 기가 변한다고 해서, 사람의 기가 어느 날 갑자기 다른 동물의 몸으로 옮아가지는 않는다. '사람'의 기가 나무의 기로 변화하지는 않는다. 나의 기가 다른 사람의 기로 변하지도 않는다. 기는 변화하고 움직이는 것이지만, 그렇다고 다

---

39 리통은 두 가지 측면을 가진다. 첫째, 모든 리는 태극에서 분화된 것이다. 따라서 모든 리(태극 및 태극에서 분화된 모든 리)는 하나로 귀결된다. 둘째, 하나의 범주에 속하는 리(예를 들어, 인간의 리)는 모든 인간에게 동일하게 적용된다. 그래서 모든 인간은 동일한 리를 가진다. 맹자는 요순이나 보통 사람이 다 같은 사람이라고 보면서, 사람으로서의 공통성을 의(義)와 리(理)에서 찾았다. 그것이 성리학에서 말하는 '성=리=도덕성' 이론의 출발점이다.

른 종이나 다른 개체로 단번에 변화하지는 않는다. 기는 끊임없이 변하지만 사물(개체 혹은 종)로서의 동일성을 유지하는 한계 안에서 움직인다. 그런 점에서 기는 '국한'적이다. 그것이 율곡이 말하는 '기국(氣局)'의 의미다.

7) 궁리와 활연관통

성현의 궁리(窮理) 이론의 대요는 이 장에서 인용한 것을 벗어나지 않습니다. 오직 그 말을 따라 실제 공부를 축적하고 순서에 따라 점차 나아간다면 전체를 관통하는 결과가 저절로 나타날 것입니다. 만사만물은 각각 리를 가지고 있습니다. 사람의 마음은 만물의 리를 통괄하는 능력을 가지고 있어서 궁리하지 못할 것은 없습니다. 다만 사람마다 수준이 다르고 밝고 어두운 때가 있어서, 궁리와 격물에 있어서 한번 생각으로 바로 답을 얻는 사람도 있고, 깊이 생각해야만 깨닫는 사람도 있고, 힘써 생각해도 통하지 않는 사람도 있습니다. 생각을 통해 얻는 것이 있어서, 밝은 확신을 얻고, 소나기가 내린 것처럼 기쁘고 말로 표현할 수 없을 정도로 시원한 느낌을 가질 수 있다면, 진실로 얻는 것이 있다고 말할 수 있을 것입니다. 무엇인가를 얻은 것 같지만 의심이 사라지지 않고, 위태롭고 불안하고, 얼음 녹는 듯 시원한 느낌을 갖지 못했다면, 이것은 억지로 그렇게 추측한 것이지, 진실로 얻은 것은 아닙니다.

이 세 조목은 서로를 밝히는 것으로서 '궁리'의 요점이라고 할 수 있습니다. 이 일을 실행하는 데 조금의 게으름도 없고, 맑은 마음으로 고요히 기르고, 근본을 배양하면서 묻고 가리는 데 활용하고, 나아갈 방향을 명확하게 하여 오랫동안 공을 쌓아간다면 어느 아침에 갑자기 통하는[豁然貫通] 데 이르게 될 것입니다. 이렇게 이해하지 못하는 것이 없고, 마음에 도달하지 못하는 것이 없는 수준이 되면, 나의 이해[知見]가 성현의 마음과 하나가 되어 욕심과 욕망의 유혹, 사익을 추구하는 이론 및 이단의 폐해가 마음[靈臺]를 어지럽히지 못하게 될 것입니다. 그 결과 탁 트인 큰길을 가는 듯하고, 먼 길을 가더라도 의심이 없게 되어, 성의정심(誠意正心)의 단계에 도달할 것입니다. 이런 상태에서는 큰일을 처리하고 대업을 결정하는 데 마치 강둑이 터지는 것 같은 추세를 막을 수 없을 것입니다. 공부를 통해 이런 영역에 도달하지 못한다면 학문이 무슨 소용이 있겠습니까?

또 생각해보면, 임금의 직분은 필부와 다릅니다. 필부는 자기를 가다듬고 때를 기다려 임금을 만나 도를 행하면 됩니다. 따라서 학문이 부족하면 감히 가볍게 나아가지 못할 것입니다. 그러나 임금은 그렇지 않습니다. 임금은 백성과 신하의 주인으로서 그들을 가르치고 기르는 책임을 가지고 있습니다. 지금 내가 수양하는 도중이라서 백성을 다스릴 여유가 없다고 말한다면, 그것은 국가의 일을 폐허로 만드는 것과 다름없게 됩니다. 따라서 자기를 수양하는 수기(修己)와 백성을 다스리는 치인(治人)의 도는 한꺼번에 해나가지 않으면 안 되는 것입니다.

격물과 활연관통

율곡은 궁리설을 다음과 같이 정리한다. 먼저 만물에 리가 깃들어 있고, 인간의 마음은 리를 이해하는 능력을 가지고 있다는 사실을 확인한다. 사람마다 이해 능력이 다를 수밖에 없다는 사실도 부정하지 않는다. 누구든지 노력하면 리를 이해하고 실천하여 성현이 될 수 있다는 것이 성리학의 기본 전제지만, 현실에서는 개인마다 자질과 능력이 다르다. 따라서 자기 능력과 자질에 따라 다른 방법을 실천해야 한다. 율곡은 공부하는 기본 원칙으로서 순서에 따른 체계적 진전의 중요성을 강조한다. 마음이 급하다고 지나치게 앞서 나가려는 마음에 기초를 무시하면 오히려 목표에 도달하기 어렵다. '순서점진'의 강조는 공부에 있어서 기초와 단계적 발전을 중시하는 입장인데, 단순한 지식 공부에서도 그런 기초 확립이 중요하다. 더구나 율곡은 인격적 기초, 덕성의 기초를 기르는 데 더 중점을 둔다. 그런 과정을 따라 공부하다 보면 어느 순간 눈앞이 확 트이는 경험을 하게 될 것이다.

공부가 무르익은 다음에 도달하는 확 트임의 경험을 성리학에서는 '활연관통(豁然貫通)'이라고 말한다. 율곡은 그런 경험의 순간을 "소나기가 내린 것처럼 기쁘고 말로 표현할 수 없을 정도로 시원한 느낌을 가질 수 있다면, 진실로 얻는 것이 있다고 말할 수 있을 것입니다"라고 표현했다. 그런 경험은 당연히 말로 전부 표현할 수 없다. 활연관통의 반대는 "무엇인가를 얻은 것 같지만 의심이 사라지지 않고, 위태롭고 불안하고, 얼음 녹는 듯한 시원한 느낌을 갖지 못한" 상태다. 율곡은 그런 앎은 "억지로 그렇게 추측한 것이지, 진실로 얻은 것은 아니다"라고 말한다.

율곡이 말하는 '활연관통'의 경지는 일종의 신비 체험이라고 말할 수 있을 것이다. 하지만 그것을 반드시 신적 존재와의 합일 경험과 연결시킬 필요는 없다. 유교는 다른 종교들이 말하는 신적인 존재와의 합일의 체험을 목표로 삼지 않는다. 초월적인 신적 존재와 하나가 되는 일체화의 경험이나, 나의 정신이 인간적 현실을 넘어서 다른 영적 세계로 비상하는 탈혼의 경험이나, 초월적인 신적 존재가 내 안으로 들어오는 입신의 경험을 깨달음의 증거로 인정하지 않는다. 그렇다고 해서 유교를 '비종교적'이라고 평가하는 것은 곤란하다. 초월적 신비 체험을 중시해야만 종교라고 말할 수 있다는 관점은 종교를 너무 좁게 생각하는 것이기 때문이다. 예를 들어, 기독교에서도 모든 종파가 탈혼(脫魂) 혹은 입신(入神)의 신비 체험을 올바른 종교 경험으로 인정하는 것은 아니다. 중국의 여러 종교 중에서도 도교는 입신이나 탈혼을 부정하지는 않지만 그런 경험을 반드시 득도의 증거로 보지 않는다.

율곡은 '활연관통'의 경험을 이야기한 다음에, 그 상태가 어떤 초월적이고 초현실적인 경험이라기보다는 '성의정심(誠意正心)'의 마음을 얻는 것이라고 보충한다. "나의 이해가 성현의 마음과 하나가 되어 욕심과 욕망의 유혹, 사익을 추구하는 이론 및 이단의 폐해가 내 마음를 어지럽히지 못하게 될 것입니다. 그 결과 탁 트인 큰길을 가는 듯하고, 먼

길을 가더라도 의심이 없게 되어, 성의정심의 단계에 도달할 것입니다"

나의 마음과 성인의 마음이 하나가 된다는 표현은 신적 존재와 일체가 되는 신비주의적 언어와 통하는 점이 분명히 있지만, 현실에서 도덕적으로 정정당당한 사람이 되는 것이 공부의 목표라고 생각하는 유교의 입장에서는, 그런 상태는 내가 성인의 마음을 가지는 것, 즉 바른 마음과 바른 지향을 가지는 것이라고 확인해주고 있다. 공부든 연구든, 아니면 기술 습득에서도, '아, 이제 좀 알겠다. 바로 이런 거였구나' 하는 식으로 눈이 열리는 느낌을 가질 수 있다는 것을 우리는 경험으로 잘 알고 있다. 그러나 마음이 급한 나머지 반드시 필요한 기초를 생략하고 결과를 얻기에만 집착하는 태도로는 결코 그런 비약을 체험할 수 없다. 조급해서 기초를 무시하는 공부를 성리학에서는 '엽등(躐等)'이라고 부른다. 공부하는 사람이 가장 경계해야 할 태도다.

06

성실

진실한 마음을 회복하다

궁리가 완전해지면 실행[躬行]이 가능할 것입니다. 그러나 진실한 마음을 가져야 진실한 성과를 얻을 수 있을 것입니다. 따라서 성실이 실행의 근본이 되는 것입니다.

하늘이 진실한 리를 가지고 있기 때문에 기의 움직임이 그치지 않는 것입니다. 사람에게는 진실한 마음[實心]이 있기 때문에 공부가 빛나고 그침이 없는 것입니다. 사람에게 진실한 마음이 없으면 천리에 어긋나는 것입니다. 부모에게 반드시 효도해야 한다는 것은 모르지 않으나 효도하는 사람은 드뭅니다. 형제간에 마땅히 공경해야 한다는 것을 모르지 않으나 실제로 공경하는 사람은 드뭅니다. 입으로는 부부가 서로 공경해야 한다고 말하지만 집안 다스리는 성과를 이룬 사람은 들어본 적이 없습니다. 장유(長幼)와 붕우(朋友)의 관계에서도 그렇지 않은 경우를 본 적이 없습니다. 현명한 사람을 보면 그를 좋아해야 한다는 것을 알지만 마음은 겉모습[色]을 좋아하는 곳으로 옮아갑니다. 사악한 사람을 보면 그를 미워해야 한다는 것을 알지만 사적인 이익을 위해 아부하게 됩니다. 관직에 있는 사람은 청렴과 공정을 말하지만 일을 처리할 때는 청렴과 공정이 없습니다. 백성을 다스리는 사람은 기르고 가르치는 것을 말하지만 기르지 않고 가르치지 않습니다. 또는 억지로 인의(仁義)를 행하여 겉으로는 볼만한 것이 있는 듯하지만, 마음으로 좋아하는 것은 인의가 아닙니다. 억지로 꾸미는 것은 오래 유지될 수가 없습니다. 처음에는 예리한 듯하지만 나중에는 태만해집니다. 이런 일이 일어나는 것은 실심(實心)이 없기 때문입니다. 마음이 진실하지 못하면 만사가 다 거짓이니, 어떻게 실행하겠습니까? 마음이 진실하면 만사가 다 진실하니 어떤 일인들 이루지 못하겠습니까? 따라서 주렴계는 "진실[誠]은 성인의 근본이다"라고 말했습니다. 바라건대 유념하십시오.

성의(誠意)는 수기치인의 근본입니다. 여기서는 '성실(誠實)'에 관한 장을 하나 별도로 만들었지만, '진실하게 한다'는 것은 모든 장을 관통하는 것입니다. 만약 마음의 지향[志]에 진실함[誠]이 없다면 이루어질 수 없고, 리에 진실이 없다면 탐구의 대상이 될 수 없으며, 기질에 진실함이 없다면 그것을 변화시킬 수 없습니다. 다른 것은 미루어 볼 수 있습니다.

진실[誠]이 수양의 근본

기로 이루어진 세계는 끊임없는 변화 과정 속에 있다. '기화유행이불식(氣化流行而不息)' 즉 기의 움직임은 그침이 없기 때문이다. 그러나 변화는 무작위로 제멋대로 일어나지 않는다. 세계의 변화와 움직임에 규칙성이나 분절화의 원리[理]가 작용한다는 전제 위에서 우리는 세계를 지성적인 탐구와 반성의 대상으로 삼을 수 있다. '천유실리(天有實理)'이기 때문이다. 하늘에 '실리'가 있다는 말이다. 자연 연구든 인간 연구든, 규칙과 원리에 대한 일정한 신뢰가 있기 때문에 학습하고 연구한다. 학문이 가능한 이유는 리가 존재하기 때문이다. 자연의 규칙성이 없다면 자연을 연구할 수 없다. 인간의 일에도 일정한 원리와 원칙이 있다. 적어도 우리가 사는 세상은 나름의 엄격한 원리에 입각해 구조화되어 있고 그런 원리에 의해 움직인다. 아무리 복잡해 보여도 구조적 원리가 작용한다. 그런 구조적 원리를 해석하여 앎을 얻는다. 안다는 것은 이 세상의 분절화의 구조, 또는 분절화의 원리를 파악한다는 것이다. 그 원리는 분명한 것이고 진실한 것이다. '리무성즉불격(理無誠則不格)'이다. 즉 리에 진실함이 없다면 탐구의 대상이 될 수 없다.

그러나 '리'는 인간이 만든 것이 아니다. 인간이 개입하기 이전부터 그렇게 되어 있다. 사회적 규칙이나 원리는 인간이 만든 것이다. 하지만 성리학은 그것조차 인간이 자의적으로 만든 것이 아니라 하늘의 리를 모방한 결과라고 믿는다. 자연적 원리를 유교에서는 '천리(天理)'라고 말한다. '천'은 자연적(natural), 내지 자발적(spontaneous)이라는 의미다. '천리'는 '기'로 이루어진 세상을 작동시키는 원리다. 그것은 실재하는 것이고, 또 믿을 수 있기 때문에 '실(實)'이다. 가짜가 아니기 때문에 '실'이다. 율곡은 '리'의 실천성, '리'의 항상성, 리의 진실성을 표현하기 위해 '실리(實理)'라는 말을 사용한다. 그 원리는 인간이 만든 세상 안에서도 진실한 원리로서 작용한다.

성리학은 문명이 하늘의 원리를 모델로 삼아 만들어졌다고 생각한다. 인간문명의 초창기에 성인들이 출현하여, 탁월한 지성을 동원하여 자연의 원리를 이해하고 그것을 모델로 문명을 만들었다. 그렇기 때문에 천리는 인간 사회에도 작용하는 실제적인 원리다. 유교는 천리가 자연 세계의 원리일 뿐 아니라 인간 사회의 원리라고 생각한다. 자연과 인간을 관통하는 일관성과 보편성과 진실성이 존재한다. 앞에서 본 '리통(理通)'이라는 관점과도 통한다. '리통'이기 때문에 리는 전 존재를 관통한다. 그래서 그것은 '실리'다. 세상을 지배하는 예와 법은 하늘의 원리를 모방하고 있다. 주자 같은 사상가가 예(禮)를 리(理)라고 해석한 이유다. 예가 실현된 사회가 곧 도가 실현된 사회다. 이 경우, 예와 도와 리는 거의 동의어로 사용된다.

하늘의 리를 인간 측에서 말할 때, 그것이 성(性)이다. 보는 방향의 차이 때문에 다른 이름이 붙는 '리/성'을 구현하고 있는 것이 인간의 마음[心]이다. 그래서 인간의 마음은 완전하고 진실하다. 그런 인간의 마음이 '실심(實心)'이다. 그러나 마음의 완전함은 있는 그대로 실현되기 어렵다. '실심'을 가지고 있지만, 현실에서는 '실심'이 왜곡되어 있다. 성리학은 완전한 진실(실심)과 불완전한 현실의 긴장이 불러일으키는 이중성에 주목한다. 바로 그 이중성 때문에 수양이 필요해진다.

성리학의 수양론은 '실심'의 회복을 목표로 삼는다. 본연의 선함을 회복하기 위해 필요한 태도가 '성실'이다. 그런 본래성을 회복한 마음을 '도심(道心)'이라고 부른다. 본래성을 회복하지 못하고 사적인 욕망과 기질적 욕구에 끌려다니는 마음을 '인심'이라고 부른다. 자기수양[修己]이 결실을 거두면, '인심'의 왜곡을 넘어서 '도심'에 도달하게 된다. '마음은 하나[一心]'지만, 깨달음을 전후하여 '인심'과 '도심'으로 구분되는 것이다. 일종의 마음에서의 성속(聖俗) 대립, 혹은 범성(凡聖) 대립이라고 말할 수 있을 것이다.

주자는 인심에서 도심으로 넘어가는 것을 '초범입성(超凡入聖, 범속한 마음을 넘어서 신성한 마음으로 들어간다)'이라고 표현한다. 범속한 마음이 인심이고 신성한 마음이 도심이다. 보통 사람은 '인심'에 의해 주도되는 범속한 존재다. 범속한 존재가 수기의 노력을 통해 본래적인 선(본연의 성)을 회복하고 '도심'이 주도하는 삶을 살면, 그것이 신성한 영역으로의 초월이다. '기질의 성'을 가진 인간이지만 '도심'을 실현하고 성인의 경지에 도달하게 되는 것이다.

유교의 깨달음은 실존이 처한 질곡을 자각하는 데서 출발한다. 기질이 초래하는 욕심과 이기적 욕망을 충족시키기 위해 본래적 선을 포기하고 사는 실존적 질곡을 자각하는 것이 시작이다. 그 자각에서 출발하여 '명덕'을 회복하는 것이 득도(得道)요, 깨달음이다. 그 과정에서 반드시 필요한 것이 성실이다. '성'은 리의 진실[實]을 왜곡하지 않고 실현, 실천하는 것이다. '성(誠)'은 말[言]을 이루는[成] 것이다. 말과 행동이 분열되는 것이 거짓이고, 그것이 '불성(不誠)'이다. 중용은 '불성(不誠), 무물(無物)', 즉 진실하지 않으면 사물은 존재하지 않는다고 말한다. 율곡이 강조하는 '성실', '진실'이란 결국 말과 행동을 일치시켜, '실심'을 회복하는 것이다. '실심'과 '성실'은 바른 인격 문제, 덕성 문제로 귀착된다. '성실'은 말과 행동의 일치, 형식과 내용의 일치에서 시작하기 때문이다.

중용의 '불성, 무물'은 인간의 정신과 물질세계를 연결하는 신비주의 사고라고 오해되기도 한다. 하지만 그것은 단순한 세간의 진실을 표현하고 있을 뿐이다. 주자는 '불성, 무물'을 이렇게 해석한다. "보는 것이 바르지 않으면 사물을 제대로 볼 수 없고, 듣는 것이 분명하지 않으면 소리를 들을 수 없다. 효도를 하더라도 성실하게 하지 않으면 효도라고 할 수 없다." 성실하지 않으면 어떤 일도 제대로 이룰 수 없다. 진실하지 않으면 형식적으로 성취한다고 해도 제대로 된 것이라고 말할 수 없다.

나의 성실성과 상관없이 객관적·물리적 세계는 그대로 있다. 불성실하다고 물리적 세상이 갑자기 사라지는 것은 아니다. '불성, 무물'은 신비주의 언설이 아니라 대단히 일상적인 의미론적 주장이다. 겉만 번지르르하고 참된 의미에 무관심한 위선자들이 유교의 이름을 더럽히고, 세상을 어지럽히고 있는 절망적인 현실에 대한 분노 때문에 '성'과 '실'을 강조한 것이다. 그런 세상을 율곡은 '병든 세상[今日之病]'이라고 불렀다. 입만 열면 성인과 군자를 들먹거리고, 입만 열면 공맹을 외치는 사람이 얼마나 많은가? 입만 열면 대가요 대학자지만, 정말로 공부하는 학자는 많지 않다. 누구나 공명정대하고, 누구나 청렴결백하다고 목소리를 높인다. 그러나 실제로는 그렇지 않은 것이 현실이다. 율곡의 시대만 그랬던 것은 아닐 것이다. 유교의 가르침이 나빠서 그런 것도 아니고, 유교의 가르침이 비현실적이고 봉건적이기 때문에 그런 것도 아니다. 어느 세상이든 그런 사람이 넘쳐난다. 사람들이 그런 세상을 만든 것이다. 종교가 악을 가르쳐서가 아니라 종교의 정신을 배반하는 사람들이 악을 퍼뜨리는 것이다. 율곡은 말과 실천이 일치하지 않는 세상, 말은 번지르르하지만 행동은 개차반인 사람들이 가득한 세상을 바로잡는 것이 중요하다고 말한다.

유교는 과거 동아시아의 주도 이념으로서 역사적 역할과 소임을 다했다. 불완전하기는 하지만, 그런대로 혼란한 세상을 꾸짖고 병든 세상을 바로잡기 위한 이상을 제시했다. 그 가르침은 과거의 것이 되었지만, 과거의 것이라고 무조건 무의미한 것은 아니다. 오늘날의 병든 세상, 병든 정신을 치유하기 위한 처방전은 쉽게 보이지 않는다. 과거의 사람들이 아직 오지 않은 미래에 등장할 민주주의의 가르침과 사상을 이용할 수는 없었을 것이다. 그러나 오늘을 사는 우리는 과거의 지식과 지혜에서 배울 수 있다. 유교는 낡은 사상이지만, 병든 오늘의 현실을 꾸짖는 비판자로서 다시 돌아볼 가치가 있다. 유교는 병든 오늘의 사회를 치유하는 약이 될 수 있다고 나는 믿는다.

교기질
기질을 교정하다

공부에서 진실을 다한 다음에는 반드시 '기질의 치우침'을 바로잡고 '본연의 성'을 회복하는 공부로 나아가야 합니다. 따라서 장횡거는 "학문에서 가장 큰 일은 기질 변화"라고 말했습니다. '기질' 교정을 '성실' 다음에 둔 이유입니다.

기의 근원은 맑고 깨끗합니다. 다만 기에는 음양, 동정, 승강의 변화가 있고, 어지럽게 합치면서 기질을 형성하기 때문에 고르지 않습니다. 그리고 만물은 치우치고 막혀서 다시 변화시킬 방법이 없습니다. 다만 사람은 맑고 탁하고[淸濁], 순수하고 불순한[粹駁] 차이는 보이지만, 근본 마음[方寸]은 맑고 밝기 때문에 변화가 가능합니다. 따라서 맹자는 "사람은 누구나 요순이 될 수 있다"고 말했습니다. 그 말은 결코 헛소리가 아닙니다. 기가 맑고 질이 순수한 사람은 노력하지 않고도 알고 실천할 수 있기 때문에 덧붙일 것이 없습니다. 기는 맑으나 질이 불순한[駁] 사람은 알지만 실천하지 못합니다. 그런 사람이 실천하고 진실을 간직할 수 있다면, 여린 사람이라도 강인해질 수 있습니다. 그러나 질은 순수하나 기가 탁한 사람은 실천할 수는 있으나 바른 앎을 얻기 어렵습니다. 그런 사람이 학문에서 진실하게 노력하면 앎은 완성되고 우둔함 사람이라도 현명해질 수 있습니다.

더구나 세상의 여러 기예[技]를 '나면서부터 아는[生知]' 사람이 있겠습니까? 음악을 예로 들어 말하겠습니다. 어린아이가 거문고를 처음 배울 때 손가락을 움직여 소리를 내면 누구든 귀를 막고 듣지 않으려 할 것입니다. 하지만 노력을 계속하면 점점 바른 소리를 낼 수 있고, 때로는 말할 수 없이 아름다운 소리를 낼 수 있습니다. 그 아이들이 태어나면서부터[性] 음악적 재능을 가지고 있다고 말할 수 있겠습니까? 오직 노력을 기울여 연습하고 익숙해졌기 때문입니다. 세상의 기예가 모두 그럴 것입니다. 학문을 통해 기질을 변화시키는 일 또한 이것과 다르지 않을 것입니다.

물론 세상의 기예에서도 때때로 절묘한 경지에 도달한 사람도 있습니다. 그러나 학문하는 사람 중에서 타고난 해박한 지식과 말솜씨만으로 [기질] 변화에 이른 사람은 보지 못했습니다. 그런 변화가 없었기 때문은 강인한 사람은 부드러운 선을 갖지 못했고, 유약한 사람은 강인한 선을 얻지 못했고, 욕심이 많은 사람은 청렴하지 못했고, 잔인한 사람은 자애를 가지지 못했고, 가벼운 사람은 진중함을 가지지 못하고 끝났습니다. 그렇다면 기예에서만 노력이 결실을 보고, 학문에서는 그렇지 못했다는 말인데, 정말로 탄식할 만한 일입니다. 이 점을 유념하시기 바랍니다.

❀

기질 변화와 마음의 역할

율곡은 수기에 있어서 진실[誠]과 성실의 중요성을 강조한 다음에, 기질 변화라는 주제로 논의를 진행한다. 유교 수양론에서 기질 변화는 가장 중요한 포인트다. 율곡의 이해를 기본으로 성리학의 기질 변화론을 다시 정리해보자.

기질을 이해하기 위해서는 반드시 리 문제를 언급하지 않을 수 없다. 기질은 인간 마음에서 결국 정(情, 정신 활동)으로 드러나기 때문에, 기질을 이해하기 위해서는 성(性)과 정(情)의 문제를 이야기하지 않을 수 없다. 성리학이라는 이름 자체가 그런 개념들에서 나온 것이기 때문이다.

인간은 '하늘의 리[天理=理]'를 타고난 존재다. 그 리가 사람에게 깃든 것이 성, 즉 '본연의 성'이다. '본연의 성'은 구체적인 신체를 가진 인간에게 깃든다. 한편, 인간은 생명체로서 기를 받아서 태어난다. 기가 결합하여 기질, 신체가 만들어진다. 기질과 신체에 천리가 깃들어야[稟賦] 비로소 온전한 사람이 된다. 그렇게 깃든 천리가 성이다. 어떤 존재를 바로 그것으로 만드는 근거다. 인간에게서 성은 도덕성으로 존재한다.

인간의 성[성=리]은 기질 안에 깃드는 것이기 때문에 성(性)은 항상 '기질의 성'일 수밖에 없다. 그리고 성은 인간의 마음을 구성하는 부분이기 때문에 보통 사람의 마음은 '인심'일 수밖에 없다. 성이 기질에 사로잡혀 있기 때문에 완전한 선이 있는 그대로 드러나지 않는다. 인간의 마음은 '사덕'의 단서인 '사단'이 아니라 선악이 혼재하는 '칠정'으로 발현한다. '인심'이 주도하기 때문이다. 끊임없이 기질의 간섭이 일어나기 때문에 본래의 마음, 즉 '본연의 성'과 연결된 '사덕'이 발현되지 않는다.

성리학에 따르면, 인간의 실존은 현실과 이념의 모순과 갈등이 상존하는 장이다. 그런 대립과 갈등을 넘어서고 이상과의 괴리를 극복하여, 본래적인 선을 회복하는 것은 불가능에 가까울 정도로 어렵다. 그럼에도 불구하고, 공부와 학문을 통해, 수양을 통해 본래의 완전함과 선을 회복할 수 있다는 낙관주의가 성리학을 지배한다. '인심'의 지배를 넘어서 '도심'의 지배로 나아갈 수 있다는 낙관주의가 성리학의 기본이다. '기질의 성'이 기질의 간섭을 벗어나는 것이 '인심'에서 '도심'으로 나아가는 길이다. 그것이 '본연의 성'을 회복한다는 말의 의미다.

그러나 '도심'의 실현이나 '본연의 성'의 회복이 어려운 이유는 기질의 간섭과 영향을 극복하기가 쉽지 않기 때문이다. 그 문제를 이해하기 위해서는 성리학의 기질-물질론을 잠시 살펴볼 필요가 있다.

성리학에서는 존재를 "기 → 질 → 형 → 「물」"의 단계로 구분한다. 기는 인간의 감각으로 포착하기 어려운 미세한 어떤 것이다. 기는 단순한 물질의 구성 원소라고 부르기도 애매하지만, '물과 사'의 근거가 되는 기본 소재다.[40] 그 미세한 기가 응축하여 조금 더 구체적인 형상을 가진 무엇으로 발전한다. 기가 응축하여 형성된 그 무엇을 질(質)이라고 부른다. 질은 보통 우리가 사용하는 질감(質感)이라는 말에서 추측할 수 있는 것처럼, 아직은 '무엇'이라고 말할 만한 구체적인 형태를 갖지는 않은 상태다.

질은 구체적인 형체를 가진 물에 상당히 근접하는 기의 결합체다. 그리고 구체적인 형체와 질량을 가지고 공간을 차지하는 모든 것이 '물(物)'이다. '물'은 경우에 따라서 단순한 물질적 존재만이 아니라 인간적 사실을 포함하기도 한다. 중국 철학에서 '물'은 물질(物質)과 사물(事物)과 사건(事件)을 포함하는 말이다. 사람도 당연히 '물'이라는 범주에 속한다. 사람의 삶과 관련이 있고 사람이 개입하는 사태를 사(事)라고 부른다. 그 둘을 합쳐서 사물(事物)이나 물사(物事)라는 개념이 만들어진다.

수양론으로 넘어가면서 중요한 주제로 떠오르는 것은 "기질을 어떻게 통제하고, 기질의 간섭을 어떻게 극복할 것인가?"의 문제다. 수양론에서 '리(理)'의 자리, '성(性)'의 자리는 극히 미약하다. 이미 완전한 선함인 성 자체를 수양한다거나, 성 자체를 통제하는 것이 무의미하기 때문이다. 기질 변화를 통해 '인심'에서 '도심'으로 전환이 일어난다는 것

---

40 기가 마음[心]의 구성 요소라는 사실을 기억하자. 마음은 물질인가? 정신인가? 어쩌면 동양철학에는 정신과 물질의 구분이라는 관점 자체가 없었다고 말하는 것이 옳다. 마음을 정신, 몸을 물질로 구분하는 사고 자체가 서양적이고 근대적이다. 마음이 물질이 아니라면 몸은 단순히 물질이라고 말할 수 있는가?

이 성리학 수양론의 핵심이지만, 그 수양 과정에서 성이나 리의 자리는 거의 보이지 않는다. '도심'이란 '본연의 성'을 회복한 상태라고 말할 수 있지만, 그 경우에도, '본연의 성'이 수양론에서 적극적으로 작용하지도 않는다. 게다가 '도심'과 '본연의 성'은 완전한 동의어가 아니다. 기질의 변화를 통해 기질의 간섭을 최소화하고 나면, 기질 속에 깃든 성이 기질의 간섭을 받지 않는 본연의 완전함을 드러낼 수 있을 것이다. 그 경우 '본연의 성'을 회복했다고 말할 수 있을 것이다. 그러나 '본연의 성'이 기질에서 독립하여 홀로 서는 일은 없기 때문에, '도심'을 곧바로 '본연의 성'과 동일시할 수는 없다.

하여튼 율곡의 사상이 리와 기를 모두 중시하는 '리기이원론(理氣二元論)'이면서도, 실제로는 기에 초점을 맞추는 '주기론(主氣論)'이라고 평가받는 이유는 그런 수양론적 태도 때문이리라. 하지만 기와 기질을 어떻게 통제하고 변화시킬 것인가? 그 변화를 이끌어내기 위해서는 무엇이 필요한가? 결국 '마음'이다. 결국 율곡 수양론의 핵심은 '마음'이다. 다음 '양기' 장에서 보는 것처럼, 율곡은 '마음을 기르는 일[養心]'과 '기를 기르는 일[養氣]'이 결국 하나라고 보기 때문이다. 성리학은 도교나 불교와 달리 신체의 훈련을 수양론의 중요 내용으로 평가하지 않는다. 그렇기 때문에 성리학적 수양은 마음이 관건이 될 수밖에 없다.

그렇다면 성리학의 기질 변화론은 과연 얼마나 성공적인 이론인가? 율곡에 비해서, 혹은 성리학의 기학(氣學)적 입장에 비해서 더욱 철저하게 기 중심주의 입장을 가지고 있던 도교는 2천 년에 걸쳐 기질의 변화를 가능하게 하는 다양한 방법론을 발전시켜왔다. 특히 마음의 훈련과 더불어 몸의 훈련 및 신체에 대한 관심을 발전시켰다. 그런 관심은 약학, 의학, 나아가 심신수련인 내단술(內丹術)로 전개되었다. 하지만 신체 훈련을 도외시한 유교 성리학이 도교를 능가하는 방법론을 확보하는 것이 가능할 것인가? 기질 통제와 기질 변화의 실제적인 수행에서 성리학은 도교가 보여주는 방법론적 깊이를 보여주지 못한 것은 아닌가? 어쩌면 성리학자들이 거의 예외 없이 도교적 기 수련 방법이나 불교의 정좌 방법을 실천에서 활용했다는 사실이 성리학의 부족함을 말해주는 것이리라.

08

양기

기를 기르다

기질을 다스리고 교정하는 일에 정성을 다해야 합니다. 기를 보존하고 기르는 일 역시 치밀해야 합니다. '정기(正氣)'를 보존하고 기르기 위해서는 '객기(客氣, 떠도는 기)'를 바로잡고 다스려야 합니다. 그 둘은 사실 다른 것이 아니지만, 주안점이 서로 다릅니다. 따라서 기에 관한 논의를 두 장으로 나누었습니다.

인의의 마음은 모든 사람이 같습니다. 그러나 사람마다 기의 '열림과 막힘'에 차이가 있습니다. '진원의 기[眞元之氣]'는 모든 사람이 가지고 있는 것이지만, 혈기의 '빔과 참'에 차이가 있습니다. 인의의 마음을 잘 기르면 막힌 것은 열리고 하늘로부터 받은 것[天]을 완전하게 드러낼 수 있습니다. '진원의 기'를 잘 기르면 빈 것을 채울 수 있고,

하늘로부터 받은 것[命]을 보존할 수 있습니다. 그것을 기르기 위해 바깥에 있는 것을 빌릴 필요가 없습니다. 이미 가진 것을 흔들거나 손상하지 않는 것으로 충분합니다. 천지의 기는 한순간도 멈추지 않고 생명을 낳고 또 낳는 것입니다. 사람의 기 역시 천지와 통하기 때문에, '양심의 진기'는 하늘의 기와 더불어 자랍니다. 다만 사람이 기를 해치는 방법은 다양하기 때문에, 기를 자라게 만드는 일이 흩어지게 만드는 일보다 훨씬 어렵습니다. 그래서 양심(良心)은 구르고 막히고 사라져 결국 동물[禽獸] 수준으로 전락하고 마는 것입니다. 이런 상황이니 기의 소멸을 어찌 두려워하지 않겠습니까? 양심을 해치는 것은 이목구비와 사지의 욕망입니다. 진기를 해치는 것 역시 이런 욕망입니다. 눈과 귀가 즐기는 성색(聲色)이 마음을 해칩니다. 지나친 성색은 도끼로 뼈를 내리치는 것에 비유할 수 있습니다. 입과 몸이 좋아하는 것 역시 마음에 해가 됩니다. 입이 좋아하는 맛은 반드시 오장(五臟)을 상하게 만들 것입니다. 안일함은 근육이 풀어지게 만들고, 마침내 움직임이 법도를 벗어나게 됩니다. 기쁨과 분노가 중절(中節)을 잃고 마음이 방만해지고 기가 내달려 기의 흐름이 끊어지고, 온갖 뼈마디가 느슨해집니다. 이렇게 해서 생명이 오래 유지될 수 있겠습니까? 그렇다면, 마음[心]을 기르는 일과 기를 기르는 일은 하나입니다. 양심(良心)이 날로 자라서 욕망이 일으키는 해를 입지 않고, 가리는 것이 사라지게 되면, 호연지기(浩然之氣)는 크게 자라나 천지와 하나가 되는 정도에 도달할 것입니다. 죽고, 살고, 장수하고, 요절하고는 정해진 것이지만, 나에게 있는 도는 양심과 호연지기를 기르는 것입니다. 어찌 스스로 그것에 만족하지 않을 수 있겠습니까? 깊이 생각해주시기 바랍니다.

❋

호연지기와 구방심

율곡은 리와 기의 유교적 입장을 제시한 다음, 인격 완성을 위한 훈련으로서 기의 힘을 강화하는 양기(養氣)에 대해 이야기한다.

율곡의 양기론은 세 단락으로 나누어 볼 수 있다. 첫째 단락에서 율곡은 유교 인성론의 기본 원리인 성선설의 입장을 간단히 언급한다. 둘째 양심 개념을 제시하고, 양심(본래 우리가 가진 순수한 마음)을 회복하는 공부에 대해 말한다. 그 핵심은 세상을 향해 달려가는 과도한 욕망을 제한하는 것이다. 여기서 율곡이 '양심'을 '진원의 기'라는 개념으로 이해하고 접근하고 있는 것이 흥미롭다. 셋째 단락은 양심의 회복과 '진원의 기'의 수양이 결국 같은 일이라는 사실을 지적하고, 그런 수양의 결과 도달하는 경지를 맹자가 제시한 '호연지기'라는 개념을 통해 재확인한다.

율곡에 따르면, 유교의 수양론은 명덕을 회복하는 공부다. 기 수양을 통한 호연지기의 확충은 명덕의 구체적인 내용인 인의예지의 사덕을 밝히는 것과 다르지 않다. 명덕은 모든 인간이 하늘로부터 받은 선한 자질이다. 하지만 인간은 신체성의 차이, 즉 기질의 차이 때문에 선악의 차이, 군자와 소인의 차이가 발생한다. 여기서 율곡은 사람이 처음 세상에 나올 때 받은 완전한 생명의 기를 지칭하기 위해 '진원지기(眞元之氣)'라는 개념을 사용한다. '진원지기'는 본래 한의학에서의 전문용어인 동시에 도교 수행론의 용어이기도 하다. 한의학에서는 생명의 근원이 되는 특별한 기가 있다고 생각한다. 그것이 '진원지기'다. 그러나 도교에서는 그 말의 의미를 조금 더 확대해서, 세상의 탄생 때부터 존재해온 우주 근원의 기를 '진원지기'라고 부른다. 그럴 경우, '진원지기'는 도교에서 말하는 도와 거의 비슷한 개념이 된다. 도 자체는 기가 아니지 않은가, 하는 의문이 들 수 있다. 도에서 우주의 창생이 가능하기 위해서는 자연물을 구성하는 원질이 매개물로 필요하다. 그 원질이 다름 아닌 기다. 만일 그런 원질이 존재하지 않는다면, 아무것도 없는 무의 상태에서 어떻게 자연 만물의 창생이 가능한가? 그 원질인 기는 어디서 나오는가? 그런 의문이 생길 수 있다. 그런 의문에 대답하기 위해 도교는 원초적인 기가 도에서 나왔다고 설명한다. 도에서 처음 나타난 원초적인 기를 '진원지기', 혹은 간단하게 '원기(元氣)', 혹은 '진기(眞氣)'라고 부른다. 원기는 활동을 거듭하면서 유행(활동)하는 후천적인 기와 질적으로 다른 것이다.

도교는 기를 다양한 차원으로 구분하면서 이론 구성을 하고 있다. 도교는 그런 의미에서 도의 철학이면서 동시에 기의 철학이다. 도교는 '도즉기(道卽氣)'의 철학이라고 말할 수 있을 정도로 기를 특별히 중시한다. 성리학의 기 이론은 도교에서 많은 것을 차용했다. 동양철학에서 기는 도, 리, 심, 신(神) 등과 마찬가지로 실체를 명확하게 파악하기 어려운 개념이다. 같은 개념이라도 학파에 따라 시대에 따라 조금씩 다른 의미로 사용한다. 심지어는 사용하는 사람이나 학문에 따른 차이를 보이기도 한다. 어쨌든 율곡은 성리학 전통에서는 그다지 일반적으로 사용하지 않는 '진원지기'라는 개념을 사용하여 기의 수양에 대해 말하고 있다.

율곡은 일단 '인의'의 덕성이 내재한다는 전제를 가지고 있다. 그것은 '명덕'이 내재한다는 말과 다르지 않다. 더 나아가 기를 기르는 방법조차도 굳이 바깥으로 나가서 누구에게 배울 필요가 없다고 말한다. 양기(養氣)의 대상이 되는 기는 생명의 기이기 때문이다. 리가 본래적으로 주어진 것이라면, 기 역시 그렇다고 말할 수 있다. 율곡의 입장은 철저하게 내재적이다. 기를 수양한다고 해도, 깊은 산속에 들어가 세상과 단절하는 식으로 호들갑을 떨 필요가 없다. 외부 사물을 연구하는 것은 생명의 기를 기르는 일과는 무관하다. 이미 내가 가진 기, 내 생명의 근원을 이루는 기, 그것을 율곡은 '진원의 기'라고 부른다. 그것은 다른 말로는 '진기'라고도 하는데, 율곡은 맹자를 원용하여 그 '진기'를 '호연의 기[浩然之氣]'라고도 부른다.

'호연지기'는 단순히 자연계를 구성하는 기를 가리키는 말은 아닐 것이다.[41] 내 마음이 좁기 때문에 나에게 드러나는 세상은 작다. 보는 시각이 좁으니 세상이 넓게 보일 리가 없다. 내가 세상을 넓게 보지 못하기 때문에, 나에게 주어진 생명의 기 역시 보잘것없는 수준으로 왜소

---

41 도교에서는 자연계의 기를 특별히 '유행하는 기[流行之氣]'라고 부른다.

해져 있다. 나를 억누르는 그 왜소한 기운을 떨치고 나면, 억눌려 가려져 있던 '진원지기'가 다시 펼쳐질 것이다. 세상사에 짓눌리고, 편견과 선입견에 의해 가려지고, 사사로운 이익에 눈이 멀어 세상을 크고 넓게 보지 못하는 자는 '호연의 지기'가 다 빠져나간 허수아비 같은 인간이다. '호연지기'는 호흡을 통해 몸 안으로 들어오는 기가 아니다. 따라서 율곡은 그것이 바깥에서 들어오는 것이 아니라 이미 내 안에 있는 것이라고 말한다. 처음부터 내 안에 있었지만 억눌려 있던 생명의 기운이 그것이다. 우리는 수양을 통해 그것을 회복해야 한다.

성리학자들의 양기론(養氣論)의 배경인 맹자는 수양의 목표와 방법을 '구방심(求放心, 떠난 마음을 거두어들이는 것)'이라는 말로 압축적으로 표현한다. 역시 철저하게 내재적인 입장이다. 일상에서 세속적 사무와 세상의 욕구에 찌들어버린 우리는 원래 가진 것(마음)을 방출해버렸다. 우리의 진기, 우리의 양심, 우리의 호연지기는 마치 에너지가 방출된 것처럼 방출되어버리고, 세상이 우리에게 심어준 가짜 욕망과 고깃덩이 몸뚱어리를 꾸미기 위해 아등바등 살고 있는 것은 아닌지 모르겠다. 방출되어버린 에너지를 충전하고 떠나버린 마음을 수습하여 되찾는 것이 구방심이다. 유교적 수양은 거창한 초월과의 합일이나 그럴듯한 수련을 요구하지 않는다. 그런 의미에서 유교의 수양은 아주 단순하고 평범하다. 사실은 그것 이외에 다른 방법이 없다.

여기서 '방(放, 방출된다고 할 때의 방이다)'이라는 표현이 사용되고 있지만, 사실 마음이 어디로 가겠는가? 마음은 언제나 어디서나 내 안에, 즉 '거기에' 항상 있다. 단지 내가 헛생각에 사로잡혀 있기 때문에, 더 중요하다고 잘못 생각한 것에 마음을 빼앗긴다. 마음은 내 안에 있으되 나를 떠나 사라진 상태가 된다. 그것이 '방심(放心)'이다. 그렇게 떠나버린 마음, 즉 '방심'을 거두어들이는 것이 유교적 수양의 전부다. 떠난 마음을 거두어들이는 순간, 그 마음을 돌보는 그 순간, 생명 에너지인 기가 내 안에서 자란다. 물론 너무 지나치게 자라서 다시 그것이 헛된 망상으로 발전하는 위험성도 없지 않다. 그것을 유교에서는 자대, 자만이라고 부른다. 그것도 위험하다.

자대, 자만하는 순간, 마음은 다시 바깥으로 날아간다. 헛된 명예, 과도한 욕망, 결코 내가 가질 수 없는 재물을 좇느라 마음이 사방으로 날아간다. 결국 '방심'을 거두어들이는 '구방심'이 제대로 이루어졌을 때, 호연지기가 내 정신을 가득 채우게 된다. 마음의 기가 너무 쪼그라들어도 곤란하지만, 너무 부풀어 터져나가도 곤란하다. 내가 본래 가진 나의 생명 근원을 에너지적인 관점에서 보면 '진기' 혹은 '진원의 기'다. 그리고 내가 본래 가진 그 마음을 맹자는 '양심'이라고 부른다. 율곡도 그 용법을 그대로 받아들인다. 율곡이 말하는 '양심'을 회복하는 것, '진기'를 회복하는 것, '호연지기'를 기르는 것, '방심을 거두어들이는' 것은 결국 하나다.

09

정심
마음을 바로잡다

1) 마음 바로잡기

위의 두 장은 모두 마음을 바로잡는 '정심(正心)' 공부를 말하고 있지만, 각각 주안점이 다릅니다. 따라서 별도로 '정심'에 관한 가르침을 모아, 함양과 성찰의 의미를 자세히 논의했습니다. 주자는 이렇게 말했습니다. "경(敬)이란 유학에서 가장 중요한 것이다. 잠시의 중단도 없이 철두철미하게 실행해야 한다." 따라서 여기서는 경을 주로 이야기했습니다. [제3장에서 논의한 '수렴'이 경의 시작이라면, 여기서 논의하는 '정심'은 경의 완성입니다.]

맹자가 말하는 '존양'은 움직임과 고요함[動靜]을 관통하며, 성의와 정심이 그 내용입니다. 다만 선현들이 고요함의 공부를 말할 때에는 주로 존양과 함양을 이야기했습니다.

경은 체(體)고 의는 용(用)입니다. 그것은 안과 밖[內外]으로 나뉘어 있지만 내실을 보면 경이 의를 포함하고 있습니다. 안을 곧게 하는 경은 경으로 마음을 지키는 일[存心]이며, 밖을 곧게 하는 의는 경으로 일을 처리하는 것[應事]입니다. 주자의 경재잠(敬齋箴)은 경의 실천을 밝게 보여주고 있기에 여기에 삼가 기록해두고자 합니다.

성은 하늘의 실리요 마음의 본체입니다. 사람이 본심을 회복할 수 없는 이유는 사욕과 삿됨에 가려졌기 때문입니다. 경을 주인으로 삼아 사욕과 삿됨을 제거하면 본체를 완전하게 만들 수 있습니다. 경은 수양의 노력에서 중심이며, 성(誠)은 성공[功]을 거두는 바탕입니다. 경에서 시작하여 성에 이르러야 하는 것입니다.

❀

이 장에서 율곡은 성의(誠意), 존양(存養), 함양(涵養), 성찰(省察), 경(敬), 정심(正心), 성(誠) 등등, 유교 수양론에서 핵심이 되는 개념들을 설명하기 위해 여러 경전과 성리학자들의 글을 인용하고 있다. 결국 이런 개념들은 뉘앙스의 차이는 있지만 결국 '수양'을 가리키는 말이고, 앞에서 충분히 논의했기 때문에 여기서 다시 반복하지 않을 것이다. 이어서 율곡은 미발과 이발 문제, 성인과 보통 사람의 차이, 그리고 성인 가학 문제에 대한 자신의 이해를 덧붙이고 있다. 미발/이발 문제는 성리설에서 대단히 중요한 것이기 때문에, 다음 절에서 이 문제를 자세히 검토해볼 것이다.

2) 경과 미발에 대하여

미발의 때에 마음은 고요하고 털끝만 한 사려도 일어나지 않습니다. 그러나 고요한 가운데에도 지각(知覺)은 어둡지 않습니다. 그것은 아득하여 움직임이 없지만 온갖 형상이 지각 안에 모두 갖추어져 있는 것입니다. 이것은 논리적으로 이해하기는 어렵지만, 경으로 그 마음을 지켜야 합니다. 그렇게 오랫동안 함양[간직하고 기름]하면 내면의 힘을 기르게 될 것입니다. '경으로서 함양'한다는 것은 다른 특별한 기술이 아닙니다. 고요하여[寂寂] 어떤 사념도 생기지 않고, 깨어 있어[惺惺] 조금도 어두움이 없게 하는 것입니다.

경, 유교의 정신성(spirituality)

경[삼감]의 태도로 고요하게 내면세계를 응시하는 것이 정심(正心)이다. 율곡은 정심을 말하기 위해 미발, 적연, 충막무짐(沖漠無朕) 등등 현대어로 번역하기 쉽지 않은 성리학 특유의 다양한 개념을 사용한다. 하지만 움직임이 없음[미발], 고요하여 드러나지 않음[적연], 형체가 보이지 않음[무짐] 등, 여기서 사용되는 수양론 개념들은 대단히 소극적인 함의를 가진 말이다. 그러나 경(敬)이 단순히 소극적인 성격을 가지는 데서 그친다면 그 개념은 유교적 수양론의 개념으로서는 부적격이라고 볼 수 있다. 앞에서도 언급한 것처럼, 유학은 불교와 도교가 소극적인 사상이라고 비판하고 있기 때문이다.

유교 수양론에서 말하는 고요함[靜]은 단순히 수동적인 개념이 아니다. 이때의 고요함은 겉으로 드러나지는 않지만 보이지 않는 역동성을 품고 있다는 사실을 기억할 필요가 있다. 율곡은 그런 고요함 속에 잠재해 있는 역동성을 표현하기 위해 "아득하여 움직임이 없지만 온갖 형상이 지각 안에 모두 갖추어져 있다"고 말한다. 모양과 움직임이 '없다'는 것은 단순히 아무것도 '없음'이 아니라 창조적인 역동성을 그 안에 숨기고 있는 '없음'이다. 보이지는 않지만 어떤 가능성을 품고 있는 역동적 상태다. 인간의 마음은 드러나는 움직임이 없으면서도 역동적인 움직임을 내면에 품고 있다. 마음은 아무 생각이 없는 것 같지만 마음 씀씀이는 모든 외적·내적 대상을 향할 수 있다. 이런 마음의 '역설'은 거의 모든 중요한 종교에서 보이는 특별한 경험과 관련이 있다.

고도의 이론을 갖춘 종교들에서는 신비주의적인 경험을 중요하게 생각한다. 이론이 사변적이 되면 될수록 언어로 표현하기 어려운 특별한 경험을 중시하게 되기 때문이다. 고요함과 움직임, 무형과 유형 등, 정반대되는 것이 하나로 엉겨 있다고 말하는 이런 기묘한 합일을 신비주의 논리로는 '역의 합일(coincidentia oppositorum, union of the opposites)'이라고 부른다. 신비주의자들에 따르면, 이런 역설이야말로 한없이 높고 깊은 '정신성(spirituality)'의 진정한 표지다.

있음과 없음, 깊음과 낮음, 어두움과 밝음 같은 단순한 이분법적 분할의 논리로는 진정한 진리를 이해할 수 없다. 진리는 이 두 대립적 사태가 더 높고 더 깊은 차원에서 하나로 통합되고 합일하는 지점에서 비로소 모습을 드러낸다. 기독교 신비주의를 철학적으로 승화시킨 키르케고르는 '진리는 역설 안에서만 존재한다'고 말한 바 있다. 그런 역설의 진리, '역의 합일'의 진리를 일상의 논리, 단순한 계산적 이성으로 이해하는 것은 쉽지 않다. 일상적 이성에 사로잡혀 있는 사람은 그런 역설의 존재, 역설적 진리를 단순히 없는 것이라고 무시하고 말 것이다. 그런 사람에게 모든 진리는 탁월한 계산 능력으로 환원되고 말 것이다. 그들에게는 인간이 수천 년 동안 추구한 '역설의 진리'는 거짓말이거나 환상이거나 비존재가 되어버릴 것이다. 성경에서도 말하듯, 귀가 있는 자, 눈을 가진 자에게만 드러나는 진리가 '역의 합일'의 진리다.

율곡 역시 이런 신비주의적 역설 사유의 연장선에서 이야기한다. 유교를 곧 신비주의적이라고 말하는 것은 옳지 않을 수 있다. 그러나 유교적 '정신성'의 한 측면에 신비주의적 사유가 자리 잡고 있는 것은 부정할 수 없는 사실이다. 유교가 현세적 삶에 관심을 갖는 정치-교육-윤리적 사유라는 것은 상식에 속한다. 그러나 그런 상식은 유교가 궁극적 차원에서 신비주의적 합일을 추구한다고 말하는 것과 반드시 모순되지는 않는다. 율곡 역시 유교가 세속의 정치-윤리적 차원을 넘어서서 정신적 깊이의 차원을 추구한다는 사실을 부정하지 않는다. 신체-마음의 수양을 통해 도달하는 깊은 수준의 유교적 정신성이 일상적 이성으로는 이해하기 어렵다는 사실을 율곡은 잘 알고 있다. 율곡은 논리-이성만으로는 그런 내면의 깊이에서 떠오르는 역설적 진리를 발견할 수 없다는 사실을 강조한다. 그리고 율곡은 정신성에 도달하는 방법으로서 경(敬)의 중요성에 대해 말한다.

앞에서 '수렴'을 논의하면 유교의 '경'에 대해 논의한 바 있다. 율곡도 '수렴'에서 논의한 '경'과 '정심'에서 논의하는 '경'이 같은 것이라고 말한다. 수렴의 경은 시작이고 정심에서의 경이 도달점이라고 말한다. 앞에서 '경'을 삼가는 태도, 나대지 않는 태도, 겸허함, 멈춤, 페어할텐하이트(verhaltenheit) 등으로 설명했다. 사실 '경'은 유교 사상 안에서 이해하기 어려운 개념 중의 하나다. 단순히 이성적 논리로는 이해할 수 없는 개념이기 때문이다.

율곡의 설명에서 특히 흥미를 끄는 것은 경(敬)이 함양(涵養)을 요구한다는 점이다. '함양'도 사실은 쉽지 않은 말이지만, '경으로 함양한다'는 말에서 알 수 있는 것처럼, 그 두 말은 서로 밀접하게 연결되어 있다. '함양'은 드러내지 않고 품어서 기른다는 말이다. 마치 자궁 안에서, 누구에게도 드러나지 않고 생명이 자라는 그런 모양이다. 단순히 품어서 기르는 것보다는 더 은밀한 숨김이고, 숨김 안에서 생명을 기르는 것이 함양이다. 경은 내면세계의 깊은 곳에서 자라나도록 지긋이 기다려야 한다. 그래서 경과 함양은 필연적으로 연결된다. 함부로 자기를 노출하지 않고, 모든 것을 안다는 듯이 나대지 않고, 겸허하게 한발 물러나서 내면을 응시하는 노력이 필요하다. 하루아침에 생명이 자라지 않는다.

율곡이 '적구(積久)'라는 표현을 쓰고 있는 것에서 추측할 수 있는 것처럼, '함양'에는 지긋이 기다리는 인내심이 필요하다. 내면에 집중하면서 기다리는 것이 경을 지키고 기르는 유일한 방법이다. 기다림을 통해 내면의 힘이 성장한다. 생명의 힘이 갖추어지는 것이다. 율곡이 사용하는 '득력(得力)'이라는 말은 생명력, 혹은 정신력을 기른다는 말이다. 수양 공부는 이성적 계산을 넘어서 있다. 그렇다고 특별한 기법이나 기술이 필요한 것은 아니다. 고요히 기다리는 능력과 자기를 되돌아보는 반성 능력만 가질 수 있으면 가능하다.

지금까지의 이야기를 종합해보자. 인간이 하늘로부터 받은 '명덕'을 가지고 있다는 믿음, 성인의 가르침이 명덕을 밝히는 길을 알려주었다는 믿음, 그런 믿음에 입각하여 고요하게, 나대지 않는 견딤과 기다림의 시간을 가지는 것이 함양이고, 경이다. 기다림 속에서 진리는 스스로 드러난다. 계산적 이성으로 잔머리를 굴리고, 눈을 부릅뜨고 발견하려고 아무리 노력해도 드러나지 않던 진리가, 어느새 스스로 드러난다. 진리는 발견하는 것이 아니라 드러나는 것이다. 율곡은 이런 경지를 '경'과 '함양', 나아가 '정심'과 '성의'라는 말로 표현하고 싶었던 것이 아닌가?

유교에서 경(敬)은 진리를 드러내는 방법이다. 더 정확하게 말하면 진리가 스스로 드러나기를 기다리는 것이다. 계산적 이성에 휘둘리는 감각이 미처 보지 못하고 놓치고 말았던 존재의 진리, 그 진리를 발견하는 새로운 눈을 가지게 되는 그런 경험이 '경'에 의해 기능해진다. 원래 존재하지 않았던 것을 특별한 노력을 기울여 발견하는 것이 아니라, 항상 거기에 그렇게 있었지만 잘 보이지 않던 '그것'이 비로소 보이기 시작하는 것이다. 경의 함양을 통해, 세상에서 한발 물러나 눈을 감으니 비로소 보이더라는 그런 실감을 하게 되는 것이다.[42]

정심 혹은 경은 고요하게 아무런 잡념을 일으키지 않지만, 그럼에도 불구하고, 명덕의 빛을 밝히며 깨어 있음을 유지하는 것이다. 유교의 정심 훈련은 결국 다른 모든 위대한 종교에서 강조하는 신비주의적 역설의 합일과 상통하는 면이 있다. 이어지는 문답을 통해 율곡은 역의

---

42 나는 경(敬)의 이런 성격을 더 잘 이해한 성리학자가 바로 퇴계였다고 생각한다. 퇴계는 인간 주도적인 격물을 넘어 리가 스스로 자신을 드러내는 리의 자발적 드러남을 중시했다. 리의 자발적 드러남을 퇴계는 '리자도(理自到)'라고 부르는데, '리자도'를 기다리는 인간의 태도가 경이라고 보았다. 격물의 한계를 넘어서기 위해 경의 사색과 경의 실천을 강조한 것이다. 리는 발동하지 않는 것이라는 원점에서 보면, '리발(理發)'이 틀렸고, '리자도'도 말이 안 된다고 보는 해석자도 있을 수 있다. 하지만 앞에서 지적했듯이 퇴계의 리발설은 리(理)가 기(氣)에서 어떤 식으로든 작용하는 것을 인정하는 입장이기 때문에, 반드시 성리학적 논리 안에서 틀린 것이라고는 말할 수 없다. 같은 맥락에서 리(理)가 스스로 자신을 드러낸다는 것이 신비주의적 태도이기 때문에, 성리학의 입장과 거리가 있다고 보는 비판도 있을 수 있다. 그러나 나는 퇴계의 '경의 철학'이 격물론의 한계를 넘어서 리가 스스로 드러나기를 기다리는 겸허함의 찬양이라는 점에서 현대적 사유로서도 큰 가치가 있다고 생각한다.

합일, 역설의 진리를 이해하는 것의 어려움을 호소하는 이성주의자들을 설득하기 위해 유교적 정신성의 역설을 다양한 방식으로 이해시키려고 한다.

3) 미발과 이발에 대하여

어떤 사람이 '발동하지 않는 때[未發時]'에도 보고 듣는 지각이 있느냐고 물었습니다. 저는 이렇게 대답했습니다. "사물[物]을 보고 소리를 들을 때마다 생각[염려]이 일어나면 이것은 '이미 발동한 것[已發]'에 속한다. 그러나 사물[物]이 눈앞을 지나가도 그것을 보기만 할 뿐 보았다는 생각이 일어나지 않고, 귀를 스쳐 지나가도 듣기만 할 뿐 듣는다는 생각이 일어나지 않는다면, 즉 보고 들어도 생각[思惟]이 일어나지 않는다면 '발동하지 않은 것[未發]'이라고 말해도 잘못이 아니다. 그러므로 정자는 눈은 보고 귀는 듣는다고 말했다. 주자는 이렇게 말했다. '만약 보고 듣기 이전을 미발처(未發處)라고 하게 되면, 그것은 정신[神識]이 혼미한 사람을 말하는 것이 된다. 잠이 충분하지 않을 때 놀라서 깨면 잠시 어디에 와 있는지 알아차리지 못하는 그런 상태인 것이다. 그러나 성현의 마음[心]은 깊고 고요하지만 밝게 통찰하므로 결코 이렇지 않다.'"이렇게 본다면, '미발의 때[未發時]'라도 견문은 여전히 작동하고 있음을 알 수 있습니다.

'미발/이발'의 의미

'미발/이발' 문제는 성리학 수양론에서 가장 중요한 주제다. 그러나 '미발/이발'이라는 주제가 그렇게 명확하게 이해되고 있다고는 할 수 없다. 나는 여기서의 율곡의 설명이 이발/미발 문제를 이해하는 데 아주 큰 의미가 있다고 생각한다. '미발/이발' 문제는 흔히, 감각 혹은 사유가 발생했는가 그렇지 않은가의 문제, 즉 감각이나 사유의 작동 여부의 문제라고 알려져 있다. 그러나 그렇게 단순하지 않다. 왜냐하면 그것은 단순히 감각이나 사유의 발생 여부의 문제가 아니기 때문이다. 나는 그것이 앞에서 이야기한 '대립하는 것의 통합', '역의 합일', 즉 역설의 진리와 관련이 있는 문제라고 생각한다.

이 문제를 해명하기 위해, 율곡은 가상의 질문을 하나 소개한다. 미발/이발 문제가 단순히 지각의 활동 여부 문제가 아니라는 사실을 설명하기 위한 질문인 것이다. 그 질문은 이렇다. '발동하지 않은 때에도 지각이 있는가?' 다시 말해, 질문자는 이렇게 묻고 있는 것이다. 사람이 살아 있는 상태에서라면 보고 듣고 하는 지각[감각 및 정신 활동]이 없을 수 없지 않은가? 그러니, '미발'이라는 개념 자체는 불가능한 것 아닌가? 마음이라는 것은 한순간도 정지하는 적이 없는데, 과연 '미발'이 가능한가?

나중에 자세히 논의하겠지만, 성(性)은 지각, 즉 정신 활동이 아니다. 따라서 성(性) 자체는 지각하지 못한다. 성과 기질이 함께 작용할 때 비로소 지각이 일어난다. 그 지각을 포괄적으로 지칭하는 개념이 '마음 [心]'이다. 그런 활동이 일어나는 이유는 기의 활동성 때문이다. 기의 집합으로서 기질이 정신의 활동을 가능하게 만드는 일종의 정신 에너지를 제공한다. 기는 끊임없이 활동하는 것이기 때문에, 정신 활동이 잠시라도 멈추는 경우는 없다. 그렇다면 도대체 '미발'이란 어떤 상태인가?

율곡이 소개하는 질문은 사실 '지각'이라는 개념의 모호함 때문에 발생한 것이다. 유학에서 말하는 '지각'은 분명히 감각적 경험을 전제하는 개념이다. 그러나 지각이 감각에만 한정된다고 생각할 필요는 없다. 율곡의 설명에서도 추측할 수 있는 것처럼, '지각'은 단순한 감각이 아니라 외적·내적 자극에 따른 사유, 사념, 즉 마음의 활동 전부를 가리키는 개념이다. 성리학 용어인 '지각'은 마음의 활동, 즉 정신 활동을 포괄한다. 감각을 통합하여 그 감각의 내용이 무엇이라고 판단하는 오성(판단)은 물론, 그런 감각과 통각(오성)을 포함하는 이성, 더 나아가 있는(아는) 것을 토대로 없는(모르는) 것을 머리로 그려내는 상상력, 사념과 사려, 사유 등 인간의 모든 정신 활동을 포괄적으로 지칭하는 개념이 '지각'이다. 동양철학에는 이성, 감각, 오성 등 심리학적, 인식론적 개념 자체가 존재하지 않는다. 그러나 동양철학의 '지각' 개념을 단순히 감각에 한정해서 이해하는 것은 동양철학을 너무 협소하게 보는 것이 된다. '지각'을 '감각'과 동일시하게 된 이유는 그 두 단어에서 '각(覺)' 자가 공통적으로 사용되고 있기 때문일 것이다. 성리학 용어로서 '지각'은 현대어 '감각'과 다르다.

성리학의 '지각' 개념은 감각은 물론 '이성' 및 기타 '정신 활동' 전부를 포괄하는 것이라고 볼 수 있다. 서양에서 수입된 개념인 이성(reason)은 원인과 결과의 인과를 추론하는 능력이다. 계산하는 능력, 원인을 묻는 능력, 결과를 추론하는 능력 등이 모두 이성의 능력에 포함된다. 이성 개념을 확대하여, 다른 사람의 고통을 이해하는 능력, 소통하고 대화하는 능력, 나아가 미래를 전망하고 방향을 설정하는 목표 설정과 상상력을 포함시키는 것도 가능하다. 이렇게 이성 개념을 무한정 확대하는 것은 오히려 혼란을 초래할 수 있지만, 넓은 의미의 이성을 '정신 활동'과 동의어라고 보는 것은 가능하다. 그렇다면, 동양철학에서 말하는 '지각'은 그런 모든 것을 포함하는 '가장 넓은 의미의 정신 활동'이라고 보아야만 동양철학의 심리학적 측면을 이해할 수 있다.

그런 정신 활동의 중심을 유교에서는 '심(心)'이라고 말한다. 정신 활동의 중심으로서, 혹은 정신의 기관으로서 심이 하나의 실체로서 존재하는지 아닌지는 알 수 없다. 유교 및 동양철학에서는 인간의 정신 능력이 '심장'이라는 신체기관과 연결되어 있다고 생각했기 때문에, 정신 활동의 중심을 '심'이라고 불렀던 것이다. 그러나 동양철학 전통 안에서도 어렴풋하게나마 인간이 가진 특별한 정신 활동이 '뇌'라는 신체기관과 연결되어 있을 것이라는 생각을 했던 것도 사실이다. 특히 도교 전통에서 그렇다.

하여튼 여기서 논의되는 것처럼 '지각'을 인간의 정신 활동을 포괄적으로 지칭하는 것이라고 이해한다면, '인간이 살아 있는 동안 감각을 포함하는 인간의 정신 활동이 한순간이라도 멈추는 경우는 없지 않는가?'라는 가상 질문은 분명히 중요한 질문이 된다. 만일 그렇다면 지각의 '미발'이니 '이발'이니 하는 구별이 큰 의미가 없지 않은가, 하는 의문이 제기될 수 있다.

이런 질문에 대한 율곡의 대답은 대단히 중요하고 흥미롭다. 먼저 율곡은 단순한 정신 능력의 작동 자체에 초점을 둔다면 매 순간 지각은 발생하고 있는 것이기 때문에 지각은 언제나 '작동[發]'한다고 말할 수밖에 없다는 사실을 인정한다. 그러나 여기서 문제의 핵심은 단순한 지각의 발동 여부를 따지는 것이 아니다. 수양론에서의 '미발/이발'의 문제는 단순히 지각이 발생했는가, 아닌가의 문제와는 취지가 다르고, 그렇기 때문에 '미발/이발'의 구별 자체가 나름대로의 의미가 있다는 사실을 율곡은 지적하고 있다.

율곡은 염려, 견문, 사유 등의 개념을 자유자재로 사용하면서, '이발/미발'의 구별을 논한다. 사람이 살아 있는 존재인 한, 당연히 감각이 없을 수 없다. 그리고 그 감각의 내용을 생각하고 통합하는 정신 활동이 없을 수 없다. 그런 정신 활동이 없다면, 그 사람은 이미 죽은 것이기 때문에 사람이라고 말할 수 없을 것이다. 보고, 듣고, 생각하고, 전망하는 '견문'과 '염려'는 그런 정신 활동을 가리키는 말이다. 염려와 사려라는 말이 사용되는 것에서 알 수 있는 것처럼, 지각은 단순한 감각을 넘어선 포괄적 정신 활동이다. 그러나 우리는 일상적으로, '보아도 보지 않고', '들어도 듣지 않는다'는 말을 사용하는 경우가 있지 않은가? 다시 말해, 보고 듣는 감각은 작용하지만, 그런 감각에 의해 휘둘리지 않는 마음 상태를 충분히 생각해볼 수 있다. 감각 활동은 일어나고 있지만, 감각이 받아들이는 것을 적극적으로 수용하지 않고, 더 깊고 근원적인 지점에 관심을 집중하는 것이 가능하다는 말이다.

이것은 단순한 무관심의 상태가 아니다. 물론 딴생각도 가능하고 깊은 생각도 가능하다. 하지만 유교 수양론에서 말하는 '미발'은 백일몽 상태에 빠져 있거나, 정신이 나가서 멍한 상태를 가리키는 말이 아니라는 말이다. 율곡은 '지각불매(知覺不昧)'라는 말을 사용하고 있다. 감각 기관의 활동이 일어나고는 있지만, 마음은 그것에 반응하지 않는다. 그럼에도 정신 활동이 어두운 상태에 빠져 있지 않다. '지각불매'는 마치 아무런 자극이 없는 것처럼 고요한 마음의 상태를 가리키는 말이다. 이것은 정신이 마비되어 있거나 혹은 맹한 상태에 빠져 있는 것은 아니다. 율곡은 정신의 그런 상태를 '성성(惺惺)'이라고 표현하기도 한다. 생생한 정신을 가지고 분명한 감각적 인식도 가능하다. 하지만 감각이 주는 자극에 마음이 흔들이지 않는 상태인 것이다. 이런 상태를 율곡은 '견문'이 있으나 '사유'를 일으키지[作] 않는다고 표현하고 있는 것이다. 결국 '미발' 개념을 이해하기 위해서는 '사유', '염려'라는 말이 핵심이라는 것을 알 수 있다. '미발'은 정신이 작동하지 않는 상태가 아니다. 아무 생각이 없는 것이 아니라 쓸데없는 염려나 생각이 없는 상태가 '미발'이다. 쓸데없는 생각과 쓸데없는 염려가 일어나는 것이 '이발'이다.

'미발'은 휘둘리지 않는 마음 상태

결국 성리학에서 말하는 '미발/이발' 문제는 감각의 작동, 지각[정신 활동]의 발생 여부를 따지는 문제가 아니라는 것을 알 수 있다. 성리학 수양론의 미발/이발 문제는 생리적 감각의 활동 여부를 논하는 것을 목표로 삼지 않는다. 지금까지 많은 연구자들이 '미발/이발' 문제를 생리적 감각, 감각과 거의 동일시되는 지각의 작동 문제로 오해했던 것은 아닌가?

이 글에서 율곡은 견문과 사유를 구별하고, 견문이라는 생리적 활동에 대한 적극적인 마음의 반응, 즉 사유와 염려가 일어나지 않는 것을 '미발(발동하지 않음)'이라고 해명한다. 성리학의 개념으로서 '미발'은 생리적인 정신 활동이 일어나기 '이전[未]'이라는 의미가 아니다. 정신 활동은 한순간도 멈춤이 없이 일어나고 있다. 그러나 그렇게 매 순간 쉼 없이 일어나는 정신 활동에 계속해서 휘둘린다면 어떻게 될 것인가? 실제로 보통 사람의 정신은 한순간도 쉬지 않고 외적·내적 자극에 휘둘리고 있다. 그 결과 쓸데없는 사념과 염려로 가득한 불안한 나날을 보내고 있다. 아는 것이 병이라든가, 걱정도 팔자라는 말이 그런 보통 사람의 불안한 정신 상태를 표현한다. 낮의 지각이 쉴 때는 밤의 지각이 우리를 사로잡는다. 눈을 감고 의식을 쉬려고 하면 무의식이 활동하면서 우리를 괴롭힌다. 그래서 우리는 한순간도 평화를 얻지 못한다. 어제의 회한, 내일의 염려, 미래의 불안이 우리를 괴롭힌다. 세상은 마치 미친 것처럼 마구 돌아간다. 그리고 온갖 문제가 끊이지 않는다. 성리학의 수양론은 그런 정신의 혼란을 넘어서서, 의식과 지각에 휘둘리지 않는 평화롭고 평정한 정신 상태를 유지하는 것을 추구한다. 끊임없는 의식 활동을 잠재우고 마음의 평화를 얻는 것이 수양의 목표가 되는 것이다. 그렇다고, 그런 마음의 안정과 평화는 지식과 이해력의 부족이나 정신 실조를 의미하는 것은 아니다. 무자각, 무지각, 무감각의 상태가 아니다. 분명한 감각과 자각과 판단력을 가지고 있지만, 그런 모든 지각에 의해 동요되지 않는 마음을 회복하는 것이다.

율곡은 마지막으로 "깊고 고요하지만 밝게 통찰"하는 것이 미발이라고 말하는 주자의 발언을 인용하면서 '미발'의 의미를 분명하게 보여준다. 수양론의 '미발'이 단순히 생리적 감각 활동의 여부를 말하는 것이 아님을 확인해주고 있는 것이다. 미발의 때란, 고요하게 동요하지 않으면서도 분명한 통찰의 힘이 작용하는 상태. 성리학의 '미발/이발' 논의는 지각 이전이냐 이후냐의 문제가 아니라 정신의 "활동성 안에서 고요함", 즉 '동정(動靜)의 합일'이라는 정신의 역설에 관한 것이다. 지금까지 성리학의 '이발/미발' 문제를 감각 문제로 오해한 이유는 이런 '역설의 진리'를 제대로 읽지 못했기 때문이 아닐까?

4) 미발 시의 함양과 성찰

또 어떤 사람이 물었습니다. "보통 사람의 마음도 '미발(未發)'의 때가 있습니다. 그러면 그 중심[中體]은 성현의 미발(未發)과 차이가 없습니까?"

제가 대답했습니다. "보통 사람은 함양과 성찰의 공부가 없다. 따라서 그 마음이 어둡고[昏] 혼란[亂]에 빠져 중심[中體]이 서지 않는다. 다행히 잠깐이라도 어둡지 않고 혼란스럽지 않을 때는 미발의 중심은 성현과 다르지 않다. 다만 오래지 않아 방자해지거나 교란되어 다시 중심[本體]을 잃고 만다. 한순간 회복한 중심으로 하루 종일 갖게 된 어둠과 동요를 이기고 큰 근본을 세울 수 있겠는가?"

✻

미발 시의 함양

율곡은 '미발'이 단순히 지각이 활동하기 이전이 아니라 염려와 사유 때문에 휘둘리지 않는 고요함을 유지하면서 분명한 통찰의 힘을 발휘하는 마음의 상태라는 사실을 밝힌다. 그런 다음 고요함 가운데서 발휘되는 통찰력을 성인이 아닌 보통 사람도 가질 수 있는가 하는 논의로 옮아간다. 이 문제는 중요한 의미를 가지고 있다. 성리학의 기본 입장은 누구나 성인이 될 수 있다는 것이다. 누구든 성인이 될 수 있는 기본 자질을 가지고 있기 때문이다. 사실 그것은 유교뿐 아니라 동양 사상, 동양 종교의 아주 중요한 전제라고 말할 수 있다.

기독교의 경우에, 아리우스-아타나시우스 교리 논쟁이 유사한 문제를 둘러싸고 벌어졌다고 볼 수 있다. 하지만 기독교 나아가 이슬람 등 일신교의 기본 전제는 신과 인간 사이에 명확한 단절이 있다는 것이다. 따라서 그 둘 사이의 연속성을 조금이라도 인정하는 입장은 이단으로 내몰려 처절한 탄압을 받게 된다. 인간은 노력을 통해서 구원의 길에 '다가갈 수' 있다. 유일신 종교가 인정할 수 있는 한계는 거기까지다. 구원을 결정하는 것은 신이다. 신의 은총만이 유일한 구원의 길이다. 인간은 구원의 은사를 '받는' 존재가 될 수 있지만, 노력을 통해 스스로 신이 될 수 있는 것은 아니다.

그러나 유교, 불교, 도교, 힌두교 등 동양의 사상과 종교는 인간은 누구든지 신성한 존재, 신적 존재가 될 수 있다고 주장한다. 물론 피나는 수행과 수련이 필요하지만, 신적 존재가 될 수 있는 '자질'은 원리적으로 누구든지 가지고 있다. 그런 노력 이외에도 스승의 도움이 필요하지만, 궁극적으로 구원, 깨달음, 성인화를 위해 자기 본인 이외의 다른 누구의 개입도 인정하지 않는다. 신의 개입도 불필요하다. 불교의 불성(佛性), 도교의 도성(道性), 유교의 성선(性善) 개념이 그런 신념을 표현하기 위해 창조된 것이라고 말할 수 있다. 민중적 지향이 강한 정토종이나 도교의 민중적 종파에서는 신의 개입, 즉 타력 사상을 인정하기도 한다. 단, 그런 현상은 어디까지나 민중적 가르침에 한정된다.

율곡은 여기서도 가상의 질문자를 동원해 다음과 같은 질문을 던진다. "보통 사람의 마음도 '미발'의 때가 있습니다. 그러면 그 중심은 성현의 미발과 차이가 없습니까?" 다음과 같은 의도를 가진 질문이다. 보통 사람도, 항상 그런 것은 아니지만, 가끔씩 미발의 상태에 도달할 수 있다. 때때로 염려와 사념에 의해 괴롭힘을 당하지 않는 마음의 평화를 얻을 수 있다. 그러나 가끔씩 얻는 그런 마음의 평화는 '마음의 근본'[중체]에 뿌리를 내리고 발생하는 것인가? 다시 말해, 보통 사람이 때때로 경험하는 그런 미발은 충분한 수양의 성과를 거둔 다음 얻게 되는 성인의 미발과 차이가 없는가? 보통 사람의 미발의 중심과 성현의 미발의 중심은 동일하다고 할 수 있는가?

이 물음에 대해 율곡은 둘 사이에 근본적인 '차이가 없다'고 대답한다. 성리학의 기본 노선에 충실한 대답이다. "그 미발의 중심은 성현과 다르지 않다." 다만, 보통 사람과 성현의 차이는 수양 공부를 통해 지속성을 가질 수 있는가의 여부에 달려 있다. 수양 공부가 필요한 이유는 바로 미발의 중심을 오랫동안 간직하여 언제 어느 때라도 흔들림 없는 '고요함(정)과 통찰(동)'의 역설의 진리를 확보하기 위해서다. 성현이 아니면 그런 지속성을 유지할 수 없다. 성리학은 성현과 보통 사람의 차이는 그런 지속성의 차이일 뿐이라고 생각한다. 성현이라고 보통 사람과 근본적으로 다른 마음의 본질을 가지고 있는 것은 아니다. 성리학에서는 여러 개념을 동원하여 마음의 수양을 논한다. 성찰, 성의, 정심, 함양 등 뉘앙스의 차이는 있지만, 모두가 마음의 수양을 지칭하는 말이다. 수양이 필요한 이유는 무엇인가? 어떤 상황에서도 쓸데없는 사념으로 인한 불안에 사로잡히거나 마음의 동요를 일으키지 않기 위해서다. 고요하지만 밝은 통찰력을 가진 성인이 될 수 있다는 자신감[그것을 기상(氣像)이라고 부른다]을 잃지 않고, 일단 중요한 일이 발생했을 때, 당황하거나 흔들림 없이 그 일의 본질을 꿰뚫어 보고 대응하는 능력을 갖추어야 하기 때문이다. [물론 죽을 때까지 자기를 알아주는 사람이 없어서 큰일을 감당해야 하는 기회가 오지 않을 수도 있다. 그것을 기꺼이 받아들이는 것 역시 성현 인격의 일면이다.] 성현과 보통 사람의 차이는 마음의 본질의 차이가 아니라 수양을 통해 대본[=미발지중(未發之中)]을 지속할 수 있느냐 없느냐의 차이인 것이다.

5) 미발 시의 체인의 중요성

또 어떤 사람이 물었습니다. "연평(延平) 선생은 '고요한 가운데 희노애락이 발동하지 않음[未發]을 보는 것을 중[中]'이라 하였는데, 그렇다면 미발이란 어떤 모습입니까? 또, 주자는 말하기를, 이 선생은 고요한 가운데 '대본(大本)'을 '체인(體認)'한다고 했으니, 이 말은 어떻습니까?"

신이 답했습니다. "생각이 있으면 그것이 곧 '이미 발동한 것[已發]'이다. 더구나 이미 '체인(體認)'을 말했기 때문에 이것은 성찰의 공부이지, 미발 시의 모습이 아니다. 주자는 만년의 정론에서 체인을 소중하게 생각했으니, 이것은 깊이 살펴보지 않을 수 없다. 다만 배우는 사람이 고요하게 앉아서 이 [체인] 공부를 통해 미발 때의 모습을 가만히 살펴보면 마음을 기르는 공부에 반드시 유익함이 있을 것이다." 이것 역시 하나의 방법입니다.

❀

'미발의 중심'을 체인하기

'체인'은 앞 절에서 나왔던 '중체', 즉 성현과 보통 사람이 공통으로 가지고 있는 '완전하고 선한 가능성'을 깨닫고 주체화하는 공부다. 그러나 성현이 될 수 있는 그 가능성을 단순히 이론적으로 알고 있는 것만으로는 부족하다. '체인'은 이론적 인식 차원의 앎을 넘어선 고차적인 이해다. 머리로만 이해해서는 체인이 되지 않는다. 지식, 깨달음, 통찰이 몸에 스며들어 완전히 자기 것이 되어야 진정한 체인이 된다. '체인'은 사실 모든 동양철학 전통의 핵심이라고 말할 수 있을 정도로 중요하다.

유교든 불교든, 혹은 도교든, 동양철학은 머리로만 하는 이해, 이성적·논리적 이해만으로는 궁극적 경지에 도달할 수 없다고 본다. 몸으로 이해해야 진짜 이해에 도달할 수 있다. 그래서 동양철학의 앎은 '체득'이라고 말한다. 요즘 인지심리학에서 말하는 '신체화된 지식(embodied knowledge)'과 비슷한 말일 것이다. [이 개념을 강조했던 발레라(Valera) 본인이 동양철학과 종교의 연찬을 통해 서구 심리학의 한계를 넘어서는 이런 개념에 도달했다.] 하여튼, 성리학은 체인의 대상이 '미발의 중'이라고 말한다.

'미발의 중'은 다른 말로는 중체, 대본, 대체라고 말할 수도 있다. 율곡도 말하고 있는 것처럼, 보통 사람은 그 '대본(大本)=대체(大體)'를 기르는 수양 공부를 지속적으로 해나갈 수 없기 때문에, 그것을 오래도록 자기의 일부로 간직하지 못한다. 즉 '체인' 공부에 성과를 올리기 어렵다는 것이다. 그 결과 큰일이 닥쳤을 때 당황하고, 일을 그르치고 만다. 사념[思]이 일어난다는 말은, 내면을 응시하고 성찰하는 공부가 충분히 이루어지지 않아, 마음이 동요하거나 생각이 마구 치닫는다는 것이다.

불안과 염려 때문에 마음의 안정을 얻지 못하고 사방팔방으로 내달리는 것이다. 맹자가 말한 방심(放心)이다. 이미 우리 마음이 혼란에 빠지고 생각이 중심을 벗어나서 치달릴 때, 필요한 일은 그것을 거두어들이는 것이다. 앞에서 '양기(養氣)'를 논의할 때 등장한 맹자의 '구방심(求放心, 흐트러진 마음을 거두어들임)'이 그것이다. 그리고 '구방심'의 구체적인 방법이 수렴이고 함양이다. 함양과 수렴은 결국은 기를 기르는 양기로 귀결될 것이다.

일단 사념이 일어나고, 그 결과 생각이나 감정이 겉으로 표출되는 것이 '이발'이다. 율곡은 생각[思]이 일어난 것이 '이발'이라고 한다. 그 결과 미워하고, 분노하고, 싫어하는 마음이 분명히 표출된다. 이발 자체가 나쁜 것은 아니다. 그러나 생각이나 감정은 우연히 사리에 합당할 수도 있지만, 대체로, 사리에 합당하지 않은 경우가 더 많다. 선악이 혼재한 상태이기 때문에, 일관되게 '중화(中和)'를 확보하기가 쉽지 않다. 그렇게 마음의 동요 때문에 감정이 표출되고 나면, 감정의 내실을 자세히 살펴보면서 그 감정이 사리에 합당한지 아닌지, 점검해야 한다. 그렇지 않으면 불행한 일이 발생할 수 있다. 마음의 움직임 때문에 중심이 흔들리고 동요하는 상태를 거두어들이는 노력이 필요하다.

'미발'이 고요한 가운데 밝은 통찰력을 간직한 상태, 즉 마음의 안정성이 유지되는 상태라면 '이발'은 일정한 정동적 움직임이 표출되어 드러난 생각과 감정이 자신의 통제를 벗어날 수 있는 상태다. 그런 '이발'의 상태에서는 우리가 알지 못하는 정동의 힘에 휩싸일 수 있다. 따라서 이발의 상태에서는 그 정동의 뿌리를 찬찬히 살펴보는 '성찰'이 반드시 필요하다. 예를 들어, 화냄에 대해 생각해보자. 화내는 것이 다 나쁜 것이 아니다. 윤리적 통찰력에 의해 뒷받침되는 화는 '시비지심' 혹은 '수오지심'의 표출이기 때문에, 중체를 벗어나지 않는다. 체인 공부가 충분한 성현은 정당하고 올바른 상황에서 노여움을 드러낼 수 있다. 그러나 체인이 부족한 보통 사람은 노여움이 방향을 잃고 내달린다. 분노가 정동의 힘에 사로잡혀 사리와 적절함의 범위를 넘어설 때 위험해진다. 기쁨이나 슬픔, 혹은 즐거움도 마찬가지다. 어떤 감정이나 생각이 일어날 때, 성찰을 통해 그 감정이나 생각이 마음 본래의 '미발'의 본체[중체, 대체, 대본]에 합당한 것인지를 확인해야 한다. 그래서 분노나 기쁨이라는 감정의 맹목적 힘에 사로잡히지 않고, 그 힘을 올바름을 회복하는 에너지로 삼아야 한다.

생각이나 감정 때문에 동요하지 않으면서, 원점으로 다시 돌아가, 나도 성현과 같은 완전한 존재가 될 수 있다는 확신을 가지고, 나를 향상시키려는 노력을 기울이는 것이 함양 공부다. 체인의 필요성이 이런 맥락에서 등장하고 있다. '체인'은 내가 본래 가진 마음의 본체, 앞에서 '중체' 혹은 '미발의 중'이라고 표현한 그런 마음의 본체를 내 것으로 만든다는 말이다. 머리로만이 아니라 몸과 정신을 다하여 내 것으로 만들어야 한다. 이런 '체인' 공부는 자주 일어나는 헛된 사념, 잘못된 방향으로 일어나는 정동의 움직임에 사로잡히는 것을 경계하는 공부로서 중요하다.

그 공부는 고요한 가운데 자기의 진짜 마음을 되돌아보면서 깊이 성찰하는 데서 시작된다. 그러나 '체인' 공부가 반드시 정좌를 요구하는 것은 아니다. 체인 공부는 역시 앞에서 다룬 '움직임[動]과 고요함[靜]'의 합일 문제로서, 양자택일, 일도양단의 선택이라기보다는 유연한 왕복 운동이 필요한 작업이다. 유학에서는 정적 체인을 부정하지는 않지만,

동적 체인, 즉 삶의 현장 속에서 이루어지는 공부에 더 큰 비중을 둔다. 그 점에서 불교의 정좌와 유교의 '체인'은 다르다고 한다.

6) 마음 작용의 혼(昏)과 란(亂)

마음의 본체는 깊고 맑아서 마치 거울이 밝고 저울이 공평한 것 같습니다. 그러나 사물을 만나면 움직여서 칠정(七情)으로 표현되니 이것이 바로 마음의 작용입니다. 그리고 [마음은] 기에 사로잡히고 욕심에 가려져 있기 때문에, 본체가 수립되기 어렵고 그것의 작용 역시 올바름을 잃게 되어, 결국 '어둠[昏]'과 '어지러움[亂]'이라는 두 가지로 문제를 드러내게 됩니다. '어둠'에는 다시 두 가지가 있습니다. 하나는 '지혼[지식의 어둠]'으로, 궁리가 이루어지지 않아 시비 판단에 어두운 것입니다. 둘째는 '기혼[기의 어둠]'으로, 게을러 아무 데나 드러눕고 언제나 잠잘 생각만 하는 것입니다. '어지러움'에도 두 가지가 있습니다. 하나는 '악념[나쁜 생각]'인데, 외부의 사물에 유혹되어 사적인 욕심에 밝은 것입니다. 둘은 '부념[들뜬 생각]'인데, 안정되지 않고 흩어져 끊임없이 생각이 일어나는 것입니다. [부념 자체는 선한 것도 악한 것도 아닙니다.] 보통 사람들은 이 두 가지 문제에 사로잡혀 있습니다. 따라서 아직 외물에 감응하지 않았을 때는, 어둡거나 어지럽거나 둘 중 하나인 상태에서, '미발의 중'을 잃어버리고 있습니다. 그리고 외물에 감응했을 때는, 반응이 지나치거나 부족하여 어찌 '이발의

화(和)'를 얻을 수 있겠습니까? 군자는 이런 것을 걱정하여 궁리를 통해 선을 밝히고, 의지를 바로잡아 기를 다스리고, 함양으로 진실을 보존하고, 성찰을 통해 거짓을 버리도록 하려는 것입니다. 어둠과 어지러움을 다스리고 나면, 아직 감응하지 않았을 때는 텅 비고 고요하여 소위 거울의 밝음과 저울의 공평함을 가질 수 있으니, 비록 귀신이라도 그것을 꿰뚫어 볼 수 없을 것입니다. 그리고 감응했을 때는 '중용의 절도[中節]'에 맞지 않음이 없고, 거울처럼 밝고 저울처럼 공평한 작용이 막힘없이 일어나 바르고 밝은 마음은 천지와 함께 기뻐하고 함께 괴로워할 수 있을 것입니다. 배우는 사람이 힘을 들여도 가장 효과를 보기 어려운 것은 '들뜬 생각'입니다. 나쁜 생각[惡念]이 꽉 차 있다 해도, 뜻을 선한 쪽으로 향하게 할 수 있다면 다스리는 것도 어렵지 않습니다. 다만 들뜬 생각은 아무 일이 없어도 갑자기 생겼다가 또 갑자기 없어지니, 내가 마음먹은 대로 할 수 없는 것입니다. 사마온공(溫公)같이 성실한 분도 그런 마음의 혼란을 걱정했는데, 하물며 공부가 깊지 않은 사람은 어떻겠습니까?

배우는 사람은 반드시 언제나 경(敬)을 중심으로 삼고 잠시도 잊지 않으며, 일을 만났을 때는 그 일에 집중[主一]하여 반드시 마쳐야 할 곳에서 마쳐야 합니다. 일이 없이 정좌할 때, 어떤 생각의 실마리가 일어나면, 반드시 곧 그것이 무엇에 관한 것인지를 살펴보아야 합니다. 그것이 나쁜 생각이면 단호하게[勇猛] 끊어버리고 아주 작은 싹이라도 남겨서는 안 됩니다. 그것이 선한 생각이고 지금 당연히 생각해보아야 할 일이라면, 끝까지 탐색하여 아직 끝내지 못한 것을 끝내고, 원리가 밝게 드러나도록 해야 합니다. 그러나 만일 그것이 이해와 무관한 일이거나, 좋은 생각이라도 적절한 때가 아니라면, 이것이 바로 들뜬 생각[浮念]이 되는 것입니다. 들뜬 생각이 일어날 때, 싫거나 미워하는 마음이 있으면 혼란이 가중됩니다. 게다가 싫거나 미워하는 마음 역시 들뜬 생각입니다. 이것이 들뜬 생각이라는 사실을 깨닫고 나면 그것은 가볍게 물리칠 수 있을 것이고, 들뜬 생각과 함께 흘러가지 못하도록 거두어들일 수 있다면, 생각이 일어나자마자 그치게 할 수 있을 것입니다. 밤낮으로 이런 노력을 기울이되, 급하게 이루려고도 하지 말고 게으름을 피우지도 않아야 합니다. 만일 힘이 생기지 않고 가슴이 답답하게 여겨지거나 무료하게 생각될 때도, 정신을 가다듬고 마음을 깨끗이 씻어내고 작은 생각도 일어나지 않게 해야 합니다. 그렇게 될 때, 기운이 맑고 조화를 얻고 오랫동안 순수하게 숙성되어 안정을 얻을 수 있습니다. 그 결과 내 마음이 바로 서 있음을 항상 깨닫고 외물에 얽매이지 않게 될 것입니다. 내 마음이 내 뜻에 따르게 될 때, 본체의 밝음은 가려지는 것이 없고, 지혜로 인해 상황에 따른 판단[權度] 역시 틀림이 없게 될 것입니다. 그러나 하루아침에 효과가 나기를 기대하고 효과가 없으면 바로 포기하는 것을 가장 경계해야 합니다. 마음을 바르게 가지는 것은 [하루아침에 효과를 기대할 수 있는 일이 아니라] 평생토록 해야 할 일이니 방씨(方氏)의 말처럼 그 핵심은 '마음은 가운데가 비었으나 주재하는 것이다'는 말에 나타나 있습니다. 유념하시기 바랍니다.

마음의 본체와 칠정

이어서 율곡은 마음의 본체와 칠정의 관계 측면에서 수양의 실천을 논의한다. 여기서 마음의 본체는 위에서 말한 '미발의 중', 혹은 중체, 대체와 사실은 같은 개념이다. 마음은 정체를 알 수 없는 신비롭고 오묘한 것이다. 유교에서는 그런 마음의 본체를 '영명(靈明)'이라고 부르기도 한다. 밝고 신비롭다는 말이다. 마음은 텅 비어 있어서 실체를 파악할 수 없으나 모든 것을 알고 판단하는 능력이 있기 때문에, 밝고 신비롭다. 율곡은 그 사실을 방씨의 말을 인용하면서 이렇게 말한다. "마음은 가운데가 비었으나 주재하는 것이다."

일단 생명체로서 세상에 나온 이후 사람의 마음은 끊임없이 외적·내적 자극에 노출된다. 이 경우 내적 자극이란, 소위 무의식적 자극을 포함하여, 기억과 사념의 자극을 가리킨다. 그런 자극에 의해 본래는 밝고 고요한 마음의 본체가 움직이고 흔들리기 시작한다. 앞 절에서 말한 '이발(已發)'의 상태다. 그렇게 마음의 본체가 움직여서 드러나고 움직이는 구체적인 마음을 '정(情)'이라고 부른다. 여기서 기억할 점은 성리학의 정이 보통 말하는 감정보다는 훨씬 더 복잡한 것이라는 사실이다. 동양철학 전통에서 말하는 '정'은 단순한 감정이 아니라 온갖 마음의 표현을 포괄하는 개념이라는 사실을 잊지 말아야 한다. 지각이 감각보다 훨씬 큰 정신 활동의 동의어였던 것처럼, 정은 감정보다 훨씬 방대한 마음의 활동 양상이다. 예를 들어, '측은한 마음'은 감정과는 분명히 다른 것이다. 그것은 사랑이나 슬픔 등, 구체적인 감정보다는 조금 더 미묘하고 복잡하다. 그런 의미에서 '정'은 단순히 감정이라고 이해하기보다는 차라리 우리말로 '마음'의 동의어라고 이해하는 것이 더 옳을 수 있다.

흔히 성은 본성이고 정은 감정이라고 단순화하는 경우가 있지만, 그런 단순화로는 유교의 마음 이해를 충분히 설명할 수 없다. 유교에서는 인간 마음의 총체적인 움직임을 '정'이라고 부르고, 그 정 중에서 가장 두드러지고 근본적인 것을 일곱 가지 특정하여 칠정(七情)이라고 부른다. 그러나 유교가 인간의 감정을 단지 일곱 가지라고 본다고 오해해서는 곤란하다. 정 중에서 두드러진 것이 일곱 가지 감정이라고 말하는 것은 틀리지 않지만, 정은 감정보다 훨씬 더 복잡한 마음의 활동을 포함하는 개념이다. 정은 우리 마음(율곡의 표현을 빌리면 '마음의 본체')이 내적·외적 자극을 받으면서 일으키는 모든 정신 활동의 총체이기 때문이다.

한편 일반적으로 '본성'이라고 이해되는 '성'은 마음의 본체를 가리키는 것이다. 마음이 정말 어떤 것인지 우리는 알지 못한다. 더구나 마음의 본체를 이론적으로 아는 것은 불가능하다. 우리에게 정말로 마음, 더구나 마음의 본체가 존재한다는 것을 알 수 있는 방법은 없다. 그래서 율곡도 마음을 말하면서 '중허(中虛, 가운데가 텅 비어 있다)'라고 말한 것이다. 다만, 우리가 세계와 만날 때 드러나는 정신 활동을 '마음'이라고 생각할 뿐이다. 결국 구체적으로 드러난 마음인 정(情)을 통해서만 우리에게 마음의 중심이 있다는 사실, 마음의 본체가 작용하고 있다는 사실을 실감할 수 있는 것이다. 그러나 그 마음의 본체를 다른 사람에게 보여줄 수는 없다. 다만 우리 마음의 활동성을 드러내는 정(情)을 통해서만 우리가 마음을 가진 존재임을 보여줄 수 있다. 그렇다면 '정'은 우리가 '마음' 혹은 '마음의 본체'를 가지고 있다는 사실을 알려주는 외적 표지라고 말할 수 있다.

그리고 정은 단지 일곱 개가 아니다. 가장 근본적이고 두드러진 것을 중심으로 간단히 말하자면 그렇다는 말에 불과하다. 가장 전형적인 감정인 희노애락애오욕(喜怒愛樂哀惡慾), 혹은 희노애락애오구(喜怒愛樂哀惡懼), 그리고 그런 개념으로 다 지칭할 수 없는 희망이나 기대, 불안과 초조, 선망과 질투, 측은지심과 동정심 등, 넓은 의미에서의 정신 활동 때문에 우리는 세상을 받아들이고, 자신을 표현하면서 살아간다. 이런 모든 것이 바로 마음의 활동(작용)으로서의 정이다. 그런 점에서 정은 용(用)이고, 그런 정을 가능하게 하는 마음의 근본이라고 상정하는 것이 성(性)이고, 그것이 마음의 본체[體]다. 다시 말하지만, 그런 본체로서의 성의 실체를 확인할 방법은 없다. 그러나 앞에서도 말한 바 있지만, '성'은 인간을 인간이게 하는 근거로서 도덕성, 도덕 본성이다. 따라서 '성' 자체는 정신 활동이 아니라는 사실을 잊지 않아야 한다.

본체로서의 마음, 즉 성은 고요하고 영명하다. 그러나 실제로 정신 활동의 장에서 우리는 마음의 본체(마음의 본래성)를 그대로 유지하지 못한다. 유교에서는 그 이유가 기와 기질, 나아가 기질에서 나오는 욕구와 욕망 때문이라고 말한다. 율곡은 보통 사람의 정신 활동이 기본적으로 '어둠'과 '어지러움'이라는 두 가지로 문제를 드러내고 있다고 진단한다. 그리고 그것을 다시 '지혼(智昏, 지식의 어둠)'과 '기혼(氣昏, 기의 어둠)'으로 나눌 수 있다고 말한다. 지혼은 지성 부족으로 인한 것이며 기혼은 신체 훈련이 충분하지 않기 때문에 생기는 것이다. 요즘식으로 말하면, 지혼은 무식함에서 오는 판단력 부족이고, 기혼은 초기 교육의 실패로 인한 나쁜 습관과 게으름 때문에 생기는 것이라고 볼 수 있다.

그리고 어지러움[亂]을 다시 나쁜 욕심에 사로잡히는 '악념(惡念, 나쁜 생각)'과 헛된 생각이 일어나는 '부념(浮念, 들뜬 생각)'으로 나눈다. 이런 정신 활동의 문제로 인해, 마음의 본체는 망각되고 '중용'을 유지하는 균형감이 사라지고, 결국 '정신 활동의 조화로움(已發之和)'을 가질 수 없게 된다고 말한다. 그렇다면 어떻게 이런 문제를 바로잡을 수 있을 것인가? 결국 앞에서 말한 궁리, 성찰, 함양, 교기, 양기의 공부로 돌아갈 수밖에 없는 것이다.

검신
몸을 점검하다

1) 천형(踐形)의 중요성

정심은 안을 다스리는 일이고, 검신(檢身)은 바깥을 다스리는 일입니다. 그러나 그것은 동시에 해야 하는 일이지 오늘 정심하고 내일 검신하는 것은 아닙니다. 다만 공부에 안과 밖의 구별을 두었기 때문에, 그에 맞추어 정심과 검신, 두 장으로 나누었습니다.

마음은 몸의 주인이고, 몸은 마음을 담는 그릇입니다. 주인이 바르면 그릇은 마땅히 바르게 됩니다. 그러나 그것이 스스로 바르게 되도록 맡겨두고 단속하지 않을 수 없기 때문에, 『대학』에서는 수신을 정심의 뒤에 둔 것입니다. 몸을 단속하는 공부는 용모, 보기, 듣기, 말,

행동을 하늘의 법칙에 따르게 하는 것일 뿐입니다. 형색(形色)은 '하늘로부터 받은 것[天性]'이니 몸의 움직임 하나하나[一動一靜]가 하늘의 법칙이 아닌 것이 있겠습니까? 격물과 치지는 결국 그 법칙을 밝히는 일이고, 성의와 정심, 그리고 수신은 그 법칙을 실천으로 옮기는 일입니다. 그 둘이 갖추어진 뒤에야 비로소 '천형(踐形)'의 영역에 들어갔다고 할 수 있을 것입니다.

유교의 예와 신체성

율곡은 검신(檢身)을 수신(修身)과 거의 같은 의미로 사용한다. 그리고 검신과 수신은 예(禮) 실천의 문제가 된다. 유교의 예는 대단히 범위가 넓은 개념이기 때문에, 그것을 단순히 실천의 문제로 한정하는 것은 예를 왜곡하는 위험이 있다. 율곡의 말처럼, 마음의 문제인 정심(正心)과 실천의 문제인 검신(檢身), 혹은 수신(修身)은 결코 분리될 수 없다. 유교적 사유 체계 안에서, 마음과 신체는 개념으로서는 구별이 가능하지만, 수양이나 실천의 측면에서는 명확한 구별이나 구분이 불가능하다. 유교는 인간을 설명할 때 몸과 마음의 구별을 방법적인 구별로서 인정한다. 하지만 몸과 마음의 근본적인 구별은 인정하지 않는다. 심신일체(心身一體)라는 기본 전제 위에서, 방법론적인 구별을 인정할 따름이다. 그러나 두 개의 개념이 생기면, 그 개념에 사로잡혀 그것을 두 개의 구별되고 분리되는 실체가 있는 것처럼 생각하기 쉽다. 율곡은 이런 상식적인 구별론, 분리론이 잘못된 사고와 실천으로 이어질 수 있는 위험성을 경계한다. 이와 기, 본연과 기질, 그리고 여기서 보는 심과 신의 관계가 잘못된 분리론으로 흐를 수 있는 대표적인 것이다.

유교는 한마디로 예(禮)의 체계라고 말할 수 있다. 굳이 비교하자면, 유교의 예는 이슬람의 샤리아, 즉 법과 비슷하다. 이슬람의 샤리아를 우리가 '법'이라고 옮기기 때문에, 샤리아는 다른 것을 배제하는 그야말로 '법'이라는 영역에 갇히고 만다. 그러나 샤리아는 신의 계시이자 명령이라는 의미에서 법이자 존재의 원리이고, 삶의 진리이고, 철학이고, 신학이다. 동시에 인간 사회의 규범이고, 사회제도의 근간이며, 종교적인 가르침이기도 하다. 정치와 종교를 구분하지 않는 이슬람에서 샤리아는 정치철학인 동시에 종교적 신학이기도 하다. 그런 점에서 샤리아는 이슬람의 모든 것이다. 그러나 서양에서 이슬람의 샤리아를 Law라고 옮겼기 때문에, 오해가 생기게 된다. 그리고 그 Law를 다시 법(法)이라고 옮겼기 때문에, 우리에게도 그런 오해가 그대로 전달된 것이다. 근대 서양의 지식 분류에 익숙한 우리는 이슬람에서 법과 신학, 종교적 가르침과 세속적 삶의 분리를 당연하게 받아들이는 경향이 있다. 그런 경향 때문에 이슬람 문화의 총체적 성격이 무시된다. 그런 문화적 오해는 우리의 전통적 삶에 대해서도 그대로 적용되는 경향이 있다. 그 결과 유교의 예(禮)를 단순한 의례나 예절이라고 오해한다.

그러나 유교의 예는, 이슬람의 샤리아와 마찬가지로, 유교 문화의 총체다. 예는 단순한 매너나 행동 규범이 아니다. 더구나 단순히 법이라고 말할 수도 없다. 예는 매너와 행동 규범과 법을 다 포함하지만 그것보다 훨씬 더 범위가 넓다. 예는 정치 원리이고, 종교적 이론이자 실천이고, 인간사의 규범이고, 국가 사회의 제도이며, 경제 체제다. 그런 점에서 유교 문화는 예 문화라고 말하는 것은 과장이 아니다. 또한 예는 하늘의 원리이고, 그 하늘의 원리가 인간 사회의 모델로서 주어진 것이고, 마음의 문제이며, 신체적 활동의 문제이고, 법이며, 동시에 법을 초월하는 신성한 질서다. 그리고 의(儀)는 그 예(禮)를 몸으로 구체화하는 몸짓이다. 그러나 현대적 관점에서 보게 되면, 예는 매너나 행동 양식 등등, 작은 몸가짐에 국한할 수 있다. 그러나 그런 현대적 관점으로는 유교의 예를 이해할 수 없다.

예는 모든 것을 통괄하는 문화적 총체의 다른 이름이다. 예는 정치, 경제, 종교, 문화, 예술, 도덕, 군사, 전쟁, 사랑, 가족, 인간관계 등 모든 사회적 실천과 사회적 관계를 통괄하는 원리다. 그렇기 때문에, 율곡은 수양을 이야기하면서 '수양'이 '천칙(天則, 하늘의 법칙)'을 자기화하는 과정이라는 결론에 도달한 것이다. 수양이란, 하늘의 법칙, 즉 예를 자기화(주체화)하는 전체적인 과정이다. 그런 전체적인 자기화의 과정을 유교에서는 '공부(工夫)'라고 부른다. 그 공부 과정을 하나의 체계로서 제시하고 있는 문서가 다름 아니라 『대학』이다. 대학은 개인의 수양 및 가정 문제에서 국가의 통치 문제에 이르기까지, 온 세상을 하늘의 법칙이라는 모델에 따라 조직하고, 관리하고, 지배하는 모든 활동을 일련의 연속적인 프로세스로서 제시하는 문서다. 그 『대학』은 사실 예의(禮儀)라는 우주적-인간적 원리를 설명하고 부연하고 해석하는 『예기』

라는 책의 일부였다. 『대학』이 '사서'의 하나로 『예기』에서 분리되어 읽히고 있기 때문에, 일반인들은 『대학』이 『예기』의 일부라는 사실을 잊는 경향이 있다. 그런 점에서 『대학』의 참 의미를 이해하기 위해서는 『대학』을 『예기』 안으로 되돌려서 맥락을 회복할 필요가 있다.

유교 국가에서 모든 사람은, 적어도 이념적으로는, 예를 자기화하는 과정을 반드시 거쳐야 한다. 그것이 공부의 과정이다. 물론 개인의 경우, 그 공부는 필연이 아니라 선택의 문제일 수 있다. 그러나 군주가 되는 사람에게 그것은 선택이 아니라 필수다. 군주는 마음먹는다고 선택하는 자리가 아니다. 하늘에서 주어지는 자리다. 그리고 하늘의 법칙을 체현하는 존재가 군주다. 그 법칙을 체현하지 못하는 군주는 결국 하늘의 보호를 받을 자격을 잃게 될 것이다. 따라서 율곡이 말하는 '성학(聖學)'이란 결국은 '격물궁리'에서 '수신제가'와 '치국평천하'로 이어지는 유교적 예를 자기화하는 공부다. 그 공부는 군주 개인의 이익을 위해서도 필요한 일이지만, 군주를 기준으로 삼는 사회, 즉 군주를 벼리[綱]로 삼는 사회의 이익을 위해서도 필요한 일이다. 그리고 '성학'의 내용을 이루는 유교의 예 체계는 단순히 형식적인 몸짓의 문제가 아니라 근본적으로는 마음의 문제, 더 정확하게는 '마음-몸'의 문제가 된다.

예는 내용의 문제이면서 동시에 형식[儀]의 문제이기도 하다. 몸과 마음, 내용과 형식이 본질적으로는 분리되지 않기 때문이다. 그러나 학습 과정에서, 실천 과정에서, 방법론적 순서가 없을 수는 없다. 율곡이 몸과 마음의 일체성을 강조하면서도 공부 과정의 순서를 이야기하는 이유는 바로 그런 맥락이 있기 때문이다.

천형은 천성의 실현

여기서 율곡은 또 하나 대단히 중요한 일련의 유교적 개념을 제시한다. 형색, 천성, 천칙, 천형 같은 개념이 그것이다. 형색(形色)은 형과 색이 합쳐진 숙어다. 형은 눈에 보이는 형태를 갖춘 것이다. 앞에서 잠시 언급했지만, 유교의 물질론을 도식적으로 다시 정리해보면, 먼저 기(氣)의 집합이 질(質)을 구성하고, 그 질이 일정한 형태를 가질 때 형(形)이 되고, 그 형을 가진 모든 것을 물(物)이라고 부른다. 형이 가진 구체적인 시각적 형태에 주목할 때 색(色)이라는 개념이 주어진다. 그래서 '형색'이라는 말이 만들어지는 것이다. 형색은 '형색이 초라하다'라는 말에서 알 수 있는 것처럼, 요즘식으로 말하면, 모양, 모습 정도가 될 것이다. 사물의 모습인 '형색'은 인간이 인위적으로 만드는 것이 아니다. 하늘로부터 자연적으로 주어진 것이라는 의미에서, 천성(天性)이라는 개념이 사용되기도 한다. 이 경우, 천(天)은 자연적이라는 의미이고, 성(性)은 나면서부터 주어진 것, 본래부터 받은 것이라는 의미다. 인간이 나면서부터 받은 인간의 특질을 성(性)이라고 말하는 것은 그 때문이다.

우리의 마음은 천성이다. 즉 하늘로부터 본래 받은 것이다. 여기서 기억해야 할 사실은 마음뿐 아니라 형색도 천성이라는 것이다. 내가 이런 마음, 이런 얼굴을 가지게 된 것은 하늘이 그렇게 만들었기 때문이다. 그렇게 하늘로부터 주어진 마음과 몸은 하늘의 법칙을 따르고 있다. 인간이 인위적으로 그렇게 하려고 해서 된 것이 아니기 때문에, 천칙(天則)을 따른다고 말할 수 있다. 그것은 다른 말로는 천리(天理), 혹은 간단히 '리'라고 부른다. '천칙'을 강조하면, 법칙성, 불변성을 강조하는 뉘앙스가 강해진다.

그렇다면, 천형(踐形)이란 무엇인가? 천형은 유교 수양론에서 대단히 중요한 말이다. 먼저 '형'은 형색의 형(形)이다. '형'은 본래 타고난 나의 모습으로 하늘이 준 것이다. 인간을 인간이게 만드는 근거[性]가 거기에 포함된다. 성은 본래 선함을 향하는 것이지만 현실에서는 기질에 가려져 있다.

수양의 목표는 기질의 간섭을 극복하는 것이다. 그 목표를 달성하기 위해 주어진 나의 형[몸/마음]을 실천·실행하는 것이 천형이다.

결국, 천형은 내가 자연적으로 타고난 바의 본래 모습을 실천·실행하는 것이다. 내가 타고난 그대로를 실천에 옮기는 일이 유교 수양론의 목표가 되는 것이다. 이런 수양론의 도식은 성선설의 입장에서는 매우 중요하다. 그렇다면, 타고난 그대로를 실행에 옮기는 '천형'이 왜 그렇게 어려운 것일까? 앞서 '정심(正心)' 장에서 이야기한 것처럼, 기질의 욕망에 끌려다니는 사욕 때문이라는 것이 성리학의 진단이다. [율곡은 양기 부분에서 이 문제를 말하고 있다.] 수양은 그 사욕[편견과 선입견 등등 모든 부정적인 감정과 욕구]을 극복하려는 고투다. 그 고투는 결국은 '교기질[기질 교정]'의 문제로 압축될 수 있고, 결국 다시 마음의 문제로 귀결된다. 현실적 존재에서 본래적 존재로의 돌파! 그것이 수양의 과제다. 군자와 소인, 군자와 세인의 대립을 극복하여 군자가 되는 것이다.

2) 수양에서 몸의 중요성

세상 사람은 몸가짐을 꾸미는 일에는 적극적이지만 내면을 지키는 공부에는 관심이 없는 경우가 많습니다. 그런 사람은 좀도둑 같은 인간이기 때문에 같이 논의할 가치가 없습니다. 타고난 바탕이 욕심이 적고 물질적 유혹에 빠지지 않고, 솔직하게 자기의 행복을 추구하며, 안으로 마음을 바로잡으면 그만이지 외모에 구애받을 것이 없다고 생각하는 사람도 있습니다. 그러나 이런 사람도 도를 얻기는 어렵고, 세상에서 말하는 좋은 사람으로 그칠 뿐입니다. 하물며 외모도 장엄[莊]하지 못하고 마음은 풀어져 방탕한 데로 흐르지 않을 것이라고 보장할 수 없는 사람은 어떻겠습니까? 바로 그렇기 때문에, 마음을 바르게 잡은 다음에 몸을 점검하지 않으면 안 된다고 말한 것입니다. 몸을 단속하지 못하는 사람은 반드시 마음도 바로잡기 어려울 것이기 때문입니다. 정말로 마음이 바른 사람은 모든 일에서 바르지 않은 것을 구하지 않을 것입니다. 그런 사람이 바르지 않은 것에서 편안하기를 원할 리가 있겠습니까? 그렇다면, 결국 몸을 다스리지 않는 것이 마음이 바르게 되지 못하는 이유인 것입니다. 유념하시기 바랍니다.

❁

신체 훈련의 중요성

단정한 몸, 단정한 정신. 건강한 신체, 건강한 정신. 봉건적이고 낡은 사상을 표현하는 말처럼 들리지만, 한국에서 선생을 하면 할수록, 그리고 나이가 들면 들수록, 그런 말이 정말 중요한 것임을 실감하게 된다. 현재 한국 교육에서 가장 결여되어 있는 것이 바로 몸과 마음의 단정함을 회복하는 교육, 바른 몸가짐과 바른 마음가짐을 회복하는 교육이 아닌가? 오늘의 한국 사회에 정말 필요한 것은 민주시민으로서 최소한의 에티켓, 민주시민으로서 주체적으로 자기의 자존감을 유지하면서 동시에 타인을 배려하는 마음가짐과 몸가짐이다. 그런 것은 어릴 때부터 가정에서, 그리고 학령기 초기에 분명하고 확실하게 가르쳐야 한다. 인간이 인간인 이유가 무엇인가? 인간(人間)이라는 말 자체에서 알 수 있는 것처럼, 사람[人]은 사회적 존재로서, 작게는 가족 크게는 학교, 지역, 국가를 형성하면서 그 사회 안에서 다른 사람과 더불어[間] 살 때만 제대로 된 사람이 된다. 에티켓은 전통적인 유교에서만 중시하는 덕목이 아니다. 모든 인간 사회는 그 사회를 유지하기 위해 그 사회가 지향하는 이념을 실현하는 행동으로서 에티켓을 가르치고, 구성원들이 그 에티켓을 지킬 것을 요구한다. 지금 대한민국에서는 입만 열면 민주주의를 말하고 시민정신을 말하지만, 그런 주의 주장은 사실 공허한 구호로 남발되고 있는 것이 아닌가? 정작 민주적 시민으로서 어떤 민주적 에티켓을 실행해야 하는지 가르치지 않는다. '최소한'의 준법정신과 시민질서가 무너진 사회에서 내면화된 행동 원리인 에티켓을 말하는 것이 공허할 수도 있겠다는 생각이 든다. 하지만 예절이나 예의를 말하면 그것이 바로 마치 낡은 사상인 양, 유교적 봉건사상 운운하며, 에티켓 자체를 부정하는 발언이 횡행한다.

유교는 개인의 자각에서 출발하는 예를 기본으로 삼지만, 그런 원리를 무시하는 자가 나타나 사회를 파괴하는 것을 방어하는 법과 제도를 무시하지 않는다. 그러나 법은 어디까지나 예(禮)의 보조 수단이다. 법이 중심이 되고 법만이 사회적 규율의 전부가 되는 사회는 지옥이 된다.

사회가 존재하면[氣] 사회의 작동 원리, 혹은 사회 분절의 원리[理]가 있다. 리기론은 지극히 당연한 상식에서 출발한다. 살아가면서 배워야 할 것이 무엇인가? 유학의 관심은 그것을 벗어나지 않는다.

『성학집요』는 인간이 사회적 존재로서 지켜야 할 최소한의 행동 원리에 대해 말하고 있다. 리기론 관련 논설이나, 심성론, 성정론 등의 일부 철학적 토론을 제외하면, 『성학집요』는 2천 년 전이나 혹은 3천 년 후에나, 적어도 인간이 인간으로서, 즉 사회적 존재로서 반드시 지켜야 하고 반드시 갖추어야 할 최소한의 사람됨에 대해 말하고 있다.

11

회덕량
덕을 확장하다

상편(上篇)의 아홉 장에서 수기(修己)의 순서를 자세히 말했습니다. 여기서는 다시 '회덕량[덕의 확장]', '보덕[덕의 보완]', '돈독(敦篤, 성실한 노력)'의 세 개 장으로 수기의 의미를 보충하였습니다. 덕의 크기가 크지 못한 사람은 작은 성취에 만족해버리고 한쪽으로 치우쳐서 고매하고 풍성한 경지에 나아가지 못할 것입니다. 따라서 '회덕량'을 '검신' 다음에 두었습니다.

덕이 넓고 크지 못한 것은 기질의 문제 때문입니다. 덕의 크기를 키우기 위해서는 '기질 교정' 공부 외에 다른 방법이 없습니다. 여기에 따로 한 장을 설정한 이유는, 군주의 덕이 큰 것이 중요하기 때문에 특별히 그렇게 한 것입니다. 천승의 나라[중간 규모의 국가]를 얻고서도 대수롭지 않은 듯 자기를 낮추는 사람도 있고, 작은 일을 처리하는 말단 관리[一命之官]가 되어서도 거만을 피우며 자기가 대단하다고 생각하는 사람도 있습니다. 덕의 크기가 다르기 때문에 그런 것입니다. 덕이 작은 사람은 한쪽으로 치우치고 비틀어지거나, 잘난 체하거나, 승부욕이 강한 세 가지 문제점을 드러냅니다. 치우치고 비틀어진 사람은 시야가 좁아서[滯] 넓게 보지[周] 못하기 때문에 공정하게 일을 처리하지 못합니다. 잘난 체하는 사람은 작은 것에 만족하기 때문에 겸손한 마음으로 덕으로 나아가지 못합니다. 승부욕이 강한 사람은 겉으로 꾸미기를 좋아해서 자기를 비우고 선을 따르지 못합니다. 이 세 가지는 모두 사익만을 추구하는 태도입니다. 하늘과 사람은 하나인 까닭에 구별이 없습니다. 하늘과 땅은 사사로움이 없지만 사람은 사사로움을 추구하는 까닭에 천지의 위대함을 나누어 가지지 못하는 것입니다. 그러나 성인은 사사로움이 없기에 천지와 합치하는 덕을 가질 수 있습니다. 군자는 사사로움을 버리려 하기 때문에 성인에 어울리는 행동을 할 수 있습니다. 배우는 사람은 그 사사로움을 극복하는 공부에 힘써서 덕을 기르고, 군자와 성인이 되기 위해 노력해야 할 것입니다.

❀

예는 경쟁을 조정하는 원칙

회덕량(恢德量)은 주로 '공/사' 문제를 다루는데, 유교적 인격 형성에서 대단히 중요한 개념이다. '공/사'는 요즘식으로 말하면, 공익과 사익, 공정(公正)과 사리(私利)의 대비와 비슷한 개념이다. 누구든 자기 생명과 생활의 욕구를 충족시키기 위한 이익 획득의 노력을 기울이는 것은 당연하다. 유교가 모든 이익 추구를 부정하거나 비판한다고 하는 생각은 대단한 오해다. 유교 역시 인간과 사회의 복리를 추구하는 활동을 매우 중요하게 여긴다. 개인은 개인의 이익을 추구하고, 그 이익으로 부유하고 풍부한 삶을 누려야 한다. 사회 역시 마찬가지다. 정치의 최대 과제, 그리고 절대적인 과제는 국민을 부유하게 만들어주는 것이다. 유교식으로 말하면 정치란 결국 '경세제민'인데, '경세제민'의 최대 목표는 국민의 안전, 국민의 복리를 확대하는 것이다.

그러나 이익 추구가 무조건 용인되는 것은 아니다. 개인은 사회 안에서 필연적으로 다른 개인과 이익을 놓고 경쟁할 수밖에 없다. 국가는 다른 국가와 경쟁할 수밖에 없다. 유교가 그런 사회 구성의 원리, 사회 내부에 존재하는 경쟁의 원리에 무관심하다거나 무지한 것은 아니다. 유교의 예 혹은 법은 한마디로 사회가 존재하기 위해 필연적으로 수반되는 경쟁을 어떻게 조정할 것인가 하는 문제의식에서 발전한 것이다. 유교의 핵심인 예는 한마디로 경쟁을 합리적으로 조정하는 원리라고 말할 수 있다.

정치에서 정(政)은 바르게 한다, 즉 이익 추구의 원칙을 바르게 수립한다는 말이다. 치(治)는 다스린다는 말이다. 다스린다는 말이 폭력으로 억압한다는 뉘앙스가 강한 것은 '다스린다'는 훈(의미 풀이) 때문이다. 원래 치(治)는 물이 흐르는 길을 터주는 일이다. 물이 제대로 흐르기 위해서는 물길이 바로잡혀 있어야 한다. 정치는 치수에서 시작되었다. 치수는 은유로서, 사람이 사는 터전을 확보하는 일이다. 물을 아래로 흘려보내야 대지에서 농사를 지을 수 있다. 전통 사회에서 농업은 백성들이 복리를 실현하는 유일한 방법이었다. 그래서 유교에서 '정치=경세제민'은 무엇보다 먼저 농업 생산력 확보에서 시작된다. 농업을 일으키기 위해서는 물이 필요하다. 물을 다스리는 일[治]은 결국 민중의 삶의 터전을 확보하는 일이다.

정치가 이렇게 치수에서, 즉 농업의 발전을 통한 국민 복리의 확보에서 시작된 말이라는 사실은 대단히 중요하다. 정치의 치(治)가 단순한 억압이 아니라 생산을 위한 물길을 확보하는 일이라는 사실을 이해하고 나면, 유교가 생각하는 정치가 감이 잡힌다. 유교가 백성의 경제적 안정을 정치의 최우선 과제로 삼았다는 점에서, 동서고금을 막론하고 존재하는 모든 국가의 목표와 다름이 없다. 그러나 경제적 이익 추구에는 필연적으로 경쟁이 따른다. 고대 도시국가가 성립한 이후 인구가 확대되기 시작하고, 농업이나 어업 같은 산업만으로는 늘어난 인구를 완벽하게 부양하기는 것이 어려워진다. 게다가 사회적 부가 확대되면서 빈부의 격차도 커지기 시작한다. 인구가 많아진 것이 원인인지 아니면 빈부 격차로 인한 부의 편중이 원인인지 모르겠지만, 모든 사람이 산업 생산물을 공평하게 갖지 못하는 사태가 벌어지고, 자기 이익을 위한 경쟁이 일상화되기 시작한다. 역사적으로는 대개 신석기시대 후기부터 그런 계급 사회가 고착되고, 경쟁 사회가 등장했다고 알려졌다.

유교는 그런 시점에 등장한 사상 체계로서, 부의 공정한 분배라는 문제를 굉장히 중요한 사상 과제로 내세운다. 공정한 분배를 위해서는 이익 추구의 원칙을 먼저 설정해야 한다. 승자가 모든 것을 가지는 시스템은 사회적 불만을 불러일으킨다. 이미 실현되어 있는 승자독식의 사회구조를 변화시켜, 가능하면 더 많은 사람이 적어도 최소한의 생산물을 확보할 수 있는 제도를 만들어야 한다. 특히 유교는 노인, 어린이, 홀로된 여성, 신체적 핸디캡을 가진 사회적 약자들을 보호해야 한다는 이념을 앞세우고 등장했다. 맹자의 사상에서 그런 생각이 특히 두드러지게 보인다. 한편, 유교는 기본적으로는 자유경쟁을 인정하는 바탕 위에서 공정한 경쟁과 원칙 있는 분배를 실현하기 위해 노력한다. 무계급 사회를 주장하는 한쪽의 극단이나 계급차별 내지 경쟁체제 자체를 부정하는 다른 한쪽의 극단에 있는 사상가들과 대결하면서, 유교가 문명의 기본 원리로 자리를 잡게 된 것은 대개 기원후 2세기 무렵이다.

물론 유교의 이념적 원칙에도 불구하고 사회적 공정과 원칙 있는 배분이 완전하게 실현되지 않은 것은 사실이다. 그러나 유교의 이념 자체가 어떤 지향을 가지고 있는지를 이해하는 것은 또 다른 일이다. 유교가 제시하는 경쟁과 배분의 기본 원칙을 도와 의, 즉 '도의'라고 부른다. 도는 자연의 원리와 통한다. 자연의 원리가 인간의 원리로 주어진 것이 도다. 자연은 자연 안에 존재하는 모든 생명체에게 공평무사하다. 동물을 식물보다 더 아낀다거나, 사람을 다른 생명보다 더 아끼지 않는다.

모든 생명은 자연세계 안에서 공평한 대우를 받는다. 그러나 유교는 인간이 지성과 자각적 도덕성이라는 특별한 능력을 가진 존재이기 때문에 특별한 존재라고 주장하는 약한 인간 중심주의를 내세운다.

유교에서는 인간의 특별함을 령(靈, 신령함)이라고 표현한다. 인간이 '최령(最靈)'이라는 말이 그렇게 나온 것이다. 그러나 그런 특별함에도 불구하고 인간이 다른 생명에 대해 특권적인 지위를 가진 존재라고 보지는 않는다. 오히려 인간의 특별함은 자기 비움과 자기 낮춤이라는 겸허함 때문이라는 사실을 자각하고 실천해야 한다고 가르친다. 그렇지 않으면, 인간에게 주어진 복과 이익은 반대 방향으로 전환될 수 있다. 자연의 원리가 그렇기 때문이다. 해는 반드시 뜨지만, 또한 반드시 지지 않는가! 바람은 한 방향으로 불지만, 반드시 반대 방향에서 불어오는 바람에 의해 꺾이지 않는가. 달은 뜨면 반드시 지고, 산이 있으면 반드시 골짜기가 나타난다. 이것이 자연의 원리, 자연의 도, 즉 천리, 혹은 천도다. 율곡은 하늘[天]의 공평함을 말하고 바로 이어 하늘과 땅[天地]의 공정함에 대해 말한다.

하늘[天]은 크게 말하면 천지를 포함하는 자연 전체이고, 작게 말하면, 땅[地]과 대립하는 하늘이다. 그런 천리, 천도가 인간의 삶과 국가를 움직이는 기본 원칙이라는 사실을 잊어서는 안 된다. 그런 자연의 공평함을 모방하여 인간 역시 항상 공평함을 유지하도록 노력해야 한다. 높아지면 반드시 내려가고, 젊음이 절정에 달하면 그 순간부터 늙기 시작한다. 천도(天道)가 곧 인도(人道)인 것이다. 천지와 인간이 하나라는 말, 즉 자연의 도와 인간의 도가 하나라는 주장을 우리는 이렇게 납득할 수 있다.

이익을 가질 만한 사람이 이익을 가지는 것이 천도다. 그런 원칙을 지키는 경쟁, 그런 원칙에 입각한 분배가 인도이고, 곧 도의(道義)다. 도의는 가질 권리가 있는 사람이 가지는 것이다. 하늘의 것은 하늘에게, 인간의 것은 인간에게 돌려주는 것이 도의다. 의(義)라는 글자에 제사에 사용되는 양(羊)이 들어 있는 것에서 우리는 그것의 정신을 헤아릴 수 있다. 신(神)이 인간에게 선물로 준 것이기 때문에 다시 돌려주어야 한다. 내가 다 가지겠다고 하는 순간, 재앙이 닥친다. 인간 사회에서도 그런 원리가 작동한다. 승자가 다 차지하는 것이 아니라, 어느 정도 나누고 함께 누려야 한다.

유교의 왕도론과 겸허함

맹자의 '왕도론'에서 나온 유교의 '왕도론'은 결국 '왕자(王者)'는 승리자로서 모든 것을 다 차지하는 것을 목표로 삼아서는 안 된다는 입장이다. 맹자는 왕이 그런 기본 원리를 이해하지 못할 때 국가 자체가 유지되지 못할 것이라고 경고한다. 기쁨은 함께 나눌 때 진정한 기쁨이 된다. 앞에서도 말한 것처럼, 분배의 기본 원칙은 약자에게 최소한의 생존을 보장하는 것이다. 유교에서는 그런 사회적 최약자를 '환과고독(鰥寡孤獨)'이라는 말로 압축하여 표현한다. 사회는 권력을 가진 사회적 승자와 권력을 가지지 못한 사회적 약자, 크게 둘로 구분된다. 군주와 백성의 구분이 그것이다. 군주를 도우는 계층이 어떻게 자기규정하는가에 따라 달라지겠지만, 유교는 군주를 돕는 관료 그룹이 군주 편이 아니라 민중의 편에 서는 것이 '도의'라고 생각한다.

유교가 제국의 지배 이데올로기가 되어버린 한(漢) 제국 이후, 충(忠)이 백성의 이익을 능가하는 원칙으로 변질된 것은 유교의 왜곡이라고 말할 수 있다. 서양에서 기독교가 로마의 제국 이데올로기가 되면서 변질된 것처럼, 유교는 한 제국의 이데올로기가 되면서 왜곡된다. 나중에 17세기 명말청초 전환기에 황종희(黃宗羲)는 『명이대방록(明夷待訪錄)』이라는 뛰어난 유교 정치론을 통해 그런 왜곡을 고발한다. 유교적 관료는 군주를 돕는다는 점에서는 군주의 협력자다. 그러나 백성의 이익을 위한다는 점에서는 백성의 공복이다. 관료는 백성이 낸 '세금으로' 봉록을 받는다. 물론 역사 속에서 그런 이상이 왜곡되었다. 오늘날은 어떤가? 공무원은 누구 편인가? 특히 선출된 정치인은 누구 편인가?

위의 글에서 율곡은 겸손, 겸허라는 기본 원칙을 제시한다. 자연의 원리가 겸허의 원리에 따라 움직이기 때문에 인간도 겸허의 원리를 지켜야 한다는 것이다. 천하를 얻은 군주도 당장은 승자가 되었지만, 자연의 권능에 비하면 '새 발의 피'라는 사실을 자각해야 한다. 그런데 소인배는 어떤가? '일명지관(一命之官)', 즉 자잘한 일을 처리하라고 임명된 말단의 관리는, 심부름꾼에 불과한 주제에, 자기가 마치 군주나 된 것처럼, 자기가 마치 하늘이나 된 것처럼, 폼을 잡는다.

공정은 사실 간단한 원칙이다. 내 것이 영원히 내 것이 아니라 잠시 빌려 쓰고 있는 것에 불과하다는 생각을 갖는 것이다. 다시 말해, 비우는 마음, 겸손함이 공정의 기본이다. 유교의 최고 경전인 『주역』은 처음부터 끝까지 하늘의 원리를 체득한 군자의 삶의 원칙이 겸허, 겸손이라는 사실을 강조한다. 그 겸허와 겸손의 원리에 통달한 사람은 굳이 점을 칠 필요도 없다. 그러나 가진 자, 권력자는 그 원칙을 금세 잊는다. 아쉬운 것이 없는 사람은 자기가 가진 것을 당연하다고 여기는 경향이 있기 때문이다. 자기가 능력이 출중하여 그런 대접을 받고 혜택을 누린다고 생각한다. 그래서 『주역』은 하늘의 계시, 하늘의 명령이라는 방식, 즉 점(占)이라는 방식을 빌려서 점치는 사람에게 겸손하라고 경고한다. 『주역』의 모든 괘사 모든 효사는 '겸손하라!'는 경고인 것이다.

이 장에서 율곡은 회덕량을 이야기하는데, 회덕량은 한마디로 겸손의 덕을 가진다는 것이다. 덕을 길러라, 기질의 악을 교정하라! 내가 최고가 아니라는 사실, 내가 별거 아닌 존재라는 사실, 왕이라도 그 자리는 정말 불안한 자리라는 사실을 자각하는 것이 도량을 키우는 일에 다름 아니다. 덕량을 키운다는 것은, 풍선에 바람을 넣듯 덕을 불어넣는다거나 더 많은 지식을 쌓은 사람이 된다거나 하는 식으로, 허파에 바람을 넣는 그런 작업이 아니다.

율곡은 덕량이 작은 사람을 세 유형으로 나눈다. 편벽되어 왜곡된 사람, 자기가 제일 잘난 줄 아는 사람, 항상 남을 이겨서 자기가 제일 잘난 것을 확인해야 행복한 사람이다. 그런데 그 세 유형의 사람은 한 가지 공통점을 가지고 있다. 내가 제일 잘나서, 나의 관점 이외의 다른 관점, 나의 처지와 다른 사람의 처지는 인정하지 못한다는 것이다. 나는 율곡의 인격 분류는 뒤에서부터 읽을 수 있다고 생각한다. 항상 남을 이겨야 한다고 생각하는 사람, 항상 모든 일에서 동료를 능가하기 위해

안달하고 샘을 내고 잔머리를 쓰는 사람들을 우리는 어디서나 볼 수 있다. 그들은 언제나 앞장서서 물질적 이익, 명예라는 이익, 인기라는 이익을 좇는다. 자기가 잘났음을 드러내야 하기 때문이다. 그리고 그런 사람은 잘난 척한다. 영악한 자들은 드러내놓고 그렇게 하지는 않는다. 그러나 '항상' 남들보다 나아야 한다는 잘난 척하고 싶은 속물적 욕망이 마음속에 불탄다. 꼼수와 편법에 강한 승리자들, 머리가 잘 돌아가는 사람들은 항상 생각이 많고, 불안하고, 초조하다. 당장의 이익을 위해서라면 우정도 자기희생도 공동체 의식도 없다. 그런 사람들의 사랑은 가족 이기주의, 나아가 우리가 남이가 하는 방식의 무리 짓기 이기심이고 편먹기 우정이다.

유교가 말하는 '의리'가 깡패 '의리'로 변질되어 그것이 그들의 가치이자 신앙이 되었다. 그런 사람들이 대한민국을 좌지우지하고 있었다는 사실이 최근 적나라하게 드러나지 않았는가? 유교 때문에 그런 깡패 의리와 꼼수와 편법이 난무하는 대한민국이 되었을까? 과연 유교의 의리, 유교의 공공성은 거추장스러운 공자님 말씀일 뿐인가? 안타깝지만, 그런 사건은 다름 아닌 편법과 꼼수가 난무하는 대한민국의 현재 이야기다. 위대한 민주주의, 위대한 자본주의가 작동하는 대한민국 오늘의 이야기다. 유교 때문에 그렇게 되었다고 말하는 사람이 적지 않다. 그들이 유교의 무엇을 공부해보고 사유해보았는지는 모를 일이나, 그것은 유교냐 아니냐가 문제가 아니다. 현재 우리가 어떤 가치를 앞세우고, 그 가치를 실현하기 위해 노력하는가의 문제다.

12

보덕
군주의 덕을 보완하다

천자부터 필부에 이르기까지 벗이 없이 덕을 이루는 경우는 없습니다. 증자가 말한 것처럼 벗으로써 인을 돕는다는 것이 이것입니다. 자기를 다스리는 조목들은 앞에서 이미 갖추어 말하였습니다. 따라서 그다음에 보덕(輔德)을 두어 올바른 선비를 가까이하고 간하는 것을 좇아 허물을 고친다는 뜻을 논한 것입니다.

군주로서의 덕과 위업을 성취하기 위해서는 바른 신하를 가까이하는 것보다 더 절실한 일은 없습니다. 나아가 군주는 반드시 간언을 받아들여 잘못을 바로잡아야 합니다. 임금이 덕이 높은 사람을 좋아하고 가까이하는 것에 그치지 않고 그의 선으로 자신의 부족함을 보충하여 잘못이 있으면 고쳐야 하기 때문에 그 두 문제를 합쳐서 하나로 논의했습니다. 군주의 덕과 위업을 성취하는 데 도움을 주기 위해서입니다. 만일 이름 얻기를 기대하고 가까이 두기는 하지만, 간언을 해도 따르지 않고 잘못이 있어도 고치지 않는다면, 그가 헛된 예 때문에 자기 의무를 망각한 채 자리만 지키려 하겠습니까. 그는 반드시 상황을 보아 물러나 고요하게 자기의 삶을 즐기려고 할 것입니다. 결국 가까이에는 아첨으로 총애를 얻으려는 자들만 남게 되는 것입니다. 이렇게 하고 나라가 위기와 멸망에 이르지 않는 경우는 없었습니다. 만일 덕을 가졌다고 이름을 얻은 사람이 가만히 앉아 총애를 받기만 하고 충성으로 간언하고 군주를 바로잡아 도움을 주지 않는다면, 이런 현자를 쓸 이유는 없을 것입니다. 따라서 밝은 군주는 바른 신하를 신중히 택하고 날마다 그와 함께 머물면서 함양하고, 훈도를 받으면 사적 욕망을 극복하고 선을 따를 수 있을 것입니다. 그 결과 군주의 덕과 위업은 날로 높아지고 넓어질 것입니다. 정자는 "임금의 덕을 완성하는 책임은 경연에 있다"고 했으니, 엎드려 바라오니 전하께서는 유념하십시오.

❄

경연과 신하의 역할

덕과 위업을 성취하는 일은 군주 개인에게도 중요하지만 국가를 위해서도 더없이 중요하다. 군주가 처음부터 반드시 탁월한 인물일 수는 없다. 왜냐하면 군주는 때로 자질 때문이 아니라 천명으로, 어쩔 수 없는 운명 때문에 군주가 될 수도 있기 때문이다. 율곡이 섬기던 선조 역시 운명으로 그런 군주의 자리에 오른 인물이다. 그러나 일단 군주가 되면 그의 본래 자질과 관계없이 군주로서의 직무를 수행해야 한다. 군주는 정치적 거버넌스의 역량을 가져야 한다. 그러나 어린 나이에 왕으로 즉위하거나, 우연한 운명으로 즉위한 경우에는, 그런 자질을 갖추었기를 기대할 수 없다. 따라서 군주를 보좌하는 신하의 역할이 중요해진다.

먼저 율곡은 사람이 인격적으로 성장하기 위해서는 반드시 친구[友]가 필요하다는 사실을 지적한다. 유교에서 친구란 덕을 보완하는 존재다. 그러나 만인지상의 군주가 그런 친구를 갖는 것은 현실적으로 거의 불가능하다. 따라서 율곡은 궁여지책으로 신하가 군주의 조언자이자 덕을 보완하는 친구 역할을 해야 한다고 말한다. 그러나 현실 정치에서 신하가 군주의 친구 역할을 하는 것은 쉽지 않다. 현대 정치와 달리, 군주와 신하 사이에는 뛰어넘을 수 없는 거리가 존재한다. 심지어 왕의 아버지나 형도, 아들이나 동생인 왕에 대해서는 신하에 불과하다. 여기서 율곡이 말하는 친구는 어디까지나 보덕자로서의 의미가 강하다. 군주와 친밀한 관계를 유지하면서 군주의 덕을 보완해주는 역할을 하는 신하는, 알고 보면 굉장히 어려운 위치라고 말하지 않을 수 없다. 그는 무엇보다 군주가 신뢰할 수 있는 조언자로서의 식견과 지혜를 갖추고 있어야 한다.

군주가 친구처럼 친밀하게 느끼면서도 동시에 인품과 식견을 존경하고 따를 수 있는 신하! 그런 신하는 결국 군자이고 현인이어야 한다. 그러나 군자고 현인이라고 해서 반드시 군주의 신임을 받을 수 있는가? 정치적 대립이 첨예한 현실 정치세계에서 어떤 인물이 왕과 친밀하면서 왕의 존경을 받는다고 해보자. 적대적인 그룹에 속하는 사람들이 그를 정말 현인이고 군자라고 인정할 것인가? 그런 점에서, 친구의 중요성에서부터 시작하여 바른 신하를 가까이하는 것의 중요성을 이야기하는 율곡의 '보덕론'은 상당히 추상적인, 혹은 상당히 이상적인 원론에 그치고 마는 것이 될 수 있다.

율곡은 '진차'에서 시작하여, 이 '보덕'을 거쳐, 나중에 치국 위정편에서의 '용현'에 이르기까지, 신하의 중요성, 바른 신하 선발의 절대적 중요성을 거듭 역설한다. 하지만 현실 정치에서 당파성을 초월한 바른 신하를 선발하는 일은 결코 쉽지 않다. 그렇다고 법과 제도를 바로잡으면 아무나 선발해도 된다고 말할 수는 없다. 아무리 탁월한 법과 제도가 만들어져도, 그것을 운영하는 사람의 능력과 자질이 제도 성패의 관건이기 때문이다. 아무리 작은 조직에서도 절대 부정할 수 없는 사실이다. 기업이든, 국가든, 대학이든, 절대 부정할 수 없는 진리다. 게다가 바른 사람이 아니라면 어찌 바른 법과 제도를 만들 수 있겠는가? 결국 사회의 일, 정치의 일은 결국 사람의 문제로 귀결된다. 시험 성적으로 사람을 선발하는 것도 절대로 바른 해결책이 될 수 없다. 인기투표로 선발하는 것은 더 위험하다. 그렇다고, 눈에 보이지도 않는 인격을 어떻게 신뢰할 수 있겠는가? 바른 사람을 어떻게 뽑을 것인가? 누구에게 정치를 맡기는 것이 옳은가? 그것은 아직까지 인류가 해결하지 못한 난제다. 그것은 어쩌면 인간 세상이 존재하고, 정치가 존재하는 이상 결코 풀리지 않는 딜레마로 남을 수밖에 없을 것이다.

율곡이라고 그 사실을 몰랐겠는가? 율곡이 유학자라서 그런 이상적인 원론을 되풀이하는 것이 아니다. 그 일이 아무리 어려운 것이라고 해도, 바른 인물을 선발하는 일의 중요성을 결코 포기할 수 없기 때문이다. "군주로서의 덕과 위업을 성취하기 위해서는 바른 신하를 가까이하는 것보다 더 절실한 일은 없습니다." "임금이 덕이 높은 사람을 좋아하고 가까이하는 것에 그치지 않고 그의 선으로 자신의 부족함을 보충하여 잘못이 있으면 고쳐야 합니다." 율곡의 충정이 뼈저리게 느껴지는 대목이다.

그러나 현실 정치에서 바른 신하를 선발하고, 그의 조언을 받아들여 바른 정책을 시행하여 난관을 타파하고, 임금의 덕이 높아지는 일은 거의 일어나지 않는다. 당쟁으로 사분오열된 율곡 당시의 현실이 그런 이상론을 웃음거리로 여겼던 것이다. "결국 가까이에는 아첨으로 총애를 얻으려는 자들만 남게 되는 것입니다. 이렇게 하고 나라가 위기와 멸망에 이르지 않는 경우는 없었습니다." 이것이 율곡이 왕에게 던질 수 있는 충고의 최대치다. 마지막으로 율곡은 '임금의 덕을 완성하는 책임은 경연에 있다'는 정자의 말을 인용하면서 보덕론을 마무리한다.

경연이란 학문적 식견과 정치적 지식을 가진 신하들이 왕에게 의견을 제시하는 장이다. 일종의 정치 과외 수업이다. 왕은 현실의 문제를 해결하기 위해 다양한 분야의 전문가들을 초빙하여 공부하고 토론한다. 경연은 주로 유교 경전을 논의하는 방식으로 이루어지지만, 단순한 경전 공부, 철학 공부가 아니다. 아 좋구나! 네, 믿습니다! 식의 공부가 아니라는 말이다. 유교 공부는 '신앙 공부'가 아니다. 경전과 현실을 대조하면서, 현실을 이념과 조화시키고, 이념을 현실에 적용하는 방법을 탐색하는 것을 목표로 삼는 공부다. 경전을 실마리로 삼아 현실 정치를 논의하는 것이 경연의 목적이었다. 유교 국가였기 때문에, 모든 사회 문제를 해결하는 근거가 경전이 되어야 하는 것이다. 경전을 잘 안다고 바른 정책을 만들어낼 수 있는 것도 아니다. 또 아무리 바른 정책이라도 경전에서 근거를 찾을 수 없다면, 반대자를 설득하기 어렵다. 현실과 이념의 조정과 조화! 이념의 근거 위에서 현실의 방책을 찾아내는 탁월한 지식과 현실적 감각과 해석의 능력이 필요하다. 사실 직접 해보기 전에는 누구도 어떤 정책이 반드시 적중할 것이라고 자신하기 어렵다. 과학적 기법을 동원해서 만들어진 많은 정책이 예상을 빗나가 엉뚱한 부작용을 만들어내는 경우가 얼마나 많은지를 생각해보라. 더구나 부정한 목표를 실현하기 위해 꾸며낸 기만적 정책이라면 그 폐해는 엄청나다. 그래서 율곡은 이렇게 강조한다. "바른 신하를 신중히 택하고 날마다 그와 함께 머물면서 함양하고 훈도를 받으며 사적 욕망을 극복해야 합니다." 여기서 '사적 욕망을 극복한다'는 말은 단순한 금욕 훈련을 한다는 말이 아니다. 공적인 이익을 진작시키고, 백성 모두에게 도움이 되는 방법이 무엇인지 고민하고, 그것을 실현하는 데 도움이 되는 정책을 과감하게 시행해야 한다는 의미다.

군주는 유교적 덕목의 체현자

유교적 의미의 거버넌스 역량은 다양한 의미를 가지고 있다. 현대 정치에서 말하는 정치적 역량을 발휘하는 것도 당연히 중요하지만, 요즘 정치와는 사뭇 다른 종교적, 의례적이라고 부르는 일에서 필요한 역량을 갖추는 것도 정치적 역량 이상으로 중요했다. 기독교 국가에서 군주가 기독교 가치를 체현하는 것이 중요한 일이었던 만큼, 유교 국가에서 군주가 유교적 가치를 체득하는 것은 중요한 일이었던 것이다.

중세 기독교 왕조에서는 왕이 교황에게 파문을 당하여 기독교적 가치의 체현자로서의 자격을 박탈당하는 일은 곧바로 군주로서의 사형 선고에 해당했다. 유교 왕조에서도 왕이 유교적 가치에 위반되는 존재라는 낙인이 찍힌다는 것은 정치적 사형 선고와 마찬가지로 무서운 일이었다. 따라서 군주가 군주로서 권위를 획득하기 위해서는 무엇보다 먼저, 아직 정치적 역량을 발휘하기 전이라도, 유교적 이념의 대변인으로서 유교적 가치를 체현하여 대변하는 역량을 가지고 있어야 했다. 그것이 유교적 의미의 군주에게 주어진 덕업의 첫 번째 항목이다. 군주는 결국 정치적 존재 이전에 종교적, 의례적 존재였던 것이다.

그리고 군주가 그런 덕업을 이루기 위해서는 소위 '경연'이라고 불리는 군주 교육 프로그램을 통해 유교적 가치를 배우고 실천해야 했다. 그리고 정사를 보좌하는 신하들의 도움을 받으면서 정사를 집행했다. 어떤 의미에서 유교 왕조에서 군주는 절대 군주라기보다는 제한 군주 혹은 상징 군주, 혹은 의례적 군주라는 의미가 더 강했다고 생각된다.

실제로 유교의 군주론에 대한 이론서들을 읽어보면, 유교 정치에서 군주의 이상적인 모습은 '군림하되 다스리지 않는 상징 군주'가 아닌가 싶을 정도다. 현재 영국에서 실현되고 있는 군주제 같은 모습이다.

물론 소수의 탁월한 능력을 가진 군주가 나타나면 군주의 권한과 활동 영역이 확대되기도 한다. 하지만 교통과 정보가 극도로 한정된 사회에서 그것도 커다란 한계를 가질 수밖에 없다. 실제로 그런 인물은 역사에서 아주 드물게 보인다. 아무리 개인적 자질이 뛰어난 인물이라도 정사를 전면적으로 주도하는 것은 거의 생각하기 어려운 것이 현실이었을 것이다. 중국의 경우에는, 소위 군주 독재가 가장 강했던 명나라에서조차 군주는 상징적 존재에 불과하다는 느낌을 지우기 어렵다. 장거정(張居正) 같은 탁월한 재상이 국정을 좌지우지하면 그나마 다행이다. 그러나 그런 재상이 사라지고 나면 거의 환관 집단이 국정을 농단하는 것이 일상사가 되었다. 명대 중후반의 군주 정치는 거의 환관 정치였다고 하는 것이 정설이다. 그런 명대의 환관 정치의 실상을 적나라하게 비판한 책이 『명이대방록』이다. 그러다 보니 간신, 환관, 외척이 군주를 둘러싸고 벌이는 권력 게임을 통해 국가가 좌지우지되는 일이 다반사가 되었던 것이다. 조선의 경우도 사실은 크게 다르지 않았다.

율곡이 제시하는 군주론 역시 현대 정치에서 말하는 방식으로 군주(리더) 개인의 정치력을 제고하는 방법을 직접 가르치는 내용은 거의 없다. 군주에게 요구되는 것은, 처음부터 끝까지라고 해도 좋을 정도로, 유교적 가치를 체현하고 유가적 의미의 덕성과 인의를 완성하는 일이다. 그런 의미에서 『성학집요』의 군주론은 유교의 도덕 교과서라는 인상을 강하게 풍기고 있다. 그리고 그런 유교적 덕목을 자기화한 군주가 실제 정치에서 해야 할 일은 뛰어난 신하, 즉 유교적 덕목으로 높은 평가를 받는 신하를 선발하고, 그 신하를 믿고 초지일관 정사를 운영해나가는 것임을 강조하고 있을 뿐이다. 그런 점에서 보면, 정치 리더십의 교과서로서 『성학집요』의 논의는 고상하기는 하지만 무언가 가려운 곳을 긁어주는 속 시원한 방향을 제시하지 못하는 느낌이 든다. 물론 그것은 이 책의 한계이자 현실 정치의 한계라고 말할 수도 있을 것이다.

13

돈독

성실한 노력을 기울이다

수기 공부에 대해서는 앞에서 다 말했습니다. 그리고 마지막으로 중간에 그 공부를 그만두는 일이 있을까 염려하여 '돈독' 장을 다음에 두었습니다. 『시경』에서는, '시작은 있으나, 마무리가 드물다'고 했습니다. 소위 '돈독'이라는 것은 끝맺음을 충실하게 하는 것입니다.

공부는 성실과 돈독이 전부입니다. 책임은 무겁고 갈 길이 멀어, 전진하지 않으면 퇴보가 있을 뿐입니다. 그러니 성실과 돈독이 없다면 무엇을 이룰 수 있겠습니까? 공자께서는 "고난을 경험한 다음에야 얻는 것이 있다"고 했습니다. 노력이 있으면 반드시 이루는 것이 있을 것입니다. 그러나 미리 기한을 정하기는 어렵습니다. 지금 사람들의 병폐는 노력하지 않고 먼저 얻으려는 데 있습니다. 미리 기간을 정해놓고 성과가 나지 않으면 일을 시작한 지 얼마 되지도 않았는데, 싫증을 내는 마음이 생깁니다. 이것이 배우는 사람의 공통된 병폐입니다.

멀리 가는 사람은 한걸음에 도달할 수 없기 때문에, 먼저 가까운 곳에서 점차로 나아가야 합니다. 높이 오르는 사람은 단번에 오를 수 없기 때문에 낮은 곳에서 점차 올라가야 합니다. 길을 잃지 않고 부지런히 순서를 밟아 뒤로 물러나지 않는다면, 도달하지 못할 만큼 먼 곳, 오르지 못할 만큼 높은 산은 없을 것입니다.

사람의 마음은 각자 즐기는 것이 다릅니다. 그러나 배우는 것을 즐기지 않는 사람은 밝은 이해를 가지기 어려울 것입니다. 자기의 문제를 깨닫고 힘써 제거해야 합니다. 놀이와 여자에 빠진 사람은 그것을 멀리하도록 힘써야 하고, 재물과 이익에 눈이 먼 사람은 그것을 가볍게 여기고 덕을 귀하게 여기도록 힘써야 합니다. 편견과 이기심에 눈이 먼 사람은 그것을 극복하기 위해 힘써야 합니다. 모든 폐단은 먼저 그 근본을 단절하는 데 힘을 써야 합니다. 실제 성과를 올리기 위해서는 어려움과 쉬움을 가리지 않고, 용감하고 힘차게 나아가야 합니다. 괴로움을 견디면서 결단코 물러나지 않는 결심이 필요합니다. 그런 노력은 처음 단계는 매우 힘들지만 시간이 지나면 점차로 밝게 보이는 법입니다. 처음에는 혼란을 느낄 수 있지만 점차로 원리를 이해하게 될 것입니다. 처음에는 일이 진행되지 않는 듯이 보이지만 점차로 아주 순조롭게 진행될 것입니다. 처음에는 아무런 맛이 없지만 점차로 맛을 느낄 수 있게 될 것입니다. 그런 식으로 배우는 것을 즐거움으로 여기도록 마음을 향하게 한다면, 배움에서 그것 이상 필요한 것은 없을 것입니다. 그렇다면, 외부의 사물을 그리워하며 배움을 게을리할 시간이 있을 수 있겠습니까? 안자는 그것을 그만두려고 해도 그만둘 수 없었던 것입니다. 바라건대 유념하십시오.

✦

용맹정진, 수양의 마무리

율곡이 말하고 있는 것처럼, 성리학 수기론의 전체 상은 앞의 여러 장절에서 이미 충분히 제시되었다. 그럼에도 율곡은 임금이 "중간에 그 공부를 그만두는 일이 있을까 염려하여" 돈독(敦篤) 장을 덧붙였다고 말한다. 율곡은 군자 공부의 처음과 끝은 '성실'과 '돈독'이라고 말한다. 성실과 돈독은 사실 비슷한 의미를 가진 말이다. 그러나 성실이 마음의 진실을 강조하는 개념이라면, 돈독은 마음의 철저함을 강조하는 개념이라고 말할 수 있다. 독(篤)은 독(毒)과 통한다. 악착같이 강력하게 끝까지 간다는 말이다. 설렁설렁 대충 공부하는 것이 아니라 진득하게 철저하게 공부하는 것이 돈독이다. 한번 시작했으니 끝을 보고 말겠다. 군자가 되기로 마음먹었으니 기필코 군자됨을 이루고 말겠다. 성군이 되기로 마음먹었으니 성군이 되어 백성을 편안하게 만드는 과업을 실현하겠다는 각오를 완성하기 위해 중간에 포기하지 않아야 한다. 중간에 어떤 어려움이 있어도, 군주로서 백성을 살리는 책무를 포기하지 않겠다는 사명감을 잊지 않아야 한다. "책임이 무거우니, 앞으로 나아가지 않으면 그것이 곧 퇴보다." 공부하는 사람에게 뼈저리게 와닿는 무서운 말이 아닐 수 없다.

그러나 힘차고 용기 있게 나아가기 위해서는, 무작정 나아간다고 되는 것은 아니다. 자기의 인격적 약점이 무엇인지 정확하게 꿰뚫어 보는 혜안이 필요하다. "놀이와 여자에 빠진 사람은 그것을 멀리하도록 힘써야 하고, 재물과 이익에 눈이 먼 사람은 그것을 가볍게 여기고 덕을 귀하게 여기도록 힘써야 한다. 편견과 이기심에 눈이 먼 사람은 그것을 극복하기 위해 힘써야 한다. 모든 폐단은 먼저 그 근본을 단절하는 데 힘을 써야 한다." 자신의 약점을 명확하게 통찰할 수 있어야, 헛된 힘을 빼지 않을 수 있다. 요령을 피우라는 말이 아니다. 쓸데없는 곳에 힘을 빼지 않아야 하기 때문에, 자기 약점을 정확하게 아는 것이 필요하다.

이것은 인격의 성장을 위해서 누구나 잊지 말아야 하는 충고일 것이다. 자기의 약점을 정확하게 알고, 그 약점을 보완하는 일에 더욱 신경을 써야 한다. 그런 훈련을 거듭하다 보면, 공부의 참맛을 느끼는 순간이 온다. 앞에서 우리는 '격물궁리'의 공부가 충분히 무르익었을 때, 무언가 확 트이는 느낌을 갖는 '활연관통'에 대해 말한 바 있다. 공부의 과정이 충분히 무르익었을 때를 '적구(積久)'라고 부른다는 말도 했다. '적구'의 결과 '활연관통'의 경지에 도달하는 것이다. 그런 최종적인 깨달음에 도달하는 일은 결코 쉽지 않다. 이 정도면 됐다, 이 정도면 충분하다는 자만과 자대(自大)가 정진을 가로막는 병폐가 된다. 율곡은 돈독 장을 통해 고통스러운 자기 수양의 공부를 중도에 포기하고 안주하지 않도록, 임금을 격려하고 있는 것이다.

14

수기공효
수기의 성과

노력이 지극하면 반드시 효과가 있습니다. 따라서 마지막으로 공부의 효과[공효]를 논의하고자 합니다. [공부의 효과란 결국] 지식과 실천이 함께 갖추어져 표리를 이루며 성인의 영역으로 들어가는 상태를 말하는 것입니다.

성인의 덕은 천지와 합일하고 신비롭고 알 수가 없는 것이라서 보통 사람이 기대할 수 없는 것처럼 보입니다. 하지만 진실로 공부의 노력이 쌓이면 도달하지 못하는 사람은 없습니다. 사람들은 노력하지 않는 것을 걱정할 것이지, 성인이 되지 못할까 걱정할 것은 아닙니다. 요순, 주공, 공자 같은 분은 타고난 자질로 손쉽게 실천했기 때문에 점진적인 노력이 필요하지 않았습니다. 그러나 탕왕이나 무왕 이후의 성현은 배움과 실천을 통해 본래 가진 것을 회복했습니다. 그 이하는 모두 힘써 노력하여 도달했습니다. 그러나 결과는 하나입니다. 사람들은 정명도 선생이 본래 타고난 너른 마음을 즐기는 것만 알고 실제적인 공부에 노력을 기울인 사실을 보지 못합니다. 또, 주회암(주희) 선생이 바다같이 넓고 하늘같이 높은 자질을 즐기는 것만 보고 아주 작은 것에서부터 쌓아가는 노력을 기울인 사실을 보지 못합니다. 따라서 [사람들은] 그들이 걸어간 길을 따라 발걸음을 옮기고 또 그들이 만든 울타리를 지나지만 결국은 그들의 안마당으로는 들어오지 못합니다. 다만 그들이 알려준 것을 귀로 듣고 입으로 내뱉는 수준의 공부에 만족할 뿐입니다. 이것이 모범[규구]을 눈앞에 두고서도 잘 배우는 사람이 나오지 않는 이유입니다.

공자께서는 성인을 만나는 것은 쉽지 않지만 군자라면 만날 수 있을 것이라고 말씀하셨습니다. 성인은 타고난 자질이 고귀하기 때문에 보통 사람이 바랄 수 있는 것이 아닙니다. 하지만 군자라면 타고난 자질을 막론하고 누구든 배워서 도달할 수 있는 것입니다. 그럼에도 군자를 보기 어려운 것은 왜일까요? 군자로서 나아가기를 멈추지 않으면 성인의 경지에 도달하지 못할 이유는 없을 것입니다. 먼저 자기가 할 수 있는 선을 실행하는 것에서 시작하여 천지의 화육(化育)에 참여하는 수준에 도달하기 위해서는 오직 지식과 실천을 축적하여 인을 성숙하게 만드는 것 말고는 방법이 없습니다. 성현이 가르쳐준 대도는 이미 분명하게 드러나 있으나 그것을 따라 실행할 수 있는 사람이 드문 것은 한탄할 일입니다. 아아! 필부가 학문할 때도 천지의 화육에 참여하는 것을 목표로 삼는데, 제왕의 학문에서는 더 말할 필요도 없을 것입니다. 옛 제왕이라고 해서 반드시 나면서부터 자질이 아름다웠던 것은 아닙니다. 태갑 같은 분은 형벌을 받았지만 마침내 큰 덕을 이루어냈습니다. 성왕은 참언에 빠지기도 했지만 바르게 상벌을 실행했습니다. 후대의 제왕들은 이 두 분을 거울삼았지만, 실제로 행적이 그 두 분을 능가하는 경우가 없었던 것은 왜입니까? 겸손한 마음으로 학문에 힘쓰지 못했기 때문입니다. 대체로 제왕의 자질은 보통 이상이고, 게다가 많은 재물을 사용하면서 보통 사람 이상의 정기가 쌓이기 때문에, 비록 망국의 군주라도 재능이 보통 사람을 능가합니다.

다만 사용하지 않아야 할 곳에 재능을 사용하거나, 그 재능이 걸림돌이 되어 스스로를 높이고 신하를 두려워하지 않고, 즐거움과 안일만을 추구하며 환난을 걱정하지 않기 때문에, 떨치고 일어나지 못하고 날로 몸을 망치게 됩니다. 작게는 몸을 망치고 나라를 갉아먹고, 크게는 몸이 죽고 나라가 망하는 것입니다. 이 어찌 두려워할 일이 아니겠습니까? 오호라! 모든 선의 가능성을 갖추고 있어서 바깥에서 구할 필요가 없고, 공을 쌓는 것 역시 자기를 의지할 뿐 다른 것의 힘을 빌릴 필요가 없습니다. 나라를 구하고 백성을 사랑하는 것 역시 자기에게 달린 일입니다. 그것은 누구도 막을 수 없습니다. 그럼에도 학문에 마음을 두어 밝고 넓은 곳으로 나아가려고 하지 않고, 욕망 실현에만 마음을 두고 더러운 일에 빠져드니, 슬프지 않습니까? 이것은 아무런 생각이 없기 때문입니다.

엎드려 바라옵니다. 전하께서는 마음에서 구하시고, 앞선 성인들을 사모하시고, 위로는 하늘과 조종께서 맡긴 일의 책임을 생각하시고, 아래로는 신하와 백성이 바라는 바를 따라, 성인 공부를 믿고 성실하게 배워 순서에 따라 나아가, 밤낮으로 노력하십시오. 그 결과 반드시 고상하고 두터운 경지에 이르고 수양의 공효를 이루어 이 세상이 다시 요순과 같은 군주를 볼 수 있고, 또 백성이 요순의 은혜를 입을 수 있도록 해주신다면, 만세에 미칠 행운이라고 할 것입니다.

❁

수기의 성과

율곡은 마지막으로 수기공효(修己功效) 장을 통해, 수기의 공을 완성한 다음 도달하는 수기의 효과를 말하면서 수기편을 마무리한다. 수기의 효과는 결국 성인이 되는 것이다. 제왕으로서 성군이 되어 백성에게 평화의 삶을 가져다주는 것이다. 적어도 인간이라면 누구든 노력과 학문을 통해 성인이 될 수 있다는 것이 유교의 기본 신념인 '성인가학론'이다. 물론 자기의 인격적 가능성을 부정하고, 스스로 인간됨을 포기하는 사람은 그런 공부 자체가 불가능하다. 그러나 율곡은 조선의 군왕이 최소한 보통 사람으로서, 노력을 통해서, 앞 장에서 말한 성실과 돈독의 노력을 통해서 성인이 될 수 있다고 믿는다. 이 책을 읽는 보통 사인들 역시 그런 가능성을 가지고 있다. 누구나 성인이 될 수 있다는 사실을 믿고, '성학'이 제시하는 과정과 단계를 무시하지 않고, 성실하게 진득하게 철저하게 한 걸음 한 걸음 나아가는 것이 우리에게 필요한 모든 것이다.

4부
성현도통:
성리학의 정통론

01

도통론 개요

아득한 옛날에 성인과 신인[聖神]이 나타나, 하늘의 뜻을 받들어 인간사의 기준[규범]을 수립했습니다. 그리고 여기서부터 도의 전승[道統]이 시작되었습니다. 글로 쓰인 기록이 존재하기 이전의 아득한 과거의 일은 증거를 찾을 수 없지만, 8괘가 처음 그려지면서 인간의 문화[人文]가 비로소 형태를 갖추기 시작했습니다. 여기서는 그들이 남긴 가르침[謨訓]에 의거하는 동시에 역사적인 기록을 함께 참조하여 그 대강의 모습을 기록하였습니다. 복희씨에서 시작하여 주자에 이르기까지, [성인과 현인은] 자기 수양과 백성 다스리기의 실질적인 공적을 남긴 분들입니다. 따라서 먼저 그들이 이룬 일의 내용과 이룩한 자취를 살펴보면, 무엇을 본받아야 하는지가 분명해질 것입니다. [⋯]

황제 이후에 호소, 전욱, 제곡 세 분 신[帝]이 나타났습니다. 그들은 모두 성인, 현인과 같이 훌륭한 임금[君] 역할을 했습니다. 그러나 그들의 존재에 대해 말해주는 『주역』의 〈계사전〉은 [다른 사람은 말하지 않고] 황제, 요, 순에 대해서만 언급했습니다. 따라서 저 역시 황제 다음에 요순을 말한 것입니다. 선현들이 도의 전승(도통)에 대해 말할 때에도 앞의 세 분 신에 대해 말한 것은 거의 없습니다. […] 복희에서 주공에 이르는 분들은 성인의 자질(덕)을 지니고 임금 혹은 임금의 스승이 되는 지위를 가졌습니다. 또한 그분들은 자기를 수양하고 백성을 다스리는 공적에 있어서 최고의 위치에 도달했습니다. 주공은 비록 임금의 지위를 갖지 않았지만 천하를 다스리는 도를 발휘했다는 점에서 부족함이 없습니다. […]

그 후 도의 전승(도통)은 공자에 이르러 집대성되었고, 공자는 만세의 스승으로 우뚝 서게 되었습니다. 하지만 공자 이후 그 도는 그분 안에 머무르는 데 그치고 세상에 실천되지 못하고 말았습니다. […] 그리고 복희에서 시작된 도의 전승은 맹자에 이르러 단절되고 그 이후에 이어지지 않았습니다. [맹자 이후에는] 순경, 모장, 동중서, 양웅, 제갈량, 왕통, 한유 등이 나타나 말을 세우고(立言) 일을 이루어(立事) 세상을 가르치는 데 도움을 주었습니다. 하지만 순경과 양웅은 편벽되고 순수하지 못하였고, 모장은 눈에 띄는 공적이 없으며, 왕통은 식견이 좁으면서 빨리 이루려는 실수를 범했기 때문에 평가할 것이 많지 않습니다. 오직 동중서만은 도를 밝히는 적절한 논의를 했고, 제갈량은 유자의 기풍을 갖추었고, 한유는 불교와 도교를 배척하였기 때문에, 다른 사람들보다는 우월하다고 볼 수 있습니다. 그러나 동중서는 재이설(災異說)을 주장했고, 제갈량은 신도와 한비처럼 법술의 이론에 가까웠으며, 한유는 유학자로서의 실천을 소홀히 하였습니다. 따라서 그들은 맹자의 전통을 이을 수가 없었던 것입니다.

❋

율곡의 도통사관

율곡은 『성학집요』의 마지막 장에서 성리학의 정통론(도통론)을 통해 유학의 전체 윤곽을 제시하면서 『성학집요』를 마무리한다. 도통론은 성리학의 역사철학이다. 종교-사상 체계로서 유교 성리학은 강한 정통 지향을 가지고 있으며, 그것을 도통이라고 표현한다. 그들은 도통의 기준에 따라 이단을 비판하면서 그들 사상의 진리성을 강화하려고 노력했다. 유교 정통론은 맹자와 순자에서 시작된다. 그들은 비정통 사상을 지칭할 때, '이단'이라는 개념을 사용하지는 않았다. '이단'이라는 말은 『논어』에서 처음 나오지만, 그것이 어떤 사상을 지칭하는 것이었는지는 분명하지 않다. 아마도 '중용'을 벗어나 극단에 치우친 견해나 태도를 가리키는 말이었을 것이다. 그러나 맹자는 '사설(邪說)'이라는 개념을 동원하여 묵자(墨子)와 양주(楊朱)의 사상을 비판했다. 그 후에 순자는 사설, 괴설(怪說), 이설(異說), 폐(弊) 등의 개념을 사용하여 그들을 비판한다. 『예기』는 비정통적 제사를 음사(陰祀)(곡례)라는 개념으로 부르고 있다.

그 후 '이단(異端)' 개념을 유교가 아닌 사상 및 종교를 가리키는 것으로 사용하는 용법은 역사서에서 보이기 시작한다. 그러다가 성리학자들이 '이단'을 불교나 도교 같은 사상·종교를 가리키는 개념으로 본격적으로 사용하면서, '이단'은 유교의 개념 지도 안에 확고한 위상을 가지게 된다. 그런 과정을 거쳐 '벽이단(闢異端, 이단 비판)'이라는 주제는 성리학의 핵심 주제가 되었다.

위의 글에서 율곡은 전형적인 성리학적 도통론에 입각하여 유교의 역사를 개괄하고 있다. 먼저 율곡은 도통의 역사가 크게 공자 이전과 이후로 나뉘는 것으로 본다. 도통론의 입장에서 볼 때, 맹자 이후 등장한 모든 사상가들은 나름의 한계를 가지고 있다. 율곡은 그것을 이렇게 요약한다. "[맹자 이후에는] 순경, 모장, 동중서, 양웅, 제갈량, 왕통, 한유 등이 나타나 말을 세우고 일을 이루어 세상을 가르치는 데 도움을 주었습니다. 하지만 […] 그들은 맹자의 전통을 이을 수가 없었던 것입니다." 율곡이 요약하는 도통의 역사 안에서 순자(荀子)의 존재는 전적으로 무시되고 있다. 순자는 입언과 입사의 공이 있기는 하지만, 맹자의 전통을 잇기에는 부족한 인물이라는 것이다. 성리학은 순자를 배제하고 맹자의 위상을 높이는 데 힘을 쏟는다.

도통사관에 따르면 한나라 이후에 맹자를 계승하는 유학자가 나타나지 않으면서 유교는 쇠락했다. 그러나 북송 초기에 정이천, 정명도 형제가 나타나면서 유학은 회복의 길로 접어들고, 유교 부흥의 기운이 일어났다. 그리고 그런 기운을 이어받으면서 새로운 유학 체계를 완성한 인물이 남송의 주자다. 도통론의 핵심은 율곡의 글에서 잘 표현되고 있기 때문에 위에 제시된 율곡의 본문을 읽는 것만으로 도통론의 골자를 파악할 수 있다. 그러나 이런 도통론적 입장은 성리학의 주장을 선명하게 만드는 데 기여할 수 있지만, 유교가 외연을 확대하면서 시대의 변화와 더불어 유연하게 성장 발전하는 데는 걸림돌로 작용할 수 있다. 성리학이 성립하던 시대에는 어쩌면 그런 강력한 도통론적 유교 해석이 어느 정도 시대적 역할을 감당했을 것이다. 그런 의미에서 성리학적 도통 주장이 나름의 정당성을 얻는다. 하지만, 살아 있는 생명체로서의 유학이 시대의 문제를 헤쳐나가는 사상이 되기 위해서는, 그런 도통론적 순수주의를 극복할 필요가 있다. 왜냐하면, 그런 도통론적 순수주의 자체가 유교의 본래적 정신을 왜곡하는 위험성을 안고 있기 때문이다.

유교의 탄생과 중국의 '축의 시대'

공자, 맹자, 순자 등의 노력에 힘입어 유교의 기본 틀이 완성된 시대를 우리는 야스퍼스의 개념을 빌려 중국의 '축의 시대(axial age)'라고 부를 수 있을 것이다. '축의 시대'란 인류 문명의 기본 틀이 형성되는 시대라는 뜻이다. 그 시기에 형성된 가치관과 삶의 태도가 인류 역사의 방향을 제시했다. 공자의 사상은 전형적인 '축의 시대'의 창조물로서, 중국 문명, 나아가 동아시아 문명이 발전하는 방향을 제시했다. 그러나 '축의 시대'의 정신적 창조성이 그 시대에 돌발적으로 출현한 것은 아니다. 적어도 중국의 경우, '축의 시대'는 그 이전 시대와의 단절이 아니라 그 이전 시대의 문화적, 문명적 기초 위에서 자연스럽게 성장한 것이었다. 따라서 중국 문명에서 '축의 시대'의 혁명성을 지나치게 강조하는 것은 문제가 있다. 그럼에도 불구하고, 춘추전국(기원전 8세기 중엽에서 기원전 3세기 후반) 시대로 대표되는 '축의 시대'에는 유가, 도가, 묵가, 법가, 병가, 음양가 등등 이루 헤아리기 어려울 정도로 다양한 사상이 등장해, 더 바람직한 문명 질서를 수립하기 위해 경쟁했다. 그 시대는 문명적 창조성이 두드러지게 개화한 시대였던 것이 분명하다.

공자는 천 년 이상 발전해온 문화적 유산을 종합하여 유교에 새로운 방향을 제시했다. 율곡의 말처럼, 공자는 삼황오제(三皇五帝)에서 주공(周公)에 이르는 장구한 시간에 걸쳐 형성된 도의 전통을 계승하고 발전시켰다. 맹자가 공자를 '집대성(集大成)'의 성인이라고 부른 것은 그 때문이다. '축의 시대' 이전부터 존재했던 육경(六經), 혹은 육예(六藝)의 가르침을 바탕으로 새로운 사상을 창조한 인물이라는 의미였던 것이다. 우리는 그런 공자의 공적을 높이 평가하기 위해, 그를 유교의 개조(開祖)라고 부르기도 한다. 유교에서 도의 전통이란 결국 육경이라는 문서의 형성과 전승 과정이라고 볼 수 있다. 공자는 귀족주의의 예치 질서를 근간으로 육경의 정리와 재해석을 시도한다. 공자와 육경의 관계는 불분명한 점이 적지 않다. 하지만 육경의 정리와 전승에서 공자의 역할을 부정하기는 어렵다. 공자가 '축의 시대' 이전의 문화를 계승하면서 새로운 창조를 이룬 것은 분명하기 때문이다. 소위 유교는 공자를 계승한다는 자각을 가진 사상가 집단이 긴 시간에 걸쳐 구축한 정신적 창조물이다.

공자는 육경을 정리 재해석하면서 소위 유교의 개조로서 위상을 획득했고, 그의 권위는 제자들의 노력에 힘입어 여러 지역으로 확대되었다. 최근의 출토 문헌들은 공자의 제자 집단에 의해 유교가 확대 발전해나가는 양상을 어느 정도 보여주고 있다. 하지만 중국 역사에서 공자의 사상적 권위를 확고하게 정립하는 데 공을 세운 인물은 맹자와 순자였다. 우리는 보통 유학이 공자에서 맹자를 거쳐 순자로 발전했다는 관점을 당연하게 받아들이고 있지만, 실상은 그렇지 않다. 실제로 순자는 맹자를 공자의 정통적 계승자가 아니라고 비판하기를 마다하지 않는다. 그럼에도 불구하고, 공자의 권위를 확립하는 데 가장 크게 기여한 인물은 역시 맹자와 순자였다.

춘추전국 시대에는 육경의 해석에서 사(士)와 대부(大夫)의 권위가 부각되기 시작한다. 공자의 육경 해석은 그런 해석의 하나에 불과했을 가능성이 높다. 춘추전국 시대에 '육경'에 대한 공자의 권위는 아직 확고하지 않았을 가능성이 있다는 말이다. 그러나 맹자의 전투적 정통론 주장, 전투적 공자 조술(祖述)의 입장이 육경의 전승에서 공자의 중요성을 부각시키는 작용을 했던 것은 분명하다. 그리고 전국 말기에 사상계에서 중요한 지위를 확보하고 있던 순자의 등장으로 육경의 해석에서 공자의 권위는 움직일 수 없는 것이 된다. 그렇다고 해서, 맹자에서 순자로 자연스럽게 이어지는 직선적 발전 궤도를 상정하는 것은 무리가 있다. 『예기』 안에서 우리는 소위 공자학파에 속하는 사상가들의 언설을 확인할 수 있다. 그러나 과거에는 『예기』가 전국시대의 문서가 아니라고 보는 의고(疑古)적 입장이 주류를 이루고 있었다. 하지만 출토 문헌이 등장하면서 『예기』에 수록된 문서들의 중요성과 원전성(原典性)을 재평가하는 연구가 나타나고 있다. 그런 연구에 따르면, 맹자는 공자 → 증자 → 자사로 이어지는 사상적 흐름을 계승하고 있으며, 공자의 사상 중에서 인의(仁義) 중심의 심성론을 적극적으로 계승 발전시킨 것이라고 한다.

한편 순자는 맹자가 계승한 심성론 중심의 사상을 비판한다. 순자는 공자 사상의 또 다른 축이라고 할 수 있는 예(禮)를 적극적으로 계승하는 입장을 보여준다. 게다가 순자는 공자의 제자인 자하(子夏)로 이어지는 육예(六藝)의 해석학을 계승한다. 그런 점에서 순자는 유교 경학에서 높은 평가를 받게 된다. 맹자와 순자는 공자의 어느 한 측면을 강조하는데, 그 두 입장의 대립은 후대 유교의 역사적 발전에서 두 개의 중심축이 되었다.

그 이후 유교는 한(漢) 제국의 통치 이념으로 채택되어 국가 종교로서 지위를 확립하고 사상적 외연의 확장에 힘을 쏟는다. 그 결과, 유교는 '독존유술(獨尊儒術)'이라고 불리는 일극(一極) 체제를 완성하는 한편 다양한 사상을 종합하는 외연 확대를 추진했다. 따라서 한나라 이후의 유교를 단순히 공맹의 유학과 동일한 것이라고 볼 수는 없다. 한나라 이후의 유교는 공자, 맹자, 순자를 중심에 두지만 다른 사상적 가능성을 최대로 확장한 새로운 유교였던 것이다. 그런 외연 확대와 통합의 경험 위에서, 유교는 불교(한말~당대)와 기독교(명청~근대)를 수용하고,

근대 이후에는 사회주의와 자유주의를 받아들이며 새로운 문명의 체계를 만들어낼 수 있는 저력을 축적해왔다고 말할 수 있다. 그렇게 외연과 내포가 확대된 통합 유교는 21세기에 동아시아 유교 문화가 세계사의 중심으로 복귀하는 상황에서 중요한 사상 자원이 될 것이 분명하다.

한나라 이후 유교는 공자-맹자-순자의 전통을 포괄하고 넘어서는 통합적 체계를 만드는 노력을 기울이며 유교의 사상적 외연을 확장했고, 그 체계 안에서 맹자와 순자는 커다란 타원형의 두 중심으로서 긴장을 유지하고 있었다. 그리고 그 두 중심은, 마치 럭비공의 역동성처럼, 유교의 역동성을 확대 유지하는 데 기여했다고 평가할 수 있다. 그러나 송나라 이후의 유교의 발전에서 순자는 거의 완패했다고 할 정도로 그 존재가 희미해진다. 송대 이후 유교는 맹자 일변도로 축소되고 역동성을 상실하게 된다.

도통론에서 맹자와 순자

맹자와 순자는 각각 입장을 달리하면서 유학을 발전시켰다. 그 과정에서 그들은 여러 사상에 대한 치열한 비판을 전개하고, 그런 비판을 통해 유교의 바른 견해를 확립하려고 노력했다. 맹자는 양주로 대표되는 도가, 묵적으로 대표되는 묵가를 비판한다. 유교 사상에서 대단히 중요한 주제인 '인간/동물' 논쟁은 그런 비판의 맥락에서 등장한 것이다. 유교 정통성의 확립을 위해, 다양한 사상을 비판한다는 점에서 순자는 맹자에 뒤지지 않았다. 그런 점에서 『맹자』와 『순자』는 강력한 정통 의식을 담은 논쟁의 문서라고 말할 수 있다. 특히 순자는 같은 유학 진영에 속하는 소위 '사맹학파(思孟學派)'에 대해서도 신랄한 비판을 퍼부었다는 사실은 주목할 만하다.

유교가 공자에서 맹자를 거쳐 순자로 이어진다고 보는 통속적인 관점에서는 순자의 사맹학파 비판은 의외가 아닐 수 없다. 주공에서 공자로 이어지는 전승이 정통이라고 보는 순자는 같은 유교 진영에 속하는 비정통적 입장이 더 위험하다고 생각했던 것이다. 순자와 맹자의 대립을 여기서 자세히 살펴볼 수는 없다. 하지만 유교 형성기에, 맹자나 순자의 이단 비판은 유교를 독자적인 전통으로 확립하는 데 기여했던 것이 분명하다. 유교가 사상적인 정체성을 확립하려고 할 때, 이단 비판이 유교적 정체성 수립의 시도로서 등장하는 것은 자연스러운 일이라고 볼 수 있다.

그러나 한나라 제국을 거치면서 '이단' 비판 논의는 거의 사라진다. 왜냐하면, 유교의 정통성은 이미 확립되었고, 타자를 배제하는 방식으로 자신의 독자성을 확립하는 것은 이미 시대가 요구하는 과제가 아니었기 때문이다.

한나라에서 유교는 국가 경영을 위한 사상의 지위를 획득했다. 그 결과 육예(육경)를 새로운 제국의 이념으로 삼으려는 노력이 국가적 규모로 이루어졌다. 이때 유교는 육경을 전승하는 사상으로서 특별한 지위를 얻었고, 공자는 신적인 존재로 숭배되었다. 그리고 육경을 해석하는 '경학(canonical studies)'은 제국 학술계의 권력 중심이 되었다.

앞서 말한 것처럼, 맹자는 공자의 인의 사상을 발전시켰고, 순자는 공자의 예법 사상을 발전시켜 '융례중법(隆禮重法, 예를 드높이고 법을 중시한다)'의 체계를 구상했다. 경학의 측면에서 보자면, 맹자가 공자의 '정신'을 현창하기 위해 『시경』과 『서경』을 이용하는 데 중점을 두었다면, 순자는 모씨, 노씨, 한씨의 시경학(詩經學)을 계승하고, 『좌전』, 『곡량전』, 『예기』(대대례, 소대례) 등, 대부분의 유교 경전을 전승하는 길을 열었다고 평가할 수 있다. 결국 맹자와 순자는 둘 다 공자를 계승하려는 정통의 의지를 가지고 있었지만, 한나라 유교의 특징인 경학의 발전이라는 측면에서 보자면, 순자의 공적은 맹자 이상이라고 볼 수 있다. '육예의 학(경학)'과 '공자의 술(사상)'을 동시에 계승하고자 했던 한나라에서 순자의 위상은 절대로 무시할 수 없는 것이었다(『한서』, 〈동중서전〉참고).

한나라에서 유교는 공자의 '사상(인의)'을 계승하는 것보다는 공자의 '학문(경학)'을 계승하는 데 중점을 두고 있었다. 그런 상황에서 육경을 전승한 인물로서 순자의 위상은 더욱더 높아진다. 경학이라는 관점에서 보면, 인의를 가르친 사상가로서의 위상은 한발 물러날 수밖에 없다. 더구나 '술이부작(述而不作)'과 '신이호고(信而好古)'를 강조했던 공자는 경전의 창조자가 아니라 경전의 정리자나 조술자로서의 의미를 가지게 된다. 따라서 한나라 이후 경학이 국가 학문에서 중요한 지위를 차지하게 된 다음에는, 사상의 창조자인 공자보다는 경전의 창조자인 주공(周公)의 지위가 높아지는 것은 당연히 예상할 수 있다. 실제로 한당(漢唐) 시기, 경학 중심의 유교 안에서, 주공은 공자보다 중요한 인물로 여겨졌고 공자는 주공을 보좌하는 지위로 격하되었던 것이 사실이다. '독존유술'의 전통이 확립되는 과정에서 주공의 지위가 공자보다 더 높았고, 공자의 사상을 계승한 맹자보다는 경학을 전승한 순자가 더 중요한 지위를 차지했던 것은 이런 맥락에서 이해할 수 있다. 그 시대에 공자와 맹자의 사상적 창조는 경학의 배경으로 후퇴한다.

순자와 경학 전승

넓은 의미에서 유교 경학은 순자의 전통에 속한다고 말할 수 있다. 실제로 한~당 시대에 순자는 맹자보다 더 중요한 인물로 여겨졌다. 경학을 중시하면 맹자보다는 순자의 위상이 더 높아지는 것이 자연스럽기 때문이다. 청대의 고증학자 왕중(汪中)은 「순경자통론」에서 이렇게 말한다. "순경(荀卿, 순자)의 학술은 공자에서 나왔으며, 여러 유교 경전에 대해 남긴 공적이 더욱 두드러진다. […] 공자 제자 70인과 그들의 제자들이 죽은 후에 한(漢)의 여러 유자들이 등장하기 이전에, 더구나 전국시대의 혼란과 진나라의 유교에 대한 횡포를 거치면서 육예의 전승이 단절되지 않을 수 있었던 것은 오로지 순경 때문이다. 주공이 창조하고 공자가 해설하고 순자가 그 가르침을 전승했으니, 그들의 공적과 행동은 결국 하나라고 말할 수 있다."

왕중은 육예가 끊어지지 않고 계승될 수 있었던 이유를 순자에서 찾고 있다. 심지어 왕중은 유교 경학의 전승에서 순자의 공적이 공자에 뒤지지 않는 것으로 평가한다. 물론 그의 반주자학적 의도를 고려한다면 그런 평가는 유보가 필요하지만, 그럼에도 불구하고, 경학을 강조할 경우 맹자나 공자보다 주공과 순자의 평가가 높아지는 것은 충분히 이해할 수 있다.

그러나 공자-맹자 중심의 유교 정통사관에 익숙한 우리로서는 왕중의 순자 평가, 심지어 공자보다 주공을 우위에 두는 왕중의 유교 정통론은 충격적이다. 특히 '경전'의 전승을 '사상'의 전승보다 더욱 중요한 것으로 보는 청대(淸代) 고증학의 흐름 안에서, 왕중의 주공 및 순자 평가는 결코 무시할 수 없다. 예를 들어, 청대 말기 고증학과 문헌학의 대가이자 중국 고대 학술을 총정리하는 데 큰 공적을 남긴 양계초의 평가는 주목할 가치가 있다. "한대(漢代)의 육경 연구는 대부분 순자가 전달해준 것에 근거한다. 그리고 경전을 전달한 선생들은 거의 진(秦)의 박사들이었다. 한나라 이후의 경학은 명의상 공자의 학술을 계승 발양한다고 했지만, 실제로 그들이 전한 것은 오로지 순자 일파의 전통이었을 뿐이다."

경전의 전승을 중시하면 필연적으로 '주공 → 공자 → 순자'의 계보를 강조하지 않을 수 없다. 왕중의 관점이 양계초에게 그대로 계승된다는 것을 알 수 있다. 게다가 양계초는 중국 유학이 형식적으로는 공자의 학문을 계승한다고 말하지만 경학은 대부분 순자의 계통에서 나온 것이라고 단언한다. 유교 경학은 실제로는 순자학[荀學]의 일파라는 것이다. 양계초의 과도한 확신에 전적으로 동의하지 않더라도 유교 경학의 전승에서 순자의 영향력이 실제로 우리가 알고 있는 수준을 넘어서는 것이었음을 확인하기에 충분하다.

02

도통의 계승과 단절

소옹(강절)은 내성외왕의 학문을 완성했습니다. 그러나 선현들이 그를 도통의 정맥으로 인정하지 않았기 때문에, 그의 이름을 여기에 싣지 않았습니다. 정이천, 정명도 선생의 제자들 중에도 유교의 도를 계승한 분이 역시 많지만 그 도를 전하는 책임을 질 수 있는 분은 없었습니다. 따라서 정자(이정)와 장재(횡거)의 뒤에는 바로 주자를 놓았습니다. 하지만 양시(구산) 선생은 정자에게 배웠고, 이동(연평) 선생이 나(예장) 선생에게 수학하였습니다. 이 세 분의 업적은 비록 그다지 크지는 않지만 주자의 원류가 되기 때문에, 간략하게 행적을 기록하였습니다.

공자는 여러 성인의 업적을 집대성하였고, 주자는 모든 현인들의 업적을 집대성하였습니다. 성인은 나면서부터 알고 자연스러운 실천으로 아무런 자취를 남기지 않기 때문에 짧은 시간에 그를 배우는 것은 불가능합니다. 오직 주자는 오랜 공부의 축적을 통해 집대성에 이르렀기 때문에, 그를 모범으로 삼을 수 있습니다. 먼저 주자를 배워야 그다음에 공자를 배울 수 있습니다. 따라서 여기에 주자의 행적을 자세히 실었습니다. 명도의 행적을 보면 그의 기품과 자질이 높다는 사실을 알 수 있을 것입니다. 그리고 주자의 행적을 보면 공부하는 체험의 깊이를 알 수 있을 것입니다.

주자 이후에는 도통의 정맥을 얻은 사람을 꼭 집어 말하기 어렵습니다. 장남헌은 주자와 도의로 교유하고 함께 강론한 공로가 있으며, 채서산 이하의 학자들은 모두 주자의 학문에서 얻은 바가 있으므로, 간략하게 행적을 밝혔습니다. [⋯] 주자 이후에는 진덕수, 허형이 선비로서 이름이 났으나, 그 출처를 살펴볼 때 비난할 만한 점이 있기 때문에, 감히 여기에 싣지 않았으며, 또 명나라의 명신들 중에는 이학에 잠심한 사람이 적지 않으나 도통의 정맥에 접할 수 있는 사람은 보이지 않기 때문에, 여기에 기록하지 않았습니다.

✳

주자학과 도통론

'도통'이라는 말은 성리학, 주자학의 정신을 표현하는 중요한 개념

중의 하나다. 그 말을 처음 사용한 사람은 주자가 아니지만, 주자 문하에서는 그 말이 주자학의 정신적 가치와 사상적 목표를 극명하게 보여주는 것이라는 인식을 가지고 있었다. 주자학의 계승자인 왕백(王柏, 1197~1274)이 「발도통론(跋道統論)」에서 언급한 것이 그 증거다. "도통이라는 명사는 고대의 글에는 보이지 않고 최근에 만들어진 말이다. 주자는 『중용』에 서문을 쓸 때 '도통'이 전해지지 않았다는 사실을 강조하면서 천하 후세를 걱정하는 마음이 깊은 것을 잘 보여주고 있다."

'도통' 개념이 주자학의 목표와 사상적 핵심을 표현하고 있다는 사실은 의심할 여지가 없다. 하지만 그 말의 의미는 반드시 분명한 것은 아닐 뿐 아니라 역사적으로 남용되는 경향이 있다. 나아가 그 말이 송대 이후 유학의 역사에서 복잡한 굴절을 겪었다는 사실 또한 잊어서는 곤란하다. 이런 사정을 염두에 두면서, 도통 개념의 의미를 명확하게 이해하기 위해, 도통 개념이 형성되어가는 시대적 맥락과 발전 과정을 간략하게 짚어보자.

주자는 널리 알려진 것처럼 〈중용장구서〉에서 '도통' 개념을 사용하면서 확고한 가치론적 입장에서 유교의 역사를 개괄한다. "상고의 성인들이 하늘의 뜻을 받들어 진리의 표준을 세운 이후, 도통의 전승은 계속 이어져 내려왔다. 그 '도통'의 정신이라 할 수 있는 '윤집궐중(允執厥中)'은 경전에 보이는데, 요임금이 순임금에게 전해준 것이다. 사람의 마음은 항상 위태롭고 도의 마음은 희미해서 알아보기 어렵다. 오로지 정성과 집중으로서 가운데를 바르게 붙잡아야 한다는 말은 순임금이 우임금에게 전해준 것이다. 요임금의 '윤집궐중' 한마디는 지극한 진실을 다 표현하고 있다. 그리고 순임금이 덧붙인 세 마디 말은 요임금의 한마디 말을 명확하게 부연한 것으로서, 대체로 진리에 가까운 말씀이라고 할 수 있다"(『사서집주』, 〈중용장구서〉). 여기서 '도통'이란 주자가 평가하는 유교의 정통적 역사 전승이다. 주자가 도통과 도통이 아닌 전승을 구별하는 기준은 '중용을 진실하게 붙잡는다'는 상당히 모호한 정신적 가치였고, 주자는 그것을 기준으로 유교의 전승사를 선별하고 정통성을 부여했다. 이 〈중용장구서〉에서 주자는 도통의 전승사를 정리하고 도통의 전승을 재확인하는 것의 사상사적 의미를 언급하고 있다. 핵심만을 확인해보자.

(1) 요, 순, 우는 천하의 위대한 성인이다.

(2) 성, 탕, 문, 무 등의 군주들과 고요, 이윤, 부열, 주공, 소공 등의 신하들은 도통의 전승을 이어준 인물들이다. 그리고 우리 공자(부자)의 공적은 오히려 요순보다 더 뛰어난 점이 있다.

(3) 공자 이후에는 오직 안연과 증자 등의 제자가 정통성을 이었다. 증자의 제자의 제자 중에 공자의 손자 자사가 나타났지만, 성인들과 시간적 거리가 먼 관계로 이단이 일어나기 시작했고, 자사는 성인에서 멀어질수록 진실한 전통을 잇기 어렵다고 생각했다.

(4) 그 이후 맹자가 나타나 자사가 지은 『중용』의 의미를 밝히면서 앞선 성인의 도통을 이었다. 그러나 그가 돌아가신 후에는 도통의 전승이 사라졌다.

(5) 그 이후 이단의 주장이 날이 갈수록 더욱 번성하게 일어나고, 마

침내 도교와 불교의 무리가 출현하기에 이르렀다. 그들의 가르침은 이치를 드러내고 있는 듯이 보였기에 더욱더 진리를 혼란스럽게 만들었다.

(6) 그리고 근세에 정명도, 정이천 형제가 나타나 천 년 동안 전승되지 않았던 도를 회복하고, 도교와 불교의 사이비 진리를 공격했다.

여기서 주자가 제시하는 유교적 '도의 정통'은 '요 → 순 → 우 → 탕 → 문왕 → 무왕'의 고대 성왕의 맥락과 그것을 계승하는 '공자 → 증자 → 자사 → 맹자', 나아가 근세, 즉 북송의 이정(정이천, 정명도) 형제로 이어지는 맥락이다. 여기서 주자가 '도통'을 강조하는 이유는 도교와 불교로 대표되는 이단의 발전을 저지하기 위해서다. 그리고 주자는 그런 이단 사상을 차단하는 것이 곧바로 유교로 대표되는 중국적 정신의 회복이라는 시대적 과제와 직결된다고 보았다. 그 목표를 달성하기 위해 주자는 우선적으로는 '사서'의 체계를 강화하고, '사서' 안에서 특별히 중요한 문서로 재발견된 『중용』의 가치를 부각시키려 했다. 그런 주자의 의도에 따라 『논어』·『맹자』·『대학』·『중용』으로 이루어지는 '사서'는 독립적 문서의 지위를 획득하고, 주자의 탁월한 재해석을 거치면서 중국 역사상 처음으로 '오경'과 맞먹는 경전의 지위를 획득하게 된다. 주자는 죽는 순간까지 '사서'를 재해석하는 데 힘을 쏟았으며 그가 수립한 '도학(道學)'은 이후 천 년 동안 유학의 전범으로서의 지위를 획득하는 데 성공했다.

도학의 이단 비판

주자는 중국 사상의 최고봉인 '도학'을 완성한 인물이다. 주자는 자신의 사상을 확립하는 과정에서 다양한 사상을 폭넓게 흡수하고, 당시의 다양한 학문적 경향을 포용·비판하면서 거대한 스케일을 갖춘 사상 체계를 수립했다. 주자가 완성한 '도학'은 수양을 통해 도덕적 인격을 완성하고[修己], 민중을 교화시켜 사회 전체를 조화로운 평화 세계로 이끈다는[治人] 전통 유교의 두 이념을 통합하는 것을 이상으로 삼는 사상 체계다. 그것은 북송의 주돈이(周敦頤, 1017~1073), 장재(張載, 1020~1077), 정호(程顥, 1032~1085), 정이(程頤, 1033~1107)의 학문을 계승하여 주자에 의해 완성된 사상적 흐름을 총칭하는 것이다. [율곡이 언급하고 있는 것처럼, 도통론 안에서 소강절의 지위는 약간의 출입이 있다.] 그리고 수양과 교화의 주체는 새로운 사회 계층으로 등장한 신흥 사대부 지식인이었다.

신흥 사대부의 사상이자 세계관인 '도학'은 강한 문화적 정체성을 근거로 수립된 것이다. 그런 문화적 정체성은 주자에 이르러 분명한 모습을 띤다. 도학 사상가들은 당시의 중화 세계가 위기에 빠진 원인을 문화적 주체성의 상실 때문이라고 생각했다. 그런 인식은 진량(陳亮)으로 대표되는 소위 공리주의적 사상가들의 비판을 받았지만, 역사는 결국 도학파가 제시한 방향으로 귀착되고, 원나라 이후에는 도학파의 관점이 국가 이데올로기의 지위에 오르게 된다.

주자가 표방한 문화주의(=중화주의)는 불교에 대한 비판과 밀접한 관계가 있다. 그들이 제기한 이단 비판은 언뜻 보면 '도학'이 지향하는 조화 및 질서의 관점과 위배되는 것으로 보일 수 있다. 그러나 도학자들은 진정한 조화와 질서를 수립하기 위해서는 중국의 정치-사회 질서[禮]를 부정하는 불교를 배척하는 것이 무엇보다 시급한 과제라는 인식을 공유했다. 그들에게 사회적 평화는 중화적 질서의 안정을 의미하는 것이었기 때문에, 중화 문화를 위협하는 어떠한 세력에 대해서도 단호한 투쟁을 불사한다는 전투적 성격을 가지게 되는 것이다. 확고한 평화주의가 전투적 근본주의로 전환한 것은 역사의 아이러니가 아닐 수 없다.

도학의 불교 비판은 당나라의 한유(韓愈, 768~824)가 제시한 배불론(排佛論)의 정신을 계승하고 있다. 한유는 이민족의 가르침인 불교가 중국 문화를 부정할 뿐만 아니라, 사회 자체를 부정하는 초속적인 가르침이라고 비판한다. 유교야말로 선왕들의 유산이자 중국 문화의 정체성 회복을 위해서 반드시 회복해야 할 사상이다. 한유는 「원도」라는 글에서 이렇게 선언한다. "이른바 저 선왕의 도란 무엇인가? 널리 사람을 사랑하는 인, 이치에 맞게 행동하는 의, 인의를 실천하는 도, 자기가 이미 갖추고 있어서 바깥에 구할 필요가 없는 덕이 그것이다. 그 네 가지 가치가 담겨진 문헌은 『시경』, 『서경』, 『주역』, 『춘추』이며, 그 법도가 다름 아닌 예악형정(禮樂刑政)이다."

예악형정은 유가가 전통적으로 지지해온 조화로운 사회 수립을 위한 수단의 총칭이다. 한유는 『대학』에서 제시된 팔조목과 삼강령이 예악형정에 바탕을 둔 중국적 질서를 한마디로 요약한 것이라고 주장한다. 특히 한유가 중요하게 본 것은 정심(正心, 마음을 바르게 함), 성의(誠意, 뜻을 참되게 함) 및 명명덕(明明德, 천하에 명덕을 밝힘)이었다. 한유는 개인의 마음 수양과 그 수양에 바탕을 두고 올바른 세계를 만들고자 하는 지향을 가진 것이 유교의 핵심이라고 주장하고, 그런 방향에서 어긋난 불교의 가르침은 근본적으로 중국적 질서를 무시하는 것이라고 비판한다.

> 옛날 천하에 명덕을 밝히려는[明明德] 자는 우선 자기 나라를 다스렸고, 나라를 다스리려는 자는 우선 자기의 가문을 다스렸고, 가문을 다스리려는 자는 우선 자기 몸을 다스렸고, 몸을 다스리려는 자는 우선 마음을 바르게 했고, 마음을 바르게 하려는 자는 우선 뜻을 참되게 했다. 옛날에 이른바 마음을 바르게[正心] 하고 뜻을 참되게[誠意] 한 것은 장차 일을 도모하려는 뜻이었지만, 지금은 마음을 다스린다고 하면서 천하 국가를 도외시하고 하늘의 영원한 이치를 멸했다.

『대학』은 본래 『예기』의 일부였지만, 한(漢) 이후에 『대학』의 중요성에 눈뜬 사람은 거의 없었다. 따라서 한유가 『대학』을 유교의 정수를 담고 있는 문헌이라고 판단하고 그 관점을 활용하여 이민족의 종교와 이단을 배척하고 중국의 문화를 회복할 수 있다는 전망을 제시한 것은 획기적인 의미를 가지고 있다. 송나라 이후의 '도학'은 『대학』에 표현된 유교적 정신을 계승하고 확대 해석한 사상 체계였기 때문에, 한유는 '도학'의 선구자라는 평가를 받고 있다. 앞에서 살펴본 것처럼, 율곡의 『성학집요』는 바로 이 『대학』의 구조를 모델로 삼아 유교 성리학의 체계를 재구성한 성리학 입문서다.

도학은 한유의 불교 배척론과 문화적 민족주의를 계승한다. 그러나 주자 이전의 도학파 사상가들의 관심은 주로 불교 비판과 결부된 내면적 정신 수양 문제로 기울어져 있다는 인상을 지우기 어렵다. 다시 말하자면, 도학은 유교의 전통적인 두 방향의 관심, 즉 내성(內聖, 인의, 인격 수양)과 외왕(外王, 예법, 정치 질서 수립), 수기(修己, 자기 수양)와 치인(治人, 정치 활동)의 두 방향의 관심 중에서, 주로 '내성' 내지 '수기'의 차원에 정력을 쏟고 있었다고 평가할 수 있기 때문이다.

수기와 도통: 도학의 두 중심

주자의 사상적 관심은 공자와 맹자의 정신을 회복하여 중국 문화의 위기를 극복하는 것이었다. 주자는 먼저 유교의 정체성, 즉 '도통'을 회복하는 일에 힘을 쏟는다. 그의 학문은 '사서'와 '육경'의 경전 해석학에 기반을 두고, 이단 사상과 종교를 비판하는 데 집중하고 있다. 그러나 주자는 이단이 단순한 내용을 가진 것이 아님을 누구보다 잘 알고 있었다. 마음 이해와 수양의 문제에서 불교와 도교는 중국인의 삶 속에 깊이 자리 잡고 있다. 게다가 전통 유교는 그런 문제에 응답할 수 있는 깊이를 갖추지 못했다. 그러나 문화 정체성 수립이라는 사상 과제를 수행하기 위해서는 감정적인 비판에만 머물 수 없다. 주희는 불교와 도교를 능가할 수 있는 마음 이론과 수양론을 정립하기 위한 연구에 몰두했다. 결국 주희는 경학과 역사철학, 심성론과 수양론을 포괄하는 거대한 사상 체계를 완성했다. 주자를 비판하는 사람들은 그가 확립한 심성론과 수양론이 유교의 외피를 뒤집어쓴 불교와 도교라고 비난하기도 했다. 어떤 면에서 그런 평가는 옳다. 하지만 모든 위대한 사상이 종합과 조화의 산물이라는 사실을 고려할 때, 주자학의 종합주의는 그의 결함이라기보다는 오히려 그의 특장을 제대로 지적한 것이라고 볼 수 있다.

주자는 도교와 불교의 장점을 최대한 유교적 체계 속에 받아들였다. 이단의 사상 자원을 활용하여 경전을 재해석하고, 유교의 내용을 풍부하게 만들었다. 그런 종합을 거치면서 유교는 완결된 세계관의 체계로 승화되었다고 말할 수 있다. 그런 점에서 주자의 사상이 유교의 모습을 가진 불교라는 평가는 주자 사상의 의도와 지향을 제대로 이해하지 못한 것이 될 수 있다. 모든 창조적인 사상은 과거의 사상적 자원을 충실하게 이용한다. 그런 종합과 취사선택을 거치면서 시대적 요청에 답하는 새로운 체계를 만들어낸다. 창조적인 사상가는 고전의 텍스트를 원래의 맥락 안으로 되돌리고, 그들 사이의 연결 지점을 포착하고, 새로운 맥락에서 텍스트를 다시 읽어낸다. 주자의 사상은 새로운 맥락이 요청하는 읽기를 거친 거대한 체계를 갖추고 있다. 주자의 손을 거치면서 유교는 우주론, 심성론, 수양론, 그리고 역사철학의 체계를 갖춘 새로운 유교로 다시 태어났고, 도교와 불교를 대체할 수 있는 거대한 세계관을 제시할 수 있었다. 실로 그의 사상은 세계관의 패러다임의 전환에 기여했다고 말할 수 있을 것이다. 주자의 도학은 문화적 이상주의를 지향한다. 앞에서 본 것처럼, 그의 이상주의는 동시대의 현실주의 내지 공리주의자들의 비판의 표적이 되었다. 그러나 주자는 중국적 질서의 위기를 극복하는 방안을 유교적 정체성의 회복에서 찾는 입장을 양보하지 않는다.

평범한 사람은 고전이 탄생한 맥락과 그 고전을 다시 읽어야 하는 새로운 맥락의 융합을 통합하는 해석학적 창조를 수행할 능력이 없다. 따라서 그들은 고전 이해를 포기하든지, 아니면 그런 지식을 자기 과시를 위한 도구로 삼고 만다. 주자는 당시 유학자들은 고전을 창조적으로 재해석하지 않고 출세를 위한 수험서로 암기하는 데 만족하고 있다고 비판했다.

주자는 당시 유교가 활력을 상실한 이유를 고전의 몰락에서 찾았다. 주자는 관료의 선발 시험인 과거(科擧)를 격렬하게 비판한다. 그 비판은 결국 고전의 창조적 해석을 포기하고 밥벌이와 출세 도구로만 고전을 이용하는 저급한 사고에 대한 비판이었다고 말할 수 있다. 고전 해석은 텍스트와 그 텍스트의 콘텍스트, 그리고 현재적 상황(해석자의 콘텍스트)이라는 삼자(三者)의 교호작용 속에서 이루어져야 하고, 그럴 때에만 고전은 재창조될 수 있다. 주자는 고전 텍스트에 창조적인 생명력을 불어넣기 위해 필사의 노력을 경주했고, 엄청난 양의 고전 해석학의 성과를 남겼다. 그의 해석이 근세 중국뿐만 아니라 동아시아 세계의 이념적 패러다임이 되었다는 것은 주지의 사실이다. 프루스트는 '세계는 한 번만 창조되는 것이 아니라 위대한 예술가가 출현하는 횟수만큼 다시 창조된다'고 갈파한 바 있다. 그의 말은 사상적 창조의 경우에도 동일하게 적용될 수 있다.

주자와 리학(理學)의 역사적 의미

고전의 해석을 통해 주자가 발견한 진리는 '리(理)'로 개념화된다. 주자의 리(理) 개념은 많은 비판자들의 도전을 받았지만, 동시에 불변하는 중국적 가치가 존재한다는 주자의 신념을 대변하는 상징어로서의 가치가 있다. 리는 다양한 의미 변환의 가능성을 가지고 있다. 의미가 모호한 데서 여러 논란이 일어나긴 했지만, 리 개념은 그 이후 천 년에 걸쳐 동아시아 사상을 이끌어가는 중심 개념이었다. 리는 우주적 원리며, 인간사의 원리다. 존재하는 것은 그것의 존재를 가능하게 만드는 필연적이고 당위적인 원리를 가지고 있다. 인간과 사회, 그리고 우주는 리 때문에 존재한다. 나는 리를 '분절화의 원리'라고 이해하지만, 어느 개인이 작위적으로 그것의 의미와 내용을 변경하거나 조작할 수 있는 것이 아니다. 그런 점에서 리는 초월적이고 보편적이다. 그러나 이 경우 초월과 보편이라는 말은 이데아 세계의 초월성, 예지계의 초월성과 같은 것이라고 볼 필요는 없다. 성리학이 그런 형이상학을 전제하는 사상이라고 볼 필요가 없다. 주자는 중국의 성인이 제시한 도[=理]는 아직 완전히 실현된 적은 없지만 "도의 보편성은 사람이 간여할 수 없는 것"이라고 진량(陳亮)에게 보낸 편지에서 강조했다. 한 사람의 인격 완성, 한 사회의 정치적 완성, 세상의 질서와 평화는 각 층위에 합당한 원리[理]를 이해하고, 그 원리에 어긋나지 않는 한에서 보장될 수 있다. 즉, 사회 국가의 질서의 근거가 되는 분절화의 원리인 리를 근거로 삼아 나라를 다스리면 국가는 태평[治]을 얻을 수 있다. 그러나 그 반대는 혼란[亂]을 가져온다. 『대학』에서 제시하는 '치국평천하(治國平天下)'라는 유교적 이상은 리를 관건으로 삼는다. [리의 의미는 『성학집요』의 수기편 '궁리' 부분의 해설에서 자세하게 논의했다.]

주자가 주장하는 것처럼, 리는 성현들의 삶 속에 실현된 것이고, 성현들이 제정한 문화 질서, 즉 예 속에 실현되어 있었다. 다시 말해, 예는 중국적 질서[理]와 동의어가 될 수 있다. 이상적 정치의 실현은 성현이 제시한 원리, 즉 예를 현실에 구현하는 것에 의해 가능해진다. 하지만 문제는 간단하지 않다. 왜냐하면 도나 리는 보편성을 가진 것이지만, 그것을 현실에 실현하기 위해서는 구체적 역사성을 고려해야 하기 때문이다. 그러나 인간은 완전한 존재가 아니다. 따라서 보편성과 역사성의 조화는 말처럼 쉽지 않다. 성인의 지평과 나의 지평을 통합하는 것은 말처럼 쉽지 않다. 여기서 수양의 필요성이 제기된다. 결국 유교에서 말하는 수양은 문화 창조자인 성인 수준으로 나의 정신을 향상시키려는 것이다. 내가 성인 수준으로 격상될 때 보편과 역사의 소통이 가능하기 때문이다. 한유가 유교의 두 방향이라고 보았던 수기[=내성(內聖)]와 치인[=외왕(外王)]은 주자학에서 유교적 이상사회를 실현하기 위한 예(禮=理)의 실천, 그리고 그 예의 실천을 가능케 하는 개인의 수양이라는 순환적 관계망 안에서 종합된다.

수양은 문화의 원리를 이해하고 그것이 온전하게 작동하도록 실천하는 것이다. 예는 문화의 원리를 구체화한 것이다. 이상적 정치[治國平天下]는 개인의 완성과 사회의 완성, 즉 자기 실현과 예의 실현을 동시에 실현하는 것이다. 개인과 사회는 연속적이다. 인간과 사회, 나아가 우주는 연속적인 커다란 유기체로 이해된다. 중국적 사유의 핵심인 '천인합일(天人合一)'의 세계관은 그런 유기체적 사유에서 나온 것이다. 주자는 그러한 유기적 관점을 전제하면서, 우주론, 이기론, 심성론, 수양론, 문화론, 이단 비판론, 정치론을 관통하는 거대한 세계관을 완성하려 했던 것이다.

03

도의 기원과 전승

　신의 생각은 이렇습니다. 처음에 사람들은 나무 위에 집을 짓고 날 것을 먹고[血食] 살았습니다. 삶의 방식[生理]이 아직 완전하게 갖추어지지 않았기 때문에 머리를 풀어 헤치고 옷도 입지 않았습니다. 문화(인문)가 아직 발달하지 않았고 지도자도 없이 무리 지어 살았습니다. 음식은 이빨로 물어뜯고 손톱으로 움켜쥐고 먹었습니다. 점차 소박한 삶은 사라지고 큰 혼란이 일어나자, 비로소 무리 가운데서 성인이 나타났습니다. 뛰어난 지혜를 가진 성인은 사람들의 성품을 바로잡았고, 백성들이 자연스럽게 그에게 복종하였습니다. 다툼이 일어나면 해결을 부탁했고, 의심이 들면 가르쳐주기를 구했습니다. 이렇게 그를 지도자로 받들고 민심이 그에게 돌아서니, 그것이 바로 천명이

향하는 바가 되었습니다.

성인은 백성들이 자기에게 복종하는 것을 알고 어쩔 수 없이 지도자[君師]의 책임을 떠맡게 되었습니다. 그는 자연의 원리에 입각하여 생업을 유지할 도구를 만들었습니다. 그 후 궁궐, 집, 의복, 음식, 기물이 점차 완비되었고, 백성들은 수요가 충족되면서 편안한 삶을 누리게 되었습니다. 그러나 성인은 백성들이 생활의 편의만 누리고 배움이 없으면 동물과 다를 바가 없게 된다는 사실을 알았기 때문에, 사람의 마음과 하늘의 원리에 입각한 교화의 방법을 창안했습니다. 그 결과 아버지와 자식, 군주와 신하, 남편과 아내, 늙은이와 젊은이, 친구와 친구의 관계가 도리에 합당하게 되었습니다. 이렇게 인간 사회에 하늘의 질서가 펼쳐지게 되었던 것입니다. 그리고 시간이 흐름에 따라 시대에 적합한 제도를 강구해야 했고, 현명함과 어리석음의 차이 때문에 서로 다른 교화의 방안을 강구해야 했습니다. 따라서 마음의 표현[情]을 절제하고 세상사를 조정하여, 때로는 덜어내고 때로는 더하면서 규범을 만들었습니다. 이렇게 문화[文質], 정령(政令), 상벌(賞罰)이 적절하게 자리를 잡았습니다. 이제, 과도한 것은 억제하고, 부족한 것은 끌어올리고, 착한 사람은 북돋우고, 악한 자는 징벌을 내리면서 대동(大同)의 상태에 도달할 수 있었습니다. 바로 이것이 성인이 하늘의 원리를 모델로 삼아 인간사의 표준을 수립하고 사람 사는 세상을 만든 방식입니다. 도의 바른 전승[道統]은 이렇게 확립되었습니다.

성인이 큰 군주가 될 수 있었던 것은 세상이 그의 도덕을 따랐기 때문이지 힘으로 그렇게 했기 때문이 아닙니다. 따라서 성인이 세상을 떠나면 반드시 다른 성인이 출현하여 천하를 다스리고, 때에 맞추어 변화를 꾀하여 백성들이 곤란한 상황에 이르지 않게 했습니다. 소위 사람의 마음에 따르고 하늘의 원리에 따른다는 사실은 조금도 변하지 않았습니다. 천지의 불변의 원리[常經]로서 변하지 않는 것도 있지만, 변화가 반드시 필요한 것도 있습니다. 시대가 점차로 내려오면서 풍습[風氣]이 옛날과 다르고 성인 또한 나타나지 않아 전승이 단절되고, 통일은 이루어지지 않고 간웅들이 일어나 틈을 엿보는 상황이 되었습니다. 이에 성인은 그것을 걱정하여 아들에게 제위를 전하는 원칙을 세웠습니다. 그러나 아들에게 제위를 전하게 된 뒤에는 '도통'이 반드시 군주에게 있지 않았습니다. 따라서 반드시 신하 중에서 현인과 성인을 얻어 군주의 덕을 보완하게 함으로써 도통의 전승이 그치지 않게 했던 것입니다.

도통론에 대한 비판

율곡은 주자학의 도통론을 충실하게 계승하고 있다. 사실 도통론의 이념이나 내용 자체는 율곡의 원문 안에서 거의 다 이야기되고 있다. 율곡이 『성학집요』에서 제시한 도통론은 주자학적 도통론의 충실한 해설로서 부족함이 없다. 그만큼 율곡은 주자학을 충실하게 이해한 조선의 대표적 성리학자였다는 사실을 이 글을 통해서 충분히 엿볼 수 있다.

『성학집요』의 '수기'에서 율곡은 주자학의 계승자를 자처하면서 주자학의 입장에서 불교를 비판한다. 율곡은 불교를 비롯한 비주자학(특히, 육상산) 사상을 나름대로 깊이 천착한 경험이 있고, 그런 경험의 바탕 위에서 불교를 비판했지만, 그런 비판은 당연히 유교적 편견에 물든 것이라고 볼 수 있다. 따라서 이 글에서는 그의 불교 비판의 논리나 육상산 비판의 논리를 깊이 따지지 않는다. 율곡의 비판 논점은 이래서 정당하다거나, 혹은 이래서 정당하지 않다고 말할 공평한 입장을 누가 가질 수 있겠는가? 율곡의 불교 비판이 틀렸다거나 오해라고 비판하는 것도 가능하겠지만, 그것은 또 다른 찬반을 불러올 것이 분명하다. 모든 견해는 당파적이기 때문에, 그 누구든, 공정한 심판자를 자처할 수는 없는 노릇이다. 율곡의 문면(文面)을 읽고, 타 종교 및 타 학파에 대한 율곡의 입장을 파악할 수 있다면 그것으로 족하다.

송대에 등장한 '성리학'은 도통론에 의거하여 결국 보편 이데올로기로서 지위를 획득한다. 그 결과 우리는 주자와 도통, 그리고 사서를 하나의 연쇄적 덩어리라고 기억하게 된 것이다. 주자학은 사서에 근간을 두는 도통, 정통의 관점에서 불교와 신유학의 또 다른 입장이라고 볼 수 있는 육상산이나 진량 등 동시대의 여러 학자와 학파를 비판했다. 21세기를 사는 우리는 물론 주자학을 당연히 정통으로 받아들일 필요는 없다. 그리고 유교 자체를 오늘날의 정통으로 받아들이는 주자학적 입장에 동조할 이유는 없다. 오히려 그들이 왜 갈등하고 비판을 주고받았는지, 왜 사상적 대립이 등장하게 되었는지를 객관적으로 연구하고 이해하는 것이 필요하다.

명대 이후 주자, 도통, 사서를 하나의 통일적인 구성물이라고 이해하는 관점에 의문을 제기하는 학자들이 등장한다. 그들은 주자학이 제안하는 도통론이라는 관점 자체를 수용하지 않거나, 주자가 도통 전승의 근거로 제시한 '사서'를 도통 전승의 증거로 보고, 그것에 경전적 가치를 부여하는 관점을 허구적인 역사 해석에 불과하다고 비판한다. 왕양명(王陽明)은 주자가 사서의 하나로 승격시킨 『대학』 텍스트 자체에 의문을 제기하면서, 『고본대학』을 부각시키며 주자학의 도통 이데올로기와 대결한다. 청대(淸代)에 들어오면 문헌 비판의 관점에서 주자학을 극복하려는 노력이 더욱 확산되고, 소위 고거학(考據學, 고증학)이라는 이름으로 주자학의 권위, 주자학의 도통론에 도전하는 학자들이 꼬리에 꼬리를 물고 나타난다. 바야흐로 주자학 위기의 시대, 주자학적 도통론이 위기를 맞는 시대가 온 것이다.

예를 들어, 청대 대진(戴震, 1724~1777)은 『대학』이 공자 및 증자와 관련이 있다는 주자의 주장에 의문을 표시했다. 어떤 입장이 옳은지를 여기서 깊이 따질 수는 없지만, 그런 일화를 통해서 우리는 허구성을 드러내려는 대진의 의도를 읽을 수 있다.

대진 이후의 고증학자 전대흔(錢大昕, 1728~1804) 역시 "도통이라는 두 글자는 이원강(李元綱)의 『성문사업도(聖門事業圖)』라는 책에 처음으로 보인다. '전도정통(傳道正統)'이라는 제목을 가진 그 책의 제1도에서는 명도(明道)와 이천(伊川)이 맹자를 계승한 것으로 정리되어 있다. 그 책은 주자와 동시대, 즉 건도 임진년(乾道 壬辰年)에 완성된 것이다"라고 말한다. 전대흔은 '도통' 개념 자체가 주자와 동시대 인물인 이원강이 처음 사용한 말이라고 지적하고, 주자학의 독창성은 물론 도통과 주자의 연결고리가 취약하다는 사실을 간접적으로 보여주려고 했던 것이다. 그러나 주자학이 공고한 국가 이데올로기의 지위를 차지하고 있던 전통 사회에서, 도통론을 비판하는 것은 모험에 가까운 일이었다. 고증학자들의 작업은 일종의 지식의 고고학이라고 말할 수 있을 것이다. 하지만 그런 지식과 개념의 고고학을 통해 도통론이 객관적 사실이 아니라 도학의 체계 안에서 의도적으로 재구성된 사실, 즉 역사적 사실이 아니라 역사 해석에 불과하다는 것을 밝히고 사회적 승인을 얻어내는 것이 쉬운 일은 아니었다.

옛날이나 지금이나 주류 사상을 벗어난다는 것은 어려운 일이고 때로는 위험한 일이 되기도 한다. 그러나 시간이 지나면서, 여러 방면의 도전과 시대적 상황 변화라는 복합적 벡터가 작용하면서, 도통론적 역사 이해는 서서히 권위를 상실한다. 그 여러 벡터 중에서 청대 고증학자들의 비판은 대단히 중요한 역할을 했다. 그러나 고증학적 연구 성과에 거의 관심을 갖지 않았을 뿐 아니라 주자학 중심주의 자장(磁場)이 강한 한국에서 도통론적 역사 이해는 알게 모르게 여전히 강력한 힘을 발휘하는 것 같다.

현대 유학의 도통론 계승

현대에 들어와 소위 현대 신유학에 의해 주자의 도통론적 사상사가 부활한다. 물론 현대 신유학 사상가가 모두 주자학적 도통론을 수용하는 것은 아니다. 예를 들어, 주자학의 체계를 재해석하는 방대한 저술을 남긴 전목(錢穆, 1895~1990)은 '도학' 재평가의 입장에서 도통론에 의문을 제시한다. "이정(二程, 정명도와 정이천)이 처음으로 언급하고 주자가 확정한 것처럼,『대학』을 '경(經)' 부분과 '전(傳)' 부분으로 나누는 것이 옳은지 아닌지, '경' 부분이 공자의 말을 증자(曾子)가 조술한 것인지 아닌지, '전' 부분이 증자의 생각을 문인이 기록한 것인지 아닌지,『중용』이 자사가 저술한 것을 맹자에게 전수한 것인지 아닌지, 고대의 유가 전통이 공자, 증자, 자사, 맹자의 계통을 따라서 전승된 것인지 아닌지, 이런 모든 것은 반대 논변의 여지가 얼마든지 있다." 이런 식으로 도통의 전승에 의문을 제시하는 전목의 입장은 청대 고증학 및 30~40년대 고사변파의 영향을 받은 것이다.

한편 고사변파와는 일정한 거리를 취했던 유사배(劉師培)는 유학의 두 계보를 제안하면서 성리학의 도통론과 거리를 두려고 한다. 유사배가 말하는 첫째 계보는 '공자 → 증자 → 자사 → 맹자'로 이어지는 공맹학(孔孟學)의 계보다. 송대 성리학은 이 계보를 이어받았다. 그들은 유학의 사상적 중심을 인(仁)이라고 보고 인의 실현을 지향하는 '수기치인'을 강조하는 '심성학(心性學)'을 유학의 정통이라고 주장한다. 그들은 자연스럽게 내면주의적 경향으로 흐른다. 주자학은 전형적으로 이런 흐름을 대표한다. 당연히 율곡은 이 계보 안에 위치한다. 유사배가 말하는 둘째 계보는 '공자 → 자하 → 순자'로 이어지는 순자학(荀子學)의 계보다. 그들은 인(仁)이나 심성(心性)에 중점을 두는 내면주의적 경향에 반대한다. 순자는 예악을 내면화하는 장기적인 훈육의 중요성을 강조한다. 이들은 '사서'보다는 '육예(육경)'의 전통을 강조한다. 순자의 '사맹학파' 비판은 성리학 비판이면서 동시에 도통론에 대한 근원적인 부정이라고 볼 수 있다.

그리고 유사배보다 조금 나중에 활약하는 풍우란(馮友蘭), 모종삼(牟宗三), 전목, 그리고 이택후(李澤厚) 등 현대 신유학의 대가들은 유학의 전통을 논의하면서 어떤 전통을 유학의 바른 전통이라고 볼 것인가 하는 정통성 논의를 새롭게 제기한다.

먼저 풍우란과 모종삼은 하나의 입장을 대변한다. 그들은 '이학(理學)=도학(道學)'을 현대적 관점에서 계승하는 것을 목표로 삼고, 이학(도학)의 심성설에 입각하여 도통론을 현대적으로 확장하려고 한다. 풍우란이 자신의 대표 저작에 '신리학(新理學)'이라는 이름을 붙인 것은 그런 면에서 이해할 수 있다. 이어서 모종삼은 『심체와 성체』라는 저작을 통해 리학의 총체적 종합과 정리를 시도한다. 그는 리학[性體]을 중심에 두고 심학[心體]을 포괄하는 '심성론'을 유교의 정통적 흐름이라고 주장한다. 유사배가 말한 공맹학이 유학의 정통이라는 것이다. 나아가 그는 근대 서양에서 도입한 민주, 자유주의 정치경제학과 서양의 관념론 전통을 종합하는 창조적 재해석을 시도한다. 이처럼 모종삼은 전통적인 성리학의 도통론을 토대로 훨씬 더 넓은 시야를 가진 새로운 도통을 창조하려는 포부를 보여주고 있다.

전목과 이택후는 또 다른 관점을 대표한다. 전목은 사상가로서 중국의 사상을 정리하면서 이학(도학)의 정통론을 벗어나 유교의 흐름을 새롭게 볼 수 있는 가능성을 제기한다. 전목과 달리 창조적인 사상가로서 20세기 후반 중국의 현대철학을 대표하는 이택후 역시 전목과 비슷한 관점에서 새로운 유교 계보론을 제안하는데, 이택후의 해석은 유학의 다양한 계보를 중시하는 것이다. 전목과 이택후는 도학적 정통론의 편협함을 극복하고 전통 전부를 새로운 사상 자원으로서 평등하게 다루어야 한다는 입장이다. 사상의 역사를 제대로 서술하고 그것을 사상 자원으로 활용하기 위해서는 '정통'이라는 편협한 기준을 넘어 객관적이고 종합적인 태도를 견지해야 한다는 것이다.

도통론에 대한 이들의 입장 차이는 사상사의 시대 구분과 연결된다. 예를 들어, 심성유학을 유학의 정통으로 삼는 모종삼은 유학 '삼기설(三期說)'을 제시한다. 그것은 내성심학(內省心學)(이학+심학)을 근간에 놓고, 민주주의와 과학기술을 수용하는 신외왕(新外王)의 관점에서 창조적으로 재해석하는 입장이다. 나아가 그는 '공맹(1기) → 송대도학(2기) → 웅십력(熊十力), 모종삼 등(3기)'으로 유교의 역사를 시대 구분하고, 유교적 정통론을 새롭게 제안한다. 모종삼의 3기설에서는 순자나 순자를 계승하는 한대 및 청대의 경학(한학) 전통이 완전히 배제된다.

반면, 이택후는 모종삼 일파의 '3기설'의 대안으로 '4기설'을 제시한다. 그는 현대 신유가의 사상사 이해를 비판하고, 유학의 전통을 네 단계로 나누어 본다. 이택후에 따르면, 유교의 역사는 '공맹순(孔孟荀)(1기) → 한대유학(2기) → 송명이학(3기) → 현재와 미래의 발전(4기)'으로 된다. 이택후의 '4기설'에서는 경학 중심의 유학이 2기를 대표하는 유학으로서 독자적인 지위를 가지고 있는 것이 특징이다. 그리고 현대적 발전에서 웅십력이나 모종삼 등 현대 신유가를 중심에 두지 않는다. 순자가 경전 전승의 중요한 고리로서 확고한 위상을 가진다는 것은 앞에서 지적한 대로다.

사실 객관적인 역사 해석이란 존재하지 않는다. 정통론 자체가 이념의 대결이고, 가치와 판단에 대한 욕망의 대결이다. 따라서 과거의 도통론을 계승한다고 말하는 현대적 도통론 역시 그런 성격을 완전히 불식할 수 없다. 현대의 도통 해석학은 완전히 새로운 관점이라기보다는 과거부터 있었던 두 가지 입장에서 출발하여 현대적 상황에서 그 차이를 재조정하는 것에 불과하다고 말할 수 있다. 나는 그 두 입장을 '심성주의'와 '경학주의'의 차이라고 부를 수 있다고 생각한다. 혹은 전통적으로 존재해온 '금문학'과 '고문학'의 차이의 발현일 수도 있다.

'심성주의'는 정통 개념을 상당히 좁게 보려고 한다. 유학의 정체성을 규정하고 방향을 설정하는 데 그렇게 하는 것이 더 유리하기 때문이다. 반면 '경학주의'는 그런 엄격한 정체성 관념이 오히려 위험하다고 본다. 확정된 틀 안에 들어오지 않는 것을 배제하거나 부정하는 것이 다른 문제를 낳는다고 보기 때문이다. 그런 부정과 배제는 지나친 순결주의로 확대될 수 있고, 결과적으로는 근본주의로 삐질 수 있다.

우리 역시 이와 비슷한 선택을 요구받고 있다. 자신이 지켜야 할 것을 명확하게 만들기 위해 이학(異學)과 이단(異端)을 부정하고 배척하는 정통성 담론, 조선 유학에서 특히 두드러지게 힘을 발휘했던 주자학의 정통성 담론을 어떻게 해석하고, 재평가해야 하는가? 탕평의 사상가로 포용을 강조했던 율곡조차도 『성학집요』에서 주자학적 도통론의 입장을 받아들이고 관철하려는 강한 의지를 보여주고 있다. 그렇다면 주자학자들이 그렇게 소중하게 생각한 정통성 담론은 그저 낡은 사고에 불과했던 것인가?

여기서 우리는 다음과 같은 질문을 제기하지 않을 수 없다. 확고한 정체성을 유지하기 위해 모든 외적 도전이나 영향을 배척해야 하는가? 아니면 시대의 흐름에 따라 사상이 발전 변화할 수 있다는 사실을 받아들이고, 다양한 사상에 대해서 개방적인 태도를 취해야 하는가? 그렇다면 어디까지 개방이 가능한가? 요즘식으로 말하자면, 사상의 다원주의, 가치의 다원주의가 어디까지 가능한가?

한쪽에서는, 확고한 정체성을 정립해야만 외부의 도전으로부터 자신을 지킬 수 있다고 주장한다. 신을 지키지 못한다면 문화적인 것이든, 정치적인 것이든, 경제적인 것이든, 외부에서 밀어닥치는 힘에 의해 무너질 수 있다. 그러나 다원주의적 입장에서 보면 격변하는 시대에 확고한 정체성은 오히려 위험하다. 개방적인 태도로 외부의 영향과 상황 변화를 수용하는 유연한 태도를 가져야 한다. 외적 자극에 적응하는 내성을 갖지 못하면 오히려 한순간에 모든 것을 잃을 수도 있다.

둘 다 나름 일리가 있다. 대중이 역사의 방향을 결정하는 민주주의 사회에서 대중의 선택은 결정적이다. 그리고 민중의 사유를 선도하는 지식인의 역할도 중요하다. 물론 현대 사회에서, 대중의 판단은 누군가의 조작에 의해 너무나 손쉽게 변질된다. 이런 현실에서 누구의 선택이 올바른지 누가 자신 있게 말할 수 있는가?

조선 시대의 유학자들, 율곡을 비롯한 성리학자들은 확고한 정체성을 주장하는 길을 선택했다. 그들이 옹고집쟁이라서 그런 길을 선택했다고 쉽게 말할 수는 없다. 세계사적인 문명 전환의 시대에, 조선에는 그런 변화를 조망하고 미래를 준비할 수 있는 안목을 가진 사람이 많지 않았다. 일본의 조선 침략은 세계적 문명의 전환이라는 거대한 흐름과 무관하지 않다. 나중에 나라를 상실하는 비극으로 이어지는 위기가 이 시대에 시작된다고 말할 수 있다. 그렇긴 하지만, 전혀 듣지도 보지도 못했던 외부에서 불어닥치는 폭풍을 제대로 감지하고 이해하기를 요구할 수 있는가? 외부에서 오는 바람이 반드시 옳은 것도 아니고, 필연적인 것도 아니라면 더더욱 그렇다. 시간이 흐르면서 문명사적 전환에 눈 뜨는 사람이 점점 많아지고, 유학자의 태도도 바뀐다. 그러나 어떤 일이든 때가 있는 법, 세상의 변화를 자각했을 때는 이미 너무 늦었다.

04

현실의 어둠과 군주의 책무

하은주(삼대) 시대 이후, 군주가 성스러움을 상실했기 때문에 세상을 다스리는 일에서 세상은 점점 타락했습니다. 풍속은 어지러워지고 백성들의 거짓은 날로 번졌기 때문에, 백성을 가르치는 일은 더 어려워졌습니다. 군주는 자기 수양의 덕을 버리고, 현명한 자를 좋아하는 성실함을 잃고, 천하를 자기 장난감이라고 생각할 뿐, 천하를 위해 걱정하는 마음은 갖지 않았습니다. 사람을 쓸 때도 덕을 평가하지 않고, 세상을 다스릴 때도 도를 무시했습니다. 따라서 현인과 성인은 조정에 설 수 없기 때문에 재능을 펼치지 않고 깊이 감추어두니, 보물을 쌓아두고 인생을 마치는 꼴이 됩니다. 그러나 공정함을 버리고 이익만을 추구하는 자는 서로 싸우고 경쟁하면서 나아가니 상하가 자기 이익만을 추구하는 상황이 되어버렸습니다. 이제 도통의 전승은 [조정이 아니라] 민간의 필부 사이에서 이어졌습니다. 도통이 군주와 신하들 사이에서 전해지지 않게 된 것은 참으로 천하를 위해 불행한 일입니다. 그 이후로 교화는 사라지고, 풍속이 무너졌으며, 게다가 이단은 횡행하고 권모와 속임수가 치열하게 일어났습니다. 세상은 어두워지고 고질병이 깊어져 삼강이 침몰하고 구법은 혼란에 빠졌습니다. 그 결과 민간에서도 도통의 전승은 끊어지고 천지가 긴 암흑 상태로 들어갔습니다. 간혹 재능과 지성을 가진 군주가 나타나 암흑을 벗어나 평화를 이루는 경우가 있기는 했지만, 대부분은 눈앞의 이익을 추구하는 이론에 빠져 도와 덕의 실마리를 놓치고 말았습니다. 이것은 비유하자면 횃불로 어둡고 긴 밤을 밝히는 꼴이라, 어찌 우주를 지탱하고 일월을 밝혀 도를 전승하는 책임을 감당할 수 있겠습니까?

아! 도는 높고 멀리 있는 것이 아니라 일상 속에 있는 것입니다. 일상 안에서 움직이고 멈추고 하는 가운데 사리를 정밀하게 관찰하고, 중용의 덕을 지킬 수 있다면, 도가 추락하는 일은 없을 것입니다. 이것으로 덕을 완성하는 것을 '수기'라고 하고, 가르침을 펼치는 것을 '치인'이라고 합니다. 이렇게 '수기'와 '치인'을 남김없이 실행하는 것을 '전도'라고 합니다. 따라서 도의 전승이 군주와 재상 사이에서 이루어지면, 도가 세상에 펼쳐지고 은혜가 후세에 미칠 수 있습니다. 그러나 도의 전승이 필부 사이에서 이루어지면, 도는 세상에 전해지기 어렵고 후학에게 전해질 뿐입니다. 만일 도가 전승되지 않고 도를 전하는 필부까지 나타나지 않는다면, 천하는 갈팡질팡하며 어찌할 바를 모르게 될 것입니다. 주공이 돌아가시고 백 년 동안 좋은 정치가 존재하지 않았고, 맹자가 돌아가시고 천 년 동안 참된 유자가 존재하지 않았다는 것은 바로 이런 상태를 가리키는 말입니다.

여기서 저는 선유들의 학설에 근거하여, 복희씨에서 주자에 이르는 도통의 전승을 서술하였습니다. 주자 이후에는 도의 전승이 단절되었으니, 제가 깊이 탄식하고 전하께 큰 기대를 거는 이유입니다. 오늘날 사람들은 '도학'이 높고 멀어서 실행에 옮기기 어려울 뿐 아니라, 옛날과 지금은 달라서 어쩔 수 없다는 것을 확고한 입장으로 삼고 있습니다. 그러나 개벽 이래로 오늘에 이르기까지 몇 천 년이 지났는지 알 수 없지만, 천지의 모습은 옛날 그대로입니다. 산천의 형상도 옛날 그대로입니다. 초목과 동물의 형태도 그대로입니다. 사람들의 궁실, 의복, 음식, 기물 역시 성인이 만든 것을 모방한 것이므로 삶을 영위하는 데 버릴 수 없는 것입니다. 하지만 오직 하늘의 질서는 사람의 마음과 천리에 근거하기 때문에 만고에 변할 수 없는 것입니다. 그렇다면, 현재의 퇴락에 안주하여 옛날의 것을 회복할 수 없다고 하는 것은 무슨 뜻이겠습니까? 아! 그것은 아무 생각이 없다는 것을 말해 줄 뿐입니다.

전하 앞에 엎드려 생각하건대, 전하께서는 도에 뜻을 두고, 게으름을 이겨 요순을 본받고, 학문으로 선을 밝히며 덕으로 몸을 진실하게 하고, 그 결과 '수기'의 성과를 완성하고 치인의 가르침을 베풀어야 합니다. 겁먹고 물러나려는 생각에 흔들리지 말고, 이익과 손해를 따지는 이론에 동요되지 말고, 관행을 지키려는 입장에 구애되지 말고,

반드시 공자의 도를 크게 밝히고 실행하여 도통의 전승을 이어간다면, 만세를 위해 다행일 것입니다.

✹

도통론의 현재적 의미

그렇다면 성리학에서 말하는 도통론은 어떤 의미를 가질 수 있을 것인가? 이 문제를 간단히 언급하면서 율곡의 대작이자 우리나라 지성사의 걸작인 『성학집요』에 대한 긴 논의를 마무리하려고 한다.

율곡의 시대 이후 거의 500년이 지났다. 우리는 현재의 지혜를 가지고 과거를 손쉽게 비난하는 경향이 있다. 현재의 얕은 지혜로 역사를 함부로 단죄하는 경박함을 부끄럽게 여기는 사람은 많지 않다. 조선 후기의 유학자들은 세상의 변화에 직면하여 위기감에 가득 차 자기를 점검하려는 노력을 기울였다. 그리고 그런 위기감이 강하면 강할수록 더욱 강렬한 '도통론' 언설이 쏟아져 나온다. 율곡의 논의는 시기적으로 서양의 영향이 유입되기 직전에 제시된 것이지만, 율곡의 시대에 조선의 유교 사회는 이미 커다란 위기를 맞이하고 있었다. '서양에서 밀려오는 그 물결을 빨리 이해하고 거기에 올라탔어야 했다.'

말은 쉽지만 실행은 어렵다. '당국자는 어둡고 방관자는 밝다'는 말이 있다. 축구 시합을 보는 시청자는 세계 최고의 플레이어이고 감독이 아닌가? 그러나 그들 중에 실제 경기에 뛸 만한 기량을 가진 사람이 얼마나 될 것인가? 아마도 0.000001퍼센트도 되지 않을 것이다. 정치도 마찬가지다. 문명 전환에 대응하는 선각자의 역할은 더욱 어렵다. 현재 지도자들 중에 그런 안목을 가진 사람도 거의 눈에 띄지 않지만, 누가 이 시점에서 감히 내가 그 방향을 안다고 나설 수 있을 것인가? 그러니 결국 두터운 낯짝을 가진 토호 세력이 지역민을 볼모로 잡고 자기들만 이 나라의 운명을 감당할 수 있다고 뻔뻔스럽게 나서고 있는 것이 아닌가?

역사를 돌아보면, 500년 전에도, 천 년 전에도, 2천 년 전에도 비슷한 고민을 하면서, 그런 변화에 대처하는 과정에서 새로운 사상이 출현했다는 사실을 확인할 수 있다. 그리고 자기 시대의 한계 안에서, 정통과 이단, 바른 생각과 바르지 않은 생각을 구별해야 한다는 절박감에서 연구하고 토론을 벌였다. 『성학집요』는 그런 사유와 고민의 산물이다. 제왕에게 기대를 거는 것이 유일한 길이었던 시대에, 제왕에게 바치는 문서를 빙자하여 율곡은 시대의 위기를 극복하는 최소한의 처방전을 제시하고 있는 것이다. 그런 위기감과 절박감은 율곡의 다음 말에서 단적으로 드러난다. 번거로울 수도 있지만, 그 핵심 부분을 다시 인용해보자.

풍속은 어지러워지고 백성들의 거짓은 날로 번졌기 때문에, 백성을 가르치는 일은 더 어려워졌습니다. 군주는 자기 수양의 덕을 버리고, 현명한 자를 좋아하는 성실함을 잃고, 천하를 자기 장난감이라고 생각할 뿐, 천하를 위해 걱정하는 마음은 갖지 않았습니다. 사람을 쓸 때도 덕을 평가하지 않고, 세상을 다스릴 때도 도를 무시했습니다. 따라서 현인과 성인은 조정에 설 수 없기 때문에 재능을 펼치지 않고 깊이 감추어두니, 보물을 쌓아두고 인생을 마치는 꼴이 됩니다. 그러나 공정함을 버리고 이익만을 추구하는 자는 서로 싸우고 경쟁하면서 나아가니 상하가 자기 이익만을 추구하는 상황이 되어버렸습니다. 이제 도통의 전승은 [조정이 아니라] 민간의 필부 사이에서 이어졌습니다. 도통이 군주와 신하들 사이에서 전해지지 않게 된 것은 참으로 천하를 위해 불행한 일입니다. 그 이후로 교화는 사라지고, 풍속이 무너졌으며, 게다가 이단은 횡행하고 권모와 속임수가 치열하게 일어났습니다. 세상은 어두워지고 고질병이 깊어져 삼강이 침몰하고 구법은 혼란에 빠졌습니다. 그 결과 민간에서도 도통의 전승은 끊어지고 천지가 긴 암흑 상태로 들어갔습니다. 간혹 재능과 지성을 가진 군주가 나타나 암흑을 벗어나 평화를 이루는 경우가 있기는 했지만, 대부분은 눈앞의 이익을 추구하는 이론에 빠져 도와 덕의 실마리를 놓치고 말았습니다. 이것은 비유하자면 횃불로 어둡고 긴 밤을 밝히는 꼴이라, 어찌 우주를 지탱하고 일월을 밝혀 도를 전승하는 책임을 감당할 수 있겠습니까?

율곡이 『성학집요』를 저술한 의도, 그리고 성리학자로서 율곡의 충정이 이 짧은 글에 고스란히 담겨 있다. 말은 유학자의 낡은 어투이지만, 내용은 오늘 우리나라에 내놓아도 전혀 낡지 않은, 날카로운 현실 비판으로 읽힌다. 그런데 조선 최고의 천재가 겨우 성리학, 낡아빠진 도통사상을 위기 극복의 방안이라고 제안한단 말인가, 가소롭다고 비웃음을 던지는 사람도 있을 것이다. 그러나 조선의 천재가 그렇게 했다는 것은 무엇을 의미하는가? 천재의 발끝에도 미치지 못하는 오늘의 우리가 그 시대의 의미를 어찌 짐작이나 할 수 있겠는가?

이 시점에서 부끄러운 일은, 성리학이 조선 망국의 원인이라고 그렇게 자주 비난하는 우리가, 정작 현재 맞닥뜨리고 있는 문명 전환의 시대에 무엇을 준비하고 어떤 미래의 방향을 고민하고 있는지 선뜻 말할 수 없다는 사실이다. 지킬 것과 버릴 것이 무엇인지 논의하기는커녕, 그런 기미조차 일어나고 있지 않다. 친일을 비난하면서 친미는 당연하게 여기는 이중 잣대가 횡행한다. 미국 아니면 어찌 우리가 이 정도로 살 수 있었을 것인가라고 떠벌리면서, 미국을 비판하면, '배은망덕'을 운운하는 비난의 목소리가 울려 퍼진다. 그러나 잘 보면 미국 은덕론(恩德論)은 한국의 근대화가 일본 식민지 시대의 발전에 토대를 두고 있다는 식민지 근대화론의 주장과 닮지 않았는가? 그러나 식민지 근대화론은 친일 이론이라는 비난을 받기 때문에 공개적으로 주장하지 못하지만, 미국 은덕론은 지금도 보수의 핵심 이데올로기로서 다중의 지지를 받고 있다. 국내의 정치 위기 상황에서 성조기를 들고 나와 흔들어대는 사람이 얼마나 많은가? 현재 대한민국은 보수와 진보의 이데올로기 싸움에 여념이 없지만, 그 내용은 공허하기 짝이 없다. 무엇을 기준으로 대한민국의 미래를 구상해야 하는지 진지한 담론은 실종되고, 감정적 진영 논리만 난무할 뿐, 미국과 중국을 잘 아는 사람도 많지 않다. 세계사적 전환의 의미를 이해하고, 미래 한국의 방향을 제안하는 신뢰할 만한 전문가 집단을 찾기는 대단히 어렵다. 현재 대한민국은 최소한의 나라 꼴을 갖추는 일조차 버거운 상황이다. 소위 '진보' 진영 사람들 역시 대한민국이 어디로 나아가야 하는지 전망을 말하지 않을 뿐 아니라, 낡은 보수에 뒤지지 않는 진영 논리의 덫에서 벗어나지 못한다. 무엇을 위한 보수이며 어디를 향한 진보인지, 그 누구도 설득력 있는 비전을 제시하지 않는다. 학교 교육은 무너졌지만 당장 입시에 매달릴 수밖에 없는 현실 앞에서 옴짝달싹할 수 없는 상황이다. 모든 영역에서 해결의 기미가 보이지 않는 이익 갈등이 분출한다. 갈등에 갈등이 겹쳐 사람들 사이의 골은 점점 더 깊어질 뿐 봉합의 길은 보이지 않는다. 정치인은 입만 열면 국민의 안녕과 행복을 말하지만 그 방법을 제대로 제시하는 사람은 보이지 않는다. 이런 상황을 이전투구라고 했던가? 그럴듯한 민주를 가장하지만, 민본이 빠진 민주는 바람 빠진 풍선이다. 그런 자각이 드는 순간 우리가 사는 이 시대가 우리 역사에서 가장 잘 사는 세대이긴 하지만, 다른 한편으로 우리 역사에서 가장 생각이 없고, 정신적으로 사상적으로 가장 피폐한 세대가 아닌가 하는 무력감을 가지게 된다.

과거 100년 동안 고유한 사상문화 자원을 다 내던져 버리고 난 다음, 다양한 외부 이론과 사상을 베끼고 모방하기에 온 정신을 놓고, 제대로 지켜야 할 가치가 있는 나의 생각, 나의 사상, 나의 것을 만들어본 적이 있는가? 최근 유교 문화의 기록물을 유네스코가 세계기록문화유산으로 '지정했다'고 기뻐하는 언론 보도를 본 적이 있다. 무슨 코미디인가? 유교의 정신적 가치를 구정물 버리듯 내동댕이친 마당에, 내용도 이해하지 못하는 기록물을 보호하고 지킨다는 게 무슨 짓인가? 지금 누가 그것을 읽고 이해하기 위해 구슬땀을 흘리는가? 미래 세대를 위해 기록물을 단순히 보관하는 게 자랑스러운 일인가? 그것이 문화융성 대한민국이 할 수 있는 전부인가?

지키면서도 변해야 할 것이 무엇인지, 혹은 변화 가운데서도 간직해야 할 것이 있는지, 멈추어 생각이나 해본 적이 있는가? 인류 문명의 과거를 점검하면서 인간의 미래 가치를 고민하는 인문학은 한국에서 죽은 지 오래다. 생색내기 '인문한국'의 목소리만 울릴 뿐, "[편수 채우기] 논문 쓰느라 [정말 긴요한] 연구를 할 수 없다"는 자조감이 대학을 지배한다. 이런 마당에 율곡, 퇴계, 다산, 맹자, 순자, 공자 등 어찌 그들뿐이랴, 바른 생각을 수립하고 그 생각에 입각하여 새로운 시대를 만들고자 했던 강렬한 의지를 가졌던 그들의 각고의 노력과 투철함을 10분의 1이라도 이해하고 배울 수 있을 것인가? 부끄러움으로 낯이 뜨거워질 정도다.

문명 전환의 시대인 21세기에, 중국과 미국, 중국과 일본, 세계 강대국의 틈바구니에서 조선 중기 및 후기와는 비교도 되지 않을 풍부한 정보와 지식을 가지고 있는 우리가 그 정보의 바다에서 방향 없이 허우적거리고 있는 것은 아닌가? 우리가 나아갈 길은 어디인가? 450년 전, 율곡은 세계사적 위기의 시대에 제왕과 지식인들에게 반성과 새로운 결단을 촉구하기 위해 『성학집요』를 세상에 선물했다. 그리고 21세기 전반, 그 책은 새로운 세계사적 전환의 시대에 전망을 잃고 흔들리는 우리에게 새로운 사유의 책무를 지운다.

1. 『성학집요』를 바치는 글

竊念帝王之道, 本之心術之微, 載於文字之顯. 聖賢代作, 隨時立言, 反覆推明, 書籍漸多. 經訓子史, 千函萬軸. 夫孰非載道之文乎, 自今以後, 聖賢復起, 更無未盡之言. 只可因其言而察夫理, 明其理而措諸行, 以盡成已成物之功而已. 後世之道學, 不明不行者, 不患讀書之不博, 而患察理之不精, 不患知見之不廣, 而患踐履之不篤. 察之不精者, 由乎不領其要. 踐之不篤者, 由乎不致其誠. 領其要, 然後能知其味. 知其味, 然後能致其誠. [⋯] 嘗欲裒次一書, 以爲領要之具, 上以達於吾君, 下以訓於後生. 而內省多愧, 有志未就. [⋯] 今秋之初, 始克成編, 其名曰聖學輯要. 凡帝王爲學之本末, 爲治之先後. 明德之實效, 新民之實迹, 皆粗著其梗槪. 推微識大, 因此明彼, 則天下之道, 實不出此. 此非臣書, 乃聖賢之書也. 雖臣識見卑陋, 撰次失序, 而所輯之言, 則一句一藥, 無非切己之訓也. […]

帝王之學, 莫切於變化氣質. 帝王之治, 莫先於推誠用賢. 變化氣質, 當以察病加藥爲功. 推誠用賢, 當以上下無閒爲實. 伏覩, 殿下聰明睿智, 出類拔萃. 孝友恭儉, 發於天性. […] 今殿下資質粹美, 學問高明. 爲舜爲武, 莫之敢禦, 奈之何立志不篤, 取善不廣. […] 質美而不能充養, 病深而不能醫治, 則豈但臣鄰隱痛於下哉. 竊恐皇天祖宗, 亦必憂惱於上也. […]

伏望殿下先立大志, 必以聖賢爲準, 三代爲期, 專精讀書, 卽物窮理. 有言逆于心, 必求諸道. 有言遜于志, 必求諸非道. 樂聞讜直之論, 不厭其觸犯, 以恢受善之量. 深察義理之歸, 無恥於屈己, 以去好勝之私. 日用之閒, 踐履誠確, 無一事之或失. 幽獨之中, 持守純篤, 無一念之或差. 不怠於中道, 不足於小成, 悉去病根, 克完美質, 以成帝王之學, 不勝幸甚. 自古, 君臣不相知心, 而能濟事功者, 未之前聞. […] 後世人君則不然. 高居深拱, 疏外臣鄰, 知其善而不示嚮用之意, 見其惡而不下屛黜之命. 自以爲樞機之密, 羣下莫敢窺測, 眞得人君之體, 而終至於君子不敢盡其誠. 小人有以伺其隙, 邪正雜糅, 是非糢糊, 國不可爲矣. 此則可以爲戒者也. 今殿下 […] 加之以接見稀罕, 情意阻隔. 政令未見合乎天心, 黜陟未見因乎國人. 儒者之說不行, 而徒取大言之譏. 病民之法不除, 而猶患更張之過. 是以, 好善而無用賢之實, 嫉惡而無去邪之益. 議論多岐, 是非靡定. 忠賢無腹心之寄, 姦細有窺覦之路. 未知殿下所擬可託六尺之孤者, 誰歟. 可寄百里之命者, 誰歟. 聖心必有所屬, 而羣下則未之知也. 此豈上下無閒之實乎. 伏望 […] 必使賢者登庸, 不肖者屛迹. 上無所蔽, 下無所疑. 上下之閒, 肝膽洞照. 以至一國之人, 亦得仰覩聖心. 如靑天白日, 無絲毫未盡之蘊. 君子有所恃而盡誠展才, 小人有所畏而革面從善. 正氣長而國脈壯, 紀綱振而善政行. 以成帝王之治, 不勝幸甚. […] 明王之作, 千載一時. 而世道之降, 如水益下. 今不急救, 後悔無及. 古人有言曰, 不怨暗主, 怨明君. 蓋暗主欲爲而不能, 故民無所望. 明君可爲而不勉, 故民怨轉深, 豈不大可懼哉. 臣方投進所輯之書, 不宜更贅他言, 而猶且云云者, 誠以殿下無變化氣質之功, 無推誠用賢之實, 則雖進是書, 亦歸之空言. 故僭論至此. […]

2. 『성학집요』의 집필 목표

臣按, 道妙無形, 文以形道. 四書六經, 旣明且備, 因文求道, 理無不現. 第患全書浩渺, 難以領要. 先正表章大學, 以立規模. 聖賢千謨萬訓, 皆不外此, 此是領要之法. 西山眞氏推廣是書, 以爲衍義. 博引經傳, 兼援史籍. 爲學之本, 爲治之序. 粲然有條, 而歸重於人主之身, 誠帝王入道之指南也. 但卷帙太多, 文辭汗漫, 似紀事之書, 非實學之體. 信美而未能盡善焉. […]

學固當博, 不可徑約. 但學者趨向未定, 立心未固, 而先事乎博, 則心慮不專, 取捨不精, 或有支離失眞之患. 必也先尋要路, 的開門庭, 然後博學無方, 觸類而長矣. 況人主一身, 萬機所叢, 治事之時多, 讀書之時少, 若不撮其綱維, 定其宗旨, 而惟博是務, 則或拘於記誦之習, 或淫於詞藻

之華, 其於窮理正心修己治人之道, 未必眞能有得也. [⋯]

大學固入德之門, 而眞氏衍義, 猶欠簡要. 誠能倣大學之指, 以分次序, 而精選聖賢之言, 以塡實之, 使節目詳明, 而爾絲約理盡, 則領要之法, 其在斯矣. [⋯] 四書六經, 以及先儒之說, 歷代之史, 深探廣搜, 採掇精英, 彙分次第, 刪繁就要. 沈潛玩味, 反覆礭括, 兩閱歲而編成.

3. 『성학집요』의 구성과 내용

凡五. 其一篇曰統說者, 合修己治人而爲言. 卽大學所謂明明德新民止於至善也. 其二篇曰修己者, 卽大學所謂明明德也. 其目有十三. 其一章則摠論也. 其二章曰立志. 三章曰收斂者, 定趨向而求放心, 以植大學之基本也. 其四章窮理者, 卽大學所謂格物致知也. 其五章曰誠實. 六章曰矯氣質. 七章曰養氣. 八章曰正心者, 卽大學所謂誠意正心也. 其九章曰檢身者, 卽大學所謂修身也. 其十章曰恢德量. 十一章曰輔德. 十二章曰敦篤者, 申論誠正修之餘蘊也. 其十三章則論其功效, 而修己之止於至善者也. 其三篇曰正家. 四篇曰爲政者. 卽大學所謂新民, 而正家者齊家之謂也. 爲政者, 治國平天下之謂也. 正家之目有八. 其一章則摠論也. 其二章曰孝敬. 三章曰刑內. 四章曰敎子. 五章曰親親者, 言孝於親. 刑于妻子, 友于兄弟之道也. 其六章曰謹嚴. 七章曰節儉者, 推演未盡之意也. 其八章乃說功效, 則齊家之止於至善者也. 爲政之目有十. 其一章則摠論也. 其二章曰用賢. 三章曰取善者, 卽大學所謂仁人能愛能惡之意也. 其四章曰識時務. 五章曰法先王. 六章曰謹天戒者, 卽大學所引儀監于殷, 峻命不易之意也. 其七章曰立紀綱者, 卽大學所謂有國者, 不可以不愼, 辟則爲天下僇之意也. 其八章曰安民. 九章曰明教者, 卽大學所謂君子有絜矩之道, 而興孝興弟不倍之意也. 其十章則終之以功效, 而治國平天下之止於至善者也. 其五篇曰聖賢道統者, 是大學之實跡也. 合而名之曰聖學輯要, 終以傳道之責, 望於殿下者, 亦非過言.

4. 임금에 대한 율곡의 바람

殿下當五百之期, 居君師之位, 有好善之智, 寡欲之仁, 斷事之勇. 誠能終始典學, 勉勉不已, 則勝重致遠, 何所不至乎? 只緣愚臣見聞不博, 識慮未透, 其於詮次, 固多失序. 但所引聖賢之言, 則無非建天地而不悖, 質鬼神而無疑, 俟後聖而不惑者也. 不可以愚臣之誤分條理, 輒輕前訓也. 或有愚臣一得之說, 廁乎其間. 而亦皆謹稽謨訓, 依倣成文, 不敢肆發謷言, 以失宗旨. 臣之精力, 於斯盡矣. 如賜睿覽, 恒置几案, 則於殿下天德王道之學, 恐不無小補矣.

此書雖主於人君之學, 而實通乎上下. 學者之博覽而泛濫無歸者, 宜收功於此, 以得反約之術. 失學而孤陋寡見者, 宜致力於此, 以定向學之方. 學有早晚, 皆獲其益. 此書乃四書六經之階梯也. 若厭勤勞安簡便, 以學問之功, 爲止於此, 則是只求其門庭, 而不尋其堂室也. 非臣所以次緝是書之意也.

萬曆三年歲次乙亥秋七月旣望.

通政大夫, 弘六館副提學, 知製敎兼經筵參贊官, 春秋館修撰官.

臣李珥, 拜手稽首謹序.

5. 범례

一. 先擧撮要之言爲章. 卽大文也. 引諸說以爲註. 其章則以四書五經
爲主, 而間以先賢之說, 補其不足. 註則以本註爲主, 而雜引經傳諸書.

一. 凡所引之書, 不論世代高下, 一以功程先後, 文義語勢爲次序. 雖
因用功之序, 分箇先後, 不必行一件淨盡無餘, 然後方做一件. 間有一事
而分屬二章者. 如敬旣屬收斂章, 又屬正心章. 窒慾屬矯氣質, 寡欲屬養
氣之類. 非章章各爲別項, 工夫截然不相入也.

一. 凡引古語, 雖非聖賢之言, 當理則取之, 不以人廢言.

一. 凡章末及逐段有可議論處, 則僭陳管見, 必書臣按以別之, 且低書.

| 2부 |

1. 유교 윤리학과 정치학

聖賢之說, 或橫或豎. 有一言而該盡體用者, 有累言而只論一端者. 今
取體用摠擧之說.

3부

1. 수기 입문: 유교 수양론의 윤곽

臣按, 聖賢之學, 不過修己治人而已. 今輯中庸大學首章之說, 實相表裏, 而修己治人之道, 無不該盡. 蓋天命之性, 明德之所具也. 率性之道, 明德之所行也. 修道之教, 新民之法度也. 戒懼者, 靜存而正心之屬也. 慎獨者, 動察而誠意之屬也. 致中和而位育者, 明德新民, 止於至善, 而明明德於天下之謂也.

但所及有衆寡, 而功效有廣狹. 致中和之功, 止於一家, 則一家之天地位萬物育, 而明德明於一家. [一家豈別有天地萬物乎. 只是父子夫婦兄弟, 各正其分, 是天地位氣象. 慈孝友恭唱隨, 各盡其情, 是萬物育氣象.] 止於一國, 則一國之天地位萬物育, 而明德明於一國. 及於天下, 則天下之天地位萬物育, 而明德明於天下矣. 三代之後, 一家之位育者, 世或開出, 而一國天下之位育者. 寂寥無聞, 以是深有望於殿下焉.

2. 수기 본론

1) 백성 다스리기의 근본

大學曰, 自天子以至於庶人, 一是皆以修身爲本. 其本亂而末治者否矣. 是故, 帝王之學, 莫先於修己.

2) 수기와 지행합일

臣按, 修己工夫, 有知有行. 知以明善, 行以誠身. […] 修己之功, 不出於居敬窮理力行三者.

3. 입지: 뜻을 세우다

1) 입지는 방향 설정이다

臣按, 學莫先於立志. 未有志不立而能成功者. 故修己條目, 以立志爲先.

臣按, 志者, 氣之帥也. 志一則氣無不動. 學者終身讀書, 不能有成, 只是志不立耳. 志之不立, 其病有三, 一曰不信, 二曰不智, 三曰不勇.

2) 입지의 실패

所謂不信者, 聖賢開示後學, 明白諄切, 苟因其言, 循序漸進, 則爲聖爲賢. 理所必至, 爲其事而無其功者, 未之有也. 彼不信者, 以聖賢之言, 爲誘人而設, 只玩其文. 不以身踐, 是故, 所諫者聖賢之書, 而所蹈者世俗之行也.

所謂不智者, 人生氣稟, 有萬不齊, 而勉知勉行, 則成功一也. […] 何必生知, 然後乃可成德乎. 彼不智者, 自分資質之不美, 安於退託, 不進一步. 殊不知, 進則爲聖爲賢, 退則爲愚爲不肖, 皆所自爲也. 是故, 所讀者聖賢之書, 而所守者, 氣稟之拘也.

所謂不勇者, 人或稍知, 聖賢之不我欺, 氣質之可變化. 而只是恬常滯故, 不能奮勵振發. 昨日所爲, 今日難革, 今日所好, 明日憚改. 如是因循,進寸退尺. 此不勇之所致. 是故, 所讀者聖賢之書, 而所安者, 舊日之習也. 人有此三病, 故君子不世出, 六籍爲空言. 嗚呼, 可勝歎哉.

3) 지도자로서 군주의 책무

苟能深信聖賢之言, 矯治不美之質, 實下百千之功, 終無退轉之時, 則大路在前, 直指聖域. 何患不至乎. 夫人以眇然一身, 參天地而竝立. [⋯] 況人主都君師之位, 負敎養之責, 爲四方之表準. 其任之重, 爲如何哉. 一念之差, 至於害政, 一言之失, 至於僨事. 志乎道, 遵乎道, 由是而使一世爲唐爲虞, 由我也. 志於慾, 趨於慾, 由是而使一世爲叔爲季, 亦由我也. 志之所向, 人主尤不可不愼也.

4. 수렴: 마음을 모으다

1) 경, 유교 수양론의 중심

臣按, 敬者, 聖學之始終也. 故朱子曰, 持敬是窮理之本, 未知者, 非敬無以知. 程子曰, 入道莫如敬, 未有能致知而不在敬者. 此言敬爲學之始也. 朱子曰, 已知者, 非敬無以守. 程子曰, 敬義立而德不孤, 至于聖人, 亦止如是. 此言敬爲學之終也. 今取敬之爲學之始者, 置于窮理之前, 目之以收斂. 以當小學之功.

2) 정좌는 지식 공부의 기초

臣案, 收放心爲學問之基址. 蓋古人自能食能言, 便有敎, 動罔或悖, 思罔或逾. 其所以養其良心, 尊其德性者, 無時無事而不然. 故格物致知工夫, 據此有所湊泊. 今者, 自少無此工夫, 徑欲從事於窮理修身, 則方寸昏擾, 擧止踰違. 其所用功, 若存若亡, 決無有成之理. 故先正教人靜坐, 且以九容持身, 此是學者最初用力處也. 然所謂靜坐者, 亦指無事時也. 若應事接物, 不可膠於靜坐也. 況人主一身, 萬機叢集, 若待無事靜坐, 然後爲學, 則恐無其時. 但不問動靜, 此心未忘, 持守不解.

5. 궁리: 이치를 탐구하다

1) 궁리(窮理)란 무엇인가?

臣案, 收斂之後, 須窮理以致知, 故窮理次之. 程子曰, 凡一物上有一理, 須是窮致其理. 窮理亦多端, 或讀書, 講明義理, 或論古今人物. 而別其是非, 或應接事物, 而處其當否, 皆窮理也. 窮理工夫, 大要如此.

2) 독서의 중요성

臣按, 讀書是窮理之一事, 而讀書亦有次序. 故謹探聖賢之說, 編之如右. 第於四書六經之外, 亦有宋世眞儒周程張朱等書, 性理之說, 皆切於聖學, 不可不細玩而深繹之也. 竊思自有經傳以來, 士子孰不讀書, 然而眞儒罕作. 人君孰不讀書, 然而善治鮮興. 其故何哉. 讀書只爲入耳出口之資, 不能爲有用之具故也.

盧陵羅大經有言曰, 于今之士, 非堯舜周孔不談. 非語孟庸學不觀. 言必稱周程張朱, 學必曰致知格物, 此自三代而後所未有也, 可謂盛矣. 然豪傑之士不出, 禮義之俗不成, 士風日陋於一日, 人才歲衰於一歲, 是可歎也.

此言正是今日之病也. 嗚呼, 士子之讀書, 將以求富貴利達, 故其病固如此矣. 若人君則崇高已極, 富貴已至, 所勉者窮理正心, 所求者祈天永命. 捨此, 他無所望, 猶有多搜博考, 務以華外, 不作切己之用者, 豈非不思之甚乎. 伏願殿下, 深懲此弊, 務精性理, 實之以躬行, 不使經傳爲空言, 國家幸甚.

3) 성선설

臣按, 動靜之機, 非有以使之也. 理氣亦非有先後之可言也. 第以氣之動靜也. 須是理爲根柢. 故曰太極動而生陽. 靜而生陰. 若執此言. 以爲太極獨立於陰陽之前. 陰陽自無而有. 則非所謂陰陽無始也. 最宜活看而深玩也. [⋯]

臣按, 人之一心, 萬理全具. 堯舜之仁, 湯武之義, 孔孟之道, 皆性分之所固有也. 惟是氣稟拘於前, 物欲汩於後, 明者昏, 正者邪. 迷而爲衆人之蚩蚩, 實與禽獸無異. 而本具之理, 則其明自如, 其正自如. 但爲所掩蔽, 而終無息滅之理, 誠能去其昏, 絶其邪, 則堯舜湯武孔孟之聖, 非外假而成.

譬如有人自家無限寶藏, 埋諸幽暗之地而不自知焉. 貧寒匃乞, 流轉四方, 若遇先覺, 指示藏寶之處, 篤信不疑, 發其所埋, 則無限寶藏, 皆所自有者也. 此理甚明, 人自不覺, 可哀也哉. 若徒知此心之具理而已, 不復力去其掩蔽, 則是實不知藏寶之處, 而謾說我有寶藏云爾, 亦何益之有, 願留睿念焉.

4) 마음은 하나다

昔有問未發之前心性之別者. 朱子曰, 心有體用, 未發是心之體, 已發是心之用. 以此觀之, 則心性之無二用可知, 心性無二用, 則四端七情, 豈二情乎.

5) 사단은 정(情)의 일부, 이기 호발(互發)의 오류

五性之外無他性. 七情之外無他情. 孟子於七情之中, 剔出其善情, 目爲四端. 非七情之外別有四端也. 情之善惡, 夫孰非發於性乎. 其惡者本非惡, 只是掩於形氣, 有過有不及而爲惡. 故程子曰, 善惡皆天理. 朱子曰, 因天理而有人欲. 然則四端七情. 果爲二情而理氣果可互發乎.

程朱之說, 乍看若甚可駭. 然深思之, 則可以無疑. 人之喜怒哀樂, 聖狂同有焉. 其所以喜怒哀樂之理則性也. 知其可喜怒哀樂者心也. 遇事而喜怒哀樂之者情也. 當喜而喜, 當怒而怒者, 情之善者也. 不當喜而喜, 不當怒而怒者, 情之不善者也. 情之善者, 乘淸明之氣, 循天理而直出, 可見其爲仁義禮智之端, 故目之以四端. 情之不善者, 雖亦本乎理, 而已爲汚濁之氣揜, 反害夫理, 不可見其爲仁義禮智之端, 故不可謂之四端耳. 非不本乎性, 而別有二本也. 此所謂善惡皆天理, 因天理而有人欲者也. 雖然, 遂以人欲爲天理, 則是認賊爲子矣. 譬如夏月之醯, 變生蟲蛆, 蟲蛆固因醯而生也. 然遂以蟲蛆爲醯, 則不可也. 蟲蛆生於醯, 而反害醯. 人欲因乎天理, 而反害天理, 其理一也.

夫以心性爲二用, 四端七情爲二情者, 皆於理氣有所未透故也. 凡情之發也, 發之者氣也. 所以發者理也. 非氣則不能發, 非理則無所發. 理氣混融, 元不相離, 若有離合, 則動靜有端, 陰陽有始矣. 理者太極也. 氣者陰陽也. 太極陰陽不能互動, 則謂理氣互發者, 豈不謬哉. 今日太極與陰陽互動, 則不成說話.

6) 리통기국, 이기관계

無形無爲, 而爲有形有爲之主者, 理也. 有形有爲, 而爲無形無爲之器者, 氣也. 此是窮理氣之大端也. 有問於臣者曰, 理氣是一物, 是二物? 臣答曰, 考諸前訓, 則一而二, 二而一者也. 理氣渾然無閒, 元不相離, 不可指爲二物. 故程子曰, 器亦道, 道亦器. 雖不相離而渾然之中, 實不相雜, 不可指爲一物. 故朱子曰, 理自理, 氣自氣, 不相挾雜. 合二說而玩索, 則理氣之妙, 庶乎見之矣.

7) 궁리와 활연관통

臣竊謂, 聖賢窮理之說, 大要不出乎此章所引. 苟因其言, 實下工夫, 循序漸進, 則貫通之效, 不期自臻矣. 蓋萬事萬物, 莫不有理, 而人之一心, 管攝萬理. 是以, 無不可窮之理也. 但開蔽不一, 明暗有時, 於窮格之際, 或有一思而便得者, 或有精思而方悟者, 或有苦思而未徹者. 思慮有得, 渙然自信, 沛然說豫, 灑然有不可以言語形容者, 則是眞有得也. 若雖似有得, 而信中有疑, 危而不安, 不至於氷消凍釋, 則是强揣度耳, 非眞得也.

此三條, 互相發明, 是窮理要法. 從事於斯, 無少懈怠, 澄以靜養, 以培其本, 資以問辨, 以暢其趣. 積功之久, 一朝豁然貫通. 至於物無不格, 心無不盡, 則我之知見, 脗合聖賢, 嗜欲之誘, 功利之說, 異端之害, 舉不足以累吾靈臺. 而大路坦然, 行遠無疑, 以至誠意正心. 處大事, 定大業, 若決江河, 莫之能禦矣. 學而不造此域, 則安用學爲.

抑又惟念, 人君之職, 與匹夫不同. 匹夫則必修己而待時, 得君而行道, 故學苟不足, 則不敢徑出焉. 人君則不然, 已爲臣民之主, 已荷教養之責, 若曰我今修己, 不暇治人云, 則天工廢矣. 故修己治人之道, 不可不一齊理會也.

6. 성실: 진실한 마음을 회복하다

臣按, 窮理旣明, 可以躬行, 而必有實心, 然後乃下實功, 故誠實爲躬行之本.

臣按, 天有實理, 故氣化流行而不息. 人有實心, 故工夫緝熙而無閒. 人無實心, 則悖乎天理矣. 有親者, 莫不知當孝, 而孝者鮮. 有兄者, 莫不知當弟, 而弟者寡. 口談夫婦相敬, 而齊家之效蔑聞. 長幼朋友, 亦莫不然. 至於見賢知其當好, 而心移於好色. 見邪知其當惡, 而私愛其納媚. 居官者, 說廉說義, 而做事不廉不義. 莅民者, 曰養曰教, 而爲政不養不教. 又或强仁勉義, 外以可觀, 而中心所樂不在仁義, 矯僞難久, 始銳終怠, 如是之類, 皆無實心故也. 一心不實, 萬事皆假, 何往而可行. 一心苟實, 萬事皆眞, 何爲而不成. 故周子曰, 誠者, 聖人之本, 願留睿念焉.

臣又按, 誠意爲修己治人之根本. 今雖別爲一章, 陳其大槪, 而誠之之意, 實貫上下諸章. 如志無誠則不立, 理無誠則不格, 氣質無誠則不能變化, 他可推見也.

7. 교기질: 기질을 교정하다

臣按, 旣誠於爲學, 則必須矯治氣質之偏, 以復本然之性. 故張子曰, 爲學大益. 在變化氣質. 此所以矯氣質. 次於誠實也.

臣按, 一氣之源, 湛然淸虛. 惟其陽動陰靜, 或升或降, 飛揚紛擾, 合而爲質, 遂成不齊. 物之偏塞, 則更無變化之術. 惟人則雖有淸濁粹駁之不同, 而方寸虛明, 可以變化. 故孟子曰, 人皆可以爲堯舜, 豈虛語哉. 氣淸而質粹者, 知行不勉而能, 無以尙矣. 氣淸而質駁者, 能知而不能行, 若勉於躬行, 必誠必篤, 則行可立, 而柔者强矣. 質粹而氣濁者, 能行而不能知, 若勉於問學, 必誠必精, 則知可達而愚者明矣.

且世間衆技, 孰有生知者哉. 試以習樂一事言之, 人家童男稚女, 初業琴瑟, 運指發聲, 令人欲掩耳不聽. 用功不已, 漸至成音, 及其至也. 或有淸和圓轉, 妙不可言者. 彼童男稚女, 豈性於樂者乎. 惟其實用其功, 積習純熟而已. 凡百伎藝, 莫不皆然. 學問之能變化氣質者, 何異於此哉.

嗚呼, 百工伎藝, 世或有妙絕者, 而學問之人, 未見其變化者. 只資其知識之博, 言論之篤而已. 剛者終不足於柔善, 柔者終不足於剛善, 貪者未見其爲廉, 忍者未見其爲慈, 輕者未見其爲沈重. 然則人之實功, 只在百工伎藝而已, 不在於學問也, 可勝歎哉. 願留睿念焉.

8. 양기: 기를 기르다

臣按, 矯治固當克盡, 而保養不可不密. 蓋保養正氣, 乃所以矯治客氣也. 實非二事, 而言各有主, 故分爲二章.

臣按, 仁義之心, 人所同受, 而資稟有開蔽. 眞元之氣, 人所同有, 而血氣有虛實. 善養仁義之心, 則蔽可開而全其天矣. 善養眞元之氣, 則虛可實而保其命矣. 其養之之術, 亦非外假他物, 只是無所撓損而已. 天地氣化, 生生不窮, 無一息之停. 人之氣, 與天地相通, 故良心眞氣, 亦與之俱長. 惟其戕害多端, 所長不能勝其所消, 展轉梏亡, 故心爲禽獸. 氣至夭札, 可不懼哉. 害良心者, 耳目口鼻四肢之欲. 而害眞氣者, 亦不出是欲焉. 蓋耳目之好聲色, 固害於心, 而淫聲美色, 爲敗骨之斧鉅. 口體之有嗜好, 固害於心, 而快口之味, 必傷五臟. 宴安之便, 能解筋脈, 遂使動息乖方. 喜怒失中, 心日益放, 氣日益蕩, 終至於一氣絶貫, 百骸解紐矣. 將何以立命而長世乎. 然則養心養氣, 實是一事. 良心日長, 而無所戕害, 終至於盡去其蔽, 則浩然之氣, 盛大流行, 將與天地同其體矣. 死生脩夭, 雖有定數, 在我之道, 則有以盡之矣. 豈不自慊乎. 願留睿念焉.

9. 정심: 마음을 바로잡다

1) 마음 바로잡기

臣案, 上二章工夫, 莫非正心, 而各有所主. 故別輯前訓之主於正心者, 詳論涵養省察之意. 朱子曰, 敬乃聖門第一義. 徹頭徹尾, 不可間斷. 故此

章大要, 以敬爲主焉. [第三章, 收斂, 敬之始也. 此章, 敬之終也.]

臣按, 孟子所謂存養, 通貫動靜而言, 卽誠意正心之謂. 但先賢論靜時工夫, 多以存養涵養爲言.

臣按, 敬體義用, 雖分內外, 其實敬該夫義. 直內之敬, 敬以存心也. 方外之義, 敬以應事也. 朱子敬齋箴, 發明親切, 故謹錄于左.

臣按, 誠者, 天之實理, 心之本體. 人不能復其本心者, 由有私邪爲之蔽也. 以敬爲主, 盡去私邪, 則本體乃全. 敬是用功之要, 誠是收功之地. 由敬而至於誠矣.

2) 경과 미발에 대하여

臣按, 未發之時, 此心寂然, 固無一毫思慮. 但寂然之中, 知覺不昧, 有如沖漠無眹, 萬象森然已具也. 此處極難理會, 但敬守此心. 涵養積久, 則自當得力. 所謂敬以涵養者, 亦非他術, 只是寂寂不起念慮, 惺惺無少昏昧而已.

3) 미발과 이발에 대하여

或問, 未發時, 亦有見聞乎. 臣答曰, 若見物聞聲, 念慮隨發, 則固屬已發矣. 若物之過乎目者, 見之而已, 不起見之之心. 過乎耳者, 聞之而已, 不起聞之之心. 雖有見聞, 不作思惟, 則不害其爲未發也. 故程子曰, 目須見, 耳須聞. 朱子曰, 若必以未有見聞爲未發處, 則只是一種神識昏昧底人. 睡未足時, 被人驚覺, 頃刻之間, 不識四到時節, 有此氣象. 聖賢之心, 湛然淵靜, 聰明洞徹, 決不如此. 以此觀之, 未發時, 亦有見聞矣.

4) 미발 시의 함양과 성찰

又問曰, 常人之心, 固有未發時矣. 其中體亦與聖賢之未發無別耶.

臣答曰, 常人, 無涵養省察工夫, 故其心不昏則亂, 中體不立. 幸於須臾之頃, 不昏不亂, 則其未發之中, 亦與聖賢無別. 但未久而或頹放, 或膠擾, 旋失其本體, 則霎時之中, 安能救終日之昏亂, 以立大本乎.

5) 미발 시의 체인의 중요성

又問, 延平先生, 於靜中, 看喜怒哀樂未發, 之謂中. 未發, 作何氣象. 朱子曰, 李先生, 靜中體認大本. 此說何如. 臣答曰, 纔有所思, 便是已發. 旣云體認, 則是省察工夫, 非未發時氣象也. 故朱子晚年定論, 以體認字爲下得重, 此不可不察. 但學者靜坐時, 作此工夫, 輕輕照顧未發時氣象, 則於進學養心, 必有益. 是亦一道也.

6) 마음 작용의 혼(昏)과 란(亂)

心之本體, 湛然虛明, 如鑑之空, 如衡之平. 而感物而動, 七情應焉者, 此是心之用也. 惟其氣拘而欲蔽, 本體不能立. 故其用或失其正, 其病在於昏與亂而已. 昏之病有二, 一曰智昏, 謂不能窮理, 昧乎是非也. 二曰氣昏, 謂怠惰放倒, 每有睡思也. 亂之病有二, 一曰惡念, 謂誘於外物, 計較私欲也. 二曰浮念, 謂掉擧散亂, 相續不斷也. 常人困於二病. 未感物時, 非昏則亂. 旣失未發之中矣. 其感物也, 非過則不及, 豈得其已發之和乎. 君子以是爲憂, 故窮理以明善, 篤志以帥氣, 涵養以存誠, 省察以去僞. 以治其昏亂, 然後未感之時, 至虛至靜, 所謂鑑空衡平之體, 雖鬼神, 有不得窺其際者. 及其感也, 無不中節, 鑑空衡平之用, 流行不滯, 正大光明, 與天地同其舒慘矣. 學者之用力, 最難得效者, 在於浮念. 蓋惡念雖實, 苟能誠志於爲善, 則治之亦易. 惟浮念則無事之時, 倏起忽滅, 有不得自由者. 夫以溫公之誠意, 尙患紛亂, 況初學乎.

學者須是恒主於敬, 頃刻不忘, 遇事主一, 各止於當止. 無事靜坐時, 若有念頭之發, 則必卽省覺所念何事. 若是惡念, 則卽勇猛斷絕, 不留毫末苗脈. 若是善念, 而事當思惟者, 則窮究其理, 了其未了者, 使此理豫明. 若不管利害之念, 或雖善念, 而非其時者, 則此是浮念也. 浮念之發, 有意厭惡, 則尤見擾亂. 且此厭惡之心, 亦是浮念. 覺得是浮念後, 只可輕輕放退, 提掇此心勿與之俱往, 則纔發復息矣. 如是用功, 日夕乾乾, 不求速成, 不生懈意. 如未得力, 或有悶鬱無聊之時, 則亦須抖擻精神, 洗濯心地, 使無一念. 以來淸和氣象, 久久純熟, 至於凝定, 則常覺此心卓然有立, 不爲事物所牽累. 由我所使, 無不如志, 而本體之明, 無所掩蔽, 睿智所照, 權度不差矣. 最不可遽冀朝夕之效, 而不效則輒生退墮之念也. 正心是終身事業, 其要則方氏所謂, 中虛而有主宰者, 是也. 願留睿念焉.

10. 검신: 몸을 점검하다

1) 천형(踐形)의 중요성

臣案. 正心, 所以治內. 檢身, 所以治外. 實是一時事, 非今日正心, 明日檢身也. 第其工夫有內外之別, 故分爲二章.

臣按. 心爲身主, 身爲心器. 主正則器當正. 但不可任其自正, 不爲之檢攝, 故大學之序, 修身在正心之後. 其用功之方, 不過容貌視聽言語威儀, 一循天則而已. 形色, 天性也. 一身之中, 一動一靜, 孰無天則者乎. 格物致知, 所以明此則也. 誠意正心修身, 所以蹈此則也. 二者備矣, 然後可臻 '踐形'之域矣.

2) 수양에서 몸의 중요성

世之人, 或有修飾容儀, 甚是可觀, 而內無操存之功者. 此固穿窬之比, 不足議爲. 若其天資寡慾, 不被物誘, 而坦率自樂, 以爲但當內正其心, 不必拘拘於外貌者. 亦不可入道, 終爲俗中好人而已. 此所以旣正其心, 又不可不檢其身也. 然彼身無檢束者, 心必不得其正故也. 苟能正心, 則事事無不求正矣. 豈有以己身安於不正之理乎. 然則身之不修, 乃心不正之故也. 願留睿思焉.

11. 회덕량: 덕을 확장하다

臣按, 上篇九章, 已論修己之序詳矣. 復以恢德量輔德敎篤三章, 申論其餘蘊. 蓋德量未弘, 則得少爲足. 偏於一曲, 未可進於高明博厚之境. 故恢德量次於檢身.

臣按. 量之不弘, 出於氣質之病. 恢德量, 無他工夫, 只是矯氣質之一事. 而別爲一章者, 人君之德, 尤在於大其量, 故表而出之. 人固有得千乘之國, 而欿然自謙者. 亦有得一命之官, 而肆然自多者. 量有大小故也. 量之小者, 其病有三. 一曰偏曲, 二曰自矜, 三曰好勝. 偏曲者, 滯而不周,不能公心以觀理. 自矜者, 足於少得, 不能遜志以進德. 好勝者, 安於飾非, 不能虛己以從善. 三者, 都是一箇私而已. 嗚呼, 天人, 一也, 更無分別, 惟其天地無私, 而人有私. 故人不得與天地同其大焉. 聖人無私, 故德合乎天地焉. 君子去私, 故行合乎聖人焉. 學者當務克其私, 以恢其量, 以企及乎君子聖人焉.

12. 보덕: 군주의 덕을 보완하다

臣按, 自天子至於匹夫, 莫不須友以成其德. 曾子所謂以友輔仁, 是也. 自治之目, 已備於前. 故次之以輔德, 以論親正士, 從諫改過之意.

臣按, 輔成德業, 莫切於親近正士, 而又必以從諫改過, 合爲一章者, 人君之好賢, 不徒近其人而已, 將取其善, 以補其不逮. 故諫則必從, 過則必改. 乃所以資於進德修業者也, 如或徒慕其名, 而謾置左右, 有諫不從, 有過不改, 則賢者豈肯拘於虛禮, 以失其所守乎, 將必見幾而退, 樂於考槃. 而在君左右者, 不過侫倖之徒而已. 如是而國不至於危亡者, 未之有也. 若名爲賢者, 而坐受榮寵, 無忠讜匡救之益, 則亦安用賢者爲哉. 是故, 明王愼擇正士, 日與之處, 涵養薰陶, 克己從善. 而德日以崇, 業日以廣矣. 程子曰, 君德成就, 責經筵, 伏惟殿下留念焉.

13. 돈독: 성실한 노력을 기울이다

臣按, 修己之功, 畢陳於前. 猶慮其中道而廢, 故次之以敦篤. 詩曰, 靡不有初, 鮮克有終, 所謂敦篤者, 敦篤於終也.

臣按, 君子之學, 誠篤而已. 任重道遠, 不進則退. 若非誠篤, 何能有成. 孔子曰, 先難後獲. 功至則效必臻, 何可預期乎. 今人患在先獲. 惟其預期而功不至, 故行之未幾, 厭倦之心生焉. 此學者之通病也. 行遠者, 非一步而可到, 必自邇而漸往. 升高者, 非一超而可詣, 必自卑而漸登. 苟能不失其路, 而勉勉循循, 日有功程, 有進無退, 則無遠不屆, 無高不及矣. 人情各有所樂, 其不能以學爲樂者, 必有所蔽故也. 知其所蔽, 而用力以祛之. 蔽於聲色者, 務放聲而遠色. 蔽於貨利者, 務賤貨而貴. 德蔽於偏私者, 務捨己而從人. 凡有所蔽, 莫不務絕其根本, 實用其功, 不計難易, 勇趨力進, 喫緊辛苦, 斷然不退. 用功之狀, 初甚險塞, 而後漸條暢. 初甚棼亂, 而後漸整理. 初甚艱澁, 而後漸通利. 初甚澹泊, 而後漸有味. 必使情之所發, 以學爲樂, 則擧天下之物, 無以加於此學矣. 何暇有慕於外, 而怠緩於此乎. 此顏子所以欲罷不能也. 願留睿念焉.

14. 수기공효: 수기의 성과

臣按, 用功之至, 必有效驗. 故次之以功效, 以盡知行兼備, 表裏如一, 入乎聖域之狀.

臣按, 聖人之德, 與天爲一. 神妙不測, 雖似不可企及. 誠能積累工夫, 則未有不至者也. 人患不爲, 不患不能. 若堯舜周孔, 則生知安行, 固無漸進之功. 自湯武以下, 莫不學知利行, 已有反之之功. 下於此者, 雖困知勉行, 及其成功則一也. 人見明道, 樂其渾然天成, 而不知從事於煞用工夫.

見晦菴, 樂其海闊天高, 而不知從事於銖累寸積. 故不能遵其路, 躡其步, 歷其藩籬, 入其閫奧, 而徒取前訓, 以資口耳. 此所以規矩在目前, 而善學者不世出也.

夫子曰, 聖人, 吾不得而見之矣. 得見君子者, 斯可矣. 夫聖人天資之美, 固有非常人所可企及者矣. 若君子則不論天資之美惡, 皆可學而及之矣. 亦不可得見者. 何哉. 君子而進進不已, 則豈不至於聖域乎. 始自可欲之善, 終至於參天地贊化育者, 只在積知累行, 以熟其仁而已. 聖賢指示大道, 明白平坦, 而人鮮克由之, 可勝歎哉. 嗟乎. 匹夫之爲學, 尚以參天地贊化育爲準的, 況於帝王乎. 古之帝王, 不必生而自善也. 如太甲, 顚覆典刑, 而至於克終允德. 成王不察流言, 而至於畢協賞罰. 後之帝王, 皆知以二王之初爲可戒, 而考其所行, 皆不及於二王者, 何哉. 不能遜志勉學之故也. 大抵帝王之質, 必與庸人不同, 加之以聚精多而用物弘, 故雖亡國之君, 才器多有過人者. 惟其用才於不當用, 反爲才所累, 而崇高自尊, 不畏拂士, 宴安自娛. 不思倚伏, 頹墮自畫, 不能振起, 日卑月汚. 小則身危國削, 大則身死國亡. 豈不大可懼哉. 嗚呼. 萬善備於性而不假外求, 積功由於己, 而不資他力. 濟世仁民, 亦在於我, 而莫之敢禦. 如是而不事乎學, 以臻昭曠, 乃事乎欲, 以究汚下. 噫. 亦不思之甚也.

伏願殿下反求乎己心, 企慕乎先聖. 上念皇天祖宗付畀之責, 下從臣鄰衆庶顒若之望, 篤信聖學, 誠實下手, 循序而進, 罔晝夜孜孜. 必臻高明博厚之境, 以盡修己之功. 使斯世得見堯舜之君, 使斯民得被堯舜之澤, 萬世幸甚.

4부

1. 도통론 개요

上古聖神, 繼天立極, 道統攸始. 書契以前, 茫乎罔稽, 八卦肇畫, 人文始宣. 故謹依謨訓, 兼考史籍, 略述于此. 始于伏羲, 終于朱子, 以著修己治人之實迹. 先觀功效, 後稽實迹, 則可以不昧於所從矣. [⋯] 黃帝之後, 有少昊, 顓頊, 帝嚳三帝. 皆聖賢之君, 而繫辭只以黃帝, 堯, 舜爲言. 故今以帝堯接乎黃帝焉. 先賢論道統也, 亦未嘗及於三帝焉. [⋯] 自伏羲至於周公, 以聖人之德, 居君師之位, 修己治人, 各極其至. 周公雖不居君位, 亦盡治天下之道. [⋯]

至於孔子而集大成, 爲萬世之師, 由孔子以下, 道成於己, 不能行於一時. [⋯] 道統, 傳自伏羲, 止於孟子, 遂無傳焉. 荀卿, 毛萇, 董仲舒, 楊雄, 諸葛亮, 王通, 韓愈之徒, 立言立事, 有補於世敎. 而荀, 揚皆偏駁. 毛萇無顯功, 王通見小而欲速, 皆少可觀. 惟仲舒有正誼明道之論, 諸葛亮有儒者氣象, 韓愈排斥佛老, 視諸子爲優. 但仲舒流於災異之說. 亮近於申韓之習. 愈疏於踐履之學. 此所以不能接孟氏之統也.

2. 도통의 계승과 단절

康節邵氏, 內聖外王之學, 安且成矣. 而先賢未嘗以道統正脈許之, 故不敢載于此. 程門弟子, 羽翼斯道者亦多, 而能荷傳道之任者, 亦不可見.

故程張之後, 繼之以朱子焉. 但龜山受學於程子, 豫章受學於龜山, 延平受學於豫章, 斯三先生. 業雖不廣, 是朱子源流之所自, 故略著行迹如左.

孔子集羣聖之大成, 朱子集諸賢之大成. 聖人生知安行, 渾然無迹, 難可猝學. 惟朱子積累功夫, 可取以爲模範. 先學朱子, 然後可學孔子, 故詳錄行狀焉. 觀明道行狀, 可想見資稟之高, 觀朱子行狀, 宜深體功夫之密.

朱子之後, 得道統正脈者, 無可之指之人. 張南軒, 與朱子爲道義之交, 有講論之功, 蔡西山以下諸公, 皆有得於朱子之學, 故略著行迹如左. 朱子之後, 有眞德秀, 許衡, 以儒名世, 而考其出處大節, 似有可議, 故不敢收載. 至於皇朝名臣, 亦多潛心理學者, 第未見可接道統正脈者, 故亦不敢錄.

3. 도의 기원과 전승

臣竊謂, 厥初生民, 風氣肇開, 巢居血食. 生理未具, 被髮裸身. 人文未備, 羣居無主, 齒齧爪攫. 大朴旣散, 將生大亂, 於是有聖人者, 首出庶物. 聰明睿智, 克全厥性, 億兆之衆, 自然歸向. 有爭則求決, 有疑則求敎. 奉以爲主, 民心所向, 卽天命所眷也.

是聖人者, 自知爲億兆所歸, 不得不以君師之責爲己任. 故順天時, 因地理, 制爲生養之具. 於是宮室衣服, 飲食器用, 以次漸備, 民得所需, 樂生安業. 而又慮逸居無敎近於禽獸. 故因人心, 本天理, 制爲敎化之具. 於是父子君臣夫婦長幼朋友, 各得其道. 天敍天秩, 旣明且行. 而又慮時世不同, 制度有宜. 賢愚不一, 矯治有方. 故節人情度時務, 制爲損益之規.

於是文質政令, 爵賞刑罰, 各得其當. 抑其過, 引其不及. 善者興起, 惡者
懲治, 終歸於大同. 聖人之繼天立極, 陶甄一世, 不過如此. 而道統之名,
於是乎立.

聖人之能爲大君者, 以其道德能服一世故也. 非有勢力之可借. 故聖人
旣沒, 則必有聖人者代莅天下, 隨時變通, 使民不窮. 而其所謂, 因人心
本天理者, 則未嘗少變. 不變者, 天地之常經也. 變通者, 古今之通誼也.
時世漸降, 風氣不古, 聖人罕作, 不能以聖傳聖. 則大統未定, 反起姦雄之
窺覬. 故聖人有憂之, 乃立傳子之法. 傳子之後, 道統不必在於大君. 而
必得在下之賢聖, 贊裁成輔相之道, 以不失斯道之傳焉.

4. 현실의 어둠과 군주의 책무

此三代以上, 所以人君不必盡聖, 而天下治平者也, 時世益下. 風氣淆
漓, 民僞日滋, 敎化難成. 而人君旣無自修之德, 又乏好賢之誠, 以天下
自娛, 不以天下爲憂. 用人不以德, 治世不以道. 於是在下之賢聖, 不能自
立於朝, 深藏不售, 蘊寶終身. 而棄義趨利者, 相排競進, 上下交征. 道統
之傳, 始歸於閭巷之匹夫. 道統之不在君相, 誠天下之不幸也. 自此以降,
敎化陵夷, 風俗頹敗, 加之以異端橫騖, 權詐熾興. 日晦月盲, 展轉沈痼,
三綱淪, 而九法斁. 以至於道統之傳, 亦絕於閭巷, 則乾坤長夜, 於此極
矣. 間有人君, 或以才智能致少康, 而類陷於功利之說, 不能尋道德之緒.
譬如長夜之暗, 爝火之明爾, 安能撑拄宇宙, 昭洗日月, 以任傳道之責乎.

嗚呼, 道非高遠, 只在日用之間. 日用之間, 動靜之際, 精察事理, 允得

其中, 斯乃不離之法也. 以此成德, 謂之修己. 以此設教, 謂之治人. 盡修
己治人之實者, 謂之傳道. 是故, 道統在於君相, 則道行於一時, 澤流於
後世. 道統在於匹夫, 則道不能行於一世, 而只傳於後學. 若道統失傳,
竝與匹夫而不作, 則天下貿貿, 不知所從矣. 周公歿, 百世無善治. 孟軻
死, 千載無眞儒. 此之謂也.

今臣謹因先儒之說, 歷敍道統之傳, 始自伏羲, 終於朱子. 朱子之後,
又無的傳, 此臣所以長吁永歎, 深有望於殿下者也. 今人既以道學, 爲高
遠難行, 而且以古今異宜爲不易之定論. 夫自開闢以來, 至于今日, 不知
其幾千歲, 而天地混淪磅礴之形, 猶舊也. 山川流峙之形, 猶舊也. 草木
鳥獸之形, 猶舊也. 以至於斯人之宮室衣服飲食器用, 皆因聖人之制作,
以養其生, 不能闕廢. 而獨於天敍天秩, 因人心, 本天理, 亘萬古而不可變
者. 則乃安於斁敗, 以爲終不可復古者, 抑何見歟. 嗚呼, 其亦不思而已
矣.

伏望殿下, 志道不懈, 追法堯舜, 學以明善, 德以誠身, 盡修己之功, 設
治人之敎. 毋爲退怯之念所撓. 毋爲利害之說所動. 毋爲因循之論所拘.
必使斯道大明而大行, 以接道統之傳. 萬世幸甚.

| 참고문헌* |

『國譯栗谷全書』, 한국정신문화연구원, 1984~1988.

『栗谷全書(표점본)』, 화동사범대학출판사, 2017.

董玉定 主編, 『中國理學大辭典』, 기남대학, 1996.

廖明春, 『荀子新探』, 중국인민대학출판사, 수정본, 2014.

牟宗三, 『中國哲學的特質』, 상해고적출판사, 2007.

蒙培元, 『理學範疇系統』, 인민출판사, 1989.

徐洪興, 『孟子譯註』, 복단대학출판사, 2004.

_____, 『思想的轉形: 理學發生過程研究』, 상해인민출판사, 1996.

_____

* 성리학과 율곡의 사상을 이해하는 데 필요한 최소한의 참고서를 언급한다.

楊伯峻, 『論語譯註』, 중화서국, 1980.

楊澤波, 『孟子性善論硏究』, 중국사회과학출판사, 1995.

葉采, 『近思錄集解』, 理學叢書, 중화서국, 2017.

伍曉明, 『天命: 之謂性!』, 북경대학출판사, 2009.

王天海, 『荀子校釋』, 상해고적출판사, 2005.

韋政通, 『荀子與古代哲學』, 대만상무인서관, (초판 1966), 1992.

李澤厚, 『論語今讀』, 삼련서점, 2006.

_____, 『歷史本體論/己卯五說』, 삼련서점, 2006.

_____, 『中國古代思想史論』, 삼련서점, 2006.

張奇緯, 『亞聖精蘊─孟子哲學眞諦』, 인민출판사, 1997.

張岱年, 『中國哲學大綱』, 사회과학출판사, 1994.

張立文, 『朱熹思想硏究』, 사회과학출판사, 1981.

錢穆, 『朱子新學案』, 전목선생전집본, 구주출판사, 2011.

朱漢民, 肖英明, 『宋代'四書'學與理學』, 중화서국, 2009.

朱熹, 『四書集注』, 신편제자집성본, 중화서국, 2016.

陳來, 『朱子哲學硏究』, 화동사범대학출판사, 신판, 2000.

陳榮捷, 『宋明理學之槪念與歷史』, 대만중앙연구원중국문철연구소, 2004.

馮友蘭, 『中國哲學史』, 화동사범대학출판사, 2000.

侯外廬, 『中國思想通史』, 인민출판사, 1957.

김태환 역, 『(국역)성학집요』, 청어람미디어, 2007(2012).

금장태, 『경전과 시대: 한국유학의 경전활용』, 지식과교양, 2012.

_____, 『율곡평전』, 지식과교양, 2011.

이동인, 『율곡의 사회 개혁사상』, 백산서당, 2002.

이용주, 『주희의 문화이데올로기』, 이학사, 2003.

이종호, 『율곡, 인간과 사상』, 지식산업사, 1994.

전세영, 『율곡의 군주론』, 집문당, 2005.

최진홍, 『법과 소통의 정치』, 이학사, 2009.

한영우, 『율곡평전』, 민음사, 2013.

황의동, 『율곡사상의 체계적 이해』, 서광사, 1998.

황준연, 『율곡철학의 이해』, 서광사, 1995.

_____, 『이율곡, 그 삶의 모습』, 서울대학교출판부, 2000.

| 찾아보기 |

원저자

이이(李珥, 1536~1584)

조선 중기의 대표적인 학자이자 문신(文臣) 관료다. 강릉에서 태어났으며 본관은 덕수(德水)·자는 숙헌(叔獻), 호는 율곡(栗谷)·석담(石潭)·우재(愚齋)다. 아버지는 증좌찬성 이원수(李元秀), 어머니는 현모양처의 사표로 추앙받는 사임당 신씨(師任堂申氏)다. 호조판서, 병조판서, 이조판서 등 요직을 두루 거쳤다. 이이는 이황이 마련한 성리학에 관한 조선적 이해의 토대 위에 새로운 이해를 더하였다. 그것은 새로운 이데올로기로서의 성리학이다. 『동호문답(東湖問答)』 등에서 제시된 조선적 제왕학은 방대한 성리학 세계를 자기 식으로 체계화한 『성학집요(聖學輯要)』에 녹아들어 그의 사상의 전모를 드러내준다. 『성학집요』는 동아시아 세계에서 유례를 보기 힘든 탁월한 성리학 입문서이자 제왕학의 교과서이며, 다가올 위기를 간파하고 조선의 경장을 촉구한 시국론이기도 하다.

이 밖에 저술로는 『경연일기(經筵日記)』, 『격몽요결(擊蒙要訣)』, 『만언봉사(萬言封事)』, 『천도책(天道策)』, 『역수책(易數策)』, 『문식책(文式策)』, 『학교모범(學校模範)』, 『육조계(六條啓)』, 『시폐칠조책(時弊七條策)』 등이 있다. 그의 저술들은 광해군 3년(1611) 박여룡(朴汝龍)과 성혼(成渾) 등이 간행한 『율곡문집(栗谷文集)』과 영조 18년(1742)에 이재(李縡)와 이진오(李鎭五) 등이 편찬한 『율곡전서(栗谷全書)』에 실려 전해진다.

저자

이용주

서울대학교와 프랑스고등연구원에서 종교학과 중국학을 공부했으며 서울대학교에서 주희 연구로 박사 학위를 받았다. 현재 광주과학기술원 기초교육학부에서 철학 및 비교종교학을 가르치고 있다.

지은 책으로는 『죽음의 정치학: 유교의 죽음이해』(2015), 『생명과 불사: 포박자 갈홍의 도교사상』(2009), 『동아시아 근대사상론』(2009), 『도, 상상하는 힘』(2003), 『주희의 문화 이데올로기』(2003) 등이 있고, 옮긴 책으로는 『세계 종교의 역사』(2018), 『종교 유전자: 진화심리학으로 본 종교의 기원과 진화』(2015), 『20세기 신화이론』(2008), 『중세 사상사』(2007), 『세계종교사상사 1』(2005), 『사랑의 중국문명사』(2004) 등이 있다.

성학집요
군자의 길, 성찰의 힘

1판 1쇄 찍음 | 2018년 12월 15일
1판 1쇄 펴냄 | 2018년 12월 25일

원저자 | 이이
저   자 | 이용주
펴낸이 | 김정호
펴낸곳 | 아카넷

출판등록 | 2000년 1월 24일(제406-2000-000012호)
주   소 | 10881 경기도 파주시 회동길 445-3 2층
전   화 | 031-955-9511(편집) · 031-955-9514(주문) | 팩시밀리 031-955-9519
책임편집 | 박수용
www.acanet.co.kr | www.phildam.net

Printed in Seoul, Korea.

ISBN 978-89-5733-617-5 94080
ISBN 978-89-5733-230-6 (세트)

이 도서의 국립중앙도서관 출판시도서목록(CIP)은
서지정보유통지원시스템 홈페이지(http://seoji.nl.go.kr)와
국가자료공동목록시스템(http://www.nl.go.kr/kolisnet)에서
이용하실 수 있습니다.(CIP제어번호: CIP2018039112)